黄河水利委员会水土保持科研基金项目

山坡地生态稳定与经济持续发展技术研究

赵光耀　汪习军　李建军　赵力毅　张兴昌　等编著

黄河水利出版社
·郑州·

内 容 提 要

本书围绕山坡地生态经济的理论和实践、山坡地生态稳定与经济持续发展配套技术措施、技术示范等三方面，重点介绍了黄土高原地区山坡地的基本特点、类型及其分布，山坡地生态稳定与经济持续发展的基本思想、评价指标体系，生态经济分区，土壤侵蚀特征及其对土地生产力的影响，山坡地径流资源化开发利用、农业丰产栽培、果园建设与丰产栽培、林草植被建设等配套技术，示范基地技术与综合效益等。适于农、林、牧、水利、国土资源、环境等行业的科技工作者阅读，也可用做大专院校相关专业的教学参考书。

图书在版编目(CIP)数据

山坡地生态稳定与经济持续发展技术研究/赵光耀等编著.—郑州:黄河水利出版社,2008.12
ISBN 978-7-80734-386-8

Ⅰ.山… Ⅱ.赵… Ⅲ.黄土高原-山坡地-生态经济-经济发展-研究 Ⅳ.F127.4

中国版本图书馆 CIP 数据核字(2009)第 007353 号

组稿编辑:雷元静　电话:0371-66024764

出 版 社:黄河水利出版社
地址:河南省郑州市金水路 11 号　邮政编码:450003
发行单位:黄河水利出版社
发行部电话:0371-66026940、66020550、66028024、66022620(传真)
E-mail:hhslcbs@126.com
承印单位:河南省瑞光印务股份有限公司
开本:787 mm×1 092 mm 1/16
印张:16
字数:370 千字　印数:1—1 000
版次:2008 年 12 月第 1 版　印次:2008 年 12 月第 1 次印刷

定价:40.00 元

前　言

可持续发展原则是当代社会发展的指导原则，体现了人与自然协调关系的愿望和人类世代间的责任感。20 世纪后期以来，人们的生态观和经济观产生了重大飞跃，这种飞跃体现在人们开始致力于研究并解决全球资源开发中生态和经济持续发展的突出问题。联合国世界环境与发展委员会在《我们共同的未来》(Our Common Future)中指出：过去我们关心的是发展对环境带来的影响，而现在我们迫切地感到生态的压力，如土壤、水、大气、森林退化对发展带来的影响。生态与经济从来没有像现在这样互相紧密地联系在一个互为因果的网络之中。我国是一个多山的国家，山坡地是重要的国土资源，蕴藏着巨大的开发利用潜力。山坡地生态稳定与经济持续发展的问题，关乎国家生态安全、资源整合、粮食安全，以及经济持续发展，是一个需要长期关注的重大课题。特别是在地域辽阔的黄土高原地区，山坡地面积大，约占总土地面积的 60%，其中黄土丘陵沟壑区的山坡地面积占 80% 以上。山坡地既是黄土高原地区农、林、牧业生产的主要基地，又是地表径流产生、汇集以及土壤侵蚀发生的主要区域。严重的水土流失不仅造成黄土高原地区生态环境恶化、生产力水平低下，而且大量洪水泥沙下泄，淤积抬高河床，直接威胁着下游两岸人民的生命财产安全。因此，研究山坡地生态稳定的机理与条件、探索山坡地综合治理开发措施，对于加快黄土高原地区治理、促进区域经济持续发展和减少入黄泥沙具有极其重要的意义。另外，新中国成立以来，我国农业科学研究取得了重大进展，但是就“山坡地”这一特定对象而言，从生态稳定与经济持续发展的角度看，还缺少配套技术的研究。因此，从山坡地的特殊性出发，运用可持续发展思想和生态经济理论，建立山坡地生态稳定与经济持续发展技术体系及实体样板，指导黄土高原地区山坡地的治理开发，对于进一步落实中央关于西部大开发中生态建设的战略决策，再造一个山川秀美的西北地区以及实现 21 世纪黄河治理的目标，也无疑具有十分重要的现实意义。

黄河流域第二期水土保持科研基金第四攻关课题“山坡地生态稳定与经济持续发展技术研究”正是在上述背景下开展的，该课题于 1996 年 8 月立项实施，其目的在于通过对黄土高原地区主要水土流失区山坡地生态单元的研究，提出山坡地生态稳定与经济持续发展配套技术体系，设计可行的山坡地治理开发模式，改善山坡地的生态功能，提高山坡地生产力，并建成山坡地生态稳定与经济持续发展技术示范基地，在此基础上向黄土高原不同类型区推广。本课题围绕着山坡地生态经济的理论和实践问题、山坡地生态稳定与经济持续发展配套技术措施、山坡地生态稳定与经济持续发展技术实施等三方面的内容展开研究。重点设置了山坡地土壤侵蚀特征及对土地生产力影响研究、山坡地水资源开发利用研究、山坡地农业丰产栽培技术研究、山坡地果园建设与丰产栽培技术研究、山坡地林草植被建设与开发技术研究、技术示范基地建设与综合效益研究 6 个专题。课题研究从 1996 年开始，2001 年结束，历时 6 年。课题由黄河上中游管理局主持，参加研究的有中科院水利部水土保持研究所，北京林业大学水土保持学院，黄委会天水、西峰、绥德水土保持科学试验站等5个单位的90余名科技人员(名单附后)。

本书是在上述研究的基础上编写而成的,包括绪论和十一章。各章的主要内容和编写人员情况如下:

绪论部分,介绍了立题背景及研究简况、研究范围、内容及目标、研究方法及技术路线以及研究的主要进展;由赵光耀、汪习军、李建牢、赵力毅、张兴昌等编写。

第一章,黄土高原地区山坡地治理开发的背景及其意义,介绍了黄土高原地区的自然环境特征和社会经济特征,以及山坡地开发治理的意义;由赵力毅、赵光耀、宫春旺、苏广旭编写。

第二章,黄土高原地区山坡地的基本特点、类型及其分布,界定了山坡地的概念,重点研究了黄土高原地区山坡地的基本特点、基本类型、山坡地资源评价、山坡地分布及坡度组成情况等;由赵力毅、赵光耀、宫春旺、王晓、李学勇、苏广旭、庞小明编写。

第三章,黄土高原地区山坡地治理开发现状,重点介绍了黄土高原地区山坡地治理开发状况,山坡地开发利用面临的生态、经济、社会问题,山坡地开发治理的经验教训等;由汪习军、赵力毅、赵光耀编写。

第四章,山坡地生态稳定与经济持续发展的基本思想,研究了山坡地生态稳定与经济持续发展的理论基础、基本思想,提出了山坡地生态稳定与经济持续发展评价指标;由赵力毅、赵光耀、马国力、李学勇编写。

第五章,黄土高原地区的生态经济分区,介绍了黄土高原地区的农业气候分区、水土流失分区、林草植被建设分区、综合治理开发分区;由赵光耀、赵力毅、张兴昌、庞小明、苏广旭编写。

第六章,黄土高原地区山坡地土壤侵蚀特征及其对土地生产力的影响,研究了黄土高原地区主要类型区山坡地土壤侵蚀特征、土壤侵蚀对山坡地生产力的主要影响等;由王占礼、赵光耀、李建牢、孔全敏编写。

第七章,山坡地径流资源化开发利用技术,研究了雨水资源化开发利用的含义及现状、黄土高原集流用水窖的主要类型及效益、黄土高原主要类型区山坡地径流资源潜力分析、黄土高原山坡地径流资源高效利用及管理等;由张光辉、任杨俊、赵俊侠编写。

第八章,黄土高原地区山坡地农业丰产栽培技术,研究了黄土高原地区山坡地农业生产的障碍因素、提高山坡地农业生产的途径和对策、山坡地农业丰产栽培技术措施等;由张兴昌、赵光耀、庞小明编写。

第九章,黄土高原地区山地果园建设与丰产栽培技术,研究了山地果园建设的意义、黄土高原地区山地果树栽培的主要技术、技术试验示范果园建设设计、山坡地技术示范果园建设、山坡地果园建设评价等;由李松、宫春旺、蔡小春、李学勇、刘立斌、王晓、刘文宏编写。

第十章,黄土高原地区山坡地林草植被建设技术,研究了不同类型区山坡地林草植被空间配置模式及品种选择、不同类型区山坡地集流、蓄水型林草植被建设技术、山坡地“三低”刺槐林更新改造技术等;由郭小平、罗晶、王福林编写。

第十一章,技术示范基地建设与综合效益,介绍了山坡地技术示范基地的基本情况,研究了技术示范基地规划、技术示范基地建设与管理、技术示范基地建设成效评价等;由赵光耀、李建牢、赵力毅、马国力、王福林、宫春旺、任杨俊、马三保等编写。

全书由赵光耀、赵力毅、李建牢统稿。由李学勇负责全书图表制作，安乐平、李儒泉、张红红、董莉、任惠琴、袁宝琴参与制作了图表。

本项研究成果不仅凝聚了课题组全体人员的劳动和智慧，而且吸收和继承了大量以往研究成果的精华，使得本项研究成果在深度和广度上得以拓延，内容上更为丰富。本项目在研究过程中得到了黄委会水土保持科研基金领导小组、专家小组有关领导和专家的关怀与指导，得到了中科院水利部水土保持研究所，北京林业大学，黄河上中游管理局及黄委会天水、西峰、绥德水土保持科学试验站等单位的大力支持。研究前期，于德广教授级高级工程师、赵金荣教授级高级工程师、朱金兆教授、梁一民研究员付出了辛勤劳动，在此表示崇高的敬意和衷心感谢！

由于黄土高原地区自然、社会环境极其复杂，课题研究内容十分广泛，涉及学科多、专业跨度大，研究中尚存在大量需要继续探讨、商榷和深化的问题，疏漏与不妥之处热忱欢迎广大读者批评指正。

编　者

2008 年 10 月

课 题 编 号：95－04

课 题 名 称：山坡地生态稳定与经济持续发展技术研究

课题主持单位：黄委会黄河上中游管理局

课题参加单位：中科院水利部水土保持研究所
北京林业大学
黄委会天水水土保持科学试验站
黄委会西峰水土保持科学试验站
黄委会绥德水土保持科学试验站

课 题 主 持 人：赵光耀　汪习军　李建牢　赵力毅　张兴昌

主 要 完 成 人：赵光耀　汪习军　李建牢　赵力毅　张兴昌　李　松
王占礼　郭小平　马国力　张光辉　王福林　宫春旺
王　晓　任杨俊　马三保　庞小明　赵安成　蔡小春
李学勇　郭永乐　吴永红　于德广　赵金荣　朱金兆
梁一民　罗　晶　孔全敏　脱中平　白志刚　王愿昌
王向晖　郭保文　陈智汉　刘　斌　石　辉　雷启祥
楼高峰　张满良　刘文宏　吴建军　付明胜　黄承志
高登宽　陈　伟　韩玉峰　刘立斌　杨军礼　寇　权
董光敏　白平良　冉大川　马光亮　陈江南　张守孝
师明州　党维勤　苏广旭　安乐平　王秦湘　李玉俊
李向阳　赵俊侠　张　鉴　周小玲　张永江　黄世辉
付良勇

主 要 参 加 人：（以姓氏笔画为序）
马小哲　马竹娥　马瑞英　于隆华　王小珍　王百群
王志雄　冯广成　李海潮　任兆选　任惠琴　刘立峰
刘黎民　李景林　李儒泉　杜东民　宋景全　张永红
张延发　张红红　张积祥　吴瑞俊　杨丽萍　金绥庆
郭胜利　袁宝琴　费丽萍　阎　剑　常玉忠　温守君
琚彤军　董　莉　雷长生　焦　峰　蔡建岗

图 件 表 格：李学勇　安乐平　李儒泉　张红红　董　莉　任惠琴　袁宝琴

目　录

绪　论

第一节　立题背景及研究简况

黄土高原地区地域辽阔，自然资源丰富，是我国农业开发最早的区域之一，已有4 000多年的农耕史，被誉为中华民族的发祥地。千百年来，面对严酷的自然条件，频发的天灾、战乱等，先祖们一刻也没有停止过抗争，本区的历史实质上是一部持续不断的人类垦殖史。随着人类社会的兴衰更替，对环境的改造与破坏共存。特别是近代以来，人口迅速增长和资源过度开发等，致使林草植被破坏，水土流失、土地退化、农业生产条件和生态环境恶化的趋势加剧。黄土高原地区的治理开发关系到8 000多万人口的脱贫致富和60多万 km^2 土地的生产开发，也关系到整个黄河流域国民经济和社会的可持续发展。新中国成立以来，该区的治理开发作为一项有战略意义的工程，取得了举世瞩目的成就。

黄土高原地区自然地理环境独特，丘陵山地为本地区自然景观的主体。山坡地顾名思义是原状具有一定坡度(一般在3°以上)的土地，一般包括已利用改造的山坡耕地、林地、牧地和未利用改造的山坡荒地等。从坡度和土地利用结合的角度看，山坡地又分为坡度小于25°的缓坡地和坡度大于25°的陡坡地。前者主要用于农作物及园艺作物生产，大部分可以通过坡改梯等措施得以利用，是农业生产用地的主体；后者主要用于发展林草植被等，其中部分已通过植树造林、种草和封育等措施加以利用，也有相当大的部分是未被利用的荒坡地。本地区山坡地面积约占总土地面积的60%，其中黄土丘陵沟壑区的山坡地面积约占80%以上。山坡地是本区农、林、牧业的主要生产基地，同时又是地表径流产生、汇集以及土壤侵蚀发生发展的主要区域。严重的水土流失不仅造成水土资源浪费严重，农、林、牧业生产水平十分低下，区域生态环境日趋恶化，制约着当地经济发展和人民生活水平的提高，而且大量洪水泥沙下泄，淤积抬高河床，直接威胁着下游人民的生命财产安全。因此，山坡地的生态稳定与经济可持续发展对于黄土高原地区经济社会的可持续发展以及黄河的治理开发都具有举足轻重的作用。水土流失引起的土壤肥力衰退、土地生产力下降、土壤干旱缺水是影响山坡地生态稳定与经济持续发展的关键因素，也是本课题研究攻关的重点。

我国很早就开展了山坡地的改造和治理工作。水土保持和现代农业的结合成为目前山坡地改造和治理的基本方向。新中国成立以来，作为山坡地重要生态特征研究的水土流失规律研究、作为山坡地生态建设主体措施的林草植被措施研究及作为坡耕地改造利用主体措施的梯田和保土耕作措施研究取得了大量的成果，其中大部分已在生产上推广应用，对指导山坡地的改造、治理和利用，促进山坡地生态稳定和经济持续发展起到了重要作用。特别是20世纪80年代以来，在可持续发展思想和生态经济理论指导下，黄土高原地区的治理开发的理论研究和生产实践方面都产生了新的飞跃。提出了生态经济系统

“稳定”和持续的理论、可持续土地利用框架和建设有中国特色生态农业的发展思路等，开展了以水土保持为基础的生态农业试点，涌现出了一批生态户、生态农场、生态乡和生态县等生态建设样板。随着生态经济理论的不断完善和人们生态意识的不断提高，生态环境、经济社会和资源开发的协调发展与和谐统一已经逐步成为人们的共识和追求目标。

黄土高原地区是我国贫困人口和少数民族的聚居区，也是我国自然资源最富足、生态环境最脆弱的地区之一，该地区自然环境条件和社会经济问题十分复杂。在区域治理开发中，山坡地作为土地系统的主体，既与区域系统存在着有机联系又具有十分突出的特殊性。山坡地最基本的生态问题在于水土流失严重、生态稳定性差，现实需求的无限性与可持续发展能力的有限性之间矛盾突出。因此，如何从黄土高原地区区域特征和山坡地系统的特殊性出发，运用可持续思想和生态经济理论指导山坡地的治理开发，建立山坡地生态稳定与经济持续发展技术体系及实体样板，是亟待研究的重大课题。长期以来，我国在农业科学研究方面取得了很大进展，但是就“山坡地”这一特定对象而言，还缺少生态稳定与经济持续发展配套技术的深入研究以及相应的试验示范基地。“山坡地生态稳定与经济持续发展技术研究”课题正是在这样一个大背景下提出来的。为此，黄委会水土保持科研基金领导小组将该课题作为重点列入“黄河流域水土保持科研基金”第二期基金资助计划，组织联合攻关，旨在通过对该区主要水土流失类型区山坡地生态单元的研究，提出山坡地生态稳定与经济持续发展理论体系和配套技术体系，设计山坡地治理开发模式，改善山坡地生态功能，提高山坡地生产力，并建成山坡地生态稳定与经济持续发展技术示范基地，在此基础上进行辐射推广。开展本课题研究，不但对于促进区域社会经济持续发展，减少入黄泥沙具有极其重要的作用，而且对于进一步落实中央关于西部大开发中生态建设的战略决策，再造一个山川秀美的西北地区无疑具有十分重要的现实意义。

第二节　研究范围、内容及目标

本项研究以黄土高原地区为对象，范围包括太行山以西、日月山以东、秦岭以北、阴山以南的区域，总面积64万km^2，其中面积为25万km^2的黄土丘陵沟壑区和黄土高塬沟壑区是黄河中游的严重水土流失区，是研究的重点区域。研究主要涉及三部分内容，即山坡地生态稳定与经济持续发展有关理论及黄土高原地区山坡地生态特征、山坡地生态稳定与经济持续发展技术措施研究、山坡地生态稳定与经济持续发展技术示范。

第一部分包括六个方面的内容：山坡地生态经济特征及其治理开发的意义；山坡地概念、特点、分类及分布情况等；山坡地治理开发状况、经验及生态经济问题；山坡地生态稳定与经济持续发展的思想、内涵及相互关系等；山坡地生态经济分区及分区目标；主要类型区山坡地侵蚀类型、方式、强度、时空分布及形成条件等，水土流失对山坡地土壤理化性质及生产力的影响，提高山坡地生产力的途径。

第二部分包括四个方面的内容：一是山坡地径流资源化开发利用技术研究。通过在绥德、西峰、天水等地布设定点试验和收集分析已有成果，研究坡面径流资源潜力和时空分布规律；通过调查径流资源开发利用现状与方法，分析山坡地径流资源利用的有效途径；重点研究土壤蓄水保墒剂、隔坡梯田等径流资源高效利用技术及其效益。二是坡耕地农业丰产栽培技术研究。主要通过调查研究摸清黄土高原地区不同类型区山坡地农业丰产栽培技术、模式及现状，为大面积推广奠定基础；通过试验研究确定黄土高原地区不同类型区坡耕地复合水保耕作措施的最佳组合，总结科学的耕作制度和耕作体系；通过引进和示范农作物良种技术和抗旱保墒剂、浸种剂、微肥、稀土微肥施用及地膜覆盖等技术，提高山坡地水肥利用率和种植业的经营效益。三是山地果园建设与丰产栽培技术研究。引进苹果、杏、枣等优良山地果树新品种，研究总结山地果园更新改造技术，选择不同类型区进行试验示范；研究总结黄土高原山地果树良种选育、合理密植、肥料使用、聚流利用、节水灌溉、植物生长调节剂使用、整形修剪、病虫害防治、保护地栽培以及间作套种等一系列种植与经营管理技术，并进行综合配套。在试验示范的基础上向不同类型区辐射推广。四是山坡地林草建设与开发技术研究。通过调查分析，筛选出黄土高原地区优良的山坡地水土保持林草植物，试验研究不同生态景观的山坡地乔灌草合理配置模式；研究分析低产、低质、低效人工刺槐林成因、分类及更新改造技术，并在试验基地进行技术示范；通过坡面集流、贮水、节水灌溉与土壤蓄水保墒技术的配套，发展集流林业，研究总结山坡地生态经济型林草植被建设技术，提高林草植被的成活率和生态经济效益。

第三部分内容是技术试验示范基地建设与综合效益研究。分别选择黄委会西峰水土保持科学试验站的南小河沟试验场、绥德水土保持科学试验站的辛店沟试验场和天水水土保持科学试验站的罗玉沟试验场作为基地，开展山坡地生态稳定与经济持续发展技术试验示范，在自然资源和社会经济条件评价的基础上，根据区域发展目标对基地进行全面规划，提出山坡地治理开发的优化配置方案；在技术试验示范与基地建设相结合的大思路下，结合各专题的试验布设实施基地治理开发规划方案。探索市场经济条件下技术试验示范投资及运行管理的新路子，提高基地的生态经济效益及技术示范效果；根据"主导性、系统性、科学性、实用性"的原则，建立和检验山坡地生态稳定与经济持续发展评价指标体系。

第三节　技术路线与研究方法

一、技术路线

（1）宏观研究与微观研究相结合。在野外勘察、宏观调研和综合分析的基础上，首先摸清黄土高原地区山坡地的特点和分布规律，寻求山坡地生态稳定和经济持续发展的理论根据和实现途径，针对主要技术开展试验示范，补充完善、深化提高。

（2）技术引进与消化相结合。充分运用黄土高原地区小流域综合治理试点和试区研究成果，国家"八五"科技攻关、中国科学院"七五"综合考察、黄委会水土保持科研基金及有关科研院所长期研究成果，黄土高原地区水土保持专项治理成果等，集合配套传统技术与现代技术，形成具有区域特色的山坡地生态稳定与经济持续发展实用技术体系。

（3）理论研究、科学试验、技术示范与推广相结合。针对主要技术开展试验示范，建立技术试验示范基地。探索形成配套、实用的技术措施体系，向黄土高原不同类型区辐射推广。

二、研究方法

(1)收集分析现有研究成果。广泛收集黄土高原地区现有山坡地治理开发相关研究成果,查明山坡地自然社会特征及其分布规律,进行系统的理论研究总结,明确山坡地生态稳定与经济持续发展有关概念、目标和实现途径,提出山坡地生态稳定与经济持续发展的理论体系;分析筛选适合黄土高原地区不同类型区山坡地特点的技术措施。

(2)进行技术集合和组装配套。在广泛调查和研究分析黄土高原地区山坡地生态稳定与经济持续发展新技术、新成果的基础上,根据黄土高原地区不同类型区山坡地生态稳定与经济持续发展的关键因子和生态经济发展目标,通过筛选、引进、消化、吸收和组装配套,形成具有区域特色的山坡地治理技术体系。

(3)开展主要技术试验示范。针对配套技术体系的主要技术提出试验设计,在3个基地开展试验示范,并对技术引进消化。通过对基地自然资源和农、林、牧业生产现状的评估,在基地规划基础上建立技术试验示范样板。

(4)效益监测评价。定期监测土壤水分、养分及理化性质动态变化,统计分析基地物流转化、能量转换及投入产出指标,进行生态经济指标分析。

(5)建立辐射推广区,推广有关山坡地生态稳定与经济持续发展技术。

研究思路与方法如图0-1所示。

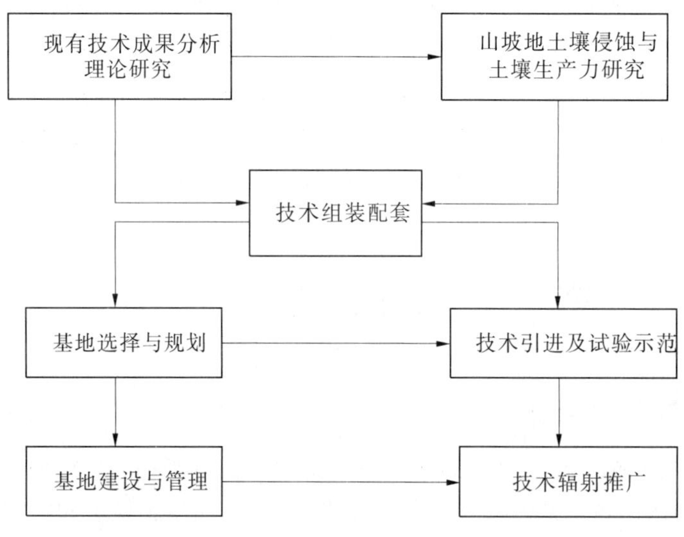

图0-1 研究思路与方法

第四节 研究取得的主要成果

经过5年多的研究,通过理论研究、综合调研、实地考察和定位试验观测等,取得了以下几方面的主要成果。

一、系统研究分析了黄土高原地区山坡地自然社会特征及其分布规律，山坡地治理开发的意义、现状及存在的问题

黄土高原地区的山坡地量大面广，坡耕地农业是黄土高原地区农业的主体，山坡地生态建设是黄土高原地区生态建设的主体。研究和探索山坡地生态稳定与经济持续发展技术和措施配置模式，加快黄土高原地区山坡地综合治理开发，对于改善区域生态环境，促进黄土高原地区的自然资源开发和社会经济持续发展、提高人民生活水平和减少进入黄河的泥沙具有十分重要的作用。

黄土高原地区独特的自然地理环境塑造了山坡地独特的景观。山岭、丘陵、高塬为地貌的主体，构成了山坡地资源类型的基本框架。自然资源丰富、农业开发历史悠久、人类活动剧烈，耕地、草地、林地、荒地构成了山坡地利用类型的基本框架。我们把山坡地界定为原状坡度大于3°的土地，这个定义在地貌形态上包括了梁峁顶到梁峁缘线之间，塬边线以下区域和沟缘线至沟谷底（沟坡）区域；在土地利用上包括了已经利用的山坡耕地、草地、林地等和未利用的荒坡地；在地面坡度上包括了原状坡度小于25°主要用于农作物及园艺作物生产的坡地和原状坡度大于25°主要用于林草植被建设等的坡地。

山坡地是黄土高原地区最主要的土地类型，不同类型区的自然和社会经济特点不同，山坡地的分布面积、特点和规律不同，山坡地开发利用的条件及面临的问题也不同，系统辨识黄土高原地区山坡地自然社会特征，研究山坡地治理开发面临的生态、经济和社会问题是开展山坡地生态稳定与经济持续发展技术研究的前提和基础。

二、首次提出了山坡地生态稳定与经济持续发展的理论体系和基本思想

（1）总结和阐明了山坡地生态稳定与经济持续发展的理论基础。即以可持续发展理论、生态学理论、经济学理论、生态经济学理论、水土保持学理论和系统工程理论的基本原理为指导，研究探讨山坡地生态稳定与经济持续发展机理、技术和措施配置模式。

（2）明确了山坡地生态稳定与经济持续发展的概念。山坡地的生态稳定性反映了山坡地抵御水土流失及干旱等自然灾害的能力或山坡地遭遇自然灾害后所表现的自然恢复能力，是山坡地生态因子和生态属性（如反映山坡地抗干扰能力的指标有持久性、惯性等，反映山坡地生态恢复能力的指标有弹性、恢复性等）稳定程度的具体体现。黄土高原地区山坡地生态稳定最重要、最基本的条件是维持山坡地土体水分和养分的供需平衡，维持山坡地土体及其环境的稳定。山坡地经济的可持续发展性集中体现在生产的持续性、效益的持续性及资源利用的持续性等三个方面，其实质可归纳为三层基本含义：一是使山坡地维持持续均衡的生产力而不至于下降到现有的生产水平以下；二是在报酬不递减的情况下，或者说在山坡地生产潜力或生物产量的理论限度内，保证生产或效益具有持续均衡的增长率；三是在保证资源环境不被破坏或逐步改善的条件下，最大限度地利用山坡地水土资源。

（3）明确了山坡地生态稳定与经济持续发展的相互关系。山坡地生态稳定与经济持续发展涉及生态和经济两个平行的系统。生态系统与经济系统是具有物质、能量、信息交

换关系，具有一定的结构、功能和特点，相互作用、相互依存的两个系统。山坡地生态稳定是山坡地经济持续发展的基础和前提，山坡地经济持续发展是山坡地稳定的目标和结果，两者相辅相成、有机地统一在一起。

(4)明确了黄土高原地区山坡地生态稳定与经济持续发展的目标和实现途径。山坡地生态稳定与经济持续发展的实现途径，整体上讲就是在可持续发展思想的指导下，以山坡地资源的合理、充分和永续利用为目标，以水土保持为基础，采取生物、农艺和工程等方面的综合措施，进行山水田林路综合治理。首先，全面、系统地分析评价山坡地资源，从生态稳定与经济持续发展的要求出发，进行山坡地资源的综合利用和改造规划；其次，根据规划，完善、配套、整合有关山坡地生态稳定与经济持续发展的技术，对山坡地资源进行全面、系统、合理的治理、利用和改造；再次，综合运用生态农业、径流林业、精细牧业及有关先进农业科学技术，深化山坡地资源的利用和开发。因此，课题研究包括了在理论上完善、配套、整合有关黄土高原地区山坡地生态稳定与经济持续发展技术，在实践上建立黄土高原地区山坡地生态稳定与经济持续发展样板的双重目标。

(5)提出了山坡地生态稳定与经济持续发展的评价指标和评价方法。紧扣山坡地生态稳定与经济持续发展的目标，遵循科学性、独立性、实践性和可操作性的原则，在全面反映山坡地生态经济系统的结构、功能和效益的基础上，通过广泛搜集整理、分析研究相关成果、典型调查、专家咨询等技术途径，明确了评价指标及其内涵，提出了山坡地生态稳定与经济持续发展评价指标体系及其判别标准、评价方法。

三、探索了黄土高原地区生态经济分区

生态经济分区的目的在于根据黄土高原地区不同生态经济特征区域的自然生态和社会经济现状，因地制宜地明确各区山坡地生态稳定与经济持续发展的实现途径，进一步完善区域生态经济系统的结构和功能，促进区域经济的持续发展，以实现黄土高原地区山坡地生态稳定与经济持续发展的总体目标。目前，专家学者以体现不同生态经济区的生态经济特征，或生态经济因子的相似性和差异性为基本原理，从不同的专业角度，就黄土高原地区的生态经济分区提出了大量的研究成果。课题组在综合分析地貌、农业气候、土壤、水资源、水土流失、农业生态、植被建设等分区的基础上，主要从农业气候、水土流失、植被建设和综合治理开发等与山坡地生态稳定与经济持续发展密切相关的方面，对黄土高原地区的生态经济分区的目标、特点和要求进行归纳分析和概括。

四、在一些专题研究领域实现了新的突破

(1)系统总结和分析了黄土高原不同水土流失类型区的土壤侵蚀特征，土壤侵蚀对山坡地生产力的影响及提高山坡地生产力的途径。

研究表明，水土流失类型区不同，其土壤侵蚀特征及演变规律不同。降雨、地形、耕作及土地利用方式等主要山坡地生态经济因子除具有一般性特征外，还具有明显的差异性特征；土壤侵蚀是导致黄土高原地区山坡地质量退化的主要原因。山坡地生产力直接取决于土壤养分、水分供给的数量和有效性，土层厚度、土壤质地及理化性状是形成土壤养分、水分供给数量及有效性的物质基础和生态条件。土壤侵蚀对山坡地质量的影响表现

在以下几个方面：土层厚度变薄；土壤质地粗粒化、石质化、母质化；土壤有机质和养分含量不断降低；降水入渗量减少，土壤水分状况及其他理化性状恶化。根据黄土高原地区山坡地类型及退化特征，山坡地质量退化可以归纳为三种类型：土层厚度薄层化主导退化类型、土壤质地母质化－沙石化主导退化类型、土壤养分流失主导退化类型。土层厚度、有机质含量、土壤质地和土壤水分状况相互影响，以土壤养分退化居第一位。提高山坡地生产力的核心是山坡地土地利用结构优化，关键环节是植被恢复和自然降水的有效利用。

(2)紧紧抓住"水"这一关键因子，进行了山坡地径流资源化开发利用技术研究。

通过分析论证认为，黄土高原地区，干旱少雨，气候干燥，自然环境恶劣，受季风和地形因子的影响，降雨集中且多暴雨，不仅地区分布不均而且季节变化与年际变化大，加之地形破碎，植被稀少，造成了严重的水土流失，使生态环境进一步恶化，农业生产长期处于低而不稳的状况。干旱不仅严重地制约着农业的持续发展，还严重地影响着人类的生存环境，因此提出在黄土高原地区亟待解决水资源的利用问题。由于地表水和地下水资源贫乏，且地下水埋藏深，仅靠常规的水资源开发途径解决干旱问题，不仅技术上难以实现，经济上也难以承受，而雨水资源是最能被植物直接利用的水资源，因而充分利用雨水资源是解决干旱切实可行的重要途径。进一步研究了坡地径流产生的机理，强化土壤入渗、减少地表径流的技术途径和坡地径流高效利用技术，提高雨水资源的利用效率，充分发挥雨水资源的生产潜力，建立雨水资源化开发利用的良性运行体系。

通过对黄土高原雨水资源化开发利用现状、主要类型区山坡地径流资源潜力分析，选择了绥德、安塞、西峰三个研究区域，设计了雨水资源化利用技术体系，既包括各种强化降雨就地入渗的水土保持措施，也包括各种形式的蓄水保水以及节水灌溉和抗旱技术。系统中各部分相互协调、相互影响，构成了统一的有机整体。

(3)在认真调研黄土高原地区山坡地农业丰产栽培技术措施的基础上，重点开展了山坡地蓄水保土耕作技术、平衡施肥技术和土壤养分转化与控制技术的试验研究。

黄土高原地区旱作农业的理论与实践为山坡地农业丰产栽培提供了成熟的技术，推广和应用这些技术对山坡地生态稳定与经济持续发展具有现实意义。蓄水覆盖耕作法、截流蓄水沟耕作法、集水深蓄耕作法与传统耕作法相比，可以有效改善热量及土壤容重、孔隙度、有机质、墒情等农作物生态状况，大幅度提高农作物产量。化肥在提供作物养分、维持土壤养分平衡方面起很大作用，增加土壤有机质的主要途径是增施有机肥，必须强调有机肥与无机肥配合施用的优化平衡施肥制度。氮磷合理配合是提高土壤养分有效转化的主要途径，叶面喷施尿素可有效地提高作物氮磷肥利用率，合理耕作是提高氮磷肥转化的关键，增施化肥、氮磷合理配施、水平沟耕作可以减少土壤肥分损失，提高氮磷肥有效转化率。

(4)开展了山地果园建设与果树丰产技术调研、示范和配套。提出了包括良种引进、园地管理、整形修剪、病虫害防治、集雨节灌、旧果园更新改造技术等一整套山地果园丰产配套技术，为解决果园建设中的技术关键问题，开展了相应的试验布设。以苹果、梨、枣为主进行示范园建设，为大面积推广提供了科学依据。在黄土高塬沟壑区、黄土丘陵沟壑区第一、三副区，引进苹果、梨、枣新品种16个，建成山地果树高产示范园约15 hm^2，对于推动山地果园建设，提高山坡地生产力，增加农民收入，壮大地方经济，具有积极而现实的意义。

(5)进行了山坡地林草植被建设技术和途径的试验研究。

在山坡地林草植被类型组成、结构、功能典型调研的基础上,根据植被空间配置理论,按照生态稳定、经济高效的原则提出了黄土高原地区不同类型区山坡地林草植被空间配置典型模式;根据径流林业工程设计的原则,在三个技术示范基地建成了集流蓄水型林草植被试验示范林,山坡地集流蓄水型林草植被建设技术试验取得了一定进展;依据低效刺槐林不同成因及其特点,遵循"因地制宜"和生态效益为主的原则,制定改造"低产、低质、低效"刺槐林的技术对策,提出了集流蓄水、降低林分密度、防止土壤干化、引入混交树种、更新树种以及皆伐定向培育等成套刺槐林更新改造措施。

(6)建立了山坡地技术试验示范基地。

本项研究以黄委会天水站罗玉沟试验场、西峰站南小河沟试验场、绥德站辛店沟试验场作为山坡地生态稳定与经济持续发展技术试验示范基地,在对基地开发利用现状进行分析评价的基础上,针对某些关键技术开展试验研究,总结黄土高原地区多年来山坡地治理开发的经验,从农、林、果、牧及径流利用开发等不同专业角度对山坡地生态稳定与经济持续发展的先进技术进行组装配套、优化组合,并依此开展了技术示范,进行了基地建设规划、基地建设和管理,完成了有关技术和治理任务指标,提高了技术示范基地的综合效益,为黄土高原地区山坡地生态稳定与经济持续发展树立了样板。

第一章 黄土高原地区山坡地治理开发的背景及其意义

第一节 黄土高原地区的自然环境特征

黄土高原地区面积64万km^2,东起太行山西坡,西至乌鞘岭和日月山东坡,南抵秦岭北麓,北界为阴山南麓。其中,黄土丘陵沟壑区和黄土高塬沟壑区是我国北方半湿润区与干旱半干旱区的过渡地区,年降水量在250 mm和500 mm两条等雨量线之间,亦包含于"干旱、半干旱(干燥度为1.0~3.5)区"和"农牧交错带"内。这一区域大部分是农牧业过渡区,具有两个系统相互作用程度所决定的一系列特性。最典型的特征就是生态脆弱性。

一、地形地貌

本区地质结构复杂,基底构造活动差异性大,受区域大地构造控制,宏观地貌类型有丘陵、高塬、阶地、平原、沙漠、干旱草原、高地草原、土石山地等,其中山区、丘陵区、高塬区占2/3以上。典型的黄土地貌分为黄土高原、黄土盆地和黄土冲积平原三大类型,受局部小构造支配微观地貌为黄土高原、黄土梁峁、黄土壕地、涧地以及沟地等。本区总的地势是西北高、东南低。六盘山以西地区海拔2 000~3 000 m;六盘山以东、吕梁山以西的陇东、陕北、晋西地区为典型的黄土高原,海拔1 000~2 000 m;吕梁山以东、太行山以西的晋中地区由一系列的山岭和盆地构成,海拔500~1 000 m,个别山岭超过1 000 m。

二、土壤植被

本区大部分为黄土覆盖,是世界上黄土分布最集中、覆盖厚度最深的区域,平均厚度50~100 m。洛川塬超过150 m,董志塬最大厚度超过250 m。土壤的风成母质微细、疏松,地带性变化较明显,自东南向西北,依次分布有褐土、黑垆土、灰钙土、栗钙土和棕钙土等类型。土壤退化、沙化现象严重。自东向西跨越落叶阔叶林地带、草原地带、荒漠地带和青藏高原植物地带4个植被带,原始植被破坏严重,并处于森林-草原-荒漠的"生态应力带"上。现存植被稀少,覆盖率低。

三、气候与降水

本区为大陆性季风气候。冬季在强盛的极地干冷气团控制下,雨雪稀少,夏季蒙古高压北移,受西太平洋副热压、高压和印度洋低压影响,盛行东南、西南季风,雨水增多。多年平均降水量为460 mm左右,总的分布趋势由东南向西北递减,东南部600~700 mm,中部300~400 mm,西北部100~200 mm。以400 mm等雨量线为界,西北为干旱半干旱区,东南为湿润半湿润区。本区降水年际变化大,丰水年的降水量为枯水年的3~4倍;年内分布不均，6~9月降雨量占年降水量的70%左右，且多以暴雨形式为主。每年夏秋季节易发生大面积暴雨，24小时暴雨笼罩面积可达5万~7万 km^2。黄河河口镇至龙门，泾、洛、渭、汾河，伊洛沁河为三大暴雨中心。形成的暴雨有两大类，一类是在西风带内，受局部地形条件影响，形成强对流而导致的暴雨，范围小、历时短、强度大；另一类是受西太平洋副高压的扰动而形成的暴雨，范围大、历时较长、强度更大。

四、水文泥沙

黄河流经黄土高原，本区面积大于1 000 km^2 的直接入黄支流有48条，其中龙羊峡至河口镇18条，河口镇至龙门21条，龙门至桃花峪9条。较大的支流有渭河、无定河、汾河、北洛河、皇甫川、窟野河等。

黄土高原地区的径流主要由暴雨洪水形成，区域差异明显。黄河兰州以上地区河流径流量较大，含沙量小；兰州至河口镇区间两岸多为沙漠地带，无大的支流汇入；河口镇至花园口区间暴雨洪水频繁，洪峰高、含沙量大、历时短、陡涨陡落。该区间有三大暴雨中心，相应形成河口镇至龙门、龙门至三门峡、三门峡至花园口三大洪水来源区，常常形成大洪水和特大洪水，危害极大。

黄河泥沙的主要特点是：①含沙量高、输沙量大。黄河三门峡站多年平均输沙量约16亿t，多年平均含沙量35 kg/m^3。河龙区间的皇甫川、孤山川和窟野河，洪水期含沙量常常超过1 000 kg/m^3。②地区分布不均，水沙异源。泥沙主要来自中游的河口镇至三门峡地区，来沙量占全河的91%，来水量仅占全河的32%；河口镇以上来水量占全河的54%，来沙量仅占9%。③年内分配集中，年际变化大。黄河泥沙年内分配极不均匀，汛期6~9月沙量占全年的90%，尤其是7、8两个月来沙更为集中，占全年的71%。黄河沙量的年际变化不均，泥沙往往集中在几个大沙年份，三门峡站最大年输沙量39.1亿t（1933年），是最小年输沙量3.75亿t（2000年）的10.4倍。

五、水资源

花园口站多年平均实测径流量470亿 m^3，经还原后天然径流量为559.2亿 m^3。该区水资源贫乏，面积占全国的6.7%，而年径流量只占全国的不足2%。区域内人均水量548 m^3，相当于全国人均河川径流量2 670 m^3 的20%；耕地平均水量2 625 m^3/hm^2，仅为全国的10%。水资源分布十分复杂，兰州以上地区的面积仅占全区的34%，径流量占55.6%，年径流深100~200 mm；兰州到河口镇，年径流深10~50 mm；河口镇到三门峡，年径流深20~50 mm；龙门至三门峡区间面积占25.4%，径流量只占全河的19.5%。

第二节　黄土高原地区的社会经济特征

一、人为活动加剧是主要社会经济特征

黄土高原地区已有4 000多年的农耕史。自秦、汉、唐代屯围戍边以来，经东汉、晋、五代、宋辽、西夏时期游牧民族的南下，以及明清大规模的军（屯）垦，到清末民初及新中

国成立以来的大量垦荒，人类活动愈来愈剧烈。受汉民族农耕文化的影响，历史上以农耕为主、广种薄收的习惯逐代沿袭，未被垦殖的荒草地又大多超载过牧，加之汉民族和其他少数民族因不断冲突而引发的频繁战争，给该区的生态和经济带来了沉重的灾难。自新中国成立以来，该区社会经济状况发生了巨大的变化，但经济、社会、资源和环境之间的矛盾仍十分尖锐，扩田拓地和广种薄收的现象仍在沿袭，开发建设又不断增加新的水土流失，生态环境恶化与社会经济落后互为因果、恶性循环。

二、传统产业和产业结构面临新的挑战

农业是黄土高原地区的传统产业，农业的发展为黄土高原地区经济和社会的发展起到了举足轻重的作用。虽然新中国成立以来黄土高原地区的农业取得了前所未有的巨大发展，但仍然不能很好地担负起为现有 8 000 多万人口提供粮食、蔬菜和其他农副产品的任务。黄土高原地区蕴藏丰富的石油、煤炭和天然气等矿产资源，将建成我国 21 世纪重要的能源重化工基地。城市和工业的发展将会对传统产业和产业结构提出更加严峻的挑战。黄土高原地区农村产业结构不合理主要反映在种植业是农村产业的绝对主体上。因此，冲破单一经营的传统意识，提高种植的经营效益，加快农工副业、牧业和林业的协调发展，促进传统产业的更新换代，是进行产业结构调整的关键。

三、人口等社会因素是制约生态稳定和改善的瓶颈

黄土高原地区的人口问题已成为区域生态环境改善、经济开发和人民生活水平提高的重要限制因素。主要表现为，人口超载，土地处于人类的极度压力之下。1998 年黄土高原地区总人口达 8 877.64 万，平均人口密度为 219.2 人/km^2，其中人口密度超过 300 人/km^2的农业县有 43 个（见表 1-1）。由于人口基数大，加之少数民族地区、西部人口较少的省份人口政策略有灵活性，1982 ~ 1991 年的人口增长速度超过全国 0.9 个百分点。据国际概算，干旱半干旱地区每平方千米一般能养活 6 ~ 7 人，最多只能养活 20 ~ 30 人。而该区的平均人口密度达到了该数据上限的 5 ~ 7 倍，人口的剧增和严重超载，增加了对自然资源的极度消耗。以甘肃为例，甘肃黄土高原是甘肃省人口最为密集的地区，据《甘肃省统计局关于 1998 年人口抽样调查各地、县主要数据的公报》，甘肃黄土高原 7 个地州市共有人口 1 725.27 万，占全省总人口 2 519.37 万的 68.48%，平均人口密度在 150 人/km^2以上，是全省平均人口密度的 3 倍；河谷和塬区人口密度则在 330 人/km^2 以上，甘谷县、秦安县分别为 356 人/km^2 和 348 人/km^2，在整个黄土高原范围内也属人口稠密的县区。

表 1-1　黄土高原地区人口密度超过 300 人/km^2 的农业县

省（区）	人口密度超过 300 人/km^2 的农业县（个）
青海	1
甘肃	3
山西	14
陕西	19
河南	6
合计	43

总之，极端脆弱的生态环境和超负荷的人口对该地区构成了双重的压力，人口、资源、环境、发展之间的关系严重失衡，严重制约着本区域乃至整个黄河流域生态环境和经济社会的可持续发展。要实现黄土高原乃至整个黄河流域的可持续发展，决不能再走破坏生态、掠夺自然资源、追求短期效益的老路了，必须走恢复优化生态、恢复生态环境的良性循环，建设生态农业、保证水土等自然资源的永续利用的新路子。

四、提高大多数农民的生活水平仍然是区域治理开发的重要目标

黄土高原地区位处我国经济落后地区，同时又是我国少数民族的聚居地，相当部分的农民生活水平低下。据 1996 年统计，国家“八七”扶贫计划确定的 592 个贫困县中，黄河流域贫困县就有 126 个，占全国贫困县的 21.3%。这些贫困县中的农民人均纯收入仅为全国农民人均纯收入的一半，贫困发生率高达 20% 左右。区域贫困凸现是黄土高原地区农村贫困的主要形式，该区 60% 以上农村贫困人口主要集中在陕北、定西、陇东、晋西等地区。黄土高原地区的贫困既有自然性、历史性的贫困，同时也有结构性的贫困。新中国成立后，特别是改革开放以来，党和政府通过财政补贴、基本建设投资、“三西”专项拨款、“八七”扶贫攻坚以及以工代赈、扶贫贷款、不发达地区发展资金等，对这一地区投入大量的物力和财力进行救济。虽然黄土高原地区的农民生活水平有了显著提高，但这一地区的贫困落后问题并未彻底解决，结构性贫困并未根本改变，并且返贫现象比较严重。如何依托黄土高原地区的资源优势，通过国家支持提高该区的“造血功能”，加快自我发展能力的形成和实现整体经济实力的增长，提高当地居民生活水平，仍是十分严峻的任务。

第三节　山坡地治理开发的意义

黄土高原地区是我国贫困人口的聚居区，也是我国自然资源的富足区，同时生态环境极其脆弱，是我国生态经济建设备受关注的地区。山坡地不仅是黄土高原地区农林牧业生产的主要基地，同时又是地表径流产生、汇集以及土壤侵蚀发生发展的主要区域。加快山坡地综合治理开发，不仅对于改善区域生态环境，促进区域经济社会的持续发展，减少进入黄河的泥沙具有极其重要的作用，而且对于进一步落实党中央、国务院提出的西部大开发战略也具有十分重要的现实意义。

一、山坡地治理开发在区域农业经济发展中的地位和作用

黄土高原地区坡耕地面积占总土地面积的 60% 以上，占总耕地面积的 83% 以上，山坡林草地面积占该区林草地面积的比例更高，山坡地农业生产是黄土高原地区农业的主体。

（一）山坡地种植业

黄土高原地区群众生活需要的主要食品是粮食，种植业是黄土高原地区最古老的行业。目前，发展种植业仍然是增加粮食等农产品产量和提高农民收入的基本途径。随着农业科技的不断进步和种植业结构的不断调整优化，山坡耕地所提供的农产品产量和收入不断增加，而山坡耕地改修梯田对改善农作物生长环境、提高农作物产量、促进退耕还

林还草，以至于促进山坡地生态稳定与经济持续发展都具有极其重要的作用。研究表明，一般坡地修成梯田后，土壤水分、养分和物理性质大为改善，土壤肥力逐年提高，粮食产量大幅度增长。根据延安、安塞等地试验，坡地修成梯田后，1 cm 深土层内的土壤水分增加 4% ~12% 。据黄委天水水保站实测资料，5 年梯田比 1 年梯田的有机质含量高 167.6% ，全氮高 72.2% ，有效磷增加 3 倍，水解氮增长 1.5 倍；据黄委会绥德水保站、陕西延安水保所和甘肃兰州水保站调研资料，黄土丘陵沟壑区第一副区新修梯田产量比坡耕地平均高出 50% ，关中地区每公顷埝地的产量一般在 2 250 ~3 375 kg，高出坡耕地 1 ~1.25 倍，延安地区隔坡梯田糜子、谷子产量比原坡地增加 30% ~110% ，兰州地区平坡比为 1∶3的隔坡梯田小麦产量比坡耕地增产 91.9% ~133.3% 。

总之，综合利用开发占耕地 80% 以上的坡耕地，对于促进黄土高原地区山坡地生态稳定，夯实农业经济持续发展的基础，增加农民收入，提高农民生活水平具有十分重要的作用。

（二）山坡地林牧业

黄土高原地区宜林宜牧山坡地多，发展林牧业具有十分广阔的前景。

1. 山坡地林业

山坡地林业建设是黄土高原地区林业建设的主体，也是黄土高原地区农业经济的重要组成部分。多年的实践证明，在黄土高原地区山坡地发展以灌木林为主，灌木林与乔木林相结合，以生态型林为主，防护林、经济林、薪炭林相结合的多用途、多功能生态经济型林业，不仅能保持水土，同时对于发展林业经济、增加群众收入、促进和带动相关产业的发展具有重要的意义。例如，山坡地沙棘资源建设已成为黄土高原水土保持的突破口被广泛重视和大面积推广，开发研究的沙棘产品也备受青睐。据不完全统计，现在已投入生产的沙棘制品加工厂有 100 多家，年生产沙棘产品 3 万多 t，总产值上亿元。梁一民对安塞纸坊沟小流域的调查研究表明，以山坡地刺槐为例，以 1 hm^2 地 1 500 株计，20 年采伐一次，可收入 1.5 万元以上，每公顷年均产值 750 元，其经济效益产投比远远高于陡坡农地。以苹果生产为龙头的经济林果业生产是黄土高原地区农村经济的强劲增长点，目前果品收入仍在农村经济收入中占有统治地位。截至 1998 年底，黄土高原地区累计发展果园面积 60 多万 hm^2，其中山坡地果园占 60% 以上。陕西省苹果栽培总面积达到 23.3 万 hm^2，总产量达到 2.3 亿 kg，产值超过 2.5 亿元。山西省隰县充分利用世界银行贷款项目的机遇发展林果产业，1997 年农村经济总收入 2.75 亿元，其中林果业产值 3 288 万元，农民人均纯收入 1 276 元，其中农民人均林果业纯收入 418 元。另据调查，陕北、晋西 7 县的山坡地枣树栽植面积达 3.63 万 hm^2，成为当地群众的主要经济收入来源，其中山西省临县曲峪乡红枣收入占农业总产值的 65% ；陕西省宜川县集义镇在山坡地种植花椒，目前的人均花椒收入达 1 000 元左右，占经济收入的 50% ；甘肃省庆阳地区的西峰、镇源、宁县等 5 县（市）发展的山坡地杏树 1.12 万 hm^2，总产量达到 3 000 多万 kg，为当地出口创汇的主要农产品。由于人类活动的加剧，黄土高原地区的原始森林遭受到了严重破坏，森林覆盖率目前仅为 4% 左右，同时林木存活不易、生长较慢，黄土高原地区植被建设也是一项长期性、艰巨性的工作。

2. 山坡地畜牧业

在黄土高原地区大部分的农牧交错区或半农半牧区，畜牧业同样是农业经济的重要组成部分。山坡地是黄土高原地区畜牧业生产基地，山坡地畜牧业涵盖了黄土高原地区畜牧业的主体。黄土高原地区山坡地天然草场面积大，饲料资源丰富，畜禽品种多样，同时具有发展人工草地的优越条件，发展畜牧业的条件优越。随着生活水平的提高，人们对肉、蛋、奶、毛皮及其制品的需求日益增加。畜牧业不仅能为人们提供丰富的生活用品，而且提供重要的工业原料，增加出口，带动相关产业发展。从 1998 年黄土高原地区农业产值与农村经济结构现状看，畜牧业产值占农业总产值的 21.6%。多年来，由于人畜数量的增加，管理措施明显跟不上，草地的垦殖和过度放牧现象日益严重，草场载畜量不断下降。加之，水土保持人工种草没能很好地与群众养畜相结合，经济效益不明显，群众不易接受，推广困难，影响了山坡地畜牧业的发展。人工草地和天然草地相结合是黄土高原地区山坡地利用的一个基本方向。根据党中央、国务院关于西部大开发、退耕还林还草的若干政策，加大山坡地综合开发治理的力度，大力促进黄土高原地区畜牧业的发展，任务是极其艰巨的。

二、山坡地治理开发的生态意义

国家把加强生态环境建设和保护作为实施西部大开发战略的重要任务之一，党和国家领导人在 1997 年就发出"治理水土流失、建设生态农业"和"再造一个山川秀美的西北地区"的指示。黄土高原地区量大面广的山坡地既是治理水土流失的主战场，又是生态环境建设的主战场。把水土保持和生态农业建设相结合，加快山坡地综合治理开发，对于黄土高原地区恢复自然生态和再造秀美山川具有十分重要的意义。所谓生态农业是指：在经济和环境协调发展原则指导下，总结吸取各种农业方式的成功经验，按照生态经济学原理，应用系统工程方法建立和发展起来的农业体系。它要求把发展粮食生产与发展多种作物生产相结合，把发展种植业与发展农、林、牧、副、渔业相结合，把发展大农业与发展二、三产业相结合，利用传统农业的精华和现代科学技术，通过人工设计工程，协调资源利用与保护之间的关系，形成良性循环，实现农业的可持续发展。在生态环境脆弱的黄土高原地区，生态农业的实质是以水土保持为基础，通过合理调整土地利用结构，培育资源，优化生态，实现可持续发展的农业模式，以生态经济系统的良性循环求得经济的发展，达到生态、经济、社会目标的有机统一。黄土高原地区以县(市)为单元进行的农业综合开发与生态建设试点示范，在农业部、林业部和国家环境局等牵头开展的生态建设试点中占有相当的比例，试点示范工作取得了很大成效，基层干部和广大农民生态保护的意识普遍提高。陕西省延安市宝塔区是全国生态农业示范县之一，近几年调整山坡地农业结构，改变单一种粮习惯，按照"林果、草牧、粮农"生态农业模式进行综合治理，实行梯田种粮，缓坡地种林果，陡坡地种草灌，实现了生态逐步改善，农业连年丰收；全市实施水土保持生态 5 年使林草覆盖率达到 50.8%，建设了高标准的基本农田，大面积推广节水灌溉技术等。1995 年延安市在遭受百年不遇的持续 262 天大旱时，粮食产量创历史最高纪录。中科院水保所在陕西省安塞县开展水土保持型生态农业研究，经历了生态户→生态村→纸坊沟小流域水土保持型生态农业→水土保持型生态农业的发展历程，成效显著。1994 年该流域人均耕地 0.29 hm^2，人均基本农田 0.16 hm^2，人均林地 0.48 hm^2，人均经济林 0.087 hm^2，人均纯收入超过了 1 500 元，农林牧结构趋于合理，提高了流域整体效益。

三、山坡地综合治理开发在黄河治理开发中的地位与作用

黄河自龙羊峡后进入、自桃花峪后流出黄土高原地区，其间的干流长度约有 3 009 km，占黄河全长的55%。黄土高原地区（包括闭流区）面积 64 万 km^2，占黄河流域总面积的 81%。该区山坡地面积 3 861 万 hm^2，占总面积的 60.15%。

洪水威胁、泥沙淤积和水资源缺乏被称为黄河的三大问题。山坡地是洪水产生汇集的原发地，加之坡度大，土质疏松，土壤侵蚀极为严重，裸露坡面的侵蚀模数可高达 2 万 t/ km^2。因此，黄河的三大问题和山坡地有着密切的因果关系。黄土高原地区严重的水土流失，使得大量泥沙泄入黄河，多年平均输沙量达 16 亿 t，有 4 亿 t 沉积于下游干流河道，其中大部分为粒径大于 0.05 mm 的粗泥沙，从而使下游河床平均以每年 10 cm 的速率淤高。黄河下游防洪大堤出现了"越险越加，越加越险"的恶性循环，洪水始终威胁着黄河下游广大的黄淮海平原的安全，成为国家的心腹大患。黄河下游河床泥沙淤积和由此而产生的洪水威胁和灾害，其根源在于黄土高原地区的水土流失。从土壤侵蚀形式看，该区长城以南是以水蚀（水土流失）为主，长城以北是以风蚀（风蚀沙化）为主，而长城两侧为水蚀和风蚀交错。龙羊峡至桃花峪的黄河上中游地区是世界上水土流失面积最大、流失程度最严重的地区，共有水土流失面积约 43 万 km^2。土壤侵蚀模数大于每年5 000 t/km^2 的水土流失面积约 15.6 万 km^2。晋陕蒙接壤的保德、神木、府谷、准格尔以及晋西北、陕北是水土流失最严重的地区，也是黄河粗泥沙的集中产区，黄河 63% 的泥沙和 76% 的粗泥沙（粒径大于 0.05 mm）来自该地区。西峰、洛川一带的高塬沟壑区塬边侵蚀严重，定西到西吉、海原、固原的丘陵区，水土流失也很严重。

山坡地是流域洪水的来源地。据实测资料分析，黄土丘陵沟壑区小流域内沟间地面积可占流域面积的 45% ~75%，侵蚀量占流域总沙量的 14% ~60%，沟谷地面积占总面积的 25% ~55%，侵蚀量占流域总沙量的 38% ~86%；黄土高塬沟壑区小流域内沟间地面积可占流域面积的 40% ~80%，侵蚀量占流域总沙量的 5% ~15%，沟谷地面积占总面积的 20% ~60%，侵蚀量占流域总沙量的 80% 以上。一般来讲，山坡地在垂向上分为缓坡面蚀、沟蚀区和陡坡水力、重力综合侵蚀区。沟谷谷坡是产沙率较高的部位，特别是在小流域沟谷中下游沟坡的下部，属于陡坡水力、重力综合侵蚀区，是产沙率最高的部位。由于流域系统不同地类之间侵蚀产沙与水流挟沙能力的相互影响关系，上坡来水来沙对下游侵蚀产沙程度的加强作用是显而易见的，坡面或塬面汇流是影响流域泥沙来源的重要方面，不同类型区、不同降雨条件和不同地貌形态情况下，这种影响程度有一定差异。据西峰水保站试验，塬面水下沟所增加的流沙量占流域流沙总量的 76% 以上；据西北水保所研究，当沟坡接受上方来水来沙以后，其侵蚀产沙量要增大 0.95 ~2.9 倍。

梯田是坡面上最常见的工程措施，也是最有效的山坡地缓洪减沙措施，由于黄土疏松，淋溶量大，对小于 50 mm 的日降水一般可以全部入渗。据绥德水保站观测，当一次洪水径流量在 2 万 m^3/km^2 以内时，可全部拦蓄，在 2.5 万 ~3 万 m^3/km^2 时，可控制 90% 以上。当一次暴雨产沙在 1.5 万 t/km^2 时，可全部控制；在 2 万 ~ 3 万 t/km^2 时可控制

87.6%～95%。据延安大砭沟4次大暴雨资料分析，其蓄水率平均为73.8%，减沙72.8%。据绥德、离石、延安、天水等站长系列资料分析，多年平均蓄水率为70.7%～93.6%，减沙均在90%以上。造林种草等生物措施见效较慢，但从长远看，确实是减少坡面水土流失的一项根本性的措施。据观测，黄土地在有林草植被保护的条件下，水土流失是很轻微的，其土壤侵蚀模数只有100～200 t/km^2。但植被一旦遭受破坏，则侵蚀量可猛增100倍以上。在人工条件下，各地造林年平均减水30.8%～75.1%，减沙39.3%～88.8%；人工牧草减水5.5%～58.9%，减沙65%～95.3%；一般情况下，林草的覆盖度越大，其减水减沙的作用越大，在封育条件下，植被得以恢复，植被度增大。据观测，相同降雨量下，不封沟径流深为23.4 mm，冲刷深为0.68 mm；封育沟的径流深降至2 mm，完全不产生冲刷。

黄土高原地区的水土保持不仅是改善生态环境、发展农林牧业生产和增加农民收入的根本措施，也是减少入黄泥沙的根本措施。坡面与沟道是有机联系的整体，治理山坡地的水土流失在黄土高原地区具有特殊的意义。

第二章　黄土高原地区山坡地的基本特点、类型及其分布

第一节　山坡地的概念

“山坡地”一词最初出于何处无从考证，也未曾见到全面确切的概念界定。目前部分文献中将“山坡地”和“山坡耕地”、“坡耕地”等混用。我国现行《水土保持法》中规定25°为坡耕地坡度的上限，这对于山坡地的概念界定有实质性的意义。

黄土高原地区地质构造活动差异性大，地貌类型复杂，宏观地貌（区域地貌）受区域大地构造控制，分为黄土高原、黄土盆地及黄土冲积平原三大类型；微观地貌（局部地貌）受局部小构造支配，按成因主要有流水侵蚀地貌，次为风蚀与重力侵蚀地貌。流水侵蚀地貌有黄土塬、黄土梁峁、黄土壕地、涧地及其各级沟谷等。

黄土高原地区的土地可以分为山地、丘陵、黄土塬、川地四大类。山地有高山与低山、石质山与土石山之别，更因其所在位置、形状和土质的不同而分为岭地、梁地和坡地。丘陵一般以黄土丘陵或戴有“黄土帽”的丘陵为主，分为梁地（平岗地）、塔地（圆顶丘地或金字塔状丘地）两种。黄土塬地常有岭地（分水岭）、坳地（洼地）、埫地（分水岭下完整的集水盆）、壕地（埫地以下具有沟槽的土地）、嘴（塬嘴）和畔（塬边部分）之别。川地是水系两侧冲积洪积平原或堆积平地的总称，因水系大小和上下游所处位置的不同，有大小川地、沟条地、沟掌地之别。一级以上的阶地又有坪、台之分。完整的塬地和其他高平地，常被深达1～10 m的沟道所割切破坏，并将沿着洼地道路溯塬而上，分割成破碎塬、梁，进而形成塔地。梁、塔的进一步破坏，则将沿着平梁—斜梁—狭梁—塔地—圪塔等顺序演变；其斜坡地又将沿着坡—峁—坬—崖等顺序发展，最后使整个斜坡沦为侵蚀性劣地或土林状的陡壁、黄土墙和黄土柱等。

黄土高原地区独特的自然地理环境、地势、地貌塑造了山坡地独特的景观。山岭、丘陵、高塬为山坡地地貌的主体，构成了山坡地土地类型的基本框架。从此意义上讲，山坡地包括了除平地、沙地、水域、居民村落、道路等以外的所有土地。综上所述，我们把山坡地界定为原状坡度大于3°的土地。其基本涵义是：从宏观地貌形态讲，山坡地是指梁峁顶到梁峁缘线之间，塬边线以下区域和沟缘线至沟谷底（沟坡）区域，其实质上是指沟间地部分和沟谷地的谷坡部分；从土地利用的角度讲，山坡地包括已经利用或改造的坡地和未利用的荒坡，包括坡耕地，梯田、荒坡（包括天然草坡地）、林坡地、裸地等；从地面坡度讲，山坡地涵盖了原状坡度大于3°的所有土地。其中，原状坡度小于25°的土地主要用于农作物及园艺作物生产，作为种植业的劳动对象；原状坡度大于25°的土地主要用于林草植被建设等，主要作为林业和畜牧业的劳动对象。

第二节　黄土高原地区山坡地的基本特点

一、分布广泛，综合开发利用潜力很大

黄土高原地区地跨青海、山西、陕西、甘肃、宁夏、内蒙古和河南 7 个省(区)，317 个县(旗)，自然条件十分复杂，山坡地资源极为丰富。该区山坡地面积 3 861 万 hm^2，占总面积的 60.15%，其中，丘陵沟壑区、高塬沟壑区、土石山区和风沙区有山坡地 3 300 万 hm^2，占黄土高原山坡地面积的 85.5%。黄土高原地区山坡地分布广泛，综合开发利用潜力很大，主要表现在粮食生产和林草植被建设两方面。

在粮食生产方面，以典型黄土高原区 6 省(区)的 106 个县为例，该区域共有耕地 532.95 万 hm^2，人均 0.13 ~ 0.53 hm^2，其中坡耕地面积为 373.13 万 hm^2，人均 0.09 ~ 0.38 hm^2；耕地的复种指数为 105.7%，粮食的播种面积为 451.35 万 hm^2，每公顷产量为 880.5 ~ 3 968.1 kg，其中大于 3°坡耕地的粮食播种面积为 317.66 万 hm^2，每公顷产量为 192 ~ 864 kg，所选区域人均产粮 125.1 ~ 510.0 kg，其中延安、长治突破了 400 kg。与 20 世纪 80 年代末期相比，粮食单产增加了 41%，粮食总产增加了 36.5%，说明黄土高原山坡地粮食生产不仅有潜力可挖，而且只要措施得当，在短时期内会取得较大的发展。

山坡地林草植被建设是黄土高原生态经济发展的重要组成部分，造林种草增加植被、建设生态经济型水土保持防护林体系、发展经济林果，是防治水土流失、改善生态环境和农业生产条件、促进当地经济发展和增加农民收入的重要措施。据有关专家考证，黄土高原的大部分地区在历史上曾经有较好的林草植被。3 000 年以来，由于人口增长，加之秦、汉、宋、明等时期大量移民戍边，陡坡垦种，植被破坏严重，到新中国成立前夕，黄土高原地区的天然林(大部分是次生林)已占不到总面积的 10%，而且主要分布在石质山岭和土石山区。此外，在甘肃省南部和青海省东部有 3.69 万 km^2 的高地草原，内蒙古伊克昭盟有 5.70 万 km^2 的干旱草原。黄土高原地区目前有草本植物 530 种，木本植物 740 多种，藤本植物 30 多种，其中有许多植物具有较高的经济开发利用价值。黄土高原地区还有 2 144.43万 hm^2 荒地和 466.7 万多 hm^2 可改造的沙漠，是一个大有开发前景的林牧业基地，结合水土保持，大量造林种草，合理开发利用林草资源，发展林牧副业，可为国家提供丰富的林牧副业生产品，促进群众脱贫致富。

二、类型多样，带来农业生产的多宜性

黄土高原地区山坡地类型多样。按坡度分为平坡地、缓坡地、陡坡地、极陡坡地和险坡地等；按土地利用方式分为农耕地、林地、牧草地、荒地等；按坡向分为阳坡地和阴坡地等；按部位分为梁、峁、顶坡地，梁峁坡地、沟坡地、旱台塬地、塬坡地、丘间小盆地(陕北称“垌”，陇东称“掌”，宁南称“壕”)。土地类型的多样性，带来了山坡地农业生产的多宜性等。

（一）土地利用的多宜性

黄土高原地区山坡地利用以种植业、畜牧业和林果业为主，种植业为本区山坡地农业生产的主体。由于种植业为畜牧业提供了物质条件，加之大部分地区山坡地饲料饲草资源丰富的特点，该区在农牧业结合上占有很大的优势，农区畜牧业有长足的发展。本区海拔高(500 ~ 2 000 m)，温差大，大部分地区极宜发展林果业，相当一部分地区的农田林网和荒地林带等也有较好的效益。不同类型区的山坡地利用各有特点，黄土高塬沟壑区塬面广阔，塬面农田多修成水平埝地，以种植业为主，塬坡地以造林种草、建山地果园、发展林牧副业为主。黄土丘陵沟壑区梁峁起伏，坡陡沟深，坡耕地和荒坡地资源丰富，基本农田以水平梯田、隔坡梯田为主，大面积的荒坡地和退耕陡坡地以造林、种草、修建山地果园为主。

（二）农业种植技术和耕作制度的多宜性

为了提高山坡地的土地生产力，黄土高原地区的农业种植方法和耕作制度一直处于不断的改进与探索之中，目前形成的水土保持耕作技术主要有三类：一类是以改变微地形为主的耕作技术，主要有圳田法、代田法、区田法、垄作区田、水平抗蚀沟和抗旱丰产沟等；一类是以增加地面覆盖为主的耕作技术，主要有间作、套种、复种、草田轮作等；还有一类是以改良土壤为主的耕作技术，主要有深耕、深松耕、增施有机肥以及铺沙压田等。采用水土保持耕作技术，大大增加了地面糙率，减少了地面蒸发，有效蓄存了天然降水，减轻了水土流失，增加了农作物产量。目前，黄土高原地区的山坡地广泛采用的水土保持耕作技术有垄沟种植法、水平沟种植法、等高耕种法、少耕法、复耕法、多作种植法、草田带状种植法和草田轮作法等。它是在传统的农业耕作法的基础上，吸收和融合先进的农业技术，从而形成的一套适合于干旱、半干旱地区推广的有效增产技术，它改变了人们对山坡旱地无能为力的被动局面，为提高山坡地的土地生产力提供了有效途径。根据试验资料，在22° ~25°陡坡地种植谷子间套小豆，植被覆盖度增加了一倍，谷子收获后小豆继续覆盖30天，因而水土流失将减少17% ~47%。另据卢宗凡等在安塞县茶坊25°坡耕地上的试验结果：轮作地上土壤径流次数要比对照减少3 ~ 11次，粮食产量比对照增产25%，地面的覆盖度也有改善。甘肃省环县、镇原县在10° ~20°的坡耕地上，每隔10 ~ 20 m，顺等高线种一条苜蓿带，带宽3 m，把坡面分几个坡段，形成了坡式梯田，起到了截短坡长，减轻冲刷和缓流落淤的作用，通过每年耕作，草带上部逐渐升高，下部逐渐降低，使坡式梯田逐渐减缓，原来没有台阶的坡面，逐渐形成1 ~ 1.5 m高的台阶，这种方法既能保持水土，又为坡地变梯田创造了条件，还能解决牧畜饲料，一举三得。

三、水土流失严重，影响山坡地生态稳定与经济持续发展

黄土高原地区是世界上水土流失最严重的地区之一。该区土壤侵蚀模数一般在5 000 ~ 10 000 t/(km^2 · a)，局部地区高达20 000 ~ 30 000 t/(km^2 · a)。黄土高原地区每年输入黄河泥沙16亿t。黄土高塬沟壑区塬面广阔平缓，水土流失轻微，但塬坡侵蚀严重，造成沟头前进不断蚕蚀塬面农田。例如：明清时期甘肃董志塬面积约为2 000 km^2，现在缩小至910.7 km^2；山西西北地区太得塬、唐户塬等，明清时期塬面较完整，现在已

成为破碎塬。黄土丘陵沟壑区坡陡沟深，面蚀、沟蚀等都很严重。面蚀主要发生在坡耕地上，其次是荒地，沟蚀主要发生在坡面切沟与幼年冲沟。山坡地水土流失主要表现在以下几个方面。

(一)流失表土，降低肥力，破坏地力，导致农业减产和土壤退化

试验研究表明，山坡地土壤侵蚀量都随坡度增大而增加，而粮食产量随土壤侵蚀强度的增加而降低。据黄委天水水保站试验，坡度在4°左右的耕地每年每公顷土壤流失量为854 t，粮食产量为2 092.5 kg；地面坡度增加到17°~18°，每年每公顷土壤流失量增加为3 055.5 t，粮食产量下降为1 554 kg。山坡地土壤侵蚀造成的养分流失十分惊人。据黄委绥德水保站在桥沟流域实测，1986~1989年每平方公里耕地流失的氮、磷、钾和有机质分别相当于2 015.9 kg尿素、21 734.8 kg过磷酸钙、88 555 kg氯化钾和56 631.5 kg干草。如果黄土高原地区侵蚀量大于1 000 t/(km^2·a)地区的养分流失都按这个标准推算，每年就有57.98万t氮、625.16万t磷和2 547.1万t钾流失，相当于我国1993年化肥生产量的1.65倍。

(二)破坏可耕地面积

土壤侵蚀对山坡地农业生产的另一种影响是破坏可耕地面积，从典型调查来看，黄土高原因土壤侵蚀每年损失的可耕地面积是很可观的。宁夏固原县由于沟谷扩展，每年损失土地333.3~400 hm^2。山西离石王家沟1959年的沟谷面积占流域面积的46%，1988年扩大为53%，即沟间地面积缩小了7%，平均每年缩小0.23%，折合为20.9 hm^2。该流域内已经没有古代沟谷的残留，每年每平方公里的土地损失尚达2.3 hm^2，那些正处在沟谷侵蚀活跃期流域的土地损失率就更大了。陕西延安杏子河流域沟谷1958~1978年的扩展速度平均为0.84 m，最快为1.64 m，沟头前进上游2.47~3.67 m，中游1.27~2.67 m，下游0.65~3.01 m，平均2.26 m，沟谷密度平均按7.7 km/km^2计算，每年损失沟间地面积约1 866.7 hm^2。泾河支流环江流域面积1.03万km^2，流域内有残塬161个，目前正处在侵蚀活跃阶段，其沟头前进、沟岸扩展和沟床下切都十分活跃。例如，环县城东塬一沟头1993年一次暴雨前进了80 m；洪德张家塬窖沟脑年平均前进11.3 m；大户塬缪家拐沟50年前进68 m，沟宽120 m，平均每年损失可耕地167 m^2。

(三)对水资源的开发利用造成重大影响

水土流失对水资源的影响主要表现在以下几个方面：一是限制了灌溉业的发展。水土流失使地形支离破碎，给开渠引水、发展灌溉造成极大困难，限制了灌溉业的发展。二是降低了水资源的利用率。水土流失造成土壤理化性质恶化，使当地雨水资源的60%~75%耗于水土流失和无效蒸发，加剧了干旱的发展。实测资料表明，黄土丘陵沟壑区坡耕地干旱期的土壤含水率很低，山西离石地区坡地0~50 cm土层干旱期的土壤含水率为10%~15%，陕西绥德地区仅为10%左右；甘肃天水地区坡耕地，经过一次充分降雨约14天后土壤含水率将下降到10%，约20天后将下降到8%。

(四)破坏了生态环境，加剧了旱、涝、洪等自然灾害

严重的水土流失导致生态环境的恶化，加剧了旱、涝、洪等灾害的发生，自然灾害又导致水土流失加剧，水土流失与自然灾害互为因果。据资料统计，甘肃省干旱地区18个县

1933～1976年的44年间大旱年和旱年有17年，占38.6%；定西地区1958～1979年的22年中，有18年发生了不同程度的干旱，其中严重干旱年有6年，占受灾年份的1/3。陕西北部丘陵区1629～1949年的321年间，共发生旱灾131次，近年来干旱周期进一步缩短。1965年大旱，榆林地区近67万hm^2耕地几乎绝收。20世纪70年代黄河中游地区也不时发生洪涝灾害，冲毁农田房屋，造成不同程度的经济损失。另外，严重的水土流失诱发滑坡、崩塌、泻溜和泥石流，加剧了重力侵蚀。1981年在陕西省部分县（市）调查发现，发生滑坡、崩塌、走山、泻溜和泥石流现象达2万余处，其中大范围的破坏达3 000处，塌房16万间，死亡209人。

四、部分地区土地沙漠化程度加剧

黄土高原地区山坡地沙漠化主要发生在北部长城沿线风沙滩地区及黄土高原北缘地带，陕西榆林地区、宁夏银南地区及内蒙古鄂尔多斯市最为严重。以陕西榆林地区为例，土地总面积9.68万hm^2，沙漠化土地占总土地面积的比例从1984年的71.46%扩大到1994年的73.64%，10年间增加了2.18个百分点，净增面积2 109 hm^2。沙漠化扩大地区主要分布于府谷白于山一线，有多条数千米甚至几十千米宽的舌状"沙龙"从西北向东南，沿无定河、秃尾河、窟野河、佳芦河等河谷两侧的缓丘、坡地和河流滩地伸向黄土高原腹地。而黄土丘陵沟壑地区某些背风的山坡亦出现了孤立的沙丘或"沙窝子"。从土地沙漠化程度看，严重沙漠化土地增加了0.22%，强烈沙漠化土地增加了5.5%；潜在沙漠化土地中分别有8.63%、6.74%和9.85%正在转变为发展中沙漠化土地、强烈发展中沙漠化土地和严重沙漠化土地；正在发展中沙漠化土地中分别有7.95%和5.72%正在转变为强烈发展中沙漠化土地和严重沙漠化土地；强烈发展中沙漠化土地中，有4.23%正在转变为严重沙漠化土地。

第三节　黄土高原地区山坡地的基本类型

山坡地是由地质、地貌、气候、土壤和植被等多种自然要素组成的自然综合体，包括从土壤母质及岩石风化壳层到植被冠层立体空间的一切相关要素。由于不同地区纬度、经度等地带性因素与地质、地形等非地带性因素的作用状况不同，土地个体（土地类型的基本单元）特性有很大差异。按照一定的原则对山坡地进行分类是山坡地治理开发的基础。

一、山坡地分类的基本框架和依据

地貌类型是山坡地分类的基础和依据，黄土高原地区地貌类型有山地、黄土丘陵、黄土台塬等。

山地：除构成黄土高原地区外环带的山原外，还有位于中心区的系列山地，如山西的吕梁山、中条山，陕西的白于山、乔山，陕甘间的陇山，甘肃的马衔山、兴隆山，宁夏与甘肃间的六盘山、屈吴山，宁夏的大小罗山等。山地的主要利用形式是林地和草地，农地的比重则相对较小。

黄土丘陵(包括沿长城风沙区的盖沙低丘陵):广泛而连续地分布于黄土高原地区。地面被沟壑切割得支离破碎,沟壑之间的谷间地为梁或峁。自梁峁分水线以下至谷底的流水线,依次分为谷间地(坡度3°~35°)、谷坡地(坡度一般大于35°)和谷底地。其中谷间地和谷坡地构成了该区山坡地的基本框架。

黄土台塬:分布于汾、渭河下游以及支流阶地以上,泾河、北洛河、昕水河中游阶地以上向山地或丘陵的过渡地段。塬面分为塬心和塬边两部分。塬心地面平缓,坡度在1°~2°,一般不属于山坡地范围;塬边的坡度为3°~8°,已有明显的倾斜;塬边以下地段(一般称为塬坡)因被沟壑切割,梁峁及沟谷相间,形态与丘陵区相似,形成了另外类型的山坡地。

二、影响山坡地类型分异的因素

山坡地类型的分异有地带性规律与非地带性规律,造成这些分异有地壳的新构造运动、自然界外营力作用和人类社会活动的作用等几方面的因素。

(一)地壳的新构造运动

发生在第三纪与第四纪的新构造运动造就了典型黄土高原现代地形的基本轮廓,一部分地域上升和遭受剥蚀形成了高原和山地,另一部分下沉和接受堆积形成了平原和盆地。这两部分就是通常说的正负地形,黄土覆盖后只不过使原始的高差和坡度得以缓和。正负地形的垂直变化引起了光、热、水等生态因子的变化与重新组合,从而导致了不同土地类型之间的分异。这种由地壳运动所形成的地貌格局,是山坡地土地分类中高级分类单位的基础。

(二)自然界外营力作用

在地壳运动内营力作用基本稳定以后,山坡地土地类型在自然界外营力的塑造与破坏过程中形成与演变。这种外营力作用只限于一定程度内,始终改变不了正负地形的基本框架。黄土高原地区大部分处在暖温带、温带半干旱地区,干燥、多风、暴雨频繁,所形成的强大外营力作用于地表,产生了风成黄土堆积和洪积物的沉积;流水侵蚀产生了切沟、冲沟,河流下切形成了川地、台地和滑坡的发生,等等。这些外营力遇见疏松多孔、抗蚀性弱的黄土,使黄土高原地区地形愈来愈破碎,完整的塬面逐渐被切割成指状残塬,长梁被切成连续峁,宽梁变窄,沟谷加深,沟间地日益减少。

(三)人类活动的作用

黄土高原地区人口密度的不断增大,使维持人类生命的生产活动逐渐频繁,规模不断扩大,其作用表现为两重性:一方面,在长期与自然灾害斗争中发展起来的修筑梯田、治沙造田、植树种草等,属于有益的人类活动,在一定程度上抑制了自然破坏力量;另一方面,陡坡开荒、滥伐树木、修路开矿等活动,都直接破坏原生地表的完整性,促使水土流失加剧,土壤变瘠薄甚至沙化。

三、山坡地分类原则

不同类型山坡地间的差异性和相似性是复杂的、多层次的。只有按照一定的原则对山坡地分类，才能客观真实地反映区域土地类型的特点和分布规律。

（一）发生学原则

任何土地类型都有其发生和发展过程，发生原因和条件决定了本质和形态特征的相似与否。发生在第三纪与第四纪的新构造运动造就了黄土高原地区起伏地形的基本轮廓，后经流水侵蚀和沉积成为现代的地貌格局。上面所述地壳运动或其他地层内部的不稳定因素，就是发生学的依据。在多级分类系统中，如塬地类中的梁峁地类、谷（沟）坡地类等高级单位就是按发生学正负地形为基础进行划分的。

（二）主导因素原则

山坡地类型的个体特征是多种自然因素共同作用的结果，不同因素的作用程度是不同的。其中影响深、作用稳定、外部特征突出而且能够牵动其他因素变化的就是山坡地类型分异的主导因素。黄土高原地区最直观、最明显的决定山坡地类型的因素是地貌因素，地貌变化将导致土壤、植被和小气候等因子的相应变化。因此，多级分类系统中山坡地的低一级单位划分的主导因素是地貌。

（三）系统限制的原则

山坡地分类还必须服从山坡地概念的界定范围的要求，使分类系统中低一级分类单位严格限定在上一级分类单位内。坡度是界定山坡地概念的一个非常重要的因子，系统分类必须考虑坡度的限制。如以3°为坡度低限以有别于低平地（如川地、河滩地等）、高平地（如台塬地类等）；再如水平梯田并不符合大于3°的概念，但它是原状坡地上的人工类型，仍属山坡地范畴。

（四）服务于山坡地治理开发的原则

山坡地分类的最终目的是要服务于治理和生产实践，因此分类不仅要从地学角度出发，还要兼顾生物学、生态学、经济学、水土保持学等原理。实际上，人类在长期的生产实践中对各种类型山坡地的适宜经营方式已积累了丰富的经验，这些都是分类的依据。如阴坡与阳坡对农作物品种、草种和树种的选择，陡坡与缓坡在不同经营水平的投产比有很大差异；以25°作为农耕地的坡度临界值等。另外，根据实践需要，分类还考虑了以山坡地坡度和利用类型等不同因子为主的单级分类，梯田等本不属于山坡地自然类型，按本原则将其单独分类。

四、黄土高原地区山坡地分类系统

（一）山坡地单级分类

（1）按地面坡度，将黄土高原地区的山坡地分为平坡地（3°～7°）、缓坡地（7°～15°）、斜坡地（15°～25°）、陡坡地（25°～35°）、极陡坡地（35°～45°）、险坡地（>45°）等6级（见表2-1），以反映土地条件和地形变化规律。

（2）按土地利用方式的不同，把黄土高原地区山坡地分为坡耕地、梯田、人工草坡地、荒坡、林坡地和裸地六大类（见表2-1），以指导水土保持生态建设。

表 2-1 黄土高原地区山坡地单级分类

分类因子	类型名称	特征及适应性
按地面坡度分	平坡地	坡度 3° ~7°,发生轻度土壤侵蚀,产生片蚀、面蚀及少量纹沟和浅沟,宜采用机械作业,易修筑田面较宽的梯田,适宜发展种植业生产
	缓坡地	坡度 7° ~ 15°,表土有明显流失现象,纹沟和浅沟切割而发育成冲沟,水土流失比较严重,属中度侵蚀,需要加强水土保持措施。耕地应修筑水平梯田,该坡度不利于机械作业。以发展种植业生产为主,有条件地区可发展经济林果
	斜坡地	坡度 15° ~25°,表土基本流失,心土出露地表,冲沟发育,水土流失严重。修筑水平梯田费工投资大,土坎利用率减少 30% 左右,且梯田面窄,暴晒面大,蒸发强烈,土地干燥。人多地少、距居民点近的局部,仍可辟为梯田,近期发展种植业,但应修外高里低保水保肥的反坡梯田,以防冲毁。从长远应计划发展高质量人工草场
	陡坡地	坡度 25° ~ 35°,水土流失剧烈,心土大部流失,冲沟往往极为发育,地面破碎,崩塌滑塌严重,不宜耕种,已耕地应退耕还林还草。严禁开垦发展种植业,宜封山育林草或种草种树,增加地面覆盖度,以便发挥保坡护沟、涵养水源的作用
	极陡坡地	坡度 35° ~ 45°,水土流失极为剧烈,全封禁,以利于自然修复
	险坡地	坡度 >45°,难利用
按土地利用方式分	坡耕地	具有不同坡度的群众作为种植业用地的土地
	梯田	原状为坡耕地,在坡面上沿等高线修筑的台阶式、波浪式断面、坡式断面的农田。分为水平梯田(又称埝地)、隔坡梯田、坡式梯田等。它是坡耕地工程改造措施
	林坡地	生长有天然或人工林木的坡地
	人工草坡地	人工种植牧草的各类坡地
	荒坡	较难利用未做人工垦殖的具有较大坡度的坡地,一般分布于梁峁坡中上部和沟坡地带
	裸地	坡度极陡(一般在 45°左右)的裸露坡地

(二)山坡地多级分类

根据山坡地界定、分类原则,参照中科院水利部水土保持研究所朱显谟院士主编的《中国黄土高原土地资源》一书中的分类方法和结果,以及“七五”期间国家在有关科技攻关课题中提出的土地分类系统,本课题对黄土高原地区山坡地进行三级序分,即 4 个一级类,22 个二级类,24 个三级类(见表 2-2)。

表 2-2　黄土高原地区山坡地多级分类系统

一级类	二级类	三级类	特征及利用
Ⅰ梁峁坡地类			谷缘线以上所有土地，坡度＜35°，土层深度一般在 80～200 m，相对高差＞100 m。土质疏松，养分、水分较贫乏，侵蚀一般自上而下逐渐加重，种植杂粮，阳坡种小麦。人工草地有所发展，也有轮荒地
	I_1 梁峁盖地		坡度 3°～5°，水分缺乏，侵蚀轻微，以溅蚀和面蚀为主。河曲、榆林以北风蚀加重，目前大部分以种植业为主，少量人工种草，轮荒。今后应以发展人工草为主
	I_2 梁峁缓坡地		坡度 5°～15°的梁峁坡地，一般在梁峁盖地以下。水分、养分条件好于梁峁盖地，面蚀和细沟蚀为轻度，以种植业为主，应逐步梯田化
		I_{21}阴坡梁峁缓坡地	北向、东北向、西北向和东向坡，水分略好于阳坡，种杂粮
		I_{22}阳坡梁峁缓坡地	南向、东南向、西南向和西向坡，蒸发量略大于阴坡，以种植小麦为主
	I_3 梁峁斜坡地		坡度 15°～25°，水分较梁峁缓坡地差，中度侵蚀，以细沟蚀和浅沟蚀为主。宜农临界，人口密度 50 人/km^2 左右的地区应退耕种草，否则修梯田
		I_{31}阴坡梁峁斜坡地	北向、东北向、西北向和东向坡，宜种草、种灌木
		I_{32}阳坡梁峁斜坡地	南向、东南向、西南向和西向坡，宜种耐旱灌木，种草
	I_4 梁峁坬地		坡度＞25°的梁峁陡坡地，强度侵蚀，沟发育，有小切沟、悬沟。水分、养分都贫乏。人少地多的地区以荒地为主，其余也有垦种的。应加筑工程措施，种植灌木
		I_{41}阴坡梁峁坬地	北向、东北向、西北向和东向坡
		I_{42}阳坡梁峁坬地	南向、东南向、西南向和西向坡，宜种耐旱灌木
	I_5 切割梁峁坡地		坡度＞25°，切沟发育，将坡面切割成平行的条状，强度侵蚀。水分、养分贫乏，植被稀少，只能配以工程措施种灌木
	I_6 壕地		梁间尚未被现代冲沟冲开的平坦部分，主要分布在宁南丘陵区。形状狭长，略向河谷倾斜。坡度 5°左右。三面高中间低，轻度侵蚀，宜种植业
	I_7 塌地		处在梁峁坡脚或冲沟沟头上方，分布在宁南丘陵地区，与陕北垌地相似。较平坦，坡度 5°左右。三面高中间低，轻度侵蚀，宜种植业
	I_8 湾掌地		冲沟沟头尚未冲开部分，向沟头倾斜，分布在陇东、宁南丘陵区。坡度 3°～8°，轻度侵蚀。水肥条件较好，宜种植业。治理重点在于控制沟头继续延伸
		I_{81}平缓湾掌地	坡度 3°～5°的湾掌地
		I_{82}缓坡湾掌地	坡度 5°～8°的湾掌地

续表 2-2

一级类	二级类	三级类	特征及利用
Ⅰ梁峁坡地类	I_9 埫地		河源或沟头汇合处未被流水冲开的平坦部分，坡度 10°左右，轻度到中度侵蚀。水肥条件较好，宜种植业。延河和无定河上游多有分布
		I_9 完整埫地	未被侵蚀沟切割的、面积较大的、坡度 > 3°平坦埫地
		I_9 残埫地	埫地遭侵蚀后残留部分，地块小，坡度变陡，不宜种植业，以治理为主
	I_{10} 梯田		梁峁坡地上修筑的水平梯田和坡式梯田
		I_{101} 水平梯田	田面基本水平或向内微倾斜，主要用以种植业
		I_{102} 坡式梯田	只有梯田埂，田面不平坦的梯田。缓坡地用以种植业，陡坡地造林，种灌木
Ⅱ谷坡地类			上至谷缘线，下至坡脚线地段，亦称沟坬地。绝大部分（塌地除外）坡度在 35°左右，各种侵蚀活跃，是治理的重点
	II_1 较缓坡谷坡地		坡度在 35°左右的谷坡地，沟蚀为主
		II_{11} 阴坡较缓坡谷坡地	沟底和沟头部分适宜种乔木，其余部分配工程措施种灌木，以保持水土
		II_{12} 阳坡较缓坡谷坡地	以治理为主，种耐旱灌木，宜封育
	II_2 陡坡谷坡地		坡度 > 35 °的谷坡地，沟蚀及重力侵蚀均活跃。治理难度较大，应以封育为主
		II_{21} 阴坡陡坡谷坡地	挖鱼鳞坑种乔、灌木或封育
		II_{22} 阳坡陡坡谷坡地	封育
	II_3 崖坬地		坡度 > 45°的陡崖，重力侵蚀。应在谷缘线以上筑护沟埂种树，以控制重力侵蚀
	II_4 石沟坡地		基岩出露的谷坡地，难利用
	II_5 塌地		由梁峁地滑坡至谷缘线以下，坡度变缓，一般坡度 < 15°。水肥条件较好，土质疏松，易受侵蚀
		II_{51} 缓坡完整塌地	面积较大，坡度 10°左右，中度侵蚀，是较好的农业用地，应重视滑坡壁的治理，以保护塌地；有些因土层薄不能修梯田
		II_{52} 陡坡塌地	面积较小，坡度 < 15°，土层较薄，地形较破碎，只能种乔木

续表 2-2

一级类	二级类	三级类	特征及利用
Ⅱ谷坡地类	II_6 坍塌体谷坡地		多出现在河岸或沟缘线附近，台地以下，悬沟或洞穴侵蚀密集的地方造成坍塌、破碎地形，此类地由台地或缓坡地变成，宜种乔木
	II_7 塌地梯田		塌地上修的水平梯田
Ⅲ河(沟)谷地类			坡脚线以下至河床部分
	III_1 河台平坡地		河流高阶地，坡度5°左右，水肥条件较好，轻度侵蚀，受坡面径流危害，应治理台地以上坡面，适宜种植业
	III_2 沟台平坡地		沟道两侧的台地，面积较小，河台地坡度大。轻度侵蚀，受坡面径流危害
	III_3 坪地		处在谷底地上部，梁峁坡下部，坡度5°左右。土壤有机质层较厚，含量在1.0%左右，水土流失使边缘变陡
		III_{31}坪地	开阔、较平坦的坪地，坡度3°～5°。水土条件均较好，侵蚀轻微，平整后为基本农田
		III_{32}坪边缓坡地	坡度5°～15°，轻度侵蚀，修梯田后农用或发展果园
		III_{33}坪边陡坡地	坪地边缘，坡度15°～25°，田面窄，配合工程措施，立足于治理，宜种灌草
Ⅳ残塬坡地类			分布于泾河中游、北洛河中游、昕水河中游及渭河阶地以上向山地或丘陵过渡地段，海拔800 m以上，形态与塬地相近。土层深厚，水肥条件均好，坡度<8°，轻微侵蚀；一般以种植业为主，间有少量人工林和果园
	IV_1 波状塬坡地		地面波状起伏，岗丘相连，坡度3°～8°，相对高度30～80 m。中度侵蚀，水肥条件较差，多数为农田，少量人工林和果园
		IV_{11}岗间凹地	在岗丘间的宽阔槽形成，坡度3°～5°，弱侵蚀堆积。水肥条件好，为良好的种植业用地
		IV_{12}缓坡岗地	在岗丘缓坡面上，坡度3°～5°，轻微侵蚀。水肥条件差，有少量人工林，以果园居多
		IV_{13}陡坡岗地	岗丘陡坡，坡度8°左右，细沟间有浅沟侵蚀，地面起伏不平，缺养分。目前主要为农地，应修梯田培肥
	IV_2 塬边坡地		沟缘线以上，波状塬地以下，塬边靠近沟坡，坡度3°～5°。水肥条件差，低产农田，应修条田

注：塬区的沟谷地、谷坡地编号同丘陵区。

第四节　黄土高原地区山坡地资源评价

土地资源评价是对土壤、植被、气候及土地其他方面的基本条件进行对比和说明的过程，以便根据评价的目的对土地利用选择方案进行鉴定和比较。关于黄土高原地区的土地资源评价已有许多研究与实践成果。根据西峰南小河沟、天水罗玉沟、绥德辛店沟、安塞茶坊基地等山坡地资源现状，借鉴和参考国家“七五”科技攻关有关研究成果，采取解剖“麻雀”的方法，通过重点来研究黄土高原地区山坡地资源状况。

一、山坡地资源评价系统

山坡地是黄土高原地区土地类型的重要组成部分，土地资源评价采用国际上通用的“八级制”。此评价体系新界定的各级土地的内涵中明确地包括了地面坡度和水土流失程度等指标，很适用于水土流失地区的山坡地资源的评价。

Ⅰ等地。土地平坦或接近平坦，是区内最好的土地。没有或只有轻微的永久性限制，中等以上肥力，按普通耕作法能永久地、安全地进行农作物生产，对邻地无不良影响，经常能获得较高产量。

Ⅱ等地。属于质量好的土地，但受轻度的永久性限制因子的影响，如轻度盐渍化，或具有2°~3°的坡度，或是几种限制因子兼而有之。需要采取一定的治理措施，才能获得较高的产量，并能持久地、安全地进行农作物生产。

Ⅲ等地。土地质量较好，但作农用地受到多种限制，如具有较大的坡度(5°~15°)，轻度至中度土壤侵蚀，轻度至中度盐渍化等，因此需要花中等工本。必须采取综合治理措施，才能使农作物生产持久地进行，也才能消除或减轻对邻地的不良影响。

Ⅳ等地。农作物生产受到根本性限制，如坡度较陡(15°~25°)，土壤侵蚀强烈，或受土壤水分、养分条件限制。需要采取强有力的综合措施，花费大的工本，才能维持农作物生产；否则，地力将日益衰退，不可遏止，同时经常对邻地造成较大不良影响，但较适宜造林种草。

Ⅴ等地。土地坡度陡缓不一。但由于受不同限制因子影响，如遇暴雨易遭洪害，或坡陡，或土层较薄等，不宜作农用地，应造林种草。

Ⅵ等地。主要限制因子是坡陡(25°~30°)，各种侵蚀沟发育，强度土壤侵蚀，在大多数情况下造林比种草更适宜。无论作何种用途，必须配合工程措施，否则水土流失无法控制。

Ⅶ等地。坡度陡峻(35°~45°)，或土层很薄，各种侵蚀都很强烈，以治理为主，只能用于造林；若作放牧地，应严格控制载畜量。

Ⅷ等地。为农林牧业生产暂不能利用的土地，如明沙、裸岩等。

二、山坡地评价因子的选择

选择适合山坡地特点的评价因子是山坡地资源评价的基础工作。八级制土地等级评价是从土地的限制性因子出发来评定的。山坡地限制性的评价因子主要是指对山坡地生产力产生最直接、最明显限制作用的一些生态因子。本项研究选择那些长期而作用比较稳定的生态因子作为评价因子，辅之以少量的社会经济因子，并着重于山坡地自然生产力评价。长期研究表明，影响黄土高原地区山坡地生产的主导生态因子是地面坡度、有效土层厚度、土壤有机质、土壤水分状况、土壤质地和土壤侵蚀强度等。

（一）地面坡度

山坡地坡度影响降雨径流的速率与数量，影响入渗的有效时间，暴雨情况下影响更甚，而入渗减少就必然增加坡面径流。径流小区观测结果表明，在一定的坡度（大约30°）范围内，水土流失量随坡度的增大而增加，坡度与水土流失量成正相关。因此，在相同条件下，坡度越大，土壤的水肥状况越差。另外，坡度大给田间经营管理带来诸多不便。山坡地坡度分级标准见表2-3。

表2-3　山坡地坡度（P）分级

分级	坡度	利用及治理上的涵义
1	<5°	土壤侵蚀轻微，经营方便
2	5°~15°	农用地范围，需要修梯田
3	15°~25°	退耕种草对象
4	25°~35°	草灌用地，并需加筑水平沟等水土保持工程措施
5	>35°	急需治理，以灌木配合水土保持工程为主

（二）有效土层厚度

土层厚度制约着植物根系发育和土壤的贮水量，在旱作条件下，深厚的土层能增强抗旱能力。尤其对深根植物，当土壤水分活跃层的水分亏缺时，根系需要从深层土壤中吸收水分。土层厚度<30 mm时，无论对旱作或灌溉农业都是强烈的限制。有效土层厚度分级标准见表2-4。

表2-4　有效土层厚度（D）分级

分级	土层厚度（mm）	内涵
1	>200	对深根植物或干旱情况下有抗旱能力
2	100~200	对旱农耕作或灌水无限制
3	50~100	蓄水能力下降，干旱情况下对旱农耕作有影响
4	30~50	对某些农作物生长有严重限制
5	<30	不适合农作物生长，灌草亦受限制

（三）土壤有机质

有机质分解后能释放出植物所需要的氮、磷、钾等养分，增加土壤中速效和缓效养分，土壤有机质含量的高低在很大程度上反映了土壤的肥力状况。另外，有机质能改善土壤物理性质，增强土壤的保水抗旱能力等，与土地生产力关系密切。土壤有机质分级标准见表2-5。

表 2-5　土壤有机质(F)分级

分级	有机质含量(%)	诊断层(cm)
1	>1.2	暗色有机质表层　厚度>15
2	1.0~1.2	暗色有机质表层　厚度10~15
3	0.8~1.0	淡色有机质表层　厚度>15
4	0.5~0.8	淡色有机质表层　厚度10~15
5	<0.5	淡色有机质表层　厚度<10

(四)土壤水分状况

水分是山坡地农业生产的主要限制因子。植物对水分的耐性范围,主要表现在土壤含水量方面。土壤水分状况对植物、土壤微生物和土壤动物的生命活动有绝对的制约作用。选用土壤自然含水量指标作为评价因子,是因为黄土高原地区山坡地农作物和林草生长季节的土壤水分经常处于亏缺状态,土壤水分状况分级标准见表2-6。

表 2-6　土壤水分状况(M)分级

分级	水分状况	土壤含水量(%)
1	好	>15
2	较好	12~15
3	一般	8~12
4	较差	6~8
5	差	<6

(五)土壤质地

土壤质地不仅决定土壤耕性的优劣,而且还对土壤的水肥气热有影响,所以它也是评价土地质量不可少的因子。土壤质地分级标准见表2-7。

表 2-7　土壤质地(T)分级

分级	土壤质地	内涵
1	中壤	保水保肥能力强
2	轻壤	保水保肥能力一般
3	砂壤	保水保肥能力差
4	黏土、沙土	水肥状况差,对植物生长有限制
5	砾石	对农林牧暂无法利用

(六)土壤侵蚀强度

土壤侵蚀对山坡地生产力的影响严重,不同的山坡地类型和利用状况,土壤侵蚀所带来的后果差异很大。在不同覆被或不同耕作措施条件下,坡度是影响土壤侵蚀强度的主要因子,但不是唯一标志,土壤侵蚀是坡度、坡长和植被覆盖率等因素综合作用的结果。土壤侵蚀强度分级标准见表2-8。

表2-8 土壤侵蚀强度(E)分级

分级	侵蚀强度	坡度	坡长(m)	植被覆盖度(%)
1	无或轻微侵蚀	0°~5°	0~12	>90
2	轻度侵蚀	5°~15°	12~30	70~90
3	中度侵蚀	15°~25°	30~60	50~70
4	强度侵蚀	25°~35°	60~150	30~50
5	极强度侵蚀	>35°	>150	<30

三、山坡地评价方法

(一)土地评价单元的确定

土地类型等与土地质量评价有密不可分的关系,它在一定程度上反映了土地质量的差别。因此,我们以山坡地多级分类土地类型的第三级分类单元作为山坡地土地评价单元。

(二)评价方法及步骤

评价方法采用限制指数和法,评价步骤如下。

(1)对每个山坡地土地类型的每项评价因子进行定量或定性分析(见表2-9)。

表2-9 山坡地主要土地类型特征

山坡地类型	地面坡度	土壤有机质(%)	土壤水分	土壤质地	侵蚀强度	土层厚度(cm)
梁峁盖地	3°~5°	0.5~0.8	差	轻壤	轻微	>200
梁峁缓坡地	5°~15°	0.8左右	一般	轻壤	轻度	>200
阴坡梁峁陡坡地	15°~25°	0.5~1.0	一般	轻壤	轻度	>200
阳坡梁峁陡坡地	15°~25°	0.5左右	较差	中壤	中度	>200
阴坡梁峁塬地	25°~35°	0.3~0.5	较差	中壤	中度	100~200
阳坡梁峁塬地	25°~35°	0.3~0.5	差	中壤	强度	100~200
平缓坡湾掌地	3°~5°	1.0~1.5	较好	轻壤	轻度	>200
缓坡湾掌地	5°~8°	0.8~1.2	一般	轻壤	中度	>200
坪地	3°~5°	1.0~2.0	较好	轻壤	轻微—轻度	>200
坪边缓坡地	5°~15°	0.8左右	一般	轻壤	轻度	>200
坪缓陡坡地	15°~25°	0.5左右	较差	中壤	中度	>200
缓坡塌地	<8°	0.8	较好	中壤	轻度	>200

续表 2-9

山坡地类型	地面坡度	土壤有机质(%)	土壤水分	土壤质地	侵蚀强度	土层厚度(cm)
陡坡塌地	<15°	0.5	一般	中壤	中度	100~200
阴坡沟坡地	>35°	0.5~1.0	较好	中壤	极强	100~200
阳坡沟坡地	>35°	0.5~0.8	较差	中壤	极强	100~200
崖坬地	>45°	<0.4	差	黏重	极强	30~50
阶台平坡地	3°~5°	1.2~2.0	较好	轻壤	轻度	>200
水平梯田	<3°	1.0 左右	较好	轻壤	轻微	>200
塬坡地	3°~5°	1.0 左右	一般	轻壤	轻微	>200

(2)指标转换:将分析结果按分级指标转换成限制性级别。

(3)对诸因子限制性级别数求和,作为山坡地某一土地类型的限制指数,也叫总评价指标,以 L_i 表示:

$$L_i = P_i + D_i + F_i + M_i + T_i + E_i \quad (i = 1,2,\cdots,5) \tag{2-1}$$

式中:P_i、D_i 分别为各因子第 i 级别数,限制指数越高,土地的质量等级越低。

山坡地资源评价过程见表 2-10。

表 2-10　山坡地资源评价过程

土坡类型	地面坡度	土层厚度	土壤有机质	土壤水分	土壤质地	侵蚀强度	特别因子	限制指数	土地等级
梁峁盖地	1	1	4	5	2	1~2	受风蚀	14	Ⅳ
梁峁缓坡地	2	1	3	3	2	2		13	Ⅲ
阴坡梁峁陡坡地	3	1	3	3	2	2		15	Ⅳ
阳坡梁峁陡坡地	3	1	3	3	2	3		15	Ⅳ
阴坡梁峁坬地	4	2	4	4	2	4		20	Ⅴ
阳坡梁峁坬地	4	2	4	4	3	4		21	Ⅴ
平缓湾掌地	2	1	2	2	2	2		11	Ⅱ
缓坡湾掌地	2	1	3	3	2	2		13	Ⅲ
坪地	2	1	1	3	1~2	2		10~11	Ⅱ
坪边缓坡地	2	1	3	3	2	2		13	Ⅲ
坪边陡坡地	3	1	3	4	2	4		17	Ⅴ
缓坡塌地	2	2	2	2	1	3		12	Ⅲ
陡坡塌地	3	3	3	4	3	4		20	Ⅴ
阴坡沟坡地	5	1	4	4	4	5		22	Ⅵ
阳坡沟坡地	5	1	4	5	4	5		24	Ⅶ
崖坬地	5	2	5	5	4	5		26	Ⅷ
低台平坡地	1	1	1	1	2	2		8	Ⅰ
高台平坡地	1	1	1	2	1	1		7	Ⅰ
水平梯田	1	1	2	3	2	1		10	Ⅱ
塬坡地	2	1	2	3	1	1		10	Ⅱ
裸地	3	5	5	5	5	5		28	Ⅷ

四、山坡地评价结果

(一)评价结果

采用限制指数和法对山坡地土地的评价结果见表2-11。

表2-11　山坡地土地评价结果

土地等级	含土地类型	限制指数
Ⅰ	无	
Ⅱ	阶台平坡地、坪地、梯田、塬坡地、平缓湾掌地	9~10
Ⅲ	梁峁缓坡地、坪边缓坡地、缓坡湾掌地和缓坡塌地	11~13
Ⅳ	梁峁盖地、阴坡梁峁陡坡地、阳坡梁峁陡坡地、坪边陡坡地和陡坡塌地	14~16
Ⅴ	阴坡梁峁坬地、阳坡梁峁坬地和陡坡塌地	17~21
Ⅵ	阴坡沟坡地	22~23
Ⅶ	阳坡沟坡地	24
Ⅷ	崖坬地、裸地和石沟坡地	26~28

(二)评价结果分析

Ⅰ等地。(无)

Ⅱ等地。位置都在台地以上,如丘陵区的平地、平缓湾掌地、梯田,塬区的塬坡地。坡度<8°,土质好,轻微或轻度侵蚀,每公顷粮食产量一般都在1 500 kg以上,若稍加平整土地、增施肥料等措施,可望有更好的收成。不同类型区Ⅱ等地的相对比例相差悬殊,塬区Ⅱ等地的比例相对较高,丘陵区基本农田建设搞得好的地区Ⅱ等地的比例也高些。

Ⅲ等地。包括梁峁缓坡地、坪边缓坡地、缓坡湾掌地和缓坡塌地。坡度在5°~15°,土层深厚,有机质含量在0.8%左右,农耕地略高于荒地,土壤侵蚀中度,浅沟、细沟发育,每公顷粮食产量一般都在750 kg左右。在目前粮食单产水平低和人口多的情况下,这些土地基本是坡耕地,今后应根据粮食需求修成梯田。

Ⅳ等地。包括的山坡地土地类型较多,除坪边陡坡地、陡坡塌地外,其余都在谷缘线以上。梁峁盖地虽坡度不大,但水分条件差,北部地区的梁峁盖地风蚀严重。梁峁陡坡地的面蚀、沟蚀都较活跃,中度侵蚀,土壤养分和水分状况一般,对农作物的限制因素较多,而且多是中等限制。在地多人少的区域应用于种草灌植被,少部分离村庄近、坡度较缓的可以修成梯田作为农地。

Ⅴ等地。有梁峁坬地和陡坡塌地。前者是谷间地中坡度最陡的,强度土壤侵蚀,水、肥条件都差;后者地面较破碎,土层有些在1 m左右。这部分土地大部分未得到充分利用和治理,有的耕种后撂荒,有的种草灌后未能保存,植被覆盖度低,是林草植被建设的重点,应配合工程措施种植耐旱草灌植被。

Ⅵ等地。以阴坡沟坡地为主,坡度陡为主要限制因子,各种侵蚀都很活跃,地面支离破碎。沟底和沟头部分水分条件较好，适于种乔木，其余部分可种灌木。

Ⅶ等地。包括阳坡沟坡地和风沙区的黄沙坡地。阳坡沟坡地除土层较厚外，其他限制均很严重。这类土地利用价值低，应立足于治理，种植耐旱灌木；在其上部沿沟边筑护沟埂并种乔木，以控制沟蚀的发展。

Ⅷ等地。因为某个限制因子达到极限程度而难以利用，如崖坬地坡度达到极限，裸地和石沟坡地等无土层。目前沙坡地已改造利用的很多，尤以种植灌木为宜。

不同等级山坡地的特征见表2-12。

表2-12　不同等级山坡地特征

土坡等级	特征
Ⅱ	土层厚度>200 cm，地面坡度<8°，土壤有机质1.0%左右，土壤水分状况较好或一般，土壤质地轻壤，土壤侵蚀轻度
Ⅲ	土层厚度>200 cm，地面坡度5°~15°，土壤有机质0.8%左右，土壤水分状况一般，土壤质地轻壤，土壤侵蚀中度
Ⅳ	土层厚度>200 cm，地面坡度3°~25°，土壤有机质0.5%~0.7%，土壤水分一般或较差，土壤质地轻壤，土壤侵蚀轻度—中度，梁峁盖地易受风害
Ⅴ	土层厚度>100 cm，地面坡度15°~35°，土壤有机质0.7%左右，土壤水分一般或较差，土壤质地轻壤，土壤侵蚀强度
Ⅵ	土层厚度>50 cm，地面坡度>35°，土壤有机质0.5%左右，土壤水分较差或差，土壤表层紧实，土壤侵蚀强度—极强度
Ⅶ	这一等地特征较复杂，土层厚度和坡度跨度大，土壤有机质0.5%以下，水分条件差，侵蚀方式不同，但都属强度—极强度侵蚀
Ⅷ	崖坬地坡度太陡

（三）结果验证

根据分析，上述评价结果与农民群众利用山坡地的实践经验是吻合的。农民首先将阶台平坡地、坪地和平缓湾掌地视为山坡地中最好的土地，农家肥、化肥多用在这些地里，精耕细作；其次是梁峁缓坡地，对于陡坡梁峁地则进行粗放经营，梁峁坬地基本上放弃。另外，各种地类的生产水平（见表2-13和表2-14）也可以反映出土地级别越高生产力水平越高的规律。

表2-13　不同类型山坡地农作物产量调查　（单位：kg/hm^2）

作物	阶台平坡地（Ⅱ等地）	坪地（Ⅱ等地）	梯田（Ⅱ等地）	梁峁坡地（Ⅲ~Ⅳ等地）
春小麦	1 080~1 965	1 080~1 485	900左右	960~1 335
胡麻	1 020~1 080	1 020左右	375~1 170	375~1 080
豌豆	405~480	330~480	375左右	375~480

表 2-14　不同类型山坡地的干草产量调查　（单位：kg/hm^2）

草地类型	梯田（Ⅱ等地）	梁峁盖地（Ⅳ等地）	阴坡梁峁陡坡地（Ⅳ等地）	阳坡梁峁陡坡地（Ⅳ等地）	沟坡地（Ⅵ等地）
人工草	4 110	2 100	2 595	1 650	885
封禁草	1 815			1 110	

第五节　黄土高原地区山坡地分布及坡度组成情况

一、山坡地分布范围

黄土高原地区涉及青海、甘肃、宁夏、内蒙古、陕西、山西、河南等 7 个省（区）的 317 个县（旗），除渭汾河谷，宁夏北部黄河灌区，内蒙古的河套地区，山西的大同、忻州、运城盆地、晋东南小盆地，鄂尔多斯盆地沙地腹部，高塬沟壑区台塬区等区域的平地（低平地、高平地）外，其他地区都有山坡地分布。从不同类型区看，山坡地主要分布在黄土丘陵沟壑区、黄土高塬沟壑区、土石山区、风沙区、阶地区、林区和干旱草原区，集中分布在黄土丘陵沟壑区、黄土高塬沟壑区和土石山区。

（一）黄土丘陵沟壑区

该区分五个副区，山坡地分布广泛，主要以黄土覆盖，遍及陕、甘、宁、青、晋、蒙和豫七个省（区）。

（1）第一副区：山坡地分布最集中，面积最大。包括陕北大部、晋蒙部分地区，主要分布在黄河河口镇至龙门区间的陕西一侧的皇甫川、孤山川、窟野河、秃尾河、佳芦河、清涧河，以及无定河中下游及其支流、延河的杏子河；山西一侧的偏关河、朱家川、岚漪河、蔚汾河、湫水河下游、三川河等流域内。

（2）第二副区：山坡地主要分布在陕、甘、宁的固原、环县、延安一线，包括六盘山东侧泾河支流环江流域上游，白于山南侧北洛河上游志丹、吴起，延河流域中下游、仕望川、汾川河中下游等陕北黄土高原南部各支流，以及山西吕梁山东侧汾河流域上中游地区。

（3）第三副区：山坡地以六盘山为界，西侧主要集中分布在甘肃天水地区渭河流域及宁夏渭河支流葫芦河流域；东侧主要分布在陕西宝鸡地区渭河流域北岸各支流。另外，河南洛阳地区伊、洛河流域也有一定数量的分布。

（4）第四副区：山坡地集中分布在青海西宁地区湟水流域，甘肃龙羊峡地区、临夏地区大夏河流域及定西地区洮河流域中游地区等。

（5）第五副区：山坡地分布范围及面积仅次于第一副区，主要分布在甘肃兰州地区的黄河左、右岸山区，白银地区祖厉河流域靖远、会宁一线；宁夏清水河流域同心、海原一线；陕北无定河、北洛河源头地区等。

（二）黄土高塬沟壑区

本区山坡地主要分布在陇东高塬沟壑区和陕晋残塬沟壑区的塬坡地带。前者以甘肃省泾河流域的董志塬区为主，包括庆阳、平凉地区；后者包括陕西渭北旱塬的咸阳地区、铜川地区的旬邑、长武、礼泉、淳化、白水、洛川等，以及晋西残塬区隰县、吉县、大宁等。

（三）土石山区

该区山坡地主要分散分布在石质山岭区域，山高、坡陡、谷深，覆盖土层薄。包括祁连山西南侧大通河流域中下游、六盘山及其余脉山区地带、贺兰山南麓山区、秦岭北麓山区、吕梁山区、太行山西侧山区、阴山山脉南侧山区等。

（四）黄土阶地区

该区山坡地主要是坡耕地，分布特征是多级台阶的平坡地。主要分布在渭河两岸一、二阶台阶区域。包括渭河干流的宝鸡、咸阳、渭南、铜川地区的部分区域，洛河下游两岸的澄城、湫头、大荔等，黄河河津以下至汾河入河口三角地带一、二阶台阶的临猗、万荣、芮城、灵宝部分地区；沁河两岸台地区的高平、沁水、阳城部分区域等。

（五）风沙区

该区山坡地主要是小于25°的坡耕地和荒坡，集中分布在毛乌素沙地南缘东胜、榆林至长城沿线。

（六）草原区

该区包括干旱草原区和高地草原区，以荒坡和坡耕地为主。干旱草原区山坡地主要分布特征是低丘宽谷间有滩地，分布在甘肃白银地区以北的景泰、宁夏银南地区一线；高地草原区的山坡地主要分布特征是高山丘陵间有滩地，主要分布在青海海北、黄南，甘肃甘南地区。

（七）林区

山坡地主要为林坡地和坡耕地，主要特征是前者坡度较陡，梁状丘陵覆盖天然次生林，后者坡度较缓，在林缘线以下地带。主要分布在子午岭地区，陕北南部黄龙山地区延河左岸支流上游、汾川河、仕望川流域上游一带。

二、山坡地分布面积、地面坡度组成

（一）山坡地面积及分布

黄土高原地区总面积6 419万hm^2，山坡地面积3 861万hm^2，占到60.15%。在各省（区）的分布比例分别为甘肃23.1%、山西29.9%、陕西23.4%、内蒙古6.17%、宁夏6.86%、青海7.3%、河南3.2%，山西山坡地分布面积最大，陕西、甘肃次之，河南最小。其中，黄土丘陵沟壑区、高塬沟壑区、土石山区和风沙区等四区山坡地面积3 300万hm^2，占黄土高原地区山坡地面积的85.5%，占四区土地总面积4 553.6万hm^2的72.5%；黄土丘陵沟壑区、高塬沟壑区、土石山区和风沙区山坡地面积分别占各区土地面积的83.7%、46.7%、90.4%和9.6%，分别占黄土高原地区山坡地总面积的47.4%、3.96%、32.5%和1.63%（见表2-15、表2-16）。

表2-15　黄土高原地区主要类型区山坡地面积分布情况

类型区	黄土丘陵区						高塬沟壑区	土石山区	风沙区	四区合计	黄土高原地区
	丘1	丘2	丘3	丘4	丘5	小计					
山坡地（万hm^2）	590	239	294	199	509	1 831	153	1 254	63	3 300	3 861
土地（万hm^2）	707.5	272	355.4	234.2	618.8	2 187.9	327.3	1 387	651.4	4 553.6	6 419
比例（%）	83.4	87.8	82.8	84.9	82.3	83.7	46.7	90.4	9.6	72.5	60.15

表 2-16 黄土高原地区各省(区)地面坡度分级数据

项目		总计		甘肃省		山西省		内蒙古自治区		宁夏回族自治区		青海省		陕西省		河南省	
坡度级		面积(万 hm^2)	(%)	面积(万 hm^2)	(%)	面积(万 hm^2)	(%)	面积(万 hm^2)	(%)	面积(万 hm^2)	(%)	面积(万 hm^2)	(%)	面积(万 hm^2)	(%)	面积(万 hm^2)	(%)
黄土丘陵	3°~7°	401.36	10.39	49.14	5.50	143.93	12.45	93.15	39.07	53.22	20.10	5.53	1.96	41.60	4.61	14.79	11.90
	7°~15°	675.74	17.50	249.52	27.93	110.63	9.57	49.72	20.85	80.92	30.56	15.28	5.42	153.06	16.97	16.60	13.35
	15°~25°	816.44	21.14	312.35	34.96	99.21	8.58	4.82	2.02	60.26	22.76	8.53	3.03	326.17	36.16	5.09	4.09
	>25°	577.58	14.96	199.32	22.31	69.85	6.04	0.47	0.20	23.80	8.99	0.21	0.07	283.52	31.43	0.41	0.33
	小计	2 471.11	64.00	810.32	90.69	423.63	36.64	148.15	62.13	218.21	82.40	29.56	10.48	804.36	89.18	36.89	29.66
土石山地	3°~7°	20.98	0.54	0.24	0.03	14.22	1.23	0.54	0.23	2.88	1.09	2.33	0.83	0.00	0.00	0.78	0.62
	7°~15°	334.96	8.68	16.32	1.83	210.43	18.20	24.65	10.34	8.39	3.17	57.88	20.53	2.50	0.28	14.79	11.89
	15°~25°	517.75	13.41	19.40	2.17	275.54	23.83	38.35	16.08	22.41	8.46	93.65	33.22	31.26	3.47	37.15	29.87
	>25°	516.34	13.37	47.24	5.29	232.34	20.10	26.75	11.22	12.93	4.88	98.50	34.94	63.84	7.08	34.76	27.95
	小计	1 390.03	36.00	83.19	9.31	732.52	63.36	90.28	37.87	46.61	17.60	252.36	89.52	97.59	10.82	87.47	70.34
合计		3 861.15	100.00	893.52	100.00	1156.15	100.00	238.43	100.00	264.82	100.00	281.91	100.00	901.95	100.00	124.36	100.00

注:引自中国科学院黄土高原综合考察队《黄土高原土地坡度数据集》。

(二)山坡地坡度组成

根据黄土高原地区各省(区)地面坡度分级数据表(见表2-16),其中山西山坡地分布面积最大,陕西、甘肃次之,河南最小。经统计,黄土高原地区山坡地坡度组成情况是:平坡地占全区土地的6.77%,缓坡地占全区土地的16.2%,斜坡地占全区土地的21.39%,陡坡地占全区土地的17.54%。

1. 平坡地

全区有平坡地422.34万hm^2,其中95%分布于黄土丘陵沟壑区,5%分布于土石山区。分布于黄土丘陵沟壑区的平坡地山西占35.8%、内蒙古占23.2%、宁夏占13.3%、甘肃占12.2%、陕西占10.4%、河南占3.7%、青海占1.4%。黄土丘陵沟壑区平坡地水土流失较轻,是坡耕地的主要分布区。由于坡度平缓,修筑和利用水平梯田均可机械作业,实施坡改梯较容易。分布于土石山区的平坡地以山西省最多,占67.7%,其余零散分布于其他省(区)。除局部地区土层稍厚、土质适中,可开辟为坡耕地外,大部分地区土层薄、土质粗,不宜建设水平梯田,适宜发展牧业和林业。

2. 缓坡地

全区有缓坡地1 010.70万hm^2,其中66.9%分布于黄土丘陵沟壑区,33.1%分布于土石山区。分布于黄土丘陵沟壑区的缓坡地甘肃占36.9%、陕西占22.6%、山西占16.4%、宁夏占11.9%、内蒙古占7.4%、河南占2.5%、青海占2.3%。这种缓坡地虽然水土流失较严重,仍是坡耕地主要分布区,最适宜修筑水平梯田工程,但多数实施机械作业较困难。该区缓坡地修成梯田后,农林牧业综合利用的居多。分布于土石山地的缓坡地以山西省最多,占62.8%,其次为青海,占17.3%;其余零星分布。这种缓坡地土层薄,土质粗,坡耕地很少,主要为草地、林地或裸地。

3. 斜坡地

全区有斜坡地1 334.18万hm^2,其中61.2%分布于黄土丘陵沟壑区,38.8%分布于土石山区。分布于黄土丘陵沟壑区的斜坡地甘肃占38.3%、陕西占39.9%、山西占12.2%、宁夏占7.4%,其余呈零星分布。斜坡地水土流失严重,地面破碎。尽管坡耕地较多,但多为零星分布,地块也较小。除部分条件较好地段可以修筑水平梯田或隔坡梯田外,大部分应逐步退耕还林还牧。分布于土石山地的斜坡地以山西省最多,占53.2%;青海占18.2%;其余零星分布。这种斜坡地土层薄、土质粗,坡耕地很少,主要为草地、林地或裸地。

4. 陡坡地

全区陡坡地共1 093.92万hm^2,其中分布于黄土丘陵沟壑区和土石山区的分别占52.8%和47.2%。分布于黄土丘陵沟壑区的陡坡地陕西占49.1%、甘肃占34.5%、山西占12.1%,其余分散分布于宁夏、内蒙古、河南和青海。陡坡地水土流失严重,沟壑纵横,地面破碎成小块,耕作困难,难以实施坡改梯,现有坡耕地应尽快退耕还林还牧,土地适合林牧业利用。分布于土石山区的陡坡地山西占45.0%、青海占19.1%、陕西占12.4%、甘肃占9.1%、河南占6.7%、内蒙古占5.2%、宁夏占2.5%。陡坡地土层薄,土壤多为粗骨质,主要是天然荒草地和裸岩,也有少量人工草地和林地分布。

第三章　黄土高原地区山坡地治理开发现状

第一节　山坡地治理开发状况

一、山坡地土地利用

（一）山坡地利用现状结构格局

山坡地利用现状结构格局是指不同类型山坡地利用方式在区域空间的组合形式与分布规律。它既包括不同山坡地利用类型在水平和垂直两个方向的分布规律，又包括以区域特征为背景所造成的各种山坡地类型群聚的区域结构网络。

黄土高原地区南北跨越暖、温带和中温带等不同温度带，受气候、地形等因子综合影响，水分供给的差异明显，因此山坡地利用的水平结构具有叠替过渡变化规律。以旱坡地为主体，耕地从南到北都有分布，农作物在东南部一般为一年两熟，而在西北部则一年一熟。山坡地经济林果从南向北依次呈现暖温带的苹果、桃、石榴、杏、枣叠替变化规律。山坡地林草植被从南向北，表现为森林植被、灌丛植被、草原植被过渡的变化规律。

受海拔的影响，黄土高原山坡地利用的垂直结构上，有明显的层状结构特点。从低向高，依次呈现丘陵地、低山地、中山地等变化规律。不同山坡地利用类型显现出复杂多样性，丘陵沟壑区表现为浅山坡旱地→梁峁坡旱地→低山林灌地等层状结构；在高塬沟壑区呈现出台塬缓坡旱地→坡塬旱地等层状结构；在局部山间盆地呈现高阶地和丘陵的旱坡地→低山的坡耕地＋荒坡草灌地→低山和中山的灌木林地＋林地→中高山的林地→亚高山的林地＋灌木林地等层状结构。

由于地貌类型、水势条件和社会经济水平等的差异，黄土高原地区的山坡地利用现状出现局部或一定区域范围内以某几种利用类型为主相互耦合的区域组合结构。在丘陵沟壑区，形成了由沟坡旱地与梁峁旱坡地、草灌等组成的呈树枝～水平条带状组织结构格局；在梢林区，形成以林地为主，与沟谷耕地、草灌地等组成的树枝～块（片）状结构格局；在黄土高塬沟壑区，形成以塬面缓坡旱耕地与园地为主，与塬坡林地、草灌地镶边组成的结构格局。

（二）山坡地利用现状结构特征

山坡地利用现状结构特征指不同山坡地利用类型的数量关系、区域特征及变化趋势。

黄土高原地区山坡地现状利用面积为 3 861 万 hm^2。其中，黄土丘陵沟壑区、高塬沟壑区、土石山区及风沙区四大区山坡地利用面积 3 300 万 hm^2，占黄土高原地区山坡地现状利用总面积的 85.5%。这里以黄土丘陵沟壑区、高塬沟壑区、土石山区及风沙区四大区为主，进行分析。

1. 山坡地利用概况

根据不同类型山坡地土地利用情况的分析可以得出，黄土高原地区丘陵沟壑区、高塬沟壑区、土石山区、风沙区的山坡地中农地面积876万hm^2，林地758.6万hm^2，草地342.9万hm^2，荒地1 208万hm^2，难利用地115万hm^2，分别占四大区山坡地总面积的26.5%、23.0%、10.4%、36.6%、3.5%。详见表3-1。

四大区山坡地利用总的情况是，农地、林地面积接近，草地面积较小，荒地面积过大。用于农林牧业生产的土地面积占山坡地总面积的59.9%。但是高质量的农耕坡地、有林地和牧草地占的比重不大，果园面积过小。

农地分布格局是，坡耕地、梯田各占81.6%、18.4%，主要分布在丘陵区。丘陵区梯田占四大区梯田总面积的74.6%；坡耕地占分布的地区(区域)差异大，表现出极大的不平衡性，以丘陵区最为集中，占四大区坡耕地总面积的68.2%，>15°的坡耕地占旱坡地的74%，不利于精耕细作、集约经营和水土保持，尤以陕北、晋西、陇中、陇南为甚。

林地中天然林、人工林、园地各占49.3%、48.4%和2.3%，以成林地和灌木林较多，疏林地和未成林地也有一定比例；园地中以果园为主，各类型区均有分布，多为苹果、桃、杏、枣等，近年来葡萄也逐渐增加。

草地中天然草地、人工草地各占63.8%、36.2%。土石山区牧旱地绝大部分是天然草地，占90%以上，分布广泛；丘陵区集中分布在丘陵低山缓坡地上，与农坡耕地交错分布，多呈零散状，大片草地较少，人工草地虽然占一定比例，但大面积成片的很少见。牧草地类型多，但高质量的牧草地面积少，加之牧草地利用不合理，草场退化严重，特别是农、林、牧相互争占土地，致使草地面积减少，限制着牧业潜力的发挥。

山坡地利用现状结构变化有以下趋势：农坡耕地比重将会下降，随着退耕还林草的规模扩大和生产的发展，营造防护林和荒漠治理、水土保持等，荒地等未利用地面积将减少；随着各种治理措施的实施，山坡地的内部利用结构将发生变化，如坡改梯，人工林地和草地面积扩大，促使林地和牧草地内部结构改变。但是，山坡地利用现状不合理的状况要得到彻底改观，还需走很长一段路。

2. 各类型区山坡地利用结构

(1)黄土丘陵沟壑区。山坡地总面积1 831万hm^2，其中农地、林地、草地分别占33.2%、16.7%、6.9%。三者的面积比为4.8∶2.4∶1，明显耕地偏大，林地、草地偏小。

(2)黄土高塬沟壑区。山坡地总面积153万hm^2，其中农地、林地、草地分别占55.9%、8.5%、10.3%。三者的面积比为6.6∶1∶1.2，明显农耕地偏大，林地、草地偏小。

(3)土石山区。山坡地总面积1 254万hm^2，其中农地、林地、草地分别占13.8%、34.4%、15.5%。三者的面积比为1∶2.4∶1.1，明显以林地、草地为主，农耕地为副。

(4)风沙区。山坡地总面积63万hm^2，其中农地、林地、草地分别占16.4%、13.8%、8.6%，三者的面积比为1.9∶1.6∶1，明显以农地、林地为主，草地为副。

表 3-1　山坡地不同类型区土地利用结构

（单位：万 hm^2）

类型区	农地						林地								草地						荒地		难利用地		合计	
	坡耕地		梯田		小计		天然		人工		果园		小计		天然		人工		小计							
	面积	比例（%）	面积	比例（%）	面积	比例（%）	面积	比例（%）	面积	比例（%）	面积	比例（%）	面积	比例（%）	面积	比例（%）	面积	比例（%）	面积	比例（%）	面积	比例（%）	面积	比例（%）	面积	比例（%）
丘 1	156.7	26.6	30.5	5.2	187.2	31.7	8.2	1.4	114	19.3	6.6	1.1	128.8	21.8	9.6	1.6	31	5.3	40.6	6.9	213.5	36.2	20	3.3	590	100
丘 2	61	25.6	11.3	4.7	72.3	30.3	32.8	13.7	24.4	10.2	1.6	0.7	58.8	24.6	0.7	0.3	14.7	6.2	15.4	6.5	84.4	35.4	8	3.2	239	100
丘 3	102.4	34.8	40	13.6	142.4	48.4	10.3	3.5	36	12.2	1.8	0.6	48.1	16.3	7.6	2.6	22.8	7.7	30.4	10.3	63.7	21.6	10	3.3	294	100
丘 4	39.4	19.8	9.1	4.6	48.5	24.4	5.9	3.0	14.7	7.4	0.3	0.2	20.9	10.5	10.8	5.4	2.3	1.2	13.1	6.6	109.8	55.2	6	3.2	199	100
丘 5	127.8	25.1	29.3	5.8	157.1	30.8	5.7	1.1	41.6	8.2	1.7	0.3	49	9.6	2.9	0.6	24.6	4.8	27.5	5.4	258.7	50.8	17	3.3	509	100
小计	487.3	26.6	120.2	6.6	607.5	33.2	62.9	3.4	230.7	12.6	12	0.7	305.6	16.7	31.6	1.7	95.4	5.2	127	6.9	730.1	39.9	60	3.3	1 831	100
塬区	74.4	48.7	11.1	7:3	85.5	55.9	3.3	2.2	8.2	5.4	1.5	1.0	13	8.5	8.4	5.5	7.3	4.8	15.7	10.3	33.8	22.1	5	3.2	153	100
土石山区	143.1	11.4	29.6	2.4	172.7	13.8	306.5	24.4	121.1	9.7	3.7	0.3	431.3	34.4	175.4	14.0	19.4	1.5	194.8	15.5	420.1	33.5	35	2.8	1 254	100
风沙区	10.1	16.1	0.2	0.3	10.3	16.4	1.2	1.9	7.5	11.9	0	0.0	8.7	13.8	4	6.4	1.4	2.2	5.4	8.6	23.8	37.8	15	23.4	63	100
合计	714.9	21.7	161.1	4.9	876	26.5	373.9	11.3	367.5	11.1	17.2	0.5	758.6	23.0	219.4	6.6	123.5	3.7	342.9	10.4	1 207.8	36.6	115	3.5	3 300	100

二、各业生产现状、内部结构与布局

(一)种植业结构与农作物布局

1. 农坡耕地利用

在黄土高原地区四大区山坡地中，可开发利用的农坡耕地为876 万 hm^2。其中，梯田161 万 hm^2，占 18.4%；坡耕地 715 万 hm^2，占 81.6%。农坡耕地占黄土高原地区耕地面积1 691 万 hm^2 的51.8%，坡耕地占耕地面积的42.3%。另据中国科学院黄土高原综合考察队遥感调查，在黄土高原地区的主体部分晋、陕、甘、宁、蒙五省(区)有大于3°的坡耕地678.6 万 hm^2，占其耕地面积1 567.06 万 hm^2 的43.3%，大于15°的有320.6 万 hm^2，占20.5%；大于25°的有75.5 万 hm^2，占5%。然而，坡耕地的分布在地区上是不平衡的。在水土流失严重的晋西、陕北丘陵沟壑区，大于3°的坡耕地占总耕地面积的76%，大于15°的坡耕地占总耕地的42.3%；陡坡(大于25°)耕地占总耕地的15%。个别地区更加严重，如水土流失严重的延安市大于3°的坡耕地占耕地面积的84%，大于15°的坡耕地占总耕地的71.6%；大于25°的耕地占18.6%，甚至在塬区也有20%的陡坡耕地。

2. 粮食作物、经济作物及其他作物分布

黄土高原地区山坡地粮食作物有30 多种，按照播种与收获季节划分，有夏粮作物和秋粮作物两大类，夏粮作物以小麦为主，其主要包括冬小麦、春小麦，其次还有大麦、燕麦、青稞、莜麦、豌豆、扁豆等；秋粮作物主要有水稻、玉米、谷子、糜子、马铃薯、高粱和大豆，秋杂粮还有荞麦、绿豆和豇豆等。粮食生产条件因各地区间差别较大，构成了粮食生产力的区域差异。新中国成立以后和改革开放以来，随着社会需求和人民生活水平的提高，粮食作物结构几经调整，总的趋势是糜、谷等较低产的秋杂粮作物和豌豆、扁豆等夏杂粮作物面积下降；小麦、玉米等优质高产的作物面积有一定提高。粗略估计，黄土高原粮食作物内部结构中，夏粮和秋粮种植几乎各占一半。

经济作物主要为油料作物，且面积较为稳定，其次是棉花。甜菜和烤烟是20 世纪80年代发展起来的经济作物，分别占全国同类作物总产的26.9%和6.4%，具有品质优良和规模生产的优势。西瓜及甜瓜也由原来的自给性种植转向规模化、商品化生产，成为区域经济收入的主要来源。

在黄土高原农作物种类中还有牧草和蔬菜。牧草因其在农牧结合、旱地农田培肥和控制水土流失等方面的重要位置而在农田中逐渐受到重视。此外，蔬菜对促进农村的多种经营、增加收入起到了积极的作用，在黄土高原农作物结构中也越来越显示出其重要作用。

随着基本农田建设的实施，耕作体系的完善，高产优质品种选育推广以及农业结构的调整，黄土高原山坡地粮、油、烟、甜菜等产量将会有较大幅度提高，凭借名、优、特农作物开发及商品生产基地建设的开展，各类小杂粮生产亦可借助外贸销路，打入国际市场提高经济效益，利用油菜、胡麻、黄花菜等经济作物生产的区位优势，并进一步向深加工和综合利用、提高附加值方向发展。

（二）林业内部结构及布局

1. 面积结构及分布

黄土高原黄土丘陵沟壑区、高塬沟壑区、土石山区、风沙区山坡地共有林地 758.6 万 hm^2，其中天然林 373.9 hm^2，人工林 367.5 万 hm^2，果园 17.2 万 hm^2，分别占林地面积的 49.3%、48.4% 和 2.3%。由于未计入林区，因此人工林比例显得高一些，与黄土高原全区的情况有一定差别。

从全区看，黄土高原是典型的少林地区，全区森林覆盖率仅为 7.2%，加上灌木林等，森林覆盖率也只有 13.4%。林地面积包括用材林、防护林、经济林（干果、桑等）、薪炭林、特用林等，共有乔木林 449.69 万 hm^2（其中 70% 为天然次生林），灌木林 249.84 万 hm^2，疏林地 67.12 万 hm^2。另外，还有各类果园 21.57 万 hm^2，未成林地 91.38 万 hm^2，总计林地面积 949.97 万 hm^2。该区林分中存在结构不合理的问题，按林种划分，用材林 237.22 hm^2，占乔木林的 52.8%，占林地总面积的 25%；防护林、经济林、薪炭林、特用林所占比例分别为 39.2%、6.4%、28.6%、0.8%。林分中天然林面积与蓄积量分别占林分的 64.5% 和 83.7%，而人工林仅占 35.5% 和 16.3%，从天然林与人工林所占比例上看天然林所占比例大，人工林比例偏小。树龄结构中幼龄、中龄、近成熟林和成熟林所占面积及蓄积量比例分别为 37.6%、46.3%、4.0%、11.7% 及 16.4%、55.4%、4.1%、24.1%。幼龄、中龄所占比例大，近成熟林、成熟林比例偏小。

黄土高原地区森林分布很不均匀，主要分布于海拔较高的土石山区和石山区，大约 50% 以上的人工林和 90% 以上的天然林分布在 12 个林区，包括小陇山、六盘山、黄龙山、子午山、秦岭、太行山、太岳山、关帝山、管涔山、五台山、中条山和伏牛山等。长期不合理的采伐与垦耕，使天然植被遭到严重破坏，代之以各种各样的人工栽培植被。但是，在塬边、陡坡、孤立的黄土桩和圪塄上，以及适于耕作的梁、峁顶部，依然有天然植被的残存片段。

2. 林种组成

黄土高原重点水土流失区人工栽培的乔木树种，共有 36 科 212 种（变种、变型）。其中种类最多的是蔷薇科、杨柳科、松科、榆科，其次是壳斗科、槭树科等，这些科在该区不仅种类较多，而且造林面积也很大。蔷薇科有 41 种，杨柳科有 34 种，松科有 19 种，榆科有 15 种，这 4 个科共 109 种，占该区总种数（含变种、变型）212 的 51.4%，是构成该区林木的优势科。

黄土高原现有灌木有 68 科 177 属 646 种，其中裸子植物 2 科 3 属 7 种，被子植物 66 科 174 属 639 种。绝大部分是多年生的、高度在 3m 以下、通常无明显主干的灌木树种，此外还有一些虽有主干但往往长成灌丛状的小乔木和一些木质藤本植物（如葡萄科的 3 属 15 种植物），以及部分禾本科中的竹类植物。

从各科灌木树种的分布情况看，以蔷薇科树种最多，有 21 属 141 种，其次是豆科 17 属 71 种，忍冬科 7 属 46 种，杨柳科 1 属 28 种，木犀科 7 属 24 种，虎耳草科 4 属 28 种，卫矛科 2 属 24 种，小檗科 3 属 20 种。以上这 8 科计有 382 种，占总数的 59%。

灌丛植被在黄土高原地区十分发达，类型很多，既有原生性的，也有破坏后的次生类型。灌丛在山区的分布面积远超过森林植被，大致可区分为常绿灌丛和落叶灌丛两大类。

（三）畜牧业生产现状

黄土高原地区的畜牧业发展历史悠久，特别是蒙、宁、甘、青等省（区）的很大一部分地区，是我国重要的牧区。搞好畜牧业不仅是本区人民治穷致富、发展经济的一个重要方面，也是促进种草种树、改善本区生态环境的一个重要途径。畜牧业基础设施的建设，增强了牲畜抗灾能力，促进了畜牧业的发展。据 1998 年统计，黄土高原地区有大小牲畜 6 416.67 万头（只），其中大牲畜 1 245.42 万头，猪 1 773.15 万头，羊 3 398.10 万只，与 1985 年相比，分别增长了 24%、17% 和 47%。

黄土高原地区畜牧业历史上都是自给半自给性生产。新中国成立后，各地组建了一批国营和集体畜牧场，实行社会化生产，与此同时农民家庭养畜也在发生变化，改革开放以来，涌现出了一大批饲养专业户和重点户。两户的兴起与发展，标志着黄土高原地区畜牧业正从副业经营逐步向专业化生产转变，从自给半自给生产开始向商品生产过渡。随着饲养专业户的发展，饲养规模不断扩大，还出现了一批养数千只鸡、数百只羊、数百头猪、数十头大牲畜的大户和联合体，饲养业已成为其家庭的主业，其产值已成为家庭经济支柱。

黄土高原耕地、草场面积大，为畜牧业发展奠定了物质基础。黄土高原地区有草场面积 0.15 亿 hm^2。此外，由于耕地面积大，在解决粮食问题的基础上有可能部分实行退耕种草或粮草轮作，为畜牧业提供更多的饲草也是完全有可能的。黄土高原地区畜禽品种资源十分丰富，各种畜禽均有分布，且都有较好的生态适应性。其中有驰名国内外的优良品种，如宁夏的滩羊、中卫山羊，山西的晋南牛、右玉鸡，陕西的秦川牛、关中驴、关中奶山羊等。资源丰富的品种，为畜牧业发展提供了有利条件。高原人民在长期的生产实践中，积累了丰富的养畜经验，加之近年来如冷冻精液、人工授精、草田轮作、围栏放牧、发展季节畜牧业、实行短期育肥等科学技术和管理的应用，为黄土高原地区畜牧业的发展提供了技术支持和保障。

第二节　山坡地开发利用面临的生态、经济、社会问题

山坡地是黄土高原地区土地资源的主体，是农业生产的重要基地。由于自然、社会的原因，山坡地开发利用面临着一系列生态、经济、社会问题。

一、土地退化严重

土地退化主要表现为地力下降，荒漠化面积增加。在经济不发达的小农经济经营方式下，不可能实施对土地的有效管理，土地养分失调，土壤肥力低下。一方面肥料严重不足，大面积坡耕地很少得到养分补给；另一方面水土流失带走了大量土壤养分。据杨文治等固原综合考察时估算，每年全县（6 414 km^2）土壤流失有机质 10 万 ~ 13 万 t、氮素 500 ~ 600 t、磷素 260 ~ 300 t、钾素 2 500 ~ 3 000 t。据离石王家沟测算，1986 年在 186 hm^2 坡耕地上流失的氮素折硝铵 11.81 t，使坡地耕层中的各种营养元素含量只略高于母质岩。晋陕丘陵区坡耕地耕层的有机质含量为 0.5% 左右，肥力很低。长城沿线盖沙丘陵区如榆林、准格尔和河曲等除水蚀外还有风蚀，使土壤沙化和岩性化，治理难度很大。

土壤侵蚀是导致山坡地土地退化乃至彻底破坏的主要原因。土壤水蚀和风蚀都很严

重，是所谓的“水蚀风蚀交错区”。土壤侵蚀是黄土高原山坡地目前面临的最为严峻的生态环境问题，亦是影响农业生产力提高的核心因素。在水平界面上，侵蚀可发生在广大的区域，由于侵蚀方式的不同，局部某一方式（水蚀或风蚀）占主导地位，程度更加剧烈；垂直层面上，梁峁顶（或塬面）—梁峁坡（塬坡）—梁峁缘线—沟坡—谷底，任何一个部位都可发生，随着侵蚀强度的不同，呈现显著的垂直分带规律。土壤侵蚀不仅对侵蚀区的土地利用影响深刻，而且对侵蚀区以外的区域产生影响。

山坡地土地退化的另一重要因素是外界干扰，使土地受损，即山坡地自然生态系统被外界干扰，超越系统“正常”运行受胁忍耐阈值。外界干扰主要源于人类活动——人类的力的作用。致损力的因素主要有以下三类：

（1）耕作制度和作物种植不合理。耕作制度和作物种植不合理，是广大黄土高原地区的坡耕地普遍存在的问题。主要表现为传统的耕作制度的沿袭，缺乏耕作制度的管理，作物种植单一。由于人口的不断增长，缓坡地数量有限，为了解决温饱问题，必须增加粮食生产，但又无力增加农业投入，缺乏对农田的基本建设（包括中低产田改造），往往只能靠扩大耕地面积和增加复种指标，甚至采取广种薄收方式获得收益，普遍采取极其粗放的撂荒耕作，作物种植结构的不合理，粮食作物和经济作物的比例失衡，农田多为生长期短的一年生植物，使植被覆盖度大幅度下降，最终导致土地肥力下降、退化。

（2）不合“适地适用”生态原则的农田开垦，包括滥垦滥伐等。不合“适地适用”的生态原则的农田开垦，在人多地少的地区严重存在，表现为滥垦滥伐，主要发生在山坡地坡度大的区域。由于人口的急剧增加，人地矛盾突出，为了解决温饱问题，此地区经历了大规模的农业开垦，荒地变为农田。在大于25°的坡地上进行农耕已是屡见不鲜；在滥垦土地面积相对大的客观条件下，开垦后几年内肥力及地上水分耗尽，随即被弃荒。据统计，近20年来，北方10省区滥垦面积达680万 hm^2。最近的研究表明，北方农牧交错带荒漠化面积年递增率已达2.66%，发展态势极为严峻。另外，燃料的不足，导致毁林垦田、破坏原生植被，引发水土流失，造成坡地的土壤养分流失。

（3）频繁超强度放牧。即超载过牧，丘山区和高塬沟壑区都普遍发生和存在。主要发生在山坡地不同坡沟的荒草坡部位。放牧致损因子由践踏、啃食和失衡营养组成，使得地面植被矮化、稀疏化，甚至直接破坏土壤表层结构，使土壤蒸发加大，导致土地（草地）退化。超载放牧、早春放牧、雨季放牧，是加速草地沙化、退化的基本形式。主要诱因是饲料问题，更多地注意到了牲畜的价值，而忽视了草地生态的作用，或者说割裂了草地管理与放牧管理的关系。从本质上讲，在黄土高原地区，牲畜和饲草饲料这一矛盾不解决，任何一种方法，也不能从根本上解决山坡草地大面积退化问题。为经济发展，扩大的牲畜数量只有通过调整牲畜品种和充分开发作物秸秆资源来额外补充解决饲料问题。

二、干旱严重，降水资源难以有效利用

山坡地农业生产条件不外乎光、温、水、肥四大要素。从生态学角度看，土地肥力衰退的根本原因是水分不足，因此在水肥关系上更突出水的重要性。

黄土高原地区年降水量大多为350～400 mm，远低于全国平均值684.4 mm和全球陆地平均值800 mm，农耕地地表水仅为208～513 m^3/hm^2，是全国平均值的1.9%～7.9%。

西北部宁南、陇中及青东地区的年降水量仅为150~250 mm,干旱是黄土高原地区山坡地农业生产的主要限制因子。由于受纬度和地形因素影响,降水时空分布差异较大且多以暴雨形式出现,该区的降雨强度大,加之山坡地分布广,土壤蓄水能力和植被条件都很差,降雨极易形成径流,无效流失。由于区域性降水量少,时间分配的不稳定性,山坡地农业生产几乎完全依赖降水,没有外流来水资源提供灌溉,即所谓的"旱地农业",这就决定了山坡地生态系统必然具有明显的不稳定性和较低的抵抗外来扰动的能力。另外,山坡地土壤无效蒸发量大。在典型半干旱地区,休闲期土壤蒸发可达到同期降水量的60%~80%,局部地区可达到72%~98%,在半湿润地区也要达到60%。在作物生长季节,裸地和种植作物的农田年耗水量基本相同,再加上降水的年变率和季节变率都较大的不利因素,产量低而不稳成为必然。其次,降水和作物生长的严重错位,是本区山坡地的先天性生态灾难,即所谓的环境资源和水肥因子的不协同性。从土壤水分、降水量分布和春小麦需水量分析发现,5月底~6月初土壤水分达到全年最低值,这时又是春小麦大量耗水期和生理临界需水期(孕穗期)。以半干旱地区定西为例,这里年降水量420 mm,春小麦生育期降水占年降水量的53%,非生长季节降水作为底墒用于春小麦生长占同期需水量的40%。因此,对春小麦的总供水量为300 mm。1961~1990年春小麦平均需水量为357(330~380)mm,平均水分亏缺56 mm,合计555 m^3/hm^2。进一步分析认为,为满足春小麦正常生长需要,需要450~600 m^3/hm^2 的补充供水。显然在既无地表水又无地下水的山坡地上的土壤水分亏缺,势必导致低产,特别是如遇特大干旱年份,可导致绝收。

综上所述,山坡地农业生产用水基本为被动地接纳天然降水,在黄土高原典型半干旱地区,降水在山坡地的分配比例大体是:20%~25%用于第一性生产;10%~15%形成径流,成为水土流失的动力源;60%~75%为无效蒸发。后两部分具有明显的生态意义,因此采取人工措施如雨水集流、地膜覆盖、沙田铺压等,提高在时空上主动调节天然降水和保持土壤水分的能力,是有效利用降水资源的基本途径。

三、山坡地土地利用不合理

黄土高原地区山坡地土地利用不合理的主要表现如下。

(一)土地垦殖率高

黄土高原土地垦殖率与人口密度基本成正相关。一般人口密度在50~100 人/km^2的,垦殖指数在40%以下,人口密度在150 人/km^2 以上的垦殖指数达40%以上(见表3-2)。

表3-2 黄土高原部分县人口密度与垦殖指数

项目	神木	准格尔	方山	离石	延安	佳县	延长	河曲	延川	长武	固原	米脂	子洲
人口密度(人/km^2)	46.9	34.5	93.6	156.8	93.4	110.4	87.4	99.0	87.4	283.0	130.5	171.3	141.7
垦殖指数(%)	16.4	16.8	29.9	34.4	34.4	34.4	34.8	39.3	40.3	41.2	43.6	44.9	56.7
说明	半风沙区	风沙区	丘陵区							塬区	丘陵区		

注:据黄土高原基本资料(1998)。

(二)土地利用结构不合理

除风沙区和次生林区以外,黄土高原地区农业用地面积都在各业之首,林地面积一般占总面积的18.8%,有些在5%以下。本章第一节对黄土高原全区、各类型区及部分县(区)的山坡地土地利用结构做了详尽分析,与黄土高原地区整个土地系统利用结构比较有一定差别,但土地利用结构不合理的趋势是一致的。此处不再赘述。

(三)农林牧产业结构不合理

土地利用结构不合理与各业产值结构不合理是必然的因果关系。丘陵山区因传统的单一农业经营模式占主导,几乎把全部劳力与资金投入到粮田上,林牧业占的比重很小。对黄土高原地区1998年农业产值与农村经济结构统计分析表明,各业产值占农业总产值的比例分别为:农业58.7%、林业4.3%、牧业21.6%、副业10.5%、其他4.9%。可见以农业特别是种植业挤压林牧副业形成的经营单一性,使被挤压的林牧副业成为农业生态经济链中的薄弱环节。

(四)土地利用率高

黄土高原地区的农业生产还没有摆脱封闭式农业生态系统和模式,广种薄收,粗放经营和生产,各个类型区山坡地利用率普遍较高,特别是黄土丘陵沟壑区的生产用地一般都在85%以上,山坡地基本开垦到了极限。如延安地区的黄土丘陵沟壑区沟间地比例为35%~40%,绥德、米脂一带的沟间地占40%以上,少数超过50%;宁夏南部与陇中定西一带,沟间地都在50%以上,而这些地方的垦殖指数基本与沟间地比例吻合。谷缘线以上大部分成为固定农耕地,谷缘线以下也被零星开垦。而大部分牧地,其实不过是产草量极低的荒山荒坡。除居民地、交通等用地和寸草不生的土地以外,基本上都是生产用地。这就是土地利用率高的内涵。

四、山坡地生产力低下

山坡地生产力低下,首先是第一性生产力低下,农业生产严重不稳定。黄土高原地区近600年来为十年七旱,自然灾害频率高,特别是降水年际变率大,旱灾严重,加上霜冻、低温等原因,农作物产量波动大。据测定,影响该区农作物第一性生产力的主要因子是水分。由于降水不足,降水时间同作物需要不同步,蒸发蒸腾过多,农作物的光温生产潜力仅能实现10%~15%。很多情况下农作物的总生物量只有2 000~2 800 kg/hm^2,只比自然状态的草甸草原初级生产力高出20%左右,而且受灾严重甚至绝收的可能性很大。杨文治、余存祖对黄土高原11个试区治理前土地生产力研究表明,坡耕地单产仅在165~855 kg/hm^2,梯田单产在780~2 250 kg/hm^2。据山仑等研究,包括黄土高原在内的农牧交错带内旱作农业即使在最佳气候和技术组合下,最高粮食单产亦超不过2 250 kg/hm^2,只及全国平均单产的50%以下。山坡地林草生长条件恶劣,土地具有次生性,形成时间短,缺乏自然适应的物种,林木蓄积量和产草量很低。据黄土高原11个试区资料,米脂试区坡地刺槐林生长量1.5 m^3/(hm^2·a),天然草地产草量120~1 155 kg/hm^2(干草);西吉、定西天然草地产草量180~600 kg/hm^2;杏子河流域24年杨树树高1.8 m,胸径14 cm。

山坡地第二性生产力，即转化率、利用率低下。就牧草地而言，在垦化过程中的一个主要植物种群演替现象是原有的饲用价值高的群落被低、劣质甚至有毒的草群落（或种群）所取代，加上即使是未退化的草地也带有不利于牲畜采食的性状，使牲畜对第一性生产产物的利用率受到限制，有效转化率极低。林业由于存在"三低"（低质、低效、低产），第二性生产力低下是必然的。

五、山坡地生态脆弱、经济落后

黄土高原地区山坡地的生态脆弱性，导致经济落后，群众生活贫困，贫困地区的分布呈现与脆弱的环境类型分布相一致的空间集中分布特征。贫困使人们为了生存，不得不盲目掠夺式地开发山坡地资源，其结果不仅难使贫困状况有所改善，反而更加抑制了现有山坡地资源潜力的充分发挥，加之人口压力的增加，最终陷入"生态环境脆弱—贫困—掠夺山坡地资源—环境退化—进一步贫困"的"贫困陷阱"，形成所谓的"PPE 怪圈"。

人口、环境和贫困是导致山坡地的生态脆弱、经济落后的关键因素。当人口增长达到一定程度之后，在人类现有开发能力和利用方式下所能利用的山坡地资源已不足以满足人们基本生存和生活需要的时候产生贫困。人口增长和贫困的直接后果是人均山坡地资源减少，土地压力增大，人均收入减少。同时土地压力的增大又会引起过度开垦、放牧和砍伐，以及增加化肥农药及灌溉等，随之而来的就是山坡地土壤侵蚀、自然灾害，以及污染和土地退化等，从而导致生态环境的退化。而生态环境退化的后果，如山坡地生产力下降，环境状况的恶化以及人们健康状况的下降等又进一步促进贫困加剧；反之，因为贫困和生态环境退化又会形成劳动生产率低，需要增加劳动力，社会保险不完善，高出生率人口增长，从而又造成人口增长和环境退化的进一步加剧。这样就形成人口增加—贫困—环境退化间的恶性循环。

生产力低下和资金短缺是贫困地区的主要特征，而这二者之间又存在互为因果关系。生产力的低下，导致山坡地贫困地区的资金短缺，而资金短缺又使贫困地区陷入落后局面而难以自拔。人口的数量和增长状况是象征人口因素的主要变量，人口越多，增长基数越大，其增长也就越快。而人口增长越快，大规模人口基数的形成就越快，这样，在人口因素内部就构成了一个人口数量和增长的恶性循环。同样，环境因素也可表示为由脆弱和退化两个变量构成，脆弱的环境由于抗干扰能力弱使得其容易退化，而环境的退化又使其脆弱性进一步提高，从而形成环境因素内部的脆弱—退化恶性循环。

第三节　山坡地治理开发的经验教训

多年来，黄土高原地区山坡地的治理开发一直围绕着生产力的提高、土壤侵蚀状况的改善及土地退化的遏制等方面而进行。回顾黄土高原山坡地治理开发的历程，并与现有的各种区域性生态问题对照分析，新中国成立以来，黄土高原地区山坡地整治有着以下几方面的经验教训。

一、对宏观区域规律和山坡地自身的规律认识不足，导致山坡地开发中的不合理性

20 世纪 50 ~ 60 年代黄土高原地区大规模农业开发的初期阶段，我国对于区域规律和山坡地的研究基本处于空白阶段，因此大规模的开发带有很大的盲目性和随意性，无法提出科学的可行性论证，对于各种潜在的生态问题无法形成切实的预防性对策。从 60 年代开始，我国曾先后组织过几次大规模的黄土高原考察，虽然基本弄清了区域内的自然地理和土地资源条件，但在当时的特定条件下，未能形成区域性的合理开发对策。进入 80 年代，黄土高原地区的各种生态问题日益突出，土地资源的合理开发利用成为焦点，围绕着土地的整治，各级政府和科研部门均投入了大量的人力、物力、财力，在以提高土地生产力和经济效益的目标下，寻求解决区域生态问题的对策，但同时却淡化了对于区域性生态问题及山坡地生态系统内在成因的总体探讨，未能明确地提出山坡地生态与经济关系问题的重大命题。另外，对山坡地的基本分布类型、基本结构、功能特征、演变规律总体上缺乏深入研究，对山坡地侵蚀问题、山坡地径流资源的高效利用问题、山坡地农业丰产技术、山坡地果园丰产、山坡地林业资源的开发、山坡地牧业资源的开发、山坡地土地持续利用等诸多问题未形成系统性的研究纲要，因此也就没有形成对山坡地开发指导性的方略。山坡地生产组织带有强烈的资源经济特点，重外延轻内涵。如何根据山坡地自身资源特点，从区域发展战略高度上合理安排农林牧各业生产的规模、模式、发展进程和空间布局等问题大都没有很好地予以解决。

二、黄土高原综合治理—山坡地开发—水土保持的关系及统一性问题

（一）黄土高原的人口压力、粮食问题是困扰山坡地地区土地合理利用的最大难题，解决问题的关键是改善农业生产条件，提高生产力水平

程序在《中国可持续农业的过去、现状及未来》一文中指出，按照国际人口承载力标准，半干旱区人口密度不应超过 20 ~ 25 人/km^2，否则就应大量移民。而我国北方半干旱地区的农牧交错带人口密度已达 70 人/km^2，黄土高原地区已高达 138 人/km^2，粮食压力巨大。由于缺乏合理的谋生手段，唯一的办法便是滥垦滥伐（挖），在母质极为疏松或部分为细沙质的山坡地上开荒和撂荒种植，致使黄土高原地区的山坡耕地占到总耕地面积的一半左右，部分地区高达 80% 以上。长期以来，黄土高原地区水土保持试点中土地合理利用的典型经验难以推广，究其原因，主要是没有显著高效的种植业做保证，许多地区群众生活贫困，没有解决吃饭问题。同时这也严重制约了林牧业的发展。解决问题的关键是改善农业生产条件，提高生产力水平，这样才能减轻人口对环境的压力，进一步优化产业结构，促进各业发展。

（二）治理方针缺乏系统性和连续性，以致边治理边破坏

针对黄土高原严重的土壤侵蚀现状和根深蒂固的滥垦、滥伐、滥牧的经营方式和广种薄收的山坡地农业生产传统，应综合治理黄土高原水土流失，改善生态环境。自 20 世纪 50 年代初中国科学院黄河中游水土保持综合考察队的专家们提出“大力退耕，还林还牧”的建议到现在，一直在坚持不懈地进行着水土保持工作，但是进展却不大，甚至由于人口

增长和不合理开垦,土壤侵蚀面积和侵蚀产沙量均有所增加。其原因主要是治理方针缺乏系统性和连续性,以致边治理边破坏。例如在一个时期过分地强调工程措施和水土保持技术的重要性,以治理效益为中心,造成很多盲目的水土保持的大量投入,如六七十年代“以粮为纲”时,大范围地修筑梯田、搞人造平原等,忽视了林草建设和经济发展;而另一时期又过分地强调生物措施,而把调整土地利用结构、种树种草作为控制水土流失的主要途径,但实际上又不能完全实现,面对如此大比例的坡耕地,到底应该退多少？如何退？怎么解决吃饭问题？如何使农民在进行水土保持的同时,经济和生产持续发展？

黄土高原土地利用与水土保持统一性问题,即土地利用与水土保持的关系问题,是一个长期争论的问题,实质上这也是黄土高原山坡地持续利用的问题。过去争论不休的根源是土地利用与水土保持经常相互冲突,不能正确统一。这还体现在不同职能部门之间,即农业部门强调扩大耕地面积,多产粮食,其基本职能是解决吃饭问题。由于日益增长的人口压力,必须大面积开荒,毁林毁草,从而加剧了水土流失,造成“越垦越穷,越穷越垦”的恶性循环。目前,黄土高原一些地方这样的恶性循环依然存在。1954 年,《黄河综合利用规划技术经济报告》的水土保持规划中,要求 15 年内陡坡退耕 173. 3 万 hm^2 ,40 年不仅退耕计划没有实现,而且又新增了大量的陡坡开荒地。而水利和林业部门又各有其责,前者要求减少泥沙入库入河,后者要求扩大林地覆盖率,希望坡耕地面积越小越好,或干脆封山育林,可以立竿见影。但在温饱问题尚未完全解决的情况下,这些措施又无法实现,以致年年植树不见林,黄河的泥沙仍没有显著减少。对于土地利用与水土保持统一性问题,张心一曾作过精辟的论述:我国历史证明,加剧水土流失的人,主要是农民,保持水土的人,完全是农民。只要发动水土流失地区的农民群众,为切身利益,主动搞好水土保持,才能全面收效。当前我国的水土保持工作还需要进一步发动农民去做。水土流失严重的地区需要用水土保持来发展农、林、牧业生产,同时还需要用发展农、林、牧业生产来搞好水土保持。

(三)缺乏基础性研究的有力指导,治理的盲目性很大

从 20 世纪 50 年代以来,治理方针和重点频繁变化,从修坝建库到大种林草,到所谓综合治理、生态农业等;治理的对象实际也是割裂的,或草地退化,或水土流失,或荒山荒坡,或旱农耕地,强调工程措施而忽视生物措施,治理同经济脱节等。以对本区生态环境至关重要的关键因子植被类型而言,尽管已有研究初步证实,草灌植被是最适宜黄土高原自然条件,持久性和稳定性最高,能最有效利用降水、气候生产潜力不亚于谷类粮食作物的顶级植被群落,但迄今人工草只占草地总面积的不到 11% ,农林牧结合的工作几经努力,未取得重大突破,至今仍是综合治理开发中最薄弱的一个环节(山仑、李玉山、赵金荣等)。再就是治理的投入严重不足,但这种状况的极端不合理性也因缺乏有创新性的基础研究支持使之没有说服力,因而沦为一般性的老生常谈。

三、没有一个统一的理论基础,缺乏学科间综合与合成

从研究方面看,尽管也有了几十年艰苦工作,取得了大量宝贵的基础性资料和显著进展,但最大的缺陷是没有一个统一的理论基础,缺乏学科间综合与合成。正如任继周所言:最终意识到核心是生态系统问题。也就是说,如不采取系统的观点方法,黄土高原的

山坡地治理和开发是搞不好的。另外,以生态系统为中心的基础性、跨学科性的研究很少。80年代初,“生态农业”作为新农业发展模式在我国开始提出并进行广泛的实践。它吸取了我国传统农业丰富的精湛技术和成功的经验如轮作、套种、间作制度,因地合理种植,农林牧等综合生产与经营等,传统农业在与现代农业科技结合的过程中,保证了我国以仅占世界耕地7%的土地供养占全球22%的人口,并长期维持地力不衰,这些成功的传统农业精华本身是生态农业发展的重要基础。但是从总体看,生态农业和水土保持的关系及之间的结合目前仍是薄弱环节,也缺乏横向比较和重点的交叉,尤其是同社会经济、人口的交叉,以及大尺度、新思维的研究。

第四章　山坡地生态稳定与经济持续发展的基本思想

第一节　山坡地生态稳定与经济持续发展的理论基础

山坡地是黄土高原地区重要的土地资源，土壤学、气象学、农艺学、生态学和经济学等多学科的科学原理，尤其是可持续发展理论、生态经济理论、持续农业理论、持续土地管理理论和水土保持理论等，为实现山坡地生态稳定与经济持续发展提供了强有力的理论基础。

一、可持续发展理论

可持续发展理论是当代社会发展的指导思想，体现了人类与自然协调关系的愿望和人类世代间的责任感。可持续发展是指满足当代需求又不损害后代满足其未来需求之能力的发展，其实质是协调人口、资源、环境与发展的关系，为后代开创一个能够持续健康发展的基础。可持续发展问题是人类生存发展与其支持环境的生态经济关系问题，这一关系包括两个基本系统的相互作用：一是作为发展动因的人类生命系统；二是作为发展持续支持力的环境资源系统。人类的一切活动都应遵循生态规律和生态原则。“生态中心论”模式是一种人与环境和谐共生的整合发展模式，这种模式奠定了人类可持续生存（或健康）与发展的生态基础。

衡量可持续发展的重要标志是持续性。所谓持续性是指环境保证人类持续发展的能力，包括以下几方面的含义：一是保证人类生存，要求有足够的粮食来保证人类的生存，衡量持续力最主要的指标是农业与粮食保障状况；二是不破坏生态系统的最大生产力，即产业发展要考虑生态阈限，保持经济增长中的自然生态平衡；三是繁荣的经济和安定的社会，即建立合理的产业结构，建立收入、权利和社会公平分配的保证机制；四是保持和维护区域资源、环境的长期承载能力，即在良性的生态条件和社会经济条件下，获取上述三方面最大综合效能，持续地保持和维护区域资源、环境的承载能力。

二、生态经济学理论

生态经济学理论是以生态学和经济学原理为基础，以人类经济活动为中心，以生态经济复合系统为对象，以协调人与自然关系、寻求生态与经济协调发展途径为目的，研究人类经济活动与自然生态之间相互发展关系的理论。生态经济系统是生态经济理论最基本的概念。生态经济系统是生态系统和经济系统的复合系统，具有独立的特征、结构、机能和运动规律。生态经济系统的发展变化除受生态规律制约外，主要受人类经济活动的影响。为了实现经济目标，人们可以不断地利用科学技术规划，调整和控制生态经济系统，这是有别于自然生态系统的一个根本标志。生态经济系统的基本功能是系统之间进行的物质循环、能量转换、信息传递和价值转移。能流、物流、信息流和价值流在生态经济系统中相互交织、同步循环运动、协同发展。生态系统是经济系统的基础，对经济系统起决定作用，经济系统必须依赖于生态系统，对生态系统也有反馈作用，这种作用表现为两种：一种是遵循生态经济规律的经济活动，通过生产过程作用于生态系统，保持生态系统结构完整、物质循环和能量转换处于较高的水平，系统调节能力良好，从而保持生态系统的生产力；另一种是违背生态经济规律的经济活动，通过生产过程作用于生态系统，使生态系统的结构遭到破坏，物质循环率和能量转化率下降，从而降低生态系统生产力，破坏生态环境。生态经济系统的基本特征表现为整体性、实践性、有序性和二重性。生态经济系统包括人口、资源、环境、物资、科技和资金六大要素。

三、持续农业理论

持续农业是将持续发展的思想应用于农业的生产实践活动。持续农业的内涵是“成功地管理自然资源以满足不断变化的人类需求，能够保持和提高环境质量、保护自然资源，并且技术适当，经济可行，能够被社会接受”。持续农业需要建立技术、投入和政策管理3个保证体系，其要点是：①以稳定、均衡、协调发展为目标，保证满足人类持续的消费需求；②积极增加投入以提高产出，尤其是提高土地生产率和劳动生产率；③充分运用有效的科学技术和管理来提高投入的转换效率和经济效益；④合理开发利用土、水、生物等可再生资源，强化循环利用，节约和保护不可再生资源；⑤在发展生产的同时保护和改善环境，保持和增强发展后劲。持续农业的提法后于生态农业，关于两者的关系学术界有三种倾向性的观点：一是认为持续农业是目标、是思想，而生态农业是模式、是途径，两者作为相互促进的有机整体是等同的；二是认为持续农业比生态农业内涵更丰富，外延更广泛，提法更贴切；三是认为持续农业是生态农业的继续和发展，把满足人类当前及今后持续需求作为前提，以足够的资源及良好的生态环境作为农业持续发展的保证，使生态合理性、经济可行性与社会接受性统一起来。但是无论如何，持续农业和生态农业作为一种理论体系，在目标、指导思想、基本原理等方面都表现出了较高的一致性。

四、持续土地管理理论

持续土地管理是通过科学技术手段与行政管理手段相结合，使区域土地利用类型的结构、比例、空间分布与其自然特征和社会经济发展相适应，从而既能不断满足人类的经济与环境要求，又能不断改善土地质量的管理活动。持续土地管理遵从生产性、稳定性、保护性、可行性、可承受性五大基本原则，即：①保持和加强生产与服务（生产性）；②减少生产风险程度（稳定性）；③保护土地资源的潜力和防止土壤与水质的退化（保护性）；④具有经济活力（可行性）；⑤具有社会承受力（可承受性）。持续土地管理的重要任务是保持和加强生产及其服务，使生产具有一定的稳定性，同时要注意保护土地与水资源，不能因为高产与稳产而造成土地资源退化，水资源枯竭、污染或富营养化。必须保证生产者的生产与经济同时按比例增长，不能因高产而出现“穷村”；必须考虑持续土地管理模式的社会承受能力,如不发达国家或地区首先要考虑温饱问题,在解决温饱的过程中逐步考虑其生态环境的改善与保护问题,最后达到生产与生态高度结合。因此,持续土地管理在不同发展水平的区域有其相应的含义和模式。

五、水土保持理论

水土保持是根据不同区域水土流失规律,因地制宜、因害设防地布设耕作、工程和生物防治措施,以减少水土流失,保护水土资源和生态环境,获得长期稳定的生态、经济、社会效益的科学理论体系。水土保持科学涉及自然、社会、经济和人文等多学科理论,属边缘学科,内容十分广泛。水土保持的重要任务是研究如何有效地保护、培育和利用水土资源。

水土流失规律研究是水土保持科学的理论基础。研究水土流失的动力特征、地表形态特征、结构演化分布规律、地表组成变化及其对土壤侵蚀的影响,研究人类活动与自然生态之间的关系等。水土流失使区域土地退化,生物种群成分和环境因素改变,加剧了自然灾害的发生,增加了坝库和河道的泥沙淤积,是导致区域生态失衡的重要原因之一,而水土保持的意义在于按照自然规律恢复生态、改善生态,维持生态平衡,提高系统的生产力和效能,其主要任务之一是研究如何有效地保护、培育和利用水土资源。人们为保护、改良与合理利用水土资源,防治水土流失灾害建立的一整套针对性的技术称为水土保持措施。水土保持措施分为耕作措施、工程措施和生物措施三大类,其中,保土耕作、坡耕地改造、种林种草、育林育草、封山禁牧、生态修复等是促进山坡地生态稳定与经济持续发展的主要措施。

第二节　山坡地生态稳定与经济持续发展的基本思想

一、山坡地生态经济系统及其特征

从系统论的观点出发,山坡地是一个由山坡地生态和山坡地经济两个子系统组成的复合系统。生态子系统是指以山坡地为载体的特定空间内的植物、动物和微生物等生命系统及其水、土、光、热等环境系统间通过能量流动、物质循环和信息传递而形成的整体。山坡地生物群落和非生物成分之间的综合、制约、协调和兴衰,使山坡地生态系统呈现出多因素、多层次、多变化和多样化作用的特点。地域分异规律和生物适应性规律成为最主要的生态规律。经济子系统是指以山坡地为对象形成生产力要素及与之相适应的生产关系要素所组成的整体。山坡地经济系统遵从一般经济系统的运行规律,其中最重要的是生产力与生产关系的依存规律、价值和市场规律等。

生态系统与经济系统有机结合、相互作用、相互依存,形成具有独立特征、结构和机能的生态经济复合系统。山坡地作为生态经济复合系统,自始至终受到两类动力的作用,一是自然力,主要是造成山坡地水土流失的水力、风力、重力等,自然力使山坡地自然生态遵循一定的规律始终处于动态变化之中;二是人为干扰力,主要是人类改善自然环境的正向推动力和破坏自然生态的逆向推动力，人类既可以合理配置和科学利用山坡地，提高山坡地生态经济系统的效能，又因为不合理的经济活动促进系统逆向演替，降低山坡地生态经济系统的效能。例如，水土保持就是科学、有序的人类干扰行为，而滥垦滥伐就是不合理、无序的人为破坏行为。山坡地的开发利用过程是自然再生产和经济再生产相结合的过程，都离不开自然资源的利用和消费，人们只有遵循科学规律，按照预定的经济目标，有计划地调整和控制山坡地生态经济系统，使人类干扰行为的类型及其强度达到合理的限度，才能实现山坡地生态稳定和经济持续发展。

作为生态与经济的复合系统，山坡地生态经济系统具有一般生态经济系统共同的特征。自然力和劳动力的结合是共同创造使用价值的前提，山坡地经济活动必须在一定的山坡地生态空间进行，并且依赖于山坡地生态资源的供给。山坡地生态系统与经济系统的结合是客观必然的。人类失去赖以生存的自然环境和物质基础就不可能有任何经济现象。山坡地经济系统运动的必要条件和基本前提是从山坡地生态系统获得物质和能量，山坡地生态系统是经济系统的基础，生态和经济的关系必须是协同发展。经济系统对生态系统也有反馈作用，遵循生态经济规律的经济活动能够保持生态系统结构的完整性，实现高水平的物质循环和能量转换，从而保持生态系统的生产力。例如，人们可以制定合理的山坡地利用结构，确定适宜的山坡地开发利用方式等，从而最大限度地利用山坡地资源，维持山坡地的生态稳定；违背生态经济规律的经济活动结果使生态系统结构遭到破坏，物质循环率和能量转化率下降，从而降低生态系统生产力，滥垦滥伐、过度放牧以及不合理的开发建设活动造成植被破坏和水土流失，使生态失衡，最终导致经济落后的状况。因此，深入研究山坡地生态经济系统及其运动的规律性，正确处理资源、环境、人口与发展的关系是实现山坡地生态稳定与经济持续发展的前提。

二、山坡地生态稳定与经济持续发展的概念

(一)山坡地生态稳定的意义

1. 山坡地生态稳定的概念

生态稳定是一个非常复杂的问题，由于黄土高原地区的特殊性，山坡地的生态稳定尤其复杂。从传统意义上讲，山坡地生态稳定有两方面的含义：一是系统维持现状的能力，即抗干扰的能力；二是系统受扰动后回归原状态的倾向，即受扰后的恢复能力。由于山坡地生态系统处于不断干扰之中，稳定状态是一种相对平衡的状态。事实表明，生态系统的平衡是通过一定的相互协调的结构与功能所形成的动态平衡，要实现山坡地的生态稳定，就必须控制山坡地生态系统，疏导山坡地系统不利的干扰因素。黄土高原地区山坡地系统的主要不利干扰因素是水土流失、干旱等自然灾害及不合理的人为活动。因此，实现黄土高原地区山坡地生态稳定的主要措施是抵御水土流失及干旱等自然灾害，规范和约束人类开发和利用山坡地的行为，提高系统的抗干扰能力和恢复能力。

2. 山坡地生态稳定的内涵

山坡地生态稳定具有一定的内涵。持久性和惯性反映了山坡地生态系统抗干扰能力，持久性指山坡地系统在一定边界范围内保持稳定或维持某一特定状态的历时长度；惯性指山坡地生态系统在各种扰动因子出现时保持稳定的能力。弹性或回复性反映了系统

受干扰后的恢复能力，指山坡地生态系统缓冲干扰并仍保持在一定阈限之内的能力，强调生态系统受扰动后恢复原状的速度，亦即其对干扰的缓冲能力。抗性、变异性、变幅则反映了系统受扰后的变化大小，标定了山坡地生态系统的稳定域，其中抗性描述山坡地生态系统在给予扰动后对干扰的敏感性，变异性描述山坡地系统在给予扰动后种群密度随时间变化的大小，变幅描述山坡地生态系统可被改变并能迅速恢复原来状态的程度。

（二）山坡地经济持续发展的概念

黄土高原地区山坡地的经济持续发展具体包括三个方面的内涵，即生产持续性、经济持续性及资源环境持续性。

1. 生产持续性

生产持续性的实质，一是使山坡地维持持续均衡的生产力而不至于下降到现有生产力水平以下；二是在山坡地生产潜力的理论限度内，保证生产力具有持续均衡的增长率。山坡地生产持续性的核心是山坡地生态经济系统生产力的持续性。黄土高原地区山坡地农业生产问题集中反映在由水土流失和土壤干旱缺水引起的自然生产力下降方面，解决问题的关键是提高山坡地生态系统同化作用，降低山坡地生态系统的异化作用。

2. 经济持续性

经济持续性体现在山坡地生物产量的持续性和生产获利的持续性方面。经济的持续性反映了山坡地开发的有效性，它有利于稳定山坡地农业生产，增加农民收入、调动农民治理开发山坡地的积极性，从而有利于更好地利用山坡地资源，提高山坡地综合生产力。因此，必须兼顾山坡地投入与产出的合理性、生物产出与商品产出的合理性、生态效益和经济效益的合理性、系统效益与局部效益的合理性、当前效益和长远效益的合理性。

3. 资源环境持续性

“需要”和“限制”是可持续发展的两个基本概念。如果说生产持续性和经济持续性是针对“需要”而言，那么资源环境持续性就是以“限制”为前提的。水、土地和能源等的利用有不同的限度，技术开发会加强资源的基础负荷能力，但是超过其最终限度就会发生生态灾难。山坡地资源环境条件的限制是多方面的，如人类活动强度与人口规模的限制、承载能力与再生能力的限制、环境净化能力与恢复能力的限制等。黄土高原地区山坡地资源环境持续性的核心是强调水土资源环境的良性循环，即在满足当代需求的基础上，保护与加强山坡地基础负荷能力，不损害后代满足需求的能力，最大限度地减少对大气、水和其他自然因素的不利影响，公平地分配有限的资源，保持生态系统的完整性，从而达到山坡地资源的永续利用。

（三）山坡地生态稳定与经济持续发展的关系

山坡地生态稳定与经济持续发展的实质是正确处理山坡地生产与生态、开发与保护、发展与环境的关系，协调山坡地生态效益、经济效益和社会效益的关系。

1. 山坡地生态稳定是经济持续发展的基础

水和土是山坡地生态稳定最基本的生态因子，与山坡地其他生态因子在特定的时空范围内紧密结合构成适宜山坡地生物生长发育的特定环境。山坡地的生态环境是山坡地经济活动的基地、基础和基本条件，山坡地经济持续发展所需要的物质和能量都来自于山坡地生态系统，这一特定环境的破坏意味着生态稳定性的破坏，也就谈不上生产、经济和资源环境的持续性。山坡地生态稳定从深层次强调了山坡地开发利用“度”的问题，适宜的“度”就能促进山坡地经济的持续发展，相反超过合理的“度”，就会导致生态失衡、资源枯竭和衰退。例如，为片面追求粮食产量大面积过量施用化肥，为扩大耕地面积进行陡坡开荒等，都会造成山坡地资源的破坏。这就要求注意山坡地资源开发的合理程度，保证在生态稳定性的前提下，追求山坡地经济的持续发展。

2. 山坡地经济持续发展是生态稳定的结果和反映

山坡地经济持续发展实质上是经济系统对生态系统的正向反馈作用，表明了经济持续发展对生态稳定的高度依赖性。由前节山坡地生态经济系统及其特征可知，人类在经济活动中始终存在两种对立的力量，即改善自然环境的正向推动力和对自然生态的人为破坏力。山坡地经济系统对生态系统的反作用表现出两种情况：一种是遵循生态经济规律的经济活动。通过生产过程作用于生态系统，使生态系统能保持结构的完整性，物质循环和能量转换处于较高的水平，自我调节能力良好，从而保持生态系统的生产力。由于人是山坡地生态经济系统的主体，因而人类可以通过自己的活动调节社会经济与自然生态的关系，使两者协调发展。例如，通过对山坡地资源的考察规划，制定合理的土地利用结构模式和农、林、牧等各业的总体布局，安排水土保持各项措施的规模、数量等，确定适宜的山坡地开发利用方式等，从而达到既能最大限度地利用山坡地资源，又能维护山坡地生态平衡的目的。另一种是违背生态经济规律的经济活动，通过生产过程作用于生态系统，结果使生态系统结构遭到破坏，物质循环率和能量转化率下降，从而使生态系统生产力降低，生态平衡破坏。历史上黄土高原地区山坡地不合理的开发活动，造成林草植被破坏，水土流失严重、经济落后的状况，是掠夺式开发带来的生态危机的见证。

之所以说山坡地经济持续发展是生态稳定的结果和反映，是因为人类改善山坡地自然环境的正向推动力大于对山坡地自然生态的人为破坏力，从而提高山坡地生态经济系统的效能，遏制了山坡地生态系统的逆向演替，维护了生态平衡，反过来又促进了山坡地经济的发展。

3. 山坡地生态稳定与经济持续发展是辩证的统一体

山坡地经济活动在土壤、水、大气和生物圈交汇的特定区域内进行，山坡地资源是各种自然要素在这一特定的空间范围内共同作用、相互依存、相互影响所形成的统一体。山坡地治理开发不但要着眼于山坡地的综合生产力的提高，而且要立足于山坡地资源的永续利用，这是由山坡地生态经济系统的整体结构和功能所决定的。山坡地资源的整体性、地域性、有限性、多宜性和可培育性等基本特性是通过山坡地生态经济系统的整体而作用于山坡地经济系统的，因此山坡地生态稳定和经济持续发展是不可分割的。山坡地生态经济系统是以水土资源为核心的人工生态经济系统，山坡地经济活动和生态环境之间双向互动，人们对山坡地生态经济系统管理以多种方式作用于生态环境，同时生态环境的变化也影响着山坡地经济活动，生态稳定与经济持续发展是辩证的统一。山坡地生态稳定与经济持续发展最终反映了生态效益、经济效益、社会效益的和谐统一。生态经济理论认为生态经济发展过程中必须兼顾生态、经济、社会效益三个方面，做到同步发展，其中生态效益和社会效益是基础和保证，经济效益是目标。生态经济效益均衡论认为，在完全开放条件下，作用于某生态经济系统的各种影响因素，在一定时期内处于变动倾向为零的平衡状态，使得系统的生态、经济、社会效益的运动曲线相交于效益均衡点，此时复合生态经济效益最大。因此，山坡地治理开发，必须追求综合效益的最大目标，协调生态、经济、社会效益之间的关系，这也是山坡地生态稳定与经济持续发展的最终目标。

三、实现山坡地生态稳定与经济持续发展的目标和途径

山坡地开发利用是一项系统工程。黄土高原山坡地开发利用除受技术、经济、社会因素影响外，也受自然条件和农业生态环境的影响。由于山坡地分布广泛且地区差异显著，类型复杂多样，既为农牧交错区又是水蚀风蚀交错区；既是农林牧生产的主要基地，又是水土流失的严重区域；既对本区域的经济发展有深刻的意义，也对周边地区及黄河下游的生态安全有重要影响。

实现山坡地生态稳定与经济持续发展的目标就是要在可持续思想的指导下，以水土保持为基础，以水土资源的合理利用为核心，采取农、林、牧、水各方面的综合措施，进行山水田林路综合治理，充分挖掘山坡地资源的潜力，充分利用黄土高原地区有限的降雨径流资源，保持和提高山坡地的生产力和生态经济系统的效能，以取得最佳的生态、经济、社会效益。黄土高原地区实现山坡地生态稳定与经济持续发展的目标和途径可具体概括如下。

（一）加快山坡地水土保持综合治理，控制水土流失

严重的土壤侵蚀是影响黄土高原地区山坡地生态稳定与经济持续发展的首要因素。山坡地分布范围广，是地表径流产生、汇集并发生土壤侵蚀的原发地，也是河道泥沙的重要策源地。由于山坡地几乎所有地类都存在面蚀和沟蚀两种侵蚀形态，频繁的水土流失严重程度逐步演化。面蚀降低土壤肥力，严重影响农业生产；沟蚀破坏地面完整，蚕食可利用的土地，因此治理难度很大。自然环境条件和社会经济问题的复杂性，要求山坡地的治理开发必须坚持双目标原则，即为当地经济发展和人民生活水平提高服务，为黄河减沙服务。坚持双目标原则的实质是加强水土保持的基础地位，把水土保持和生态农业的理论和实践紧密结合起来，首要途径是有效地控制水土流失。实践证明，山坡地水土保持综合治理，在减轻土壤侵蚀、控制水土流失、提高农业产量、改善群众生活、减少入黄泥沙等方面的作用显著，是促进黄土高原群众脱贫致富奔小康的战略措施。总体上要以综合治理为基础，因地制宜优化配置，综合运用生物措施、工程措施和耕作措施，注意相互之间的协调、互补、效益，形成比较完整的综合防治体系；具体实施中要坚持以小流域为单元的综合治理、集中治理、规模治理，是充分发挥山坡地水土保持防护开发体系整体功能与综合效益的最佳途径。

（二）合理配置和高效利用有限的水资源

干旱和水资源短缺是影响黄土高原地区山坡地生态稳定与经济持续发展的又一重要因素。由于黄土高原地表水及地下水贫乏，山坡地地形起伏多变，大规模发展山坡地水利灌溉工程的前景不大，也是不现实的。因此，雨水资源化、充分利用 200 ~ 600 mm 的天然降水是解决黄土高原地区山坡地生态稳定与经济持续发展中的水资源“瓶颈”问题的根本途径。近年来，在山坡地大力推广集雨节灌与流域水土保持有机结合，变水蚀为水利，通过调节集蓄天然降水解决水资源时空错位的问题，实现水资源的就地入渗和拦蓄利用。如甘肃省实施的“121 雨水集流工程”，陕西、山西等省实施的“甘露工程”，河南省运用工

程、生物措施建立土体“富水层”，充分发挥坡耕地“土壤水库”的潜力，抵御季节性干旱等。事实证明以上做法是成功的。坚持不懈地开展各种形式的高效雨水集流水利工程建设，并和水土保持工程有机地结合，才能达到合理配置和高效利用有限的水资源的目标。

（三）调整土地结构，合理利用山坡地资源

第一是优化山坡地土地利用结构，正确处理好开发利用和治理保护的关系。黄土高原地区山坡地利用状况是几千年来自然条件和文化经济特点综合影响的结果，人口、粮食等问题是调整土地利用结构中的两大矛盾。所以，实现黄土高原地区山坡地生态稳定与经济持续发展，必须实施持续土地利用模式，具体可表述为：①根据现实自然与社会经济条件及发展趋势预测，确定社会需求和经济目标，合理配置农、林、牧业生产，建立土地利用结构优化模式，使之具有社会可承受性和经济可行性。②将优化结构中的各种土地利用类型与相适宜的土地类型单元相匹配，进行土地生态经济系统的空间生态设计，使土地利用系统与土地的结构耦合协同，互利共生。体现持续土地利用的生产性和保护性。③预测整个土地利用系统的负输出即每个土地单元的土壤侵蚀量，进行水土保持决策，实施水土保持技术方案（包括耕作技术措施和工程措施），减少土地利用的侵蚀风险性，使新的土地利用系统具有稳定性和保护性。④在土地利用中要求改良和建设土地生态系统，一方面适宜规模地建设基本农田，实行集约化经营，力争高产稳产；另一方面，进行科学规划，有计划地退耕还林还草，封禁治理，实施生态修复工程，改善山坡地生态环境；另外，在治坡的同时逐步治理沟壑，改善生产条件，进一步加强土地利用的生产和服务性，提高整个土地生态经济系统的稳定性，实现良性循环。

第二是优化产业结构，主要是山坡地农业内部各业的结构。产业结构的优化是一项艰巨的工程，它要以资源为基础，在山坡地资源利用结构和市场需求结构的整合中寻求合理的产业结构。

第三是约束人类行为，提高山坡地资源利用效率。长期以来，由于乱砍滥伐，过度放牧及不合理开垦荒地等人为破坏因素，严重地破坏了山坡地生态平衡。要选择合适的山坡地开发利用方式，从根本上解决由于经济发展不足引起的掠夺式山坡地资源及生态破坏，重点解决滥垦、过牧、滥砍、乱采、滥挖、水资源不合理利用等造成的人为破坏问题，陡坡以自然恢复为主，缓坡以人工建设为主。同时，强化山坡地土地资源开发监管，严格限制人为不合理的开发活动，严禁陡坡开荒及滥采乱挖，改变传统放牧方式，科学合理地整合山坡地资源，提高山坡地资源利用效率。

（四）应用和推广先进的山坡地经营技术

目前，黄土高原地区山坡地经营中技术含量较低，究其原因，一是科技成果应用率较低，转化率更低；二是在目前黄土高原地区山坡地农业生产以农户的分散生产和经营为主体的体制下，传统的生产方式和技术仍然占主导地位，农业科技成果还没有形成适应于不同类型区山坡地开发利用先进性、实用性的经营技术配套体系。要实现山坡地生态稳定与经济持续发展的目标，关键的途径之一是要提高山坡地开发利用经营技术的科技含量。因此，按照先进性、实用性原则，有重点地选择一批技术成熟、实用，覆盖面广、转化力强，能取得显著经济效益和社会、生态效益的山坡地开发利用经营技术科技成果，如山坡地农业丰产栽培、林草植被建设、果树丰产栽培等技术，精心进行技术组装配套，形成适应目前黄土高原地区山坡地经营开发的技术体系和应用推广体系，从整体上较快地推进黄土高原地区山坡地开发利用科技水平的提高，以促进山坡地农林牧业的全面增产、增收、增效。

(五)加大山坡地的投入

影响山坡地经济持续增长的因素有很多，既有资本、劳动力因素，也有土地、资源因素，更有科技进步、管理改革等因素。加大山坡地的投入关键包括两个方面，一是科技的投入。山坡地的治理开发中应充分发挥科学技术的作用，充分认识自然，尊重科学，掌握客观规律，科学研究必须坚持反复“试验—示范—推广”的原则。加强对山坡地生态稳定与经济持续发展重大科学问题的研究，扩大试验示范规模，强化试验示范成果推广力度。在不同类型区域建立乡际或县级中尺度试验示范区，科学规划，增加科技投入，探索不同类型区山坡地开发治理技术模式，并建设一批科技示范实体模型，以带动区域山坡地的治理开发。二是资金的投入。建立强有力的山坡地综合治理开发投入机制。山坡地治理开发投资要坚持政府、集体、个人三结合的原则，多渠道、多层次、多元化筹措资金，形成政府主导、全社会广泛参与的投入机制，从根本上改变农业科技投入不足的状况。对于已纳入国家建设计划的重点工程，要按国家要求从地方财政中安排好配套资金；地方性建设项目要积极自筹资金，充分发挥广大农民的投入主体作用，制定优惠政策，广泛吸引社会各方面的投资；要积极创造条件，引导和促进资金投向山坡地综合治理开发。同时，活化土地运转机制，在完善政策体制的基础上，理顺分配关系，强化激励机制，提高广大农民治理与开发山坡地的积极性。

第三节　山坡地生态稳定与经济持续发展评价指标

一、建立评价指标体系的原则

评价指标可简可繁。一般情况下，指标多，考虑因素全面，单个指标的内涵简单，易于计算操作，但指标之间的关系难以把握；指标过少，简单易行，但对于单个指标所要求的综合程度较高。本项研究在建立评价指标体系时，遵循了以下原则：

(1)科学性。评价指标体系必须全面反映山坡地生态经济系统的结构、功能和效益，全面反映系统的生态效益和经济效益。评价指标体系应该较好地反映出黄土高原地区山坡地生态经济系统的特征。

(2)独立性。评价指标必须简明扼要，具有独立内涵，彼此之间不交叉重复。

(3)实践性。评价指标体系应该本着理论与实践相结合的原则，各项指标来自于生产实践，且经得起实践的检验。

(4)可操作性。指标运算所需要的资料应该便于搜集、整理、统计、计算和建立指标分析标度。

二、建立评价指标体系的方法

(一)指标设置

在对“山坡地生态稳定与经济持续发展”概念进行界定的基础上，通过广泛搜集、归纳整理,粗选出两类22项指标。一类是反映山坡地生态经济系统稳定性的指标,称作生态稳定性指标,包括土壤有机质含量、土壤养分平衡指数、森林覆盖率、土壤侵蚀模数、治理程度、系统抗灾能力、能量产投比、可再生资源利用率、生态经济结构势、环境质量综合指数等10项;另一类是反映山坡地生态经济系统持续发展的指标,称作经济持续发展指标,包括经济产投比、投资回收期、经济内部回收率、土地生产率、劳动生产率、资金生产率、环境人口容量、粮食单产、人均粮食占有量、农民人均纯收入、系统商品率、农副产品商品率等12项。

(二)指标筛选

初设指标数量较多,并且指标之间存在着一定相互关系,无疑会影响到评价的科学性,因此有必要剔除相关性较大的指标,保留相对独立的指标。同时,考虑到数据的获得难易及计算的难度大小等因素,尽可能选择简洁明了、理论上成熟、代表性强的指标。例如,土壤有机质含量和土壤养分平衡指数在内涵上有重复而后者能够更全面更科学地反映土壤状况,因此保留后者。同理,在投资回收期、经济内部回收率和经济产投比一组指标中保留了经济产投比。在农副产品商品率和系统商品率两个相关指标中保留了系统商品率。环境人口容量、可再生资源利用率和环境质量综合指数等指标尽管对系统稳定性和持续发展很重要,但因数据难以获得而未入选指标体系。经过筛选,最后保留9项有代表性的指标,构成山坡地生态稳定与经济持续发展评价指标(见表4-1)。

表4-1　山坡地生态稳定与经济持续发展评价指标

生态指标	经济指标
1. 土壤养分平衡指数 2. 森林覆盖率 3. 土壤侵蚀模数 4. 生态经济结构势	1. 土地生产率 2. 人均粮食占有量 3. 农民人均纯收入 4. 系统商品率 5. 经济产投比

(三)评价指标判别标准确定

评价指标判别标准确定,即各项指标值在怎样的状态下是合理的或不合理的,这是一个极其复杂的问题,一方面,由于指标涉及农、林、牧各个行业,指标本身也包括自然和经济两方面的属性;另一方面,单项指标在不同的目标下有不同的标准。因此,在制定评价指标判别标准时紧扣山坡地生态稳定与经济持续发展的目标,综合考虑了以上几方面的因素,进行了大量深入细致的基础工作。一是详细查阅了有关依据性文献,特别是水土保持相关标准,《中国耕地》、《全国生态示范区建设规划纲要(1996~2050年)》中有关指标的参照标准,以及相关研究成果中一些指标的应用情况;二是针对个别指标,进行了必要的典型调查、野外取样分析、验证等;三是充分重视对专家的知识资源的利用,进行专家咨询和专家评议。通过上述工作,保证了评价指标判别标准的科学性、合理性。

为了便于综合评价,在制定单项指标判别标准的基础上,本项研究的评价指标分值采用百分制,即一个完全理想化的指标的最大赋分值为100;一个刚好能够达到评价标准最低限的指标的赋分值为60;在最低要求以下的指标的赋分值为0。在此基础上,根据每个指标的特点，按照内插法进行进一步分级。

三、评价指标及其判别标准内涵

（一）土壤养分平衡指数

土壤养分平衡指数系指山坡地养分投入量与作物吸收养分量之比。山坡地生态稳定最基本的条件是维持山坡地土体水分和养分的供需平衡，土壤养分平衡指数能较好地反映山坡地地力状况。参照中国农业科学院农业自然资源和农业区划研究所 1995 年编制的《中国耕地》中计算的养分平衡指数（k）标准，将我国耕地养分平衡状况分为 5 级，1 级 $k<0.80$，养分明显亏缺；2 级 $k=0.80\sim1.00$，耕地养分略亏缺；3 级，$k=1.00\sim1.20$，耕地养分达到平衡；4 级，$k=1.20\sim1.40$，养分略有盈余；5 级，$k>1.40$，养分盈余。但是由于山坡地不但包括农耕地，还包括林地和草地，坡度和立地条件等极为复杂，显然整体上平均养分状况劣于农耕地。结合对黄土高原地区山坡地中典型农地、林地、草地养分状况调查分析，将黄土高原地区山坡地养分平衡状况分为 6 级，1 级，$k<0.30$，养分极度亏缺；2 级，$k=0.30\sim0.60$，养分严重亏缺；3 级，$k=0.60\sim0.80$，养分明显亏缺；4 级，$k=0.80\sim1.00$，养分略亏缺；5 级，$k=1.00\sim1.20$，耕地养分达到平衡；6 级，$k=1.20\sim1.40$，养分略有盈余。

（二）林草覆盖率

林草覆盖率系指林草面积与土地面积之比，是表示系统内林草覆盖程度的一个指标。它不仅能反映一个地区的生态环境状况，而且能反映生态经济系统的稳定程度。按水土保持技术规范要求，林地面积包括天然林、人工林、封山育林面积；草地面积包括天然草场、人工草场、封坡育草面积。在黄土高原地区，林草面积绝大多数来自于人工造林和人工种草。本项研究中的人工造林面积按保存面积统计，要求当年造林成活率在 80% 以上，3 年后保存率在 70% 以上才予以统计；种草当年出苗率和成活率在 80% 以上，3 年后保存率在 70% 以上才予以统计。参照国家环保局 1995 年编制的《全国生态示范区建设规划纲要（1996 ~ 2050 年）》，生态环境质量较差和一般地区生态示范区试点建设阶段的林草覆盖率指标达标范围分别为 45% ~ 55% 和 55% ~ 70%，以及根据《黄河中游多沙粗沙区快速治理模式的实践与理论》（陈彰岑、于德广等编，黄河水利出版社，1998）一书中的标度，通过综合分析，把林草覆盖率指标分级标准定为 20% 以下至 60% 以上，共分 6 个等级。

（三）土壤侵蚀模数

土壤侵蚀模数系指单位土地面积上每年流失的土壤数量，是反映土壤侵蚀强度的一个主要指标。其单位以 $t/(km^2 \cdot a)$ 表示，一般采用多年平均值。黄土高原地区水土流失严重，土壤侵蚀的强弱直接影响到山坡地生态经济系统的稳定性，因此该指标具有特殊意义和无可替代性。根据水利部部颁标准《土壤侵蚀分类分级标准》（SL 190—96），在水力侵蚀区，按年侵蚀模数大小共划分为从 1 000 t/km^2 到 15 000 t/km^2 共 6 个等级。

（四）生态经济结构势

生态经济结构势（H）是反映系统生态经济结构合理性的一项量化指标，表示系统在能量流动、物质循环、资金流动和信息传递过程中合理的生态经济结构所表现出的生态经济特征。其公式为：

$$H = 1/\{1/n[\sum(R_{C_i} - R_C)^2]^{1/2}\}^{n/5}$$

式中：$R_{C_i} = E'_{C_i}/E_{C_i}$为第 i 个子系统的投入有效产出率，E'_{C_i}为第 i 个子系统有效产出（元），E_{C_i}为第 i 个子系统的综合投入（元），R_C 为 i 个子系统的投入有效产出率的均值。

H 值越大，说明生态经济系统结构越合理。此项指标主要以农、林、牧、副、渔五业子系统为主进行计算。根据《黄河中游多沙粗沙区快速治理模式的实践与理论》，将生态经济结构势分为 3 级，上限为 0.35，下限为 0.5。

（五）土地生产率

土地生产率是指在一定时期内，项目区单位土地面积上的产量（或产值）。该指标能够反映出一个地区土地生产能力的高低和系统的自我维持能力。要衡量土地自身的生产能力（即土地生产率），应该用“产量”（实物）表示。而一旦用“产值”表示，则包含了市场因素。本项目之所以采用“产值”，目的是便于不同量纲之间的计算。综合有关研究成果，将该指标分级标准确定为 750 元/hm^2 以下、750 ~ 1 500 元/hm^2、1 500 元/hm^2 以上 3 个等级。

（六）人均粮食占有量

人均粮食占有量指区域年农产品总产量与区域内总人数之比。该指标能在一定程度上反映系统的自我维持能力及稳定性。根据联合国粮农组织（FAO）在 20 世纪 70 年代提出的粮食安全定义：任何人在任何时候都能得到健康和积极生活所需要的食物。一般认为解决食物安全的三个条件是：①保障足够的食物供给；②保证这种供给的持续稳定性；③确保家庭（住户）生活水平，特别是贫困阶层对食物的获取能力。另据中国水土保持学会小流域综合治理专业委员会第二次会议暨学术讨论会专家达成的共识，在黄土高原地区，人均占有粮食 400 kg 是人民群众维持最基本生活条件的临界点。据此来对黄土高原地区粮食生产自给、粮食种类等与粮食安全密切相关因素进行分析，其结果为：可将人均粮食 400 kg 视为粮食基本自给，高于 400 kg 的为自给有余，低于 400 kg 的为粮食短缺。因此，该指标设立了小于 400 kg、400 kg 和 400 kg 以上 3 个等级。

（七）农民人均纯收入

农民人均纯收入指系统的年纯收入与系统内总人数之比。该指标反映了一个地区人民生活水平和经济发展状况。参考黄土高原水土保持世行贷款项目办公室 1998 年编制的《黄土高原水土保持世行贷款项目中期评估效益监测评价技术规程》，将人均纯收入划分为小于 400 元、400 ~ 800 元、大于 800 元 3 个等级。

（八）系统商品率

系统商品率指系统内各业经市场出售的产品收入之和与各业总收入之和的百分比，是反映系统生产商品化程度的重要指标。其中各业出售产品收入包括了本年度以前生产、本年度出售的产品收入，同时，也去除了本年度生产、本年度以后出售的产品收入，这里假定两者大体相等。根据典型小流域调查及对小流域试点情况分析，现阶段绝大多数小流域的系统商品率都在 10% 以下，即使通过较长时间治理后也多在 15% 左右。调查表明，小流域要实现由自给经济向商品经济的转化，系统商品率至少要达到 50%，系统商品化程度越高，系统的经济就越发达。因此，该指标分级标准确定为 10% 以下至 50% 以上，划分5个等级。

(九)经济产投比

经济产投比指系统内年净产值与系统年总投资之比。不同区域、不同发展阶段的经济产投比是变化的。《全国生态示范区建设规划纲要(1996~2050年)》中,制定了全国三类经济发展地区(经济落后、中等经济水平、经济发达)生态示范区试点建设阶段的经济产投比指标达标值范围,分别为1.5~1.9、1.9~2.5和大于2.5。参照此标准,根据黄土高原地区山坡地生态稳定与经济持续发展的概念,对于不同的生态经济发展阶段,把经济产投比指标划分为5个等级。低级:经济产投比小于0.5;初级到中等:经济产投比0.5~1.5;发展:经济产投比1.5~1.9;相对发达:经济产投比1.9~2.5;发达:经济产投比大于2.5。

四、评价指标权重的确定

权重是表示因素重要性的相对数值。由于各评价指标的量纲与综合效益之间函数关系不同,不具有可比性,直接分析多个指标对综合效益的影响非常困难,所以本项研究运用了美国学者T. L. Saaty提出的层次分析法(The Analytic Hierarchy Process ,简称AHP)。首先通过专家分析,对评价指标进行两两比较,确定其相对重要性,得到比较判断矩阵,再计算矩阵的标准化特征向量,并进行一致性检验,即可得到各指标对综合效益的影响值,即权重。

(一)建立层次结构及构造比较判断矩阵

根据评价目的和指标间的相互影响,首先把问题条理化、层次化,构造出目标层、准则层和方案层。其次,假设准则$A_k(k=1,2,\cdots,m)$的总权重为a_k,下一指标中与A_k关联的指标有n个,记为$B_1^{(k)},B_2^{(k)},\cdots,B_n^{(k)}$,用表4-2所示的9级分法给出相对于准则$A_k$来说$B_i$对$B_j$相对重要性的数值表现形式,并构造比较判断矩阵如表4-3所示。

表4-2　标度说明

标度	含义
1	表示两个因素相比,具有同样重要性
3	表示两个因素相比,一个因素比另一个因素稍微重要
5	表示两个因素相比,一个因素比另一个因素明显重要
7	表示两个因素相比,一个因素比另一个因素强烈重要
9	表示两个因素相比,一个因素比另一个因素极端重要
2,4,6,8	上述两相邻判断的中值
倒数	因素i与j比较得判断b_{ij},则因素j与i比较的判断$b_{ji}=1/b_{ij}$

表4-3　判断矩阵

A_k	B_1	B_2	…	B_n
B_1	b_{11}	b_{12}	…	b_{1n}
B_1	b_{12}	b_{22}	…	b_{2n}
⋮	⋮	⋮	⋮	⋮
B_n	b_{n1}	b_{n2}	…	b_{nn}

（二）层次单排序及其一致性检验

层次单排序可以归结为计算比较判断矩阵的特征值和特征向量问题。有了比较判断矩阵（$A_k \sim B$）后，就可利用幂法或方根法等计算其最大特征值 λ_{max} 及相应的标准化特征向量 $W^{(k)}$。

$$W^{(k)} = (b_1^{(k)}, b_2^{(k)}, \cdots, b_n^{(k)})^T$$

它们的满足条件为：$(A_k - B)W^{(k)} = \lambda_{max} W^{(k)}$。

当指标 B_j 与准则 A_k 无关联时，定义 $b_j^{(k)} = 0$，于是得到单一准则 A_k 下的下层各指标的单权重为：$b_1^{(k)}, b_2^{(k)}, \cdots, b_n^{(k)}$。

由于构造 n 阶比较判断矩阵与理论比较矩阵可能有误差，其最大特征值 λ_{max} 不一定等于 n，为了限制这种误差，取 λ_{max} 与 n 的相对误差作为比较判断矩阵的一致性指标，记为：$C.I. = \dfrac{\lambda_{max} - n}{n-1}$（$n$ 为比较判断矩阵阶数），再考虑到参评者对问题认识不同而引起的误差，对上述一致性指标 $C.I.$ 乘上系数 $1/R.I.$。其中 $R.I.$ 为对应于 n 阶比较判断矩阵的随机一致性指标，表 4-4 给出了 1～15 阶正反矩阵计算 1 000 次得到的平均随机一致性指标。

表 4-4　平均随机一致性指标 *R. I.*

矩阵阶数	1	2	3	4	5	6	7	
R. I.	0	0	0.52	0.89	1.12	1.26	1.36	
矩阵阶数	8	9	10	11	12	13	14	15
R. I.	1.41	1.46	1.49	1.52	1.54	1.56	1.58	1.59

当比较判断矩阵满足：$C.R. = \dfrac{C.I.}{R.I.} < 0.1$ 时，认为比较判断矩阵具有满意的一致性，否则需要调整比较判断矩阵，使之具有满意的一致性。

五、评价指标体系及其判别标准

根据上述方法，确定山坡地生态稳定与经济持续发展评价指标体系及判别标准如表 4-5所示。

表 4-5　山坡地生态稳定与经济持续发展评价指标体系及判别标准

指标	权重			评分分级标准	记分
	生态指标 0.527	经济指标 0.473	组合权重		
土壤养分平衡指数（k）	0.203	—	0.107	①$k = 1.20 \sim 1.40$	100
				②$k = 1.00 \sim 1.20$	90
				③$k = 0.80 \sim 1.00$	80
				④$k = 0.60 \sim 0.80$	70
				⑤$k = 0.30 \sim 0.60$	60
				⑥$k < 0.30$	0

续表 4-5

指标	权重			评分分级标准	记分
	生态指标 0.527	经济指标 0.473	组合权重		
林草覆盖率(F)	0.199	—	0.105	①$F \geq 60\%$ ②$50\% \leq F < 60\%$ ③$40\% \leq F < 50\%$ ④$30\% \leq F < 40\%$ ⑤$20\% \leq F < 30\%$ ⑥$F < 20\%$	100 90 80 70 60 0
年土壤侵蚀模数(M)	0.283	—	0.149	①$M < 1\ 000$ t/km^2 ②$1\ 000$ t/km$^2 \leq M < 2\ 500$ t/km^2 ③$2\ 500$ t/km$^2 \leq M < 5\ 000$ t/km^2 ④$5\ 000$ t/km$^2 \leq M < 8\ 000$ t/km^2 ⑤$8\ 000$ t/km$^2 \leq M < 10\ 000$ t/km^2 ⑥$M \geq 10\ 000$ t/km^2	100 90 80 70 60 0
生态经济结构势(H)	0.149	—	0.078 4	①$H \geq 0.5$ ②$0.35 \leq H < 0.5$ ③$H < 0.35$	100 60 0
土地生产率(P)	—	0.187	0.098 6	①$P \geq 1\ 500$ 元/hm^2 ②750 元/hm$^2 \leq P < 1\ 500$ 元/hm^2 ③$P < 750$ 元/hm^2	100 60 0
人均粮食占有量(B)	—	0.239	0.113	①$B > 400$ kg ②$B = 400$ kg ③$B < 400$ kg	100 60 0
农民人均纯收入(I)	—	0.262	0.124	①$I \geq 800$ 元 ②400 元 $\leq I < 800$ 元 ③$I < 400$ 元	100 60 0
系统商品率(C)	—	0.209	0.099 0	①$C \geq 50\%$ ②$40\% \leq C < 50\%$ ③$30\% \leq C < 40\%$ ④$10\% \leq C < 30\%$ ⑤$C < 10\%$	100 90 80 60 0
经济产投比(R)	—	0.266	0.126	①$R \geq 2.5$ ②$1.9 \leq R < 2.5$ ③$1.5 \leq R < 1.9$ ④$0.5 \leq R < 1.5$ ⑤$R < 0.5$	100 90 80 60 0

六、评价指数计算及评价标准

（一）综合评价指数计算

拟对山坡地某生态经济系统进行评价时，按照下列公式计算总得分值，这个分值即为综合评价指数：

$$U = \sum_{i=1}^{n} b_i B_i \quad (i = 1,2,\cdots,n)$$

式中：U 为某生态经济系统评价指标总得分值，即综合评价指数；b_i 为第 i 个指标的组合权重值；B_i 为第 i 个指标的得分值。

（二）生态经济系统评价标准

根据黄土高原地区山坡地生态经济发展的现实水平，经过广泛征询专家意见，深入分析论证，把山坡地生态经济系统划分为 5 个等级（见表 4-6）。

表 4-6　山坡地生态经济系统评价标准

评价指标总分值	评价
$U<60$	生态经济系统处于恶性循环阶段
$60\leqslant U<70$	生态经济系统向良性循环过渡阶段
$70\leqslant U<80$	生态经济系统基本处于良性循环阶段
$80\leqslant U<90$	生态经济系统处于良性循环阶段
$U\geqslant 90$	生态经济系统处于持续稳定协调发展阶段

第五章　黄土高原地区的生态经济分区

任何生态经济类型都是各种不同类型生态经济要素组合在地域空间上的体现。由于不同地域的自然生态条件和社会经济条件存在明显的差异,所以生态经济类型在结构、功能以及边界特征上也有着较为显著的差别。黄土高原地区地貌类型多样、自然和经济社会条件复杂,制约生态经济发展的因子有气象、水文、地形、地貌、土壤、植被等,且不同类型区具有不同的特征。研究黄土高原地区这些生态经济因子的运动规律和调控机制,建立高效和谐的区域生态经济系统,是实现山坡地生态稳定与经济持续发展的实践基础和前提条件。区域生态经济区划是人们对客观存在的区域生态经济系统特征认识的反映,是对生态经济要素和生态经济活动在空间存在状态的分类。长期以来,科研人员根据自己在科学研究中所关注的目标分别遵从自然生态环境条件相似性与差异性原则、区划与社会经济特征和区域综合发展方向一致性原则、行政区界相对完整性原则以及专业区划、行政区划与综合区划相结合的原则,从不同角度考虑不同生态因子组合,对黄土高原地区进行了多种生态经济分区,主要包括地貌分区、农业气候分区、土壤分区、水资源分区、水土流失分区、农业生态分区、植被建设分区等,这些分区对山坡地的利用和开发都具有重要的指导意义。但是从黄土高原地区特定山坡地土壤条件讲,降水是主要的山坡地生态和生产限制因子,水土流失是主要的山坡地生态灾害,植被建设是山坡地生态建设的主体,综合利用开发是山坡地经营的主要方向。因此,本书主要从山坡地生态稳定与经济持续发展角度出发,分析总结了黄土高原地区农业气候、水土流失、植被建设及综合治理开发方面的生态经济分区,提出了不同分区条件下的生态经济建设要求。

第一节　农业气候分区

依据"七五"期间黄土高原综合考察有关研究成果,黄土高原地区划分为东部季风半湿润农业气候区(Ⅰ)、西北干旱半干旱农业气候区(Ⅱ)和青藏高寒农业气候区(Ⅲ)3 个大区,其中, 东部季风半湿润农业气候区又分为:宝鸡—河津—太原暖温带半湿润农业气候区($Ⅰ_1$)、长治—阳泉—忻州中温带半湿润农业气候区($Ⅰ_2$)、临夏—平凉—延安中温带半湿润农业气候区($Ⅰ_3$);西北干旱半干旱农业气候区又分为:兰州—定边—大同中温带轻半干旱农业气候区($Ⅱ_1$)、白银—盐池—包头中温带重半干旱农业气候区($Ⅱ_2$)、景泰—银川—五原中温带干旱农业气候区($Ⅱ_3$);青藏高寒农业气候区又分为贵德—循化中温带重半干旱农业气候区($Ⅲ_1$)、乐都—门源中温带、寒温带、半干旱、半湿润农业气候区($Ⅲ_2$)。(见图 5-1)

一、东部季风半湿润农业气候区(Ⅰ)

本区位于黄土高原地区东偏南部,横跨甘、宁、陕、晋、豫五省(区),是黄土高原气候

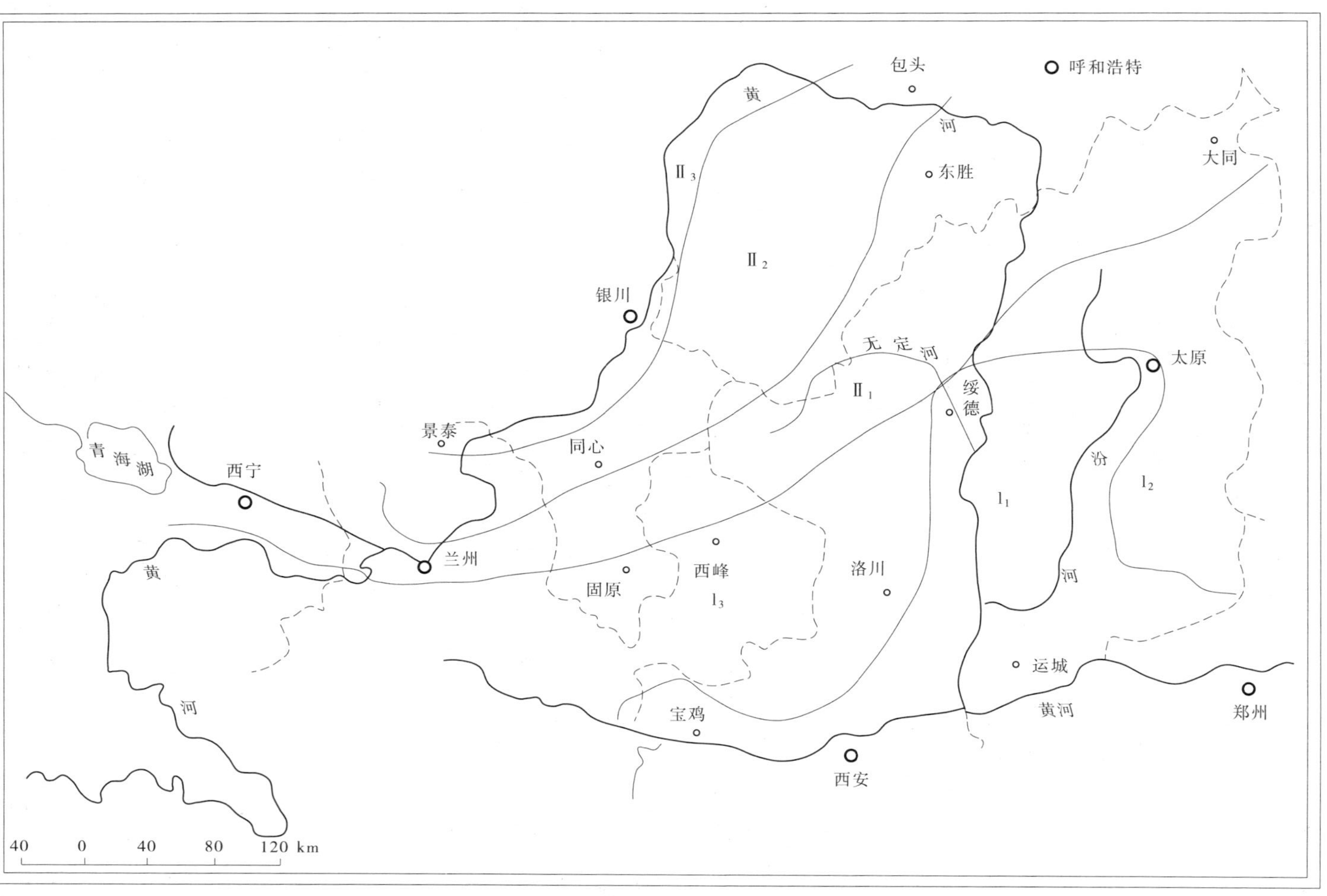

图 5-1　黄土高原地区农业气候分区

条件最好的地区。本区水热充足、季风气候显著，雨热同季时间长，虽有季节性旱涝，但气候生产潜力高。总辐射 50 亿 ~55 亿 J/(m^2 · a)，年日照时数 2 000 ~2 800 h。年均气温 5 ~15 ℃，≥0 ℃积温 3 000 ~5 000 ℃，≥10 ℃积温 2 000 ~4 500 ℃，年降水量 480 ~650 mm。本区气候条件较优越，加之地势平坦、土质良好、灌溉历史悠久，因而历史上曾是中国农业发祥地，目前仍是黄土高原地区的主要粮、棉、果产区。

$Ⅰ_1$ 区辖汾渭盆地、豫西丘陵、延安东部与晋西丘陵山地。年均气温 8 ~15 ℃，≥0 ℃积温 3 900 ~5 000 ℃，≥10 ℃积温 3 400 ~4 500 ℃，无霜期 200 ~240 天，年降水量 480 ~650 mm，年农田水分亏缺量 200 ~400 mm。水热条件均基本能满足林、果和农作物等的需要，经营方式以农为主、农经果结合，唯应注意防止春旱、初夏旱、干热风等季节性干旱和秋季连阴雨对冬麦、玉米、棉花等生长与成熟造成的不良影响，进一步提高复种指数及果树、经济作物在农业中所占的比例，以进一步提高农业气候资源的利用效率。

$Ⅰ_2$ 区以辖晋中与晋东地区的山间盆地及黄土丘陵山地与太行石质山地为主。年均气温 5 ~11 ℃，≥0 ℃积温 3 000 ~3 900 ℃，≥10 ℃积温 2 400 ~3 500 ℃，无霜期 150 ~200 天，年降水量 450 ~600 mm，年农田水分亏缺量 300 ~400 mm，其中春季为 200 ~300 mm，夏季为 60 ~100 mm，秋季不足 20 mm，从地区分布说北部亏缺大、南部亏缺小。因此，北部以秋粮为主，南部以夏粮为主；适种作物有小麦、玉米、高粱、谷子等，在水分条件较好的忻定盆地可种水稻；为一年二熟或两年三熟。唯暴雨较多，因此应充分利用本区煤炭资源优势，狠抓封山育林育草，以恢复植被，防止水土流失。

$Ⅰ_3$ 区辖甘肃陇中、陇东，宁南、陕西渭北及延安地区西部，是黄土高原水热条件次优区。年均气温 5 ~14 ℃，≥0 ℃积温 3 000 ~3 900 ℃，≥10 ℃积温 2 000 ~3 500 ℃，无霜期 150 ~200 天，年降水量 480 ~650 mm，年农田水分亏缺量 200 ~300 mm，其中春季为 100 ~150 mm，夏季为 0 ~100 mm，秋季一般年份均有盈余，有时甚至造成阴雨连绵危害。本区是黄土高原地区水资源最丰沛的地区，但因地貌类型多样、降雨集中、地下水埋藏深，水资源难以利用。经营方向除渭河谷地、黄土塬区（董志塬、长武塬、洛川塬）、渭北旱塬以农为主外，其余均应农林结合，并在沟谷及沟坡地大力搞好沟坡开发，发展苹果、枣、梨、柿等经济果木。作物熟制应与水热条件相适应，以一年一熟为主，渭河谷地与渭北塬地水分条件较好之处，可发展一年二熟或二年三熟制，夏作以冬小麦为主，秋作南部以玉米为主，北部以糜子、谷子为主。由于春旱与秋霜较多，应作好土壤贮水保墒、选用早熟品种、发展覆盖栽培及抗旱防冻工作。

二、西北干旱半干旱农业气候区（Ⅱ）

本区位于黄土高原地区中部与西北部自西南向东北的广阔地带，是该区水分条件不足、水土流失与生态环境恶化严重的地区，也是旱作农业向畜牧为主、森林草原向荒漠草原过渡的地区。本区光能资源充足，但干旱突出，限制了光热资源潜力的发挥，故气候生产潜力不高。气候资源的地理分布特点是经向分布显著。总辐射 55 亿 ~62 亿 J/(m^2 · a)，年日照时数 2 400 ~3 200 h；年均气温 4 ~10 ℃，7 月平均气温 19 ~24 ℃。1 月平均气温 −8 ~ −14 ℃，年极端最低气温 −20 ~ −32 ℃，≥0 ℃积温 3 000 ~3 900 ℃，≥10 ℃积温 2 500 ~3 400 ℃；无霜期 130 ~200 天，大部分地区在 150 天左右；年降水量 150 ~480 mm，年农田水分亏缺量 500 ~ 800 mm；年大风日数 5 ~ 45 天。

$Ⅱ_1$ 区辖黄土丘陵主体部位及长城沿线地区的陇中北部、宁夏南部、陕西延安以北、内蒙古东胜和山西雁北等地，地貌复杂，南半部丘陵纵横，北半部流沙漫布。年均气温 4 ~ 9 ℃，7 月平均气温 20 ~ 24 ℃，1 月平均气温 -8 ~ -16 ℃，≥0 ℃积温 3 000 ~ 3 500 ℃，≥10 ℃积温 2 500 ~ 3 000 ℃，无霜期 110 ~ 200 天，年农田水分亏缺量 400 ~ 650 mm，是黄土高原水热资源的次亏缺区（水分亏缺量不如北部干旱区，热量低欠不如青藏高寒区）。西南部黄土丘陵区，因地形复杂、降水集中、地下水埋藏深，水资源难于利用且降雨集中，易造成水土流失，故宜农牧结合，农林牧综合发展。农业应以旱农为主，主要经营梯田、坝地和旱坪地“三田”，种植制度以夏田为主，夏田以春小麦为主，秋田以中早熟品种为主。东北部地势平缓，地下水埋藏浅，可在搞好旱农生产、实行林牧为主的同时，大力发展灌溉农田，逐步建成内蒙古南部和陕西北部的粮、糖区和副食品基地，为神府煤田开发提供必要的农牧副产品。

$Ⅱ_2$ 区辖陇中北部、宁夏中部及内蒙古南部的毛乌素沙区。本区气候温和、夏季暖热、雨量不足、干旱严重。年均气温 4 ~ 9 ℃，7 月平均气温 20 ~ 22 ℃，1 月平均气温 -10 ~ -12 ℃，≥0 ℃积温 3 000 ~ 3 500 ℃，≥10 ℃积温 2 500 ~ 3 000 ℃，无霜期 150 ~ 200 天，年降水量 200 ~ 350 mm，年农田水分亏缺量 650 ~ 750 mm。干旱频率基本是三年一大旱、二年一小旱、年年有春旱，故水分不足是本区农林牧业的主要限制因子。该区旱作产量极低而不稳定，除南缘为旱农北界外，其余地区基本不宜旱作，故经营方向宜以牧为主、走牧林农副综合发展的道路，并大力搞好草场管护与造林育草（灌林），严防土地沙化，促进滩羊、枸杞、甘草、发菜等名特优产品的发展。

$Ⅱ_3$ 区主要辖宁夏的银川平原、内蒙古的毛乌素沙区西部及甘肃陇中西北部的景泰地区，该区是黄土高原光能资源最丰富、降水最少、年农田水分亏缺最大的地区。年均气温 6 ~ 10 ℃，≥0 ℃积温 3 000 ~ 3 900 ℃，≥10 ℃积温 2 500 ~ 3 400 ℃，无霜期 150 ~ 175 天，年降水量 150 ~ 200 mm，年农田水分亏缺量 700 ~ 800 mm，年大风日数 10 ~ 30 天，年干燥度≥4.0。由于水分极缺和光、热、水匹配极不均衡，限制了光热资源潜力发挥，加之地处腾格里沙漠前沿且多大风，故除灌区以经营农业为主外，其余地方应以牧为主，并应结合引黄淤灌，大力营造防风林，加强农田林网建设和草场管护，以减免大风危害和土地沙化发生。由于本区光能资源丰富而又气候温和，因此在水源较好的灌区及其附近，应积极发展苹果、枸杞、西瓜、甜菜等林果与经济作物，使农林牧副渔综合发展。

三、青藏高寒农业气候区（Ⅲ）

本区位于黄土高原地区西南角，是黄土高原向青藏高原过渡地带，主要分布于青海省的青海湖以东地区。本区的气候垂直变化显著，温度过低，限制了光能与水分资源的发挥，气候生产潜力较低，故经营上应以牧为主，作物品种以喜凉、耐寒、早中熟为主。

$Ⅲ_1$ 区以辖青海省东南部的中低浅山和河谷川地为主，农业垂直带分布明显。年均气温 1 ~ 9 ℃，7 月平均气温 14 ~ 18 ℃，1 月平均气温 -5 ~ -10 ℃，≥0 ℃积温 3 000 ~ 3 900 ℃，≥10 ℃积温 1 000 ~ 3 300 ℃，无霜期 100 ~ 150 天，年降水量 450 ~ 500 mm，年水分亏缺量 500 ~ 700 mm。本区由于热量过低，在海拔 2 400 m 以上的中山地区宜以牧业为主。2 400 m 以下的河谷川地及黄土低山丘陵地区，因水热条件较好，是青海省农业的精华地区和苹果、梨、花椒等的唯一产区，故应以农为主、农果结合、农林牧综合发展，并注意作好防止水土流失及春秋霜冻、夏季干旱的防御工作。

Ⅲ$_2$ 区位于大通河与湟水流域海拔 2 400 ~ 3 200 m 的山坡及山前冲积扇上，年均气温 1 ~ 8 ℃，7 月平均气温 11 ~ 18 ℃，1 月平均气温 -12 ~ -15 ℃，年极端最低气温 -20 ~ -30 ℃，≥0 ℃积温 1 000 ~ 3 000 ℃，≥10 ℃积温 600 ~ 2 500 ℃，无霜期 100 天左右，年降水量 400 ~ 450 mm。本区由于热量过低、水分不足（年亏缺量 100 ~ 500 mm），总的经营方向应以牧为主，农牧结合。作物以春小麦、青稞、马铃薯、油菜等喜凉作物与早熟品种为主，春小麦可稳定成熟高度达 3 000 m。在海拔 2 400 ~ 2 800 m 地区，由于光热资源较好，又是青海粮油作物单产水平较高地区，商品粮、油量分别占全省的 40% 和 60%，因而应以农为主，继续稳定提高作物单产。

第二节　林草植被建设分区

依据“七五”黄土高原综合考察种树种草区划等有关研究结果，黄土高原地区林草植被建设以植被所反映的生物气候为主要依据，分为落叶阔叶林种树种草最适地区、暖温草原种树种草地境优选地区和暖温荒漠灌溉农业种树种草局限地区三个一级地区。其中暖温草原又包括森林草原、典型草原和荒漠草原三个亚地区。主要根据地貌、地面物质组成和相应的植物群系组合以及农林牧土地利用格局，黄土高原地区林草植被建设分为 11 个二级区（见表 5-1、图 5-2）。

表 5-1　黄土高原地区林草植被建设分区

<table>
<tr><th colspan="2">地区、亚地区</th><th>二级区</th></tr>
<tr><td colspan="2">Ⅰ　落叶阔叶林种树种草最适地区</td><td>（1）汾渭谷地豫西湿润半湿润农林牧区
（2）晋中山地台地半湿润农林牧区
（3）渭北子午岭残塬丘陵沟壑半湿润农林牧区</td></tr>
<tr><td rowspan="3">Ⅱ　暖温草原种树种草地境优选地区</td><td>A　森林草原林草灌地境优选亚地区</td><td>（4）雁北丘陵山地半湿润半干旱农牧交错区
（5）陕北陇东丘陵沟壑半干旱农牧交错区</td></tr>
<tr><td>B　典型草原草林灌地境选限亚地区</td><td>（6）鄂尔多斯中、东部风沙岗梁半干旱牧农交错区
（7）宁南陕北黄土丘陵沟壑半干旱农牧交错区</td></tr>
<tr><td>C　荒漠草原草灌旱作困难亚地区</td><td>（8）鄂尔多斯西部沙地灌草干旱牧农交错区
（9）湟水、黄河谷地干旱农林牧交错区
（10）同心、皋兰黄土丘梁干旱灌草牧农交错区</td></tr>
<tr><td colspan="2">Ⅲ　暖温荒漠灌溉农业种树种草局限地区</td><td>（11）银川中卫灌区绿洲林草农林牧果复合区</td></tr>
</table>

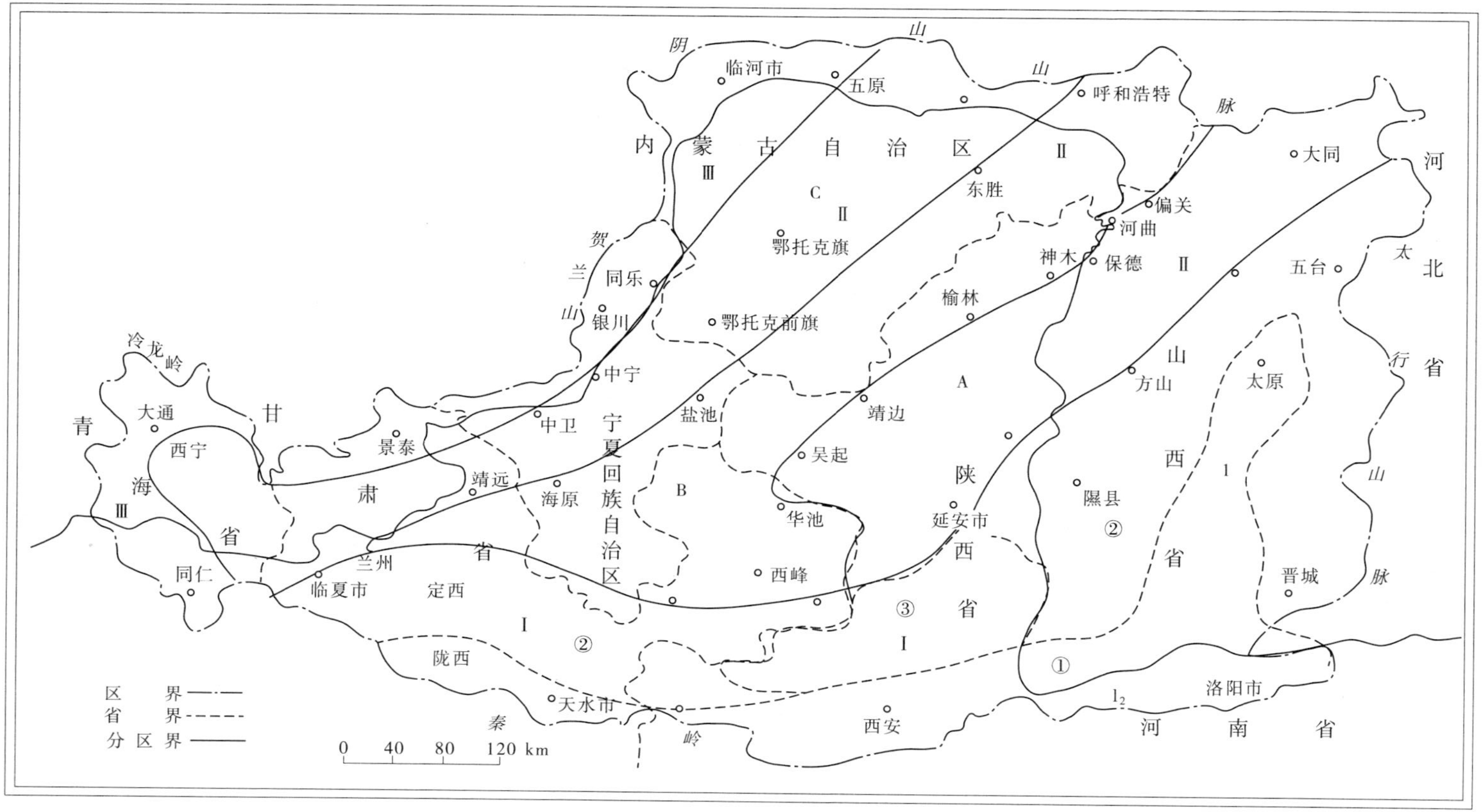

图 5-2 黄土高原地区林草植被建设分区图

一、落叶阔叶林种树种草最适地区（Ⅰ）

本区位于黄土高原地区东南部。其西北界东起大同盆地南缘的广灵，向西南经宁武、方山、延川、甘泉、正宁、平凉止于临夏，南至秦岭北麓，东至太行；包括汾渭盆地及其两侧太行、吕梁山地、豫西和子午岭、六盘山之间的陕北、陇东广大黄土丘陵和塬区。

本区气候受季风影响，自东而西、自南而北由湿润变为半湿润。年降水量在450～750 mm，其70%集中于7～9月份，水热同步，利于种树种草。不利因素是春季干旱多风。年平均温度12.5 ℃以上，>10 ℃积温4 500 ℃，干燥度在1.3～1.5。地带性土壤为棕褐土、褐色土、黑色土、黑褐土。由于几千年的农垦活动，黄土覆盖的梁峁和谷地、塬地几乎都是耕作土壤。西北部地区水土流失严重，在陕北、陇东尤为显著。地带性植被类型是以落叶栎类为主的华北式落叶阔叶林，并含有以油松、侧柏、白皮松为主的暖温常绿针叶林、荆条酸枣落叶灌丛和白羊草、黄背草草丛等次生系列以及农区撂荒地和陡坡上的长芒草草原。盆地丘陵和陡坡地的利用以农业为主，农田之间的撂荒地和陡坡天然草地为放牧用地。在一些山地，特别是土石山地农耕地相对减少，放牧草地和林地较多，形成以林为主兼有农牧的格局。

本区系古老农区，通过种树种草为农田建立防护林草带，绿化荒山、涵养水源，为农林牧综合经营创造条件是至关重要的任务。本区种树种草的生态条件最为优越，主要有以下几点：

（1）暖温、湿润半湿润的气候，适宜种树成林且宜林地段的局限性不严格，阴坡和阳坡都有适宜的树种。一些经济价值较高但不耐寒的树种，如板栗、核桃、楸树、国槐、构树、香椿、柿子、花椒等的适生区仅限于本区东南部。

（2）杨、柳、榆、刺槐等广泛分布的树种，在本区能长成15 m以上树干通直的高大乔木林，冬季不枯梢。而进入草原区，则树高不足10 m，尖削度加大，冬季枯梢。

（3）在山地和丘陵地海拔高于1 500 m处可以种植鸭茅（原产于美国，名字为cooks-foot）等牧草，在海拔1 800 m以上可种植落叶松和桦树。

（4）有可能引种更多的经济植物，如分布在秦岭北坡一带的中华猕猴桃、刺五加、刺梨、山楂、北五味子和葛藤等，既可保持水土，又能增加收入。

（5）适种的牧草种类也较多。如苜蓿可以结实，红豆草引种成功。禾本科牧草中有些暖温中生的种类，如苏丹草、湖南稷子、黑麦草等也有良好表现。

（6）由于果、林、草、畜皆宜，为农林牧果综合经营提供了优越的条件。如山西平顺县的羊井底早在20世纪60年代初期就创造了“平川缓坡米粮川，远山林草牧牛羊，近山丘陵花果山”的模式。

总之，利用得天独厚的生态环境和种质资源条件，把水土保持林草植被建设与农林牧果副生产密切结合起来，是因地制宜的土地利用优化模式。

二、暖温草原种树种草地境优选地区（Ⅱ）

本区位于森林地带以西，银川、中卫和景泰荒漠一线以东，面积最大，是黄土高原地区的核心部分，包括雁北、内蒙古鄂尔多斯中东部，宁夏中西部以及青东湟水和黄河谷地、山地等。区内地貌类型多样，鄂尔多斯高原沙地平展于长城风沙线以北，管涔山、阴山余脉绵亘于东、中部，白于山虎踞于陕北陇东黄土丘陵沟壑区之上，西部有六盘山中、北段和日月山以东的青藏高原东缘祁连山地。这些山地除白于山海拔 1 823 m 较低外，其他山地海拔多在 2 500 m 以上，日月山和祁连东段的大板山海拔达 3 000 m 以上。发源于这些山地的河流有渭河上游的洮河、无定河、延河、洛河等，尤以泾洛河和无定河为主体。

本区气候自东南而西北趋于干旱。年降水量在 200 ~ 500 mm，年均气温 6 ~ 9 ℃，≥10 ℃积温 2 300 ~ 3 200 ℃，干燥度 1.4 ~ 3.5。地带性土壤为黑垆土、黄绵土、栗钙土和风沙土，山地有灰褐土和山地草甸土等。由于重力、水力和风力等作用，在不同地区分别形成滑坡坍塌、水土流失和沙化。东部水土流失严重地区年侵蚀模数 2 000 ~ 20 000 t/km^2，最高达 25 000 t/km^2。本区植被与其自然特性相适应，自东南而西北呈森林草原、典型草原和荒漠草原亚地带的逆变。以长城沿线的风沙线为界，显示出沙滩地与丘陵地在地形、土壤侵蚀形式以及农牧业利用格局方面的分异。据此将草原地区划分为 3 个亚地区、7 个区（见表 5-1）。

（一）森林草原林草灌地境优选亚地区（A）

本亚区位于草原地区东缘。其西北界相当于长城内侧河曲、保德、偏关、神木、榆林、靖边、吴起、华池等地相连的一线。区内地形以黄土丘陵沟壑为主，水土流失严重。农村产业以广种薄收、低而不稳的旱作农业为主，垦荒与贫穷形成恶性循环。因此，种树种草，改变单一农业经营是本亚区重要而紧迫的任务。

本亚区接近森林带，种树种草的生态条件在草原地区中最为优越。年降水量 400 ~ 500 mm，年均气温 8 ~ 9 ℃，≥10 ℃积温 2 500 ~ 3 200 ℃，干燥度 1.4 ~ 1.8。区内有残存的“梢林”以山杨、白桦为主，也有次生的虎榛子灌丛，零星分布于白于山南麓吴起和安塞等地的局部沟谷阴坡地段。它们与分布在阳坡和镶嵌于梁峁农田之间的长芒草、铁杆蒿、艾蒿灌木草原形成森林草原景观。这里的草原含有羊柄柄、扁核木、柠条等灌木，叫做灌木草原，与鄂尔多斯东南部岗梁地上的长芒草、冷蒿草原颇不相同。本区历史上曾是牧区，后逐渐成为农牧交错以农为主的地区。今后可视为建立人工草地、农牧结合以及为整个温带牧区注入活力的关键地带。土地利用方向的扭转不仅与本身资源开发利用和国土整治相关，也是关系到我国北方牧区建设的全局性问题，本区种树种草已积累了不少宝贵经验，也提出了一些值得深思的问题。陕北韭园沟和高西沟、杏子河都开展了综合治理，但侧重面有所不同。韭园沟实施“打坝淤地、增收粮食”的治理路子，粮食产量稳定增加，但对坡面治理特别是种树种草等生物措施重视不够，形成峁坡广种薄收、单一粮食生产的格局。高西沟实施梯田果树、牧草护坡，沟底坝地玉米的治理模式，实现了保土保水和经济效益双赢。杏子河流域利用邻近梢林区有残存疏林的有利条件，进行以林果草等生物措施为主的综合治理开发，在种树种草方面也作了一些有开拓意义的探索。例如，飞播种植沙打旺建造人工草地、灌丛草地饲养兔羊、疏林灌丛和草地相结合的模式，较好地解决了燃料、饲料和肥料，取得了良好的效果。

（二）典型草原草林灌地境选限亚地区（B）

本区在森林草原亚地区以西。其西界为土默特左旗、东胜、盐池、鄂托克东缘、海原、靖远、皋兰至兰州一线，包括陇东、陕北、宁南和鄂尔多斯等的部分地区。以长城内侧的风沙线为界，本区分为南部黄土丘陵沟壑区和北部鄂尔多斯高原区。黄土丘陵沟壑区水土流失严重，风蚀和重力侵蚀亦有所加重。以农业为主，广种薄收，粮食产量低而不稳，每公顷产量只有750 kg。以羊为主的牧业比重有显著增加，但草场零散，处于过牧退化之中。结合种树种草控制水土流失、稳定农田产量和发展畜牧业是本区的主要问题。

近年来的水土保持综合试验提出了一些特色模式和经验。北京林业大学西吉点实施梯田坝阶、小水库配套、退耕种树种草，以林为主、农林牧结合的模式，落叶松和果树（苹果）借助于梯田蓄水得以正常生长，苜蓿地年割两茬，每公顷产青草15 000 kg以上，产粮3 000～7 500 kg，生产力有了很大提高。中国科学院固原上黄点实施农牧水保综合整治开发的模式，突出了人工种苜蓿和沙打旺，农田绿肥间作、草田轮作和农牧结合。每公顷产苜蓿青草21 750 kg，灌溉条件下产量倍增。0.067m^2 地养1只羊，0.2～0.4 hm^2 养一头大家畜。豆科牧草和畜粪肥地提高了农作物产量。这些模式唯一的缺陷是对梁峁顶部的农地治理缺乏手段，在农地边沿着梁峁肩坡折线建立宽20～50 m的灌丛牧草带，以带镶边既保水土又增收饲料燃料的模式值得提倡。

鄂尔多斯高原地区辽阔的毛乌素沙地之中隐现着岛状分布的栗钙土梁岗地和下湿滩地。沙地多流动沙丘，有散生的以沙蒿、沙柳和柠条以及沙米绵蓬等为主的沙生植被；梁岗地被以长芒草、短花针茅、冷蒿草原；滩地以寸草苔马蔺和芨芨草草甸为主。20世纪五六十年代的大规模开垦变牛羊衔尾的牧区为沙丘连绵的荒地，沙化成了本区最严重的生态环境问题。近年来，本区利用沙滩地地下水埋藏较浅的特点，掘井灌溉兴建草库伦，杨、柳、柠条生篱围栏，圈内种植苜蓿、燕麦、玉米、糜子，草料薪柴兼收，牧业得以振兴，林业和农业也有相应发展；对广阔的流沙地飞播沙打旺、花棒、杨柴、沙蒿等获得成功；种植樟子松、油松、沙枣和大果榆也已成林，为沙地的治理和以牧为主的农林牧综合经营闯出了一条新路。应当特别强调的是，本区风沙和水土流失非常严重，年土壤侵蚀量达1万～3万t/km^2，向黄河输沙达4.5亿t，又是煤炭和石油、天然气等能源重化工的重地，生态塑建问题十分重要。结合矿区以及城镇建设以水土保持为基础，种草种树，发展蔬菜、果树和其他农产品具有特殊的意义。

（三）荒漠草原草灌旱作困难亚地区（C）

本区位于典型草原区以西，接近全区西缘，包括鄂尔多斯西部、宁南陇东和青东的部分地区。这一带气候愈加干旱，年降水量除青东山地达400 mm外，一般只有170～290 mm。年均温6～9 ℃，≥10 ℃积温2 300～3 200 ℃，干燥度2～3.99。地带性土壤为棕钙土，鄂尔多斯有大面积的风沙土。在荒漠气候和土壤条件下，水是林果草和农作物的限制因素。根据地形和土壤特点，本亚区从北到南划分为鄂尔多斯西部沙地灌草干旱牧农交错区、同心皋兰黄土丘梁干旱灌草牧农交错区、湟水黄河谷地山地干旱农林牧交错区3个区。各区在林草建设方面有不同的特点。鄂尔多斯西部沙地灌草干旱牧区地下水埋藏较深，开采条件远不如毛乌素沙地方便，不能照搬$Ⅱ_B$区沙地建草库伦的模式。但利用丘间洼地或径流线种植沙蒿、柠条、杨柴和花棒等，水浇地边种小叶杨、柠条和沙柳防风固沙，发展以驼、羊为主的粗放型牧业是可行的。

同心、皋兰黄土丘梁干旱灌草牧农交错区河水含盐（如清水河、祖厉河等），水量小，发展水浇地潜力不大。但可利用沟谷汇集径流，种植杨、柠条、苜蓿、沙打旺和苏丹草等，在农牧结合的基础上增加牧业比重。特别值得重视的是本区大宗特产贵重药用植物——甘草，随之成为国际市场的紧俏商品，资源破坏尤甚，已濒于灭绝，因此必须采取采育并举、保护与发展并举的措施，使甘草资源得以持续利用。

湟水黄河谷地山地干旱农林牧交错区，包括甘肃临夏西部山地和湟水、黄河谷地、日月山、大板山等山地。它是黄土高原与青藏高原的过渡地带，种树种草和农林牧分布格局具有明显的垂直分布特点。湟水和黄河河谷地带有连片的灌溉农田。本区种树应结合农田防护，树种除杨树外，苹果、梨和沙枣都宜于种植。牧草如苜蓿、草木樨也要通过轮作或间作与农作物种植相结合。河谷两旁的低山丘陵有以短花针茅冷蒿和木紫菀为主的荒漠草原，树种以杨、榆和刺槐为主，只能种在阴坡和沟谷地段。退耕的坡地可以种植苜蓿和草木樨。海拔 2 300 ~ 2 500 m、3 000 m 以下山区，作物由小麦变为青稞。阴坡有残存小片山杨白桦林和青杆（云杉）林，对天然林应加以保护，辅以人工种植即可扩展成林区。同时可以结合农业种植鸭茅等世界驰名中生牧草，割制干草，留备冬用。

三、暖温荒漠灌溉农业种树种草局限地区（Ⅲ）

本区位于黄土高原西北边缘五原、陶乐、灵武、中宁、永登一线以西，包括银川灌区、贺兰山和鄂尔多斯高原西缘地区。区内有不少盐碱滩地，一旦有水发展潜力很大。太阳辐射和热量条件很好。年均气温 7.9 ~ 9.0 ℃，年辐射总量为 63 亿 J/m^2，≥10 ℃期间的辐射总量为 34 亿 J/m^2，可以满足喜温作物的生长发育需要。每公顷稻、麦、玉米产量在 7 500 kg以上。本区有“塞外江南”、“河套的粮仓”之称。沿黄引水种植经济林果潜力很大，例如沙坡头黄河沿岸沙漠的生物工程控制，在扬水灌溉条件下植物生长正常，起到了防风固沙、保证包兰铁路通车的作用，引水种植的苹果、梨、葡萄也获得成功。今后，随着沿黄水工程的兴建和扩大，建立以黄河两岸种树种草为主的农林牧综合体的生态屏障，具有重大的意义。西北部的贺兰山是耸立于荒漠之中的绿色宝塔，海拔 2 000 m 以上的云杉林和油松林是宝贵的水源涵养林，从自然保护角度来讲，把整个贺兰山建设成一个大型的荒漠山地自然保护区具有较深远的生物、资源和环境生态学意义。

第三节　综合治理开发分区

中科院水土保持研究所蒋定生选取气象、地形、土壤、植被、水土流失、水土保持、农业结构及社会经济状况等方面的因子，采用逐步判别分析方法对黄土高原地区进行了综合治理开发分区。为了使分区尽可能符合客观实际，筛选出 21 个既有一定物理意义，又在数学上具有显著判别能力的因子（见表 5-2），使各因子在区内差异性最小，而区间差异性最大。同时，在黄土高原地区选取 106 个县（旗、市）作为基本地域单元组成样本矩阵。

经过计算机计算分析，依次筛选出在 16 个决定分区的关键因子，这些因子涉及土壤质地、地形、温度资源、汛期降水总量、植被覆盖率、土壤肥力、人均粮食、沙尘暴日数、光照资源及水土保持状况等。最终将黄土高原地区划分为 8 类综合治理开发区（见图 5-3 和表 5-3。），即长城沿线风沙滩地丘陵及丘陵区（Ⅰ）、长城以南宁陇干旱半干旱丘陵区（Ⅱ）、晋陕黄河峡谷丘陵区（Ⅲ）、陕北陇东宁南丘陵沟壑区（Ⅳ）、宁南陇中丘陵沟壑区（Ⅴ）、晋陕黄河峡谷高塬沟壑区（Ⅵ）、渭北旱塬黄土高塬沟壑区（Ⅶ）、陇东黄土高塬沟壑区（Ⅷ）。各类型区基本情况见表5-4。

表5-2　黄土高原地区综合治理开发分区定量因子

因子代号	含　义	关键因子及其排序
X_1	雨季5～10月多年平均降水总量	（4）
X_2	年平均沙尘暴日数	（8）
X_3	土壤稳定入渗速率	—
X_4	植被覆盖度	（5）
X_5	人口密度	（13）
X_6	人均耕地	（14）
X_7	人均粮食	（7）
X_8	土壤侵蚀模数	—
X_9	大于7°土地面积与总土地面积之比	（2）
X_{10}	5～10月总降雨侵蚀力	（3）
X_{11}	人均纯收入	—
X_{12}	种植业占农业总产值比重	（15）
X_{13}	牧业占农业总产值比重	（16）
X_{14}	林业占农业总产值比重	—
X_{15}	≥10 ℃积温多年平均值	（9）
X_{16}	多年平均光照时数	（6）
X_{17}	土壤有机质含量	（1）
X_{18}	土壤中大于0.01 mm物理性黏粒含量	（10）
X_{19}	水土流失面积	（11）
X_{20}	已治理水土流失面积	（12）
X_{21}	基本农田与总耕地面积之比	—

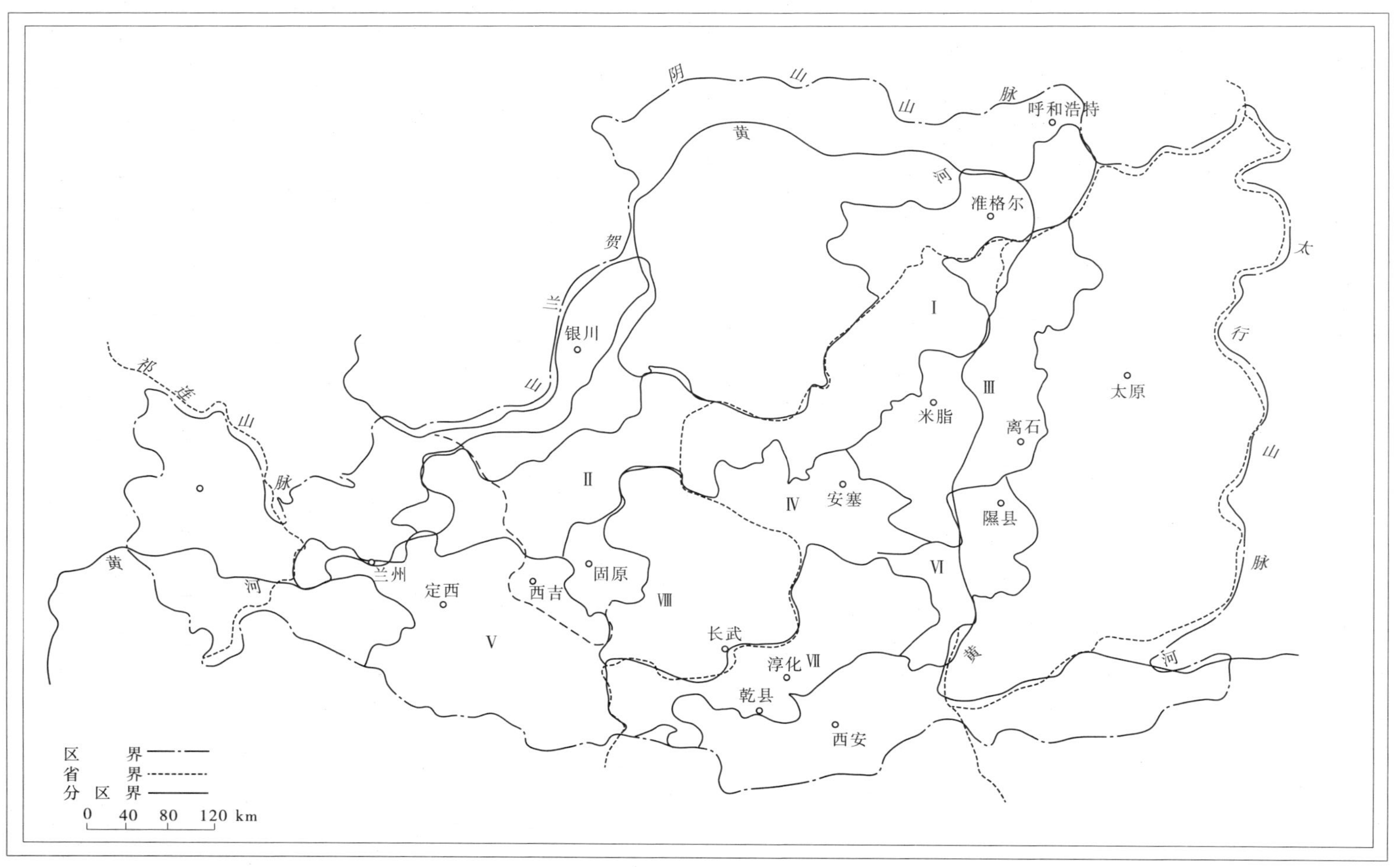

图 5-3 黄土高原地区综合治理开发分区图

表 5-3　黄土高原地区综合治理开发分区结果

类型区代号	类型区名称	县(旗)、市名
Ⅰ	长城沿线风沙滩地及丘陵区	东胜、伊金霍洛、准格尔、清水河、和林格尔、神木、榆林、横山、靖边、定边
Ⅱ	长城以南宁陇干旱半干旱丘陵区	盐池、同心、海原、靖远、银川
Ⅲ	晋陕黄河峡谷丘陵区	偏关、河曲、保德、兴县、临县、方山、离石、柳林、中阳、石楼、府谷、佳县、米脂、子洲、绥德、吴堡、子长、清涧、延川、延长、神池、五寨、岢岚
Ⅳ	陕北陇东宁南丘陵沟壑区	吴起、志丹、安塞、延安、甘泉、环县、华池、固原、彭阳
Ⅴ	宁南陇中丘陵沟壑区	西吉、隆德、泾源、会宁、定西、静宁、庄浪、通渭、秦安、张家川、陇西、武山、甘谷、清水、天水、渭源、榆中、兰州、永靖
Ⅵ	晋陕黄河峡谷高塬沟壑区	永和、隰县、大宁、蒲县、吉县、乡宁、韩城、合阳、澄城、白水、宜川
Ⅶ	渭北旱塬黄土高塬沟壑区	富县、洛川、黄陵、黄龙、宜君、铜川、耀县、旬邑、淳化、长武、彬县、永寿、乾县、麟游、千阳、陇县、礼泉、宝鸡
Ⅷ	陇东黄土高塬沟壑区	庆阳、合水、镇原、西峰、平凉、宁县、正宁、泾川、崇信、灵台、华亭

表 5-4　不同综合治理开发区基本情况

项　　目	Ⅰ	Ⅱ	Ⅲ	Ⅳ	Ⅴ	Ⅵ	Ⅶ	Ⅷ
面积(km^2)	52 734	32 830	41 533	35 627	48 557	18 163	30 075	21 215
人口(万人)	226.408	155.623	405.253	195.436	850.728	209.626	372.190	291.980
人口密度(人/km^2)	42.9	47.4	97.6	54.9	175.2	115.4	123.8	137.6
耕地(万 hm^2)	93.752	72.160	156.173	101.800	188.270	77.800	89.951	68.000
人均耕地(hm^2)	0.410	0.464	0.385	0.520	0.220	0.370	0.242	0.233
5～10 月降水量(mm)	353.3	263.3	426.5	435.2	427.0	487.5	487.1	466.4
年均沙尘暴日数(d)	16.50	24.20	4.71	6.73	3.22	1.13	0.64	1.77
≥10℃积温(℃)	2 983.6	2 889.5	3 371.1	2 937.0	2 527.0	3 421.0	3 133.0	3 011.0
年均日照时数(h)	2 924	2 825	2 676	2 524	2 259	2 553	2 303	2 392
植被覆盖率(%)	22.5	2.3	14.7	24.8	10.5	14.9	31.4	4.31
土壤稳渗速率(mm/mm)	0.60～0.90	0.70～1.00	0.61～0.95	1.15～1.30	1.35～3.00	0.60～0.95	5.00～12.00	1.35～3.50
>0.01 mm 黏粒含量(%)	7～17	7～30	16～28	20～34	30～40	28～40	30～47	30～43
土壤有机质含量(g/kg)	7.3	7.6	8.3	12.1	11.3	10.2	11.1	10.3

续表 5-4

项　目	Ⅰ	Ⅱ	Ⅲ	Ⅳ	Ⅴ	Ⅵ	Ⅶ	Ⅷ
>7°土地面积占比（%）	41.80	46.63	90.59	89.58	84.14	71.26	70.72	70.42
土壤侵蚀模数［t/(km^2·a)］	9 877	3 967	12 693	7 499	5 598	5 016	1 429	5 847
人均粮食(kg)	273.2	216.9	261.4	322.3	254.7	415.0	391.7	394.7
人均纯收入(元)	191 ~ 588	301 ~ 499	174 ~ 356	294 ~ 455	214 ~ 341	851 ~ 460	343 ~ 692	318 ~ 535
粮食单产(kg/hm^2)	660.0	466.5	718.5	619.5	982.5	1 117.5	1755.0	1 693.5

一、长城沿线盖沙丘陵及丘陵区水土保持生态环境重点建设区（Ⅰ）

本区位于晋、陕、蒙接壤的长城沿线附近，包括内蒙古自治区的和林格尔、清水河、准格尔、东胜、伊金霍洛 5 县（旗、市）和陕西省的神木、榆林、横山、靖边和定边 5 县（市）。土地面积 5.273 4 万 km^2，人口密度仅 42.9 人/km^2。长期以来，由于滥垦、滥牧以及不合理的土地利用及战争破坏，水土流失十分严重，土壤侵蚀模数为 9 877t/(km^2·a)，为黄河中游粗泥沙的主要来源地。

本区有三种地貌类型：近毛乌素沙地和库布齐沙地边缘为流动沙丘或半固定沙丘，中部为风沙滩地和盖沙丘陵，南部为缓坡丘陵。区内牧业比重占 17.2% ~45.1%。皇甫川、窟野河、秃尾河和无定河都是黄河中游主要的多沙粗沙支流。本区在治理水土流失上要充分重视生物措施的作用。如在盖沙区大力营造沙柳、沙蒿、沙打旺、花棒和踏郎等耐旱沙生草、灌植被，阻止沙地区南移；在风沙滩地和河谷川地上，利用地下水资源比较丰富的特点，配合煤炭、石油和天然气等资源开发，建设以开发利用地下水、防止土地沙漠化和盐渍化为核心的庄园式生态农业模式；在丘陵地上，沿等高线建造（格状）植物篱，防止土地沙化和水土流失。位于坡麓的涧滩地，建造林网田，发展引洪漫地，充分利用山坡水沙资源。

二、长城以南宁陇干旱半干旱生态农业综合发展区（Ⅱ）

本区跨宁夏、甘肃两省（区），包括盐池、同心、海原及靖远、银川 5 县（市）。土地面积 3.283 万 km^2，人口密度 47.4 人/km^2。本区气候干旱，多年平均年降水量 260 ~403 mm，年均沙尘暴日数高达 8.6 ~37 天，水蚀和风蚀均较强烈、土壤侵蚀模数介于 500 ~5 820 t/(km^2·a)，土壤有机质含量低于 8.3 g/kg。牧业产值占农业产值的 17.5% ~31.4%，林业仅占 2.1% ~7.7%。干旱、风沙是本区农业发展的重要障碍因素，无水即无农业，因此在该区兴建了大型扬黄灌溉工程，使有效灌溉面积大大增加，此外还建有砂田 1.04 万 hm^2，充分蓄纳雨水，发展旱作农业。盐池风沙滩地区正在合理开发地下水资源，发展节水型（管灌）式庭院经济。并推广“以封（封育沙丘）治风，以四沙（沙柳、沙蒿、沙米和沙打旺）治一沙”，防止土地沙漠化的治沙工程模式。丘陵区则大力兴修隔坡梯田，开展径流农业，以促进山区人民尽快脱贫致富。对改善农业环境条件，维持工农业的持续发展具有重要意义。

三、晋陕黄河峡谷丘陵水土保持生态环境重点建设区(Ⅲ)

本区跨陕、晋两省,包括山西省的偏关、河曲、保德、神池、五寨、岢岚、兴县、临县、方山、离石、中阳、柳林和石楼以及陕西省的府谷、佳县、米脂、绥德、吴堡、子洲、清涧、子长、延川和延长等共23县,土地面积4.153 3万km^2,人口405万,人口密度97.6人/km^2。多年平均年降水量395~566 mm,土壤侵蚀模数2 500~24 700 t/(km^2·a),地面年产沙量5.271 6亿t,是黄土高原地区主要产沙地区。地面支离破碎,沟壑密度高达5.06~7.01 km/km^2。土地资源遭到严重破坏,农业产值中种植业占53.5%~81.3%,牧业占10.2%~30.6%,林业占2.3%~23.8%。由于严重的水土流失,每公顷粮食产量仅818.5 kg,是全国有名的贫困地区。

区内三川河、皇甫川和无定河为水利部、财政部重点投资治理区,经过多年的治理已取得显著效益。本区率先推行以小流域为单元的治理模式,20世纪80年代又倡导户包(或联户承包)治理小流域的新经验,90年代以来又大胆进行了小流域"四荒地"使用权拍卖治理改革的探索,加快了小流域治理的步伐。在水土保持措施配置上,本区遵循从山顶至沟道的梯层结构配置模式,因地制宜,层层设防,并注意群众长远利益和近期利益的结合,增强了水土保持生态建设发展后劲。本区煤炭资源和光温资源丰富,是能源重化工基地和商品化果业(苹果、红枣)、烟草业的适宜地区。

四、陕北陇东宁南丘陵沟壑生态经济综合发展区(Ⅳ)

本区包括延安、甘泉、安塞、志丹、吴起、华池、环县、固原和彭阳等9县(市),土地面积3.562 7万km^2,人口195万,人口密度54.9人/km^2。区内多年平均降水量407~561 mm。土壤侵蚀模数955~15 311 t/(km^2·a)。

本区土地资源丰富,人口稀少,牧业产值占农业产值的比重达12.5%~28.5%,大多数县为22%左右。本区东部靠近崂山和子午岭次生梢林地区,植被覆盖率达23.2%~50.5%,但人为的樵、垦活动正在使森林遭到严重破坏,林线每年平均后退0.5 km。本区已治理水土流失总面积仅占水土流失总面积的22%,年治理进度不到0.5%,且西部不如东部,应加强水土保持工作。近年来,科研人员从充分合理利用土地资源和坡面光温水肥资源梯层分布规律出发,经过多年潜心研究,提出了土地资源合理利用镶嵌模式、坡面水土保持措施梯层结构配置模式以及梁塬地区平面三区圈状结构配置模式等,并采用了系统仿真、决策系统、专家系统和管理信息系统等新技术。

五、宁南陇中丘陵沟壑生态经济综合发展区(Ⅴ)

本区分属宁夏和甘肃两省(区),包括宁夏自治区的隆德、泾源、西吉3县及甘肃省的会宁、定西、静宁、庄浪、通渭、秦安、张家川、陇西、武山、甘谷、清水、天水、兰州、渭源、榆中和永靖等16县(市),土地面积4.855 7万km^2,人口850.7万(含城镇人口),人口密度175.2人/km^2。

本区年降水量在315~650 mm,差异较大,由东南向西北递减,靠近六盘山、陇山和秦岭一带为降水高值区，达 530 ~ 650 mm，西部的永靖仅 316 mm。境内除六盘山、兴隆山和秦岭北坡植被较好外，大部分地区植被稀疏，覆盖率多在 5% 以下，水土流失严重，土壤侵蚀模数介于 3 300 ~ 9 500 t/(km^2 · a)。本区农业产值中种植业占 60% 以上，林业仅占 1.7% ~ 14.1%。近年来，苹果在天水、秦安、甘谷等光温资源丰富的地区广为推广，而在武山、甘谷一带的渭河滩地已形成蔬菜基地，发展冬季霜期农业，农民经济收入日益提高。本区推广较多的综合治理开发模式有两种：①坡地梯层结构配置模式。通俗说法是"山顶林(灌)草戴帽，坡上梯田缠腰，沟底打坝穿靴"。典型代表有庄浪县堡子沟流域、定西县关川河和官兴岔流域以及榆中县打狼沟流域。②蚕吃桑叶式配置模式。即沿流域分水岭配置防风林带，沟岔造林和打坝拦泥，坡面修筑基本农田。这样若从高空俯视全流域，则分水岭和沟岔全为绿色森林覆盖，宛如蚕食桑叶剩下的网状叶脉图形。天水罗玉沟即属这种配置模式。实践证明，由于本区山顶风大，蒸发强烈，水分亏缺，营造乔木多成"小老树"，或枯梢死亡，以配置草、灌(柠条、沙棘)较为适宜。除此而外，定西、会宁和榆中等干旱少雨地区要高度重视降水资源利用，多于道路、场、院旁边布设水窖，收集径流，供人畜饮水和抗旱点灌使用，在坡耕地上推广集流坑拦蓄降水技术。

六、晋陕黄河峡谷高塬沟壑生态农业综合发展区(Ⅵ)

本区包括山西省的永和、隰县、大宁、蒲县、吉县、乡宁等 6 县和陕西省的宜川、韩城、合阳、澄城、白水等 5 县(市)。土地面积 1.816 3 万 km^2，人口 209.6 万，人口密度 115.4 人/km^2。多年平均降水量 528 ~ 584 mm，土壤侵蚀模数为 546 ~ 13 720 t/(km^2 · a)，河东地区大于河西地区。本区为黄土高原地区暴雨中心之一，也是降雨侵蚀力的高值区，5 ~ 10 月降雨总侵蚀力较大。这是造成本区土壤侵蚀较严重的一个重要因素。

本区农业以种植业为主，产值比例达 64.3% ~ 84.4%，大多在 70% 以上。土层深厚，土壤比较肥沃，有机质含量多大于 10 g/kg，加之光温资源丰富、昼夜温差大，≥10 ℃积温介于 3 002 ~ 4 626 ℃，年日照时数平均在 2 400 h 以上，种植苹果、花椒、烟草条件优越。本区在治理开发上出现了高效利用光、温、水和土地资源的庭院立体集约经营生态农业模式，如菜果、粮果、药粮等立体种植和鸡猪生态养殖等。本区的韩城、宜川等县(市)在地埂和荒山荒坡栽植花椒，收到了很好的经济效益和水土保持效益。韩城市 1990 年花椒产值占种植区农业总产值的 57.8%，成为当地的主导产业。

七、渭北旱塬黄土高塬沟壑生态农业区(Ⅶ)

本区包括陕西渭北旱塬的大部分，即富县、洛川、黄龙、黄陵、宜君、铜川、耀县、旬邑、淳化、长武、彬县、永寿、乾县、礼泉、麟游、千阳、陇县和宝鸡等 18 县(市)。土地面积 3.007 5 万 km^2，人口 372.19 万，人口密度 123.8 人/km^2。

本区年平均降水量为 533 ~ 710 mm。区内地势平坦，植被覆盖率达 31.39%。由于有黄龙山、子午岭、关山等梢林植被的保护，全区平均土壤侵蚀模数为 1 429 t/(km^2 · a)。本区每公顷的粮食产量达 1 755 kg。苹果、杂果、西瓜、烟草是本区的主导产业，其中苹果面积已逾 26.7 万 hm^2，并已形成了产供销网络，对推动本区农村经济腾飞将起到重大作用。

本区的综合治理开发除继续推行固沟保塬措施外,正向土地、光、温、水等自然资源的充分利用方向发展。这种模式的内涵是:①平整土地,合理利用条田和梯田地埂,改变农业生产条件。②增施肥料,蓄水保墒,挖掘塬面农田增产潜力。③开发沟坡后备土地资源,倡导果树下塬进沟。④修筑沟坡防蚀道路,作为开发沟坡土地的支撑条件。⑤集资入股,结合人饮工程,高效利用沟道有限地下水资源,发展经济作物。长武县王东沟即属此种治理开发模式。

八、陇东黄土高塬沟壑生态农业区(Ⅷ)

本区位于甘肃省境,包括合水、宁县、正宁、庆阳、西峰、镇原、泾川、平凉、崇信、灵台和华亭等11县(市),土地面积2.121 5万km^2。人口291.98万,人口密度137.6人/km^2。

区内降水量在497~638 mm。地貌有残塬、残塬丘陵沟壑和丘陵沟壑等。水土流失也十分严重,土壤侵蚀模数为2 000~8 275 t/(km^2·a),地面多年平均产沙量1.24亿t。由于长期水土流失,塬面土地资源已遭到严重破坏。据考证,董志塬在唐代时有土地面积2 300多km^2,耕地20多万hm^2,目前塬面耕地已不到7万hm^2。

本区农业产值中种植业约占72%,林业小于5%。这里原是甘肃省的粮仓,但因人口增加的压力,人均粮食仅394.7 kg。区内土层深厚,土壤肥沃,光温资源丰富,是种植苹果、西瓜、烟草、黄花菜和百合等经济作物的适宜区域。

本区水土流失治理程度较高,菜子沟、老虎沟、庆丰沟、南小河沟和茜家沟等为本区的水土流失治理积累了成功的经验,形成了三道防线、四个生态经济带、多元小生态系统和全方位综合防治体系等四种不同形式的治理模式。近年来,在发展庭院经济、立体种植、管道灌溉、地埂利用等方面又有了新的进展。

第四节　水土流失分区

1953年中科院地理所黄秉维首次完成黄河中游土壤侵蚀方式分类,编制出中国第一幅1∶400万黄河中游土壤侵蚀分类图,1954年主持黄河流域规划的水土保持工作,根据土壤侵蚀形态(水力侵蚀、风力侵蚀、重力侵蚀)、侵蚀的强度(严重、一般、轻微)和侵蚀因素(地形、降雨、土壤、植被、人口密度、耕垦指数等,其中最主要的是地形),将龙羊峡到桃花峪区间的60多万km^2的地区划分为黄土丘陵沟壑区、黄土高塬沟壑区、土石山区、风沙区、干旱草原区、高地草原区、林区、黄土阶地区、冲积平原区等9个土壤侵蚀类型区,其中黄土丘陵沟壑区分为5个副区,为1954年黄河规划委员会编制《黄河综合利用规划技术报告》提供了重要依据。在水利部门编制的有关规划中至今一直沿用黄秉维当年的分区方案和说明,为中国土壤侵蚀规律研究的治理规划奠定了理论基础。1984年黄河水利委员会会同国务院有关部门和流域内各省(区)开始编制《黄河治理开发规划编制纲要》(1997年完成),其中,1986年黄河上中游治理局(现黄河上中游管理局)在编制《黄河流域黄土高原地区水土保持专项治理规划》时,刘万铨对其中某些类型区的范围和面积作了调整，把原来 9 个类型区作为二级区划，按照侵蚀程度将 9 个类型区归并为严重流失区、局部流失区、轻微流失区 3 个一级类型区，并对土石山区和冲积平原根据其特点进行了进一步细分，与原黄土丘陵沟壑区的 5 个副区共同作为三级区（见图 5-4）。各区基本特征见表 5-5 ~ 表 5-7。

表 5-5　不同类型区土地、人口、劳力情况

分区			面积（万 km^2）		人口（万人）		劳力（万）		人口密度（人/ km^2）		人均土地（hm^2/人）	
			总	流失	总	农业	总	农业	总	农业	总	农业
严重流失区	黄土丘陵沟壑区	第一副区	7.03	6.02	539	486	186	169	76	69	1.31	1.45
		第二副区	2.70	2.01	157	136	54	50	58	50	1.73	1.99
		第三副区	3.55	2.61	784	725	290	271	221	204	0.45	0.49
		第四副区	2.33	2.00	408	333	160	130	174	142	0.57	0.71
		第五副区	6.15	5.50	534	395	214	161	86	64	1.16	1.57
	黄土高塬沟壑区		3.24	3.06	588	527	241	190	180	161	0.55	0.62
	小计		25.00	21.20	3 011	2 603	1 145	970	120	103	0.75	0.87
局部流失区	土石山区	青甘宁蒙副区	6.82	4.76	258	196	90	75	38	29	2.65	3.49
		陕晋豫副区	7.04	4.55	612	561	220	198	87	80	1.15	1.26
	风沙区		6.50	3.70	103	82	35	32	16	13	6.34	7.97
	干旱草原区		5.70	4.54	110	89	40	35	18	16	5.69	6.41
	高地草原区		3.68	1.57	88	57	34	32	24	20	4.19	49.33
	林区		1.96	0.88	46	37	17	14	23	19	4.27	5.30
	小计		31.70	20.00	1 217	1 022	436	386	38	33	2.63	3.05
轻微流失区	黄土阶地区		2.30	1.96	975	871	374	338	423	378	0.24	0.27
	冲积平原	宁蒙副区	2.72		408	354	151	135	148	128	0.68	0.78
		陕晋豫副区	2.28	0.24	1 669	1 199	611	451	732	526	0.14	0.19
	小计		7.30	2.20	3 051	2 433	1 136	925	418	332	0.24	0.31
合计			64.00	43.40	7 279	6 058	2 716	2 281	113	95	0.85	1.06

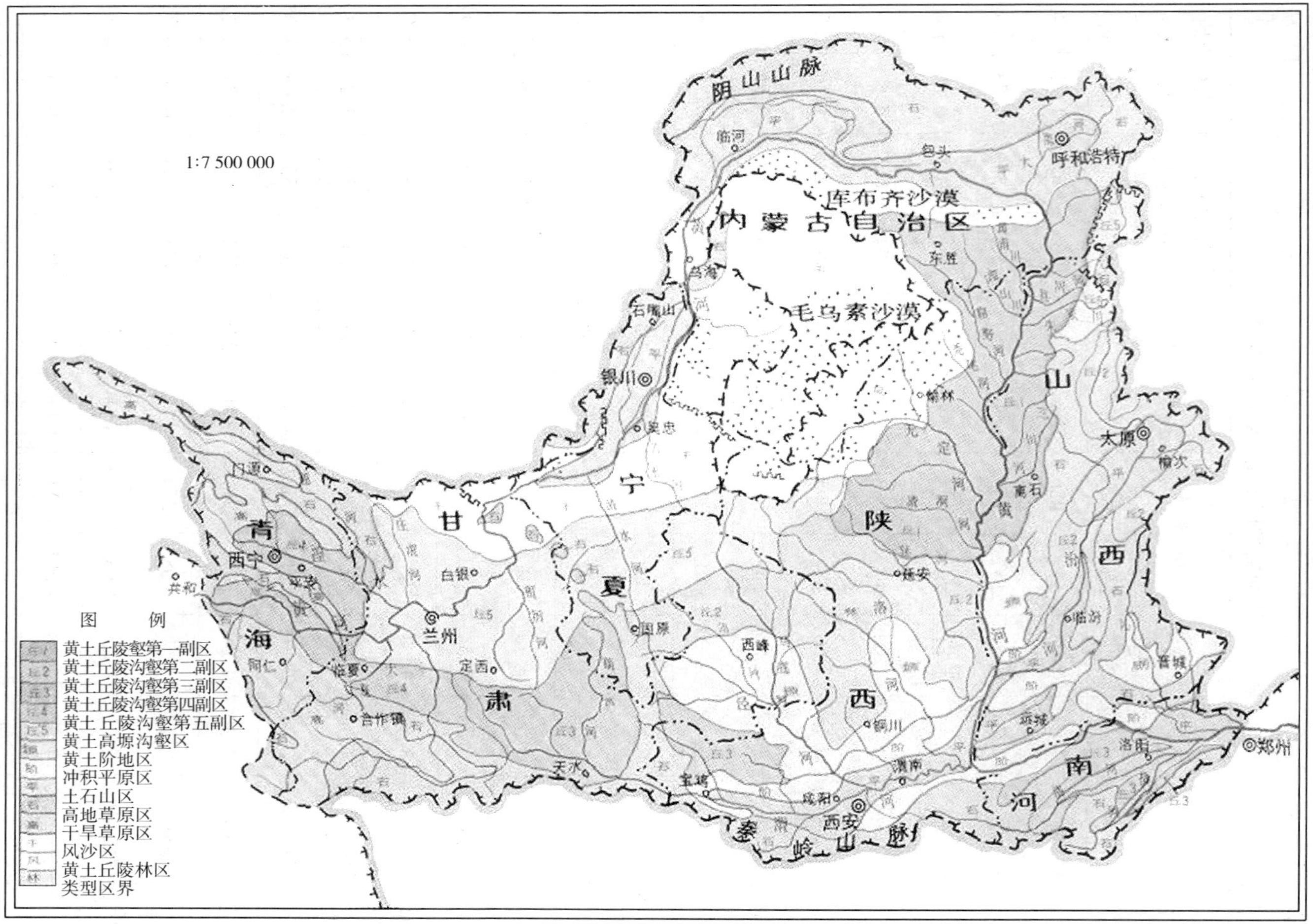
1:7 500 000
阴山山脉
临河
包头
呼和浩特
库布齐沙漠
内蒙古自治区
东胜
乌海
石嘴山
毛乌素沙漠
银川
榆林
吴忠
山
太原
榆次
离石
门源
宁
青
甘
陕
西宁
平安
白银
夏
延安
西
共和
兰州
固原
临汾
海
西峰
同仁
临夏
定西
晋城
肃
西
铜川
侯马
合作镇
洛阳
郑州
南
天水
渭南
宝鸡
咸阳
河
西安
秦岭山脉
图例
黄土丘陵壑第一副区
黄土丘陵沟壑第二副区
黄土丘陵沟壑第三副区
黄土丘陵沟壑第四副区
黄土 丘陵沟壑第五副区
黄土高塬沟壑区
黄土阶地区
冲积平原区
土石山区
高地草原区
干旱草原区
风沙区
黄土丘陵林区
类型区界

图 5-4　黄土高原地区水土流失分区

表 5-6　不同类型区自然条件简况

分区			年均降水量（mm）	年均径流深（mm）	年均气温（℃）	≥10 ℃的积温（℃）	无霜期（d）
严重流失区	黄土丘陵沟壑区	第一副区	400 ~ 500	40 ~ 50	6.55 ~ 9.2	3 400	120 ~ 180
		第二副区	450 ~ 500	30 ~ 60	7.7 ~ 9.7	3 000	140 ~ 180
		第三副区	500 ~ 550	80 ~ 130	6.6 ~ 11.3	2 500	150 ~ 190
		第四副区	400 ~ 450	25 ~ 50	3.8 ~ 7.8	2 300	90 ~ 160
		第五副区	300 ~ 400	10 ~ 25	5.3 ~ 8.2	2 300	130 ~ 160
	黄土高塬沟壑区		500 ~ 600	30 ~ 50	8.5 ~ 10.5	3 700	160 ~ 190
局部流失区	土石山区	青甘宁蒙副区	200 ~ 400	50 ~ 100	6.0 ~ 8.0	2 500	80 ~ 150
		陕晋豫副区	500 ~ 700	100 ~ 200	8.5 ~ 10.5	3 500	100 ~ 190
	风沙区		150 ~ 400	15 ~ 20	6.0 ~ 8.0	3 200	110 ~ 150
	干旱草原区		180 ~ 240	2 ~ 5	7.2 ~ 8.5	3 200	150 ~ 170
	高地草原区		400 ~ 600	25 ~ 80	1.1 ~ 3.7	600	70 ~ 100
	林区		600 ~ 700	25 ~ 100	7.4 ~ 11.5	3 000	140 ~ 180
轻微流失区	黄土阶地区		500 ~ 600	50 ~ 150	9.3 ~ 12.6	3 400	160 ~ 230
	冲积平原	宁蒙副区	200 ~ 300	5 ~ 25	6.0 ~ 8.0	3 000	120 ~ 180
		陕晋豫副区	500 ~ 600	50 ~ 150	10.5 ~ 13.8	4 000	120 ~ 240

一、严重流失区

该区包括黄土丘陵沟壑区与黄土高塬沟壑区，面积约 25 万 km^2。年降水量 400 ~ 550 mm，年平均气温 7 ~ 10 ℃。耕垦指数一般为 40% ~ 50%，高的达 60% 左右，丘陵沟壑区全区域以及高塬沟壑区塬坡 90% 以上是山坡地。农村总产值中种植业产值占 60% 以上，历史上形成了广种薄收、单一农业（粮食）经营模式，粮食产量低而不稳，人民生活十分贫困。本区水土流失严重，年侵蚀模数一般为 5 000 ~ 15 000 t/km^2，高的达 20 000 ~ 30 000 t/km^2，每年入黄泥沙约占黄河输沙总量的 90%。土地利用方向是通过搞好基本农田，提高粮食单产，促进陡坡退耕，大力造林种草，实现农、林、牧并举。水土保持必须采取工程与林草协调、治坡与治沟并举的综合治理措施。在措施布局上，高塬沟壑区采取塬面、塬边（沟头）、沟坡、沟底"四道防线"，保塬固沟；丘陵沟壑区一般采取坡耕地修梯田，荒坡种林草，沟底修谷坊、淤地坝三项建设。丘陵区 5 个副区，由于地形、人口等因素的差异，在

表 5-7　不同类型区地貌特征及侵蚀特点

分区			地质、地貌						林草覆盖率（%）	水土流失特点	年侵蚀模数（t/km²）
			主要特征	沟壑密度（km/km²）	地面坡度组成（%）						
					<5°	5°~15°	15°~25°	>25°			
严重流失区	黄土丘陵沟壑区	第一副区	峁状丘陵，地形破碎	3~7	9	7	16	68	10~15	沟蚀面蚀都很严重	10 000~30 000
		第二副区	峁状丘陵，间有残塬	3~5	7	19	22	52	15~20	沟蚀面蚀都很严重	5 000~15 000
		第三副区	梁状丘陵为主	2~4	7	32	42	6	20~25	面蚀为主、沟蚀次之	5 000~10 000
		第四副区	梁状丘陵为主	2~4	8	21	40	31	25~35	面蚀为主、沟蚀次之	7 000~10 000
		第五副区	平梁大峁，有山间盆地	1~3	21	27	39	13	10~20	沟蚀为主、面蚀次之	3 000~6 000
	黄土高原沟壑区		塬面宽平，沟壑密切	1~3	39	17	21	23	20~30	沟蚀较重、面蚀较轻	2 000~5 000
局部流失区	土石山区	青甘宁蒙副区	山高、坡陡、谷深	1~3	3	4	21	72	20~40	坡耕地上有面蚀	100~5 000
		陕晋豫副区	山高、坡陡、谷深	2~4	3	4	21	72	20~40	坡耕地上有面蚀	100~5 000
	风沙区		沙丘密布、间有滩地	2~3	90	6	3	1	20~30	风蚀为主、沙丘移动	200~2 000
	干旱草原区		低丘宽谷、间有滩地	1~2	2	58	30	10	30~40	风蚀为主、水蚀轻微	200~2 000
	高地草原区		高山丘陵、间有滩地	1~2	12	24	31	33	40~80	坡耕地上有面蚀	200~500
	林区		梁状丘陵覆盖次生林	2~4	8	3	44	45	60~70	坡耕地上有面蚀	100~200
轻微流失区	黄土阶地区		有二、三级宽平台阶	1~2	84	14	1	1	3~6	面蚀轻微、略有沟蚀	1 000~3 000
	冲积平原	宁蒙副区	广阔平缓、无切割	0.2~0.3	100	—	—	—	3~5	流失轻微	100~200
		陕晋豫副区	广阔平缓、无切割	0.2~0.3	100	—	—	—	3~5	流失轻微	100~200

措施布局上各有侧重；第一、二副区沟中修坝淤地在农田基建中占相当比重；第三、四副区农田基建则以坡地修梯田为主；第五副区中的垌地（掌、壕）则主要搞引洪漫地，保垌固沟。

二、局部流失区

该区包括林区、土石山区、高地草原区、干旱草原和风沙区，面积 31.7 万 km^2。这一类区域气候干旱或高寒，干旱草原区年降水量在 240 mm 以下，风沙区年降水量 400 mm 以下，林区和土石山区年降水量可达 500～700 mm。高地草原区最低年均气温达 1.1～3.7 ℃，各区一般年均气温 6～8 ℃。本区地多人少，耕垦指数平均在 10% 以下。农村总产值中农业约占 54%，林牧副业约占 46%。地面大部分有不同程度的林草植被，水土流失轻微；林草被破坏的局部地方，水土流失也很严重。一般年侵蚀模数 100～200 t/km^2，局部严重地方可达 2 000～5 000 t/km^2。每年入黄泥沙占黄河总输沙量的 9%。本区土地利用方向以林牧为主，水土保持以保护好现有林草植被为主，局部林草遭到破坏而水土流失严重地区，需要采取防风固沙的治理措施。

三、轻微流失区

该区包括黄土阶地区与冲积平原区，面积 7.3 万 km^2。本区大部分地势平坦，土地肥沃，雨量充沛，气候温和。年降水量和气温南北有一定差异。南部和中部年降水量 500～700 mm，年均气温 10～14 ℃；北部年降水量 200～400 mm，年均气温 8～10 ℃。由于自然条件较好，且有水利灌溉之便，人口密度较大，耕垦指数一般较前两区高。水土流失轻微，每年入黄泥沙约占黄河输沙总量的 1%。土地利用方向以农业为主，治理任务主要是进一步搞好水利，提高灌溉效益，力争进一步高产。在阶地区有少量侵蚀沟，应采取类似于高塬区“四道防线”的治理措施。

第六章　黄土高原地区山坡地土壤侵蚀特征及其对土地生产力的影响

第一节　山坡地土壤侵蚀特征

黄土高原地区是我国水土流失最严重的地区，水土流失不仅导致生产能力下降、生态环境恶化、人民生活贫困，而且是黄河泥沙淤积的根本原因。20 世纪 50 年代至今，科研人员对黄土高原地区的山坡地土壤侵蚀做了大量研究，特别是黄委会和中科院水土保持研究所在黄土丘陵沟壑区第一、第二、第三副区的绥德、安塞、天水和黄土高塬沟壑区的西峰分别建立水土保持科学试验站，进行了长期的试验观测，对区域的土壤侵蚀进行了较为全面系统的研究。本节在综合分析以往主要研究成果的基础上，以绥德、安塞、天水和西峰四个试验站的资料为主，对黄土丘陵沟壑区第一、第二、第三副区及黄土高塬沟壑区山坡地土壤侵蚀的特征及其对土地生产力的影响进行了系统的研究。

一、土壤侵蚀影响因素

山坡地土壤侵蚀受诸多自然因素和社会因素综合作用的影响，由于影响因素及其组合特征不同，不同的类型区土壤侵蚀类型、方式、强度及演变规律有很大的差别。影响山坡地土壤侵蚀的主要自然因素包括降雨、地形等，社会因素主要表现在耕作及土地利用方式的差异上。

（一）自然因素

1. 降雨

影响山坡地土壤侵蚀的最基本的降雨因子是雨量和雨强。该区域多年平均降水量 400 ~ 600 mm，年际、年内分配极不均匀。土壤侵蚀强度主要取决于降雨强度，尤其是暴雨强度愈大，土壤侵蚀越严重。

1）降雨分配

本区降雨主要集中于 6 ~ 9 月份。6 ~ 9 月份降雨量占全年降水量的 60% ~ 75%，土壤侵蚀量约占全年总侵蚀量的 90% 以上；降雨的年际变幅很大，多雨年降水量约为少雨年降水量的 1 ~ 2.5 倍，多雨年土壤侵蚀量一般比少雨年高出数倍至数十倍不等。

2）降雨强度

土壤侵蚀强度主要取决于降雨强度。该区降雨的一个主要特点是侵蚀性降雨次数少，强度大，土壤侵蚀基本是由暴雨造成的，且暴雨强度越大，造成的土壤侵蚀越严重。例如，位于丘陵沟壑区第二副区的安塞县径流小区 1980 年 6 月 28 日和 7 月 5 日两次降雨量相近，而后者与前者相比降雨强度为 13 倍，农地侵蚀量为 9 倍，牧荒地侵蚀量为 51 倍。据 1985 ~ 1989 年茶坊 6 个坡度裸地径流小区观测的资料分析结果，每年最大一次暴雨造成的侵蚀量占全年侵蚀量的比例达到42.7%～86.0%，平均接近70%。其中1988年8月4～5日的一次大暴雨的平均侵蚀量占全年侵蚀量的比例达到99.3%，占5年总侵蚀量的44.44%。位于黄土高塬沟壑区的董庄沟、砚瓦川两径流站平均每年的侵蚀性降雨为11次，其中短历时降雨4次，侵蚀性降雨量占年雨量的63%，占汛期雨量的67%，即每年有60%以上的降雨会发生土壤侵蚀。

由于暴雨具有历时短、强度大的特点，造成的侵蚀量巨大。同一年的降雨量基本相同的两次降雨，由于降雨强度不同侵蚀量相差十分巨大，甚至高达千百倍不等。表6-1为南小河沟降雨强度与土壤侵蚀的关系统计。

表6-1　南小河沟降雨强度与土壤侵蚀的关系统计

降雨时间(年-月-日)	降雨量(mm)	降雨强度(mm/h)	土壤侵蚀量(t/km²)	
			农地	林地
1964-07-20	51.2	8.6	2 541	2 502
1964-08-19	53.7	2.6	19.75	12.46
1976-07-16	20.0	22.6	75.74	0.09
1976-08-18	19.0	1.0	0	0.01

根据安塞试验站5°～28°的裸地径流小区观测资料分析，区域土壤侵蚀量与次降雨量和最大30 min雨强的乘积的关系最密切，其关系式为：

$$M = A(PI_{30})^{a} \tag{6-1}$$

式中：M为次降雨侵蚀量，t/km^2；P为次降雨量，mm；I_{30}为最大30 min雨强，mm/min；A、a为待定系数。

根据南小河沟1973～1980年降雨及侵蚀资料统计，进一步研究发现，土壤侵蚀量与次降雨量及加权雨强的乘积呈幂函数正相关。在各种雨强（最大I_5、I_{15}、I_{20}、I_{30}、I_{40}、I_{60}及$I_{加权}$）中，以雨量为权数的加权雨强同降雨量的乘积与侵蚀量的关系最密切。其关系式为：

$$M = A(PI_{加权})^{a} \tag{6-2}$$

式中：M为次降雨侵蚀量，t/km^2；P为次降雨量，mm；$I_{加权}$为次降雨加权雨强，mm/min；A、a为待定系数。

2. 地形

影响土壤侵蚀的地形因子主要包括山坡地的坡度、坡长及坡型。根据绥德站长期观测研究结果，地面坡度小于10°时，土壤侵蚀以面蚀为主；地面坡度大于10°时面蚀量急剧增加；地面坡度在20°～30°时，面蚀达到峰值；随后逐渐减少，代之以潜蚀、沟蚀和重力侵蚀。随着地面坡度增加，土壤侵蚀量逐渐增大，侵蚀量最大的坡度为28°附近；之后随着坡度增加侵蚀量降低。坡长与土壤侵蚀量呈正相关，20～60 m坡长的坡面是各种侵蚀形态最发育活跃的地段，也是侵蚀最严重的地段。坡型即不同坡度、坡长、坡向的空间复合形态。汇聚型坡型易形成地面径流聚集，加剧土壤侵蚀过程；发散型坡型地面径流易于形成扩散，可弱化土壤侵蚀过程。根据纸坊沟流域不同坡度的裸地径流小区观测资料分析，

次土壤侵蚀与坡度呈幂函数正相关关系,且随降雨强度的增加,坡度的作用更加明显(见表6-2):

$$M = AS^a \tag{6-3}$$

式中:M 为次土壤侵蚀量,t/km^2;S 为坡度,(°);A、a 为待定系数与指数。

表 6-2　不同最大 30 min 雨强条件下次土壤侵蚀与坡度的关系

I_{30}(mm/min)	$M=AS^a$		
	A	a	相关系数 r
<0.25	2.889	1.103	0.981
0.25~0.50	24.141	1.056	0.998
0.50~0.75	50.729	1.190	0.978
>0.75	151.989	1.385	0.993

根据纸坊沟流域坡度为30°的不同坡长裸地径流小区观测资料分析结果,次土壤侵蚀与坡长也呈幂函数相关关系,且随降雨强度的增加,由负相关变为正相关,降雨强度越大,坡长的侵蚀作用越明显(见表6-3)。

$$M = AL^a \tag{6-4}$$

式中:M 为次土壤侵蚀量,t/km^2;L 为坡长,m;A、a 为待定系数。

表 6-3　不同最大 30 min 雨强条件下次土壤侵蚀与坡长的关系

I_{30}(mm/min)	$M=AL^a$		
	A	a	相关系数 r
<0.25	46.45	−0.107	−0.550
0.25~0.50	169.19	0.337	0.769
0.50~0.75	686.09	0.359	0.927
>0.75	3 642.41	0.414	0.997

综合分析坡度与坡长对土壤侵蚀的作用可知,土壤侵蚀与坡度及坡长之间呈多元幂函数相关,其关系式为:

$$M = 103.385S^{1.114}L^{0.35} \tag{6-5}$$

式中:M 为年平均土壤侵蚀量,t/km^2;S 为坡度,(°);L 为坡长,m。复相关系数 R^2 为0.956,F 检验值为75.7,大于 $F_{0.01}$($F_{0.01}=9.55$)。

山坡地上各种坡型均有分布,不同坡型的山坡地土壤侵蚀差异很大。根据小区观测及推算,与平坡面相比,瓦背状地形的存在可使土壤侵蚀量平均增大约50%,其他相同的条件下,土壤侵蚀量为汇聚型>平直型>发散型,其比例关系为3.6∶2∶1。

3. 风

黄土高原属典型的大陆性季风气候,冬春季西北风强盛,风力多在3~5级,在地面缺乏植被保护的条件下极易形成风力侵蚀。

(二)人类活动因素

1. 耕作

不合理的耕作方式是使坡耕地出现严重水土流失,导致坡耕地土壤退化的最根本的原因,也是导致土壤侵蚀加速最广泛的方式。黄土高原地区农业人口众多,耕地范围广,耕作历史悠久,加之地形复杂,耕作侵蚀是一个非常普遍的侵蚀方式。要抑制耕作侵蚀,必须研究耕作侵蚀的规律和合理的保护性耕作技术。

2. 土地利用方式

土地利用是一个既反映人为活动,又反映某些自然因素对侵蚀影响作用的综合因素,由于黄土高原地区过去长时期内人口增长快,并以单一的农业经营为主,能耕种的山坡地大部分已开垦为农地,致使土地利用不合理,导致了严重的土壤侵蚀。根据安塞县土地利用现状遥感调查与制图结果,全县的土地面积构成为:耕地占40.47%,其中87.09%为旱坡地;林地占14.57%,其中天然林不到一半,且覆盖度低于25%;牧草地占30.65%,草场质量普遍较差,覆盖度多在30%~50%,有的已退化成荒草地或劣地。不同利用类型的山坡地土壤侵蚀结果不同。纸坊沟流域农地占20.3%,侵蚀量占30.4%,其中没有治理的坡耕地面积仅占农地面积的39%,而侵蚀量却占农地侵蚀量的63%;林地占27.4%,侵蚀量占9.2%;草地占33.9%,侵蚀量占50.3%,但其中90%来源于占草地面积65.0%的天然荒草地(见表6-4)。

表6-4 纸坊沟流域综合治理后各坡地类型的侵蚀量

土地类型及措施		面积(km^2)	占流域面积(%)	年侵蚀模数(t/km^2)	年侵蚀量(t)	占总侵蚀量(%)
农地	水平沟种植	0.7787	9.4	9 000	7 008	10.8
	无措施坡耕地	0.903 3	10.9	14 000	12 647	19.6
林地		2.266 7	27.4	2 626	5 953	9.2
草地	人工草地	0.555 3	6.7	3 000	1 666	2.6
	改良草地	0.300 0	3.6	5 000	1 500	2.3
	天然荒坡	1.956 0	23.6	15 000	29 340	45.4

根据纸坊沟径流小区观测资料的分析结果,一般来说,相同条件下农地侵蚀量大于草地,草地又大于林地,主要是地面的覆盖度差异所致。例如,据1980年6月20日安塞县南沟径流小区观测在雨量为24 mm、历时为33 min的情况下,在坡度为25°的农地侵蚀量比荒坡地大67.5%,比草地大92.5%,比灌木草地大97.9%,而这几种类型土地是覆盖度存在明显的差异。研究认为,草地土壤侵蚀系数(即草地侵蚀模数与裸露地侵蚀模数的比值)与草地植被覆盖度之间呈现为指数函数关系:

$$K = \begin{cases} 1.0 & (C < 5\%) \\ e^{-0.041\,8(C-5)} & (C > 5\%) \end{cases} \tag{6-6}$$

式中:K为人工草地土壤侵蚀系数(0~1);C为植被覆盖度,%;相关系数$r = -0.970$。

林地土壤侵蚀与植被覆盖度之间呈多项式关系:

$$M_f = 10\ 377.87 - 271.68C + 1.78C^2 \tag{6-7}$$

式中：M_f为人工林地年土壤侵蚀量，t/km²；C 为林地总覆盖度，%；相关系数 $r = -0.997$。

植被是影响土壤侵蚀的一个非常活跃因子。植被覆盖度越大，土壤侵蚀越轻微，式(6-8)为内蒙古五分地沟的侵蚀模数与覆盖度间的关系：

$$A = 23.855 - 5.133\ln V \tag{6-8}$$

式中：A 为土壤侵蚀模数；V 为牧草覆盖度。

二、丘陵沟壑区山坡地土壤侵蚀垂直分异规律及其演化特征

(一)山坡地土壤侵蚀带状分布与侵蚀链

黄土丘陵沟壑区山坡地土壤侵蚀带状分布可概括为：

Ⅰ——沟间地水流侵蚀带；

ⅠA——梁峁顶部溅蚀、片流片蚀产沙亚带；

ⅠB——梁峁坡中上部散流细沟—浅沟侵蚀产沙亚带；

ⅠC——梁峁坡中下部散流、暴流浅沟—切沟侵蚀产沙亚带；

Ⅱ——沟谷地水力、重力和洞穴侵蚀综合作用带；

ⅡA——谷缘陡崖水蚀—崩塌侵蚀产沙亚带；

ⅡB——谷坡水蚀、重力和洞穴侵蚀综合作用亚带；

ⅡC——坡麓冲刷—堆积亚带；

ⅡD——沟槽暴流冲刷—重力侵蚀产沙亚带。

在沟坡侵蚀产沙系统中，以地面径流为主导的各种侵蚀力与土壤抗蚀力相互作用，形成一个不断分异发展的动态系统，该系统的侵蚀物质、侵蚀能量、侵蚀形态相互联系，各种侵蚀方式与形态在土壤侵蚀地貌中有序排列，彼此关联，构成独特结构与功能的链状结构体，即沟坡土壤侵蚀链（见图6-1）。

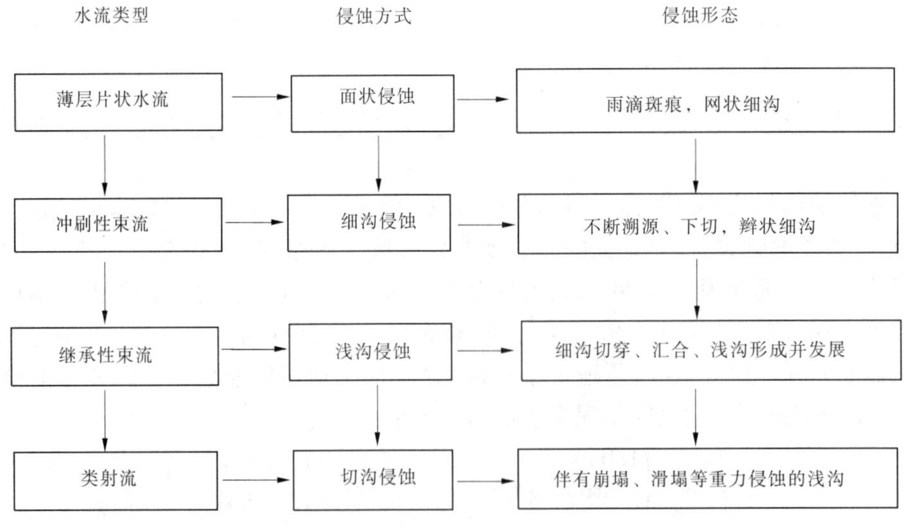

图6-1　土壤侵蚀链状结构

（二）单一坡面土壤侵蚀与沉积分布

单一坡面土壤侵蚀垂直分布可以用 Weibull 概率分布函数来描述，土壤侵蚀坡面分布的均值基本位于坡面下部的 2/3 处。侵蚀泥沙在单一坡面上的沉积无论在坡面上部还是在坡面下部均有表现，对于整个坡面来说，当径流的携沙量大时发生沉积，携沙量小时产生侵蚀。整个坡面上的沉积互相叠加，使形成的沉积沿坡长而波动。一般来说，在坡面下部的 20～30 m 内，坡面总的沉积量急剧下降，到坡底基本为零。

（三）坡面不同侵蚀分带侵蚀产沙关系

在梁峁坡面侵蚀产沙来源中，片蚀带占 9.8%～16.1%，细沟侵蚀带占 26.1%～31.8%，浅沟侵蚀带占 52.1%～64.1%，浅沟侵蚀带是梁峁坡面侵蚀产沙的主要来源地。

梁峁坡面侵蚀产沙与侵蚀方式之间存在着对应关系，坡面侵蚀强度变化的本质为侵蚀方式的演变，梁峁坡侵蚀产沙分配的变化规律主要是坡面侵蚀方式演变的结果。

片蚀带的来水来沙使细沟侵蚀带的侵蚀产沙量增加 13.5%～37.7%，片蚀 + 细沟侵蚀带的来水来沙使浅沟侵蚀带的侵蚀产沙量增加 6.5%～82.2%，细沟侵蚀带的来水来沙使浅沟侵蚀带的侵蚀产沙量增加 4.4%～45.9%。

梁坡来水来沙对沟坡侵蚀产沙有重要作用，梁坡来水可使沟坡侵蚀产沙量增大 10%～60%，使全梁坡 + 沟坡的侵蚀产沙量增大 5.1%～34.7%。

三、不同类型区山坡地土壤侵蚀特征

黄土高原地区山坡地土壤侵蚀过程受区域性自然环境条件、营力强度组合特征、土壤侵蚀时空分布及发育过程等因素影响，除具有共性特征、规律外，更具有明显的区域性差异与特征。在充分认识其共性规律的同时，深入研究其区域差异与特征，更利于因地制宜治理与开发。

（一）山坡地土壤侵蚀主要类型与方式

按照土壤侵蚀的外部营力，可将山坡地土壤侵蚀划分为水力侵蚀、重力侵蚀和风力侵蚀三种类型，其中水力侵蚀是主要的。这是不同类型区山坡地土壤侵蚀的共性特征。

1. 水力侵蚀

水力是山坡地土壤侵蚀最重要的外营力，对黄土高原地区土壤侵蚀的发生、发展及其演变影响最大。按照侵蚀方式的不同，可将水力侵蚀分为面蚀和沟蚀。

1）面蚀

面蚀包括雨滴对土壤的溅蚀及薄层水流引起的片蚀，这两种形态的侵蚀广泛分布在该区山坡地的不同部位，更集中分布在山坡地上部的分水岭附近；在荒坡地上则表现为鳞片状侵蚀。

（1）溅蚀。溅蚀是坡地上最初始的水力侵蚀方式。溅蚀的主要作用是使土壤颗粒与母体分离。雨滴动能的大部分是消耗在分离土粒上，只有小部分能量用于使土粒飞溅。土粒飞溅的距离多不超过 1 m，飞溅高度也仅 0.5 m 左右，所以溅蚀作用并不直接向沟道输送泥沙。但是，土体一旦被雨滴分离破碎后，很容易被水流运移，从而增加了水流含沙量，这是溅蚀作用的主要侵蚀效果。另外，雨滴击溅还可导致土壤板结，增加地面的抗侵蚀能力，同时又通过减少入渗而增加地面径流及其侵蚀能力，因而雨滴的溅蚀对山坡地侵蚀有十分重要的作用。在各种溅蚀影响因素中,降雨特性的影响最为突出,其次坡度也是一个很关键的因素。

(2)片蚀。片蚀也是土壤侵蚀的一种初始形式,但它只能将被侵蚀的土壤沿山坡地进行远距离搬运和产沙,因此坡面径流在侵蚀中与降雨一起发挥重要作用,其作用结果随坡度的不同而发生明显的变化。

(3)鳞片状侵蚀。鳞片状侵蚀作为片蚀的一种特殊形式,主要取决于植被覆盖度的大小。黄土高原地区山坡林草地的覆盖度大部分小于50%,因此鳞片状侵蚀在黄土高原地区山坡林草地中还是很严重的。

2)沟蚀

沟蚀主要以坡面集中径流的方式侵蚀地面,并在坡地上形成大小不同的侵蚀沟,按其发育的程度及形态可分为以下几种:

(1)细沟侵蚀。细沟侵蚀多发生在10°以上的坡面,更集中地分布在坡面面蚀带之下。细沟是一种暂时性的沟道,耕作后即可消失。在降雨条件一定的情况下,细沟侵蚀主要受坡长、坡度和耕作措施的影响。根据典型暴雨产生的细沟侵蚀调查,在坡度为30°,水平投影为10、20、30、40 m坡长的裸地径流小区上,细沟侵蚀量随坡长的增加呈近线性增大,且细沟侵蚀量在总侵蚀量中所占的比例也随坡长的增加而增加。细沟侵蚀随坡度的变化则表现为坡度小于20°时,随坡度的增大而增大,大于20°时呈基本不变或呈下降趋势。至于在不同农地上的表现,则是翻耕后的休闲麦地最大,其余依次为荞麦地、水平沟谷子地及一般耕作的黄豆地。将调查的典型暴雨细沟侵蚀量与同期径流小区实测值进行比较,细沟侵蚀量可占坡耕地总侵蚀量的50%~75%。

(2)浅沟侵蚀。它是发育在黄土高原地区广泛存在的瓦背状地形(由径流与耕作作用共同导致)底部的一种沟蚀,也是山坡地最重要的一种土壤侵蚀方式。浅沟区出现的坡面径流大量集中是导致黄土高原地区严重土壤侵蚀的根本所在。浅沟侵蚀分布区的面积要占沟间地总面积的75%以上。浅沟侵蚀常常分布于梁峁坡的中下部,随坡面形态的不同,分布形式有辐散状、平行状和复合状。浅沟侵蚀主要发生于18°~35°的坡面上,且集中分布于22°~31°。浅沟侵蚀的临界坡度大体为28°,临界坡长约为40 m。浅沟分布的间距变化于几米到三十余米之间,以相距15~21 m占多数。浅沟侵蚀的深度变化于15~120 cm,宽度则变化于20~80 cm,且以30~50 cm居多。影响浅沟侵蚀的因素有坡度、坡型、坡长、汇水面积等,其中汇水面积的大小对浅沟侵蚀强弱的影响尤为重要。实地调查表明,浅沟侵蚀强度与汇水面积之间呈对数相关,关系式为:

$$M = 1.67751 \ln S - 0.87715 \tag{6-9}$$

式中:M为浅沟年侵蚀模数,t/km^2;S为汇水面积,m^2;相关系数$r=0.7585$。

(3)切沟侵蚀。山坡地上的切沟大多无法利用,但切沟侵蚀蚕食可利用的山坡地,因此在山坡地整治过程中要充分考虑切沟侵蚀的影响。切沟侵蚀主要分布在沟谷地,发生的坡度大多在35°以上。切沟的汇水面积并不大,其侵蚀动力来自瓦背状地形提供的径流,因此有效地阻止径流在瓦背状地形上的大量汇集也是防止切沟侵蚀的根本途径。

2. 重力侵蚀

重力侵蚀的方式有滑塌、崩塌和泻溜三种。大型滑塌常发生在三趾马红土上覆地层中,或基岩与黄土的接触面上,多属于古滑坡。浅层滑塌多出现在黄土地层中,是沟谷坡中现代重力侵蚀的主要方式。从区域上看,流域的上游比下游滑坡明显。三趾马红土构成的谷坡以泻溜侵蚀为主。暴雨洪水期间径流淘刷常导致沟壁的崩塌。

3. 风力侵蚀

黄土高原地区气候主要受内陆高压气流控制,冬末早春,干燥而强烈的西北风盛行,风力多在 3 ~5 级,最大可达 6 ~8 级,加上这个时期地面缺乏植被保护,土壤干燥而裸露,因而在一些梁峁高地、分水鞍、风口及迎风坡面上,土壤风蚀还是明显的。夏季虽然经常发生狂风暴雨,但地面常有植物保护,风力除助长暴雨侵蚀外,一般直接造成的土壤侵蚀是较弱的。丘 1 区北部毛乌素沙地和库布齐沙地接壤区的风蚀更加严重。

(二)不同类型区山坡地土壤侵蚀显著特征

1. 黄土丘陵沟壑区第一副区(丘 1 区)

1)土壤侵蚀空间分布

该区地貌类型可以分为梁峁坡、梁峁顶、沟谷坡、沟谷底几部分。梁峁坡的地面坡度较缓,土壤侵蚀主要为溅蚀和面蚀;梁峁顶的地面坡度一般小于 30°,其上部主要为细沟侵蚀,下部为细沟、切沟侵蚀;沟谷坡的地形极为复杂,侵蚀也非常严重,各种侵蚀形态都有分布,以切沟侵蚀、重力侵蚀、洞穴侵蚀为主。表 6-5 为韭园沟一次暴雨的不同侵蚀形态的侵蚀量调查结果。该区的人类活动特别是大规模的经济开发,如露天采矿,修筑铁路、公路、水利工程,城镇建设、农村修窑及因人口增加大量的开荒滥牧等,造成了植被破坏及弃土弃渣,加剧了水土流失,并导致相应的土壤侵蚀空间变化。在北部丘陵区,风力侵蚀也非常严重。据观测,准格尔沙圪堵大于 5 m/s 的起沙风速持续时间为 20.9 天,对于不同土壤风蚀强度不同;在不同植被情况下,如覆盖度小于 5% 的天然草地,年风蚀模数可达 42 000 t/km^2。

表 6-5　韭园沟一次暴雨的不同侵蚀形态的侵蚀量比较

侵蚀部位与形态		侵蚀总量		平均年侵蚀模数 (m^3/km^2)
		m^3	%	
坡面	面蚀	102 720	7. 85	1 520
	细沟	591 604	45. 30	8 740
	切沟	475 779	36. 45	7 040
	小计	1 170 103	89. 60	17 300
沟道	沟头前进	6. 29	0. 46	2 510
	沟底下切	217	0. 02	90
	沟崖扩张	136. 23	10. 40	55 600
	小计	359. 52	10. 88	58 200

注:韭园沟面积 70. 1 km^2,坡面占 96. 5%,沟道占 3. 5%。

2)侵蚀产沙特征

本区为水土流失最严重的地方,侵蚀产沙模数很高。表 6-6 列出了黄土丘陵沟壑区部分产沙单元的面积和产沙量。中游侵蚀产沙面积 33.69 万 km^2，总侵蚀产沙量 14.71 亿 t，其中侵蚀模数最大的前 10 个侵蚀单元中，丘 1 区就有 9 个，面积占 4.7%，而产沙量占 17.3%。侵蚀模数最大的前 15 个侵蚀单元中，丘 1 区有 12 个，面积占 5.4%，产沙量占 19.4%。该区向河流输送的泥沙不仅数量多，泥沙粒径也粗，窑野河流域温家川站泥沙平均粒径为 0.158 mm（1963 ~ 1970 年），无定河白家川站只有 0.070 5 mm（1962 ~ 1970 年），其他各支流一般也都在 0.05 mm 左右，而且北部大于南部，具有明显的分带性，是粗泥沙的主要产区。

表 6-6　黄土丘陵沟壑区侵蚀产沙面积与侵蚀产沙量的累积关系

序号	流域	区间	年侵蚀模数（m^3/km^2）	累积面积（km^2）	累积产沙量（万 t）
1	窟野河	神木—温家川	34 889.2	1 347.0	4 999.1
2	孤山川	离石崖	19 228.0	3 961.0	9 825.3
3	皇甫川	沙圪堵	19 965.0	2 698.0	7 696.8
4	北洛河	志丹	15 410.7	4 735.0	11 018.1
5	佳芦河	申家湾	15 331.9	5 856.0	1 273.8
6	皇甫川	皇甫—沙圪堵	15 087.6	7 704.0	15 525.0
7	无定河	白家川绥顶沟	15 082.9	10 606.0	19 483.5
8	窟野河	新庙	12 605.2	12 133.0	21 408.3
9	湫水河	林家坪	12 497.9	14 006.0	23 149.2
10	无定河	绥德	12 173.3	16 430.0	26 700.0
11	清水河	清水川	12 111.7	17 165.0	27 590.2
12	北洛河	全佛坪	11 976.3	21 007.0	32 191.5
13	延河	延安—枣园	11 733.1	2 349.6	35 111.9
14	清涧河	子长	11 692.6	24 409	36 179.4
15	三川河	后大成	10 714.7	25 432.0	37 275.5

3）径流泥沙来源

本区的侵蚀地貌从梁峁顶至沟谷底部有 5 条明显的界线，即梁峁顶部分水线、梁峁坡与沟谷坡交接的峁边线、沟谷坡与沟条地交接的坡脚线、沟条地与沟床交接的沟边线及沟道底的流水线。以峁边线为界，峁边线以上为沟间地，峁边线以下为沟谷地。通过对 10 条流域统计表明，沟间地占流域面积的 45.4% ~75.6%，平均为 59.4%；沟谷地占流域面积的 24.4% ~54.6%，平均为 40.6%。根据小区观测资料，可以确定不同侵蚀地貌类型的径流模数和侵蚀模数。由于小区坡长仅 20 m 左右，谷坡小区隔绝了峁边来水，而且未计及浅沟侵蚀产沙，故来水来沙观测值无疑偏小，需要进行修正。表 6-7 及表 6-8 反映了不同地貌类型径流泥沙来源及不同类型土地水土流失情况多年平均计算成果。

表 6-7　不同地貌类型径流泥沙来源分析

<table>
<tr><td>小流域名称</td><td colspan="5">绥德韭园沟</td><td colspan="5">离石王家沟</td></tr>
<tr><td>年份</td><td colspan="5">1954 ~ 1964</td><td colspan="5">1955 ~ 1975</td></tr>
<tr><td>年径流模数 (m^3/km^2)</td><td colspan="5">24 300</td><td colspan="5">28 500</td></tr>
<tr><td>年输沙模数 (t/km^2)</td><td colspan="5">18 120</td><td colspan="5">15 850</td></tr>
<tr><td rowspan="2">地貌类型</td><td rowspan="2">面积</td><td colspan="2">径流</td><td colspan="2">泥沙</td><td rowspan="2">面积</td><td colspan="2">径流</td><td colspan="2">泥沙</td></tr>
<tr><td>平均</td><td>变化范围</td><td>平均</td><td>变化范围</td><td>平均</td><td>变化范围</td><td>平均</td><td>变化范围</td></tr>
<tr><td>总计(%)</td><td>100</td><td>100</td><td></td><td>100</td><td></td><td>100</td><td>100</td><td></td><td>100</td><td></td></tr>
<tr><td>沟间地(%)</td><td>56.6</td><td>35.3</td><td>15.5 ~ 40.7</td><td>38.7</td><td>17.5 ~ 42.1</td><td>56</td><td>37.6</td><td>23.5 ~ 50</td><td>23.8</td><td>17.5 ~ 36.0</td></tr>
<tr><td>沟谷地(%)</td><td>43.4</td><td>64.7</td><td>59.3 ~ 83.5</td><td>61.3</td><td>57.9 ~ 69.5</td><td>44</td><td>62.4</td><td>49.0 ~ 77.4</td><td>76.2</td><td>64.0 ~ 82.5</td></tr>
</table>

表 6-8　韭园沟不同类型土地水土流失情况

项目	面积(km^2)	年径流模数(m^3/km^2)	年输沙模数(t/km^2)
农坡地	46.76	23 370	15 740
荒坡地	16.33	26 530	19 140
悬岩陡崖	3.90	31 270	29 780
村庄道路	3.11	31 270	34 800
合计	70.10	24 900	18 160

2. 黄土丘陵沟壑区第二副区(丘 2 区)

1)土壤侵蚀强度

根据对多年试验观测资料的分析,沟间山坡地次土壤侵蚀强度的计算模型为:

$$M_s = M_0 HC\eta \tag{6-10}$$

其中

$$M_0 = 5.097P^{0.999}I_{30}^{2.637}S^{0.888}L^{0.286}$$

$$H = 1 + \frac{S-15}{15}[1.003(PI_{30}^{0.103} - 1)]$$

C 分为 C_1,C_2,C_3

$$C_1 = e^{-0.0418(V-5)},C_2 = \begin{cases} 1.0 & (V \leqslant 5\%) \\ e^{-0.0085(V-5)^{1.5}} & (V > 5\%) \end{cases}$$

式中:M_s 为土壤侵蚀模数,t/km^2;M_0 为裸地基准状态下的次降雨模数,t/km^2;P 为次降雨量,mm;I_{30} 为次降雨最大 30 min 雨强,mm/min;S 为地面坡度,(°);L 为坡长,m;H 为浅沟侵蚀系数(无量纲);C 为植被影响系数(无量纲);C_1 为人工草地植被影响系数(无量纲);V 为植被覆盖度,%;C_2 为林地植被影响系数(无量纲);C_3 为农作物地植被影响系数(无量纲)(见表 6-9);η 为水土保持措施影响系数(见表 6-10)。

表 6-9　农地植被影响系数

月份	4	5	6	7	8	9	10	全年
C_3 值	1.00	0.88	0.67	0.60	0.58	0.62	0.76	0.61

表 6-10　水土保持措施影响系数

措施	η 值	措施	η 值
水平梯田	0.02～0.05	垄沟种植	0.60
坡式梯田	0.50	草粮带状间轮作	0.40～0.50
水平沟种植	0.55	草灌带状间作	0.20～0.40

该区多年平均年土壤侵蚀模数为 8 373 t/km²。其中以坡度大于 25°的耕地和植被覆盖度小于 10% 的荒草地侵蚀强度最大，年侵蚀模数皆为 18 000 t/km²，占总土地面积的 14.41%；其次是坡度为 5°～25°的耕地及植被覆盖度为 10%～30% 的林草地，年侵蚀模数分别为 15 000 t/km² 和 12 000 t/km²，占总土地面积的 26.81%；再次是植被覆盖度为 30%～50% 的林草地，年侵蚀模数为 8 000 t/km²，占土地总面积的 20.35%；其余各类地（包括一些不属于山坡地上的地类）的年侵蚀模数在 4 000 t/km² 以下，占总土地面积的 38.24%（见表 6-11）。

表 6-11　安塞县各类地土壤侵蚀强度及面积

土地类型特征	年侵蚀模数(t/km²)	面积比例(%)
耕地，水浇地，平旱地和缓坡旱地	1 000	22.45
耕地，坡度 5°～25°	15 000	13.24
耕地，坡度 >25°	18 000	4.6
荒草地，植被覆盖度 <10%	18 000	9.81
林草地，植被覆盖度 10%～30%	12 000	13.57
林草地，植被覆盖度 30%～50%	8 000	20.35
林草地，植被覆盖度 50%～70%	4 000	4.52
林草地，植被覆盖度 70%～90%	2 000	4.52
林草地，植被覆盖度 >90%	900	2.25
水面、道路、建筑用地等	0	4.5

在该区经一定程度治理的纸坊沟流域内，各种强度的年土壤侵蚀及其占总土地面积的百分比见表 6-12。

在大暴雨下，小流域各地类侵蚀强度情况是：如该区 1988 年 8 月 4 日和 6 日以及 1987 年 7 月 16 日的三次暴雨（分别代表两次降雨间隔时间短及大暴雨的特点），在寺崾岘沟的雨量分别为 76.0、51.0、127.6 mm，平均雨强分别为 7.2、28.7、15.5 mm/h，最大 30 min 雨强分别为 0.67、1.00、1.5 mm/min。三次暴雨在寺崾岘沟（流域面积为 3.554 km²）

各地类产生的次侵蚀强度及侵蚀量见表6-13。

表6-12 纸坊沟流域年土壤侵蚀强度及其分配

侵蚀强度		面积(hm²)			占总面积(%)
级别	指标	沟间地	沟谷地	合计	
微度	≤1 000	135.88	116.72	252.6	30.53
轻度	1 000 ~ 2 500	36.16	42.54	78.7	9.51
中度	2 500 ~ 5 000	71.55	113.61	185.16	22.38
强度	5 000 ~ 10 000	79.89	61.68	141.57	17.11
极强度	10 000 ~ 20 000	49.52	62.62	112.14	13.55
剧烈	≥20 000	3.69	53.52	57.21	6.91

表6-13 寺崾岘沟各地类次侵蚀强度及侵蚀量

土地利用			1988-08-04、1988-08-06			1989-07-16		
类别		占总面积(%)	年侵蚀模数(t/km²)	年侵蚀量(t)	占总量(%)	年侵蚀模数(t/km²)	年侵蚀量(t)	占总量(%)
农地	坡耕地	28.18	12 950.9	13 158.1	33.46	29 573.8	30 047.0	30.81
	水平梯田	12.43	38 509.0	172.9	0.44	1 213.3	543.6	0.56
	草粮带作	3.25	8 366.0	978.8	2.49	20 257.7	2 370.1	2.43
林地	经济林	1.58	1 543.7	88.0	0.22	1 383.0	247.8	0.25
	乔灌林	6.32	1 356.7	309.3	0.79	4 444.2	1 013.3	1.04
草地	土质荒坡	39.78	15 930.4	22 844.2	58.09	40 859.5	58 592.5	60.07
	小石质荒坡	7.08	6 984.3	17 773.9	4.51	18 568.6	4 716.4	4.84

2)土壤侵蚀时空分布

该区山坡地土壤侵蚀基本由暴雨及其产生的坡面超渗径流造成,暴雨的时间分配从一个方面反映了山坡地土壤侵蚀的时间变化。根据延安气象站1956~1985年暴雨资料分析,该区年均暴雨次数为6.27次,年际之间极不平衡,最多的一年降雨15次,最少的一年降雨1次。年内分配也很不平衡,暴雨高度集中在7月和8月,共占70.81%。土壤侵蚀暴雨次数的年际年内分配实质是土壤侵蚀次数的分配。该区1985~1989年6个坡度径流小区5年的观测资料也表明,暴雨最多年的年侵蚀模数为最少年的13.6倍,年内7、8两月侵蚀量占年侵蚀量的92.98%。

该区山坡地土壤侵蚀的空间变化主要体现在由于受地形条件的影响而导致暴雨径流沿坡面的重新分配产生的侵蚀垂直分异上。由分水岭向下,土壤侵蚀垂直带谱的表现依次为:面状侵蚀带—细沟侵蚀带—细沟、浅沟侵蚀过渡带—切沟侵蚀带,这种土壤侵蚀的垂直分异在强度上也有类似的表现。该区1988年8月4日和6日的两次暴雨中,寺崾岘沟流域的山坡地上,由分水岭—梁峁坡上部—梁峁坡中下部—梁峁坡下部—沟缘线附近的谷坡—沟谷坡中上部—沟谷坡下部，年侵蚀模数（t/km^2）的变化依次为：1 000 ~ 2 500、2 500 ~ 5 000、5 000 ~ 10 000、10 000 ~ 20 000、30 000 ~ 40 000、20 000 ~ 30 000、10 000 ~ 20 000。该区山坡地土壤侵蚀的水平空间变化则一般表现为从流域上游的山坡地到流域下游的山坡地侵蚀强度依次减弱。

3. 黄土丘陵沟壑区第三副区（丘 3 区）

1）土壤侵蚀的空间分布

（1）水平分布。该地区年降水量大多数在 400 ~ 600 mm，由西北向东南逐渐递增，土壤侵蚀强度也呈递增趋势。至散渡河、葫芦河上游，侵蚀作用最为严重，年侵蚀模数达到 10 000 t/km^2 以上。再向东南，由于植被条件好转，梯田、林草等水保治理措施的增加，土壤侵蚀作用又相对减弱。渭河及各大支流的河谷川台区，地形宽阔平坦，是径流泥沙的主要通道，土壤侵蚀以沟岸崩塌、扩张为主，河床冲刷与堆积交替出现，年平均产沙模数在 1 000 ~ 3 000 t/km^2，是侵蚀较微的单元。本区东部、西南部和西北部的构造中低山丘陵地区，山高坡陡，侵蚀力较大，但由于地广人稀，气候湿润，垦殖指数低，自然植被较好，土壤侵蚀相对较弱。另外，由于该区是黄土高原人口较密集的地区之一，毁坏天然植被、陡坡开荒、乱弃废渣废料等人为活动对土壤侵蚀产生了深刻影响。西北部极强度侵蚀区，生态环境脆弱，“三料”俱缺，群众铲草皮、挖树根，破坏荒坡植被，加快了土壤侵蚀，年侵蚀模数达到 8 000 ~ 10 000 t/km^2。在丘陵中度侵蚀区，垦殖指数低，天然植被好，年侵蚀模数仅 3 000 ~ 6 000 t/km^2。人类经济活动在一定程度上，也可以控制水土流失发展，如秦安、庄浪等中部强度侵蚀区，发挥劳动力资源优势，大搞梯田建设和防护林营造综合治理，侵蚀强度反而低于西北部强度侵蚀区。

（2）垂直分布。径流泥沙从梁峁顶到沟道，随着地形坡型的变化，侵蚀强度和侵蚀方式呈规律性变化。①梁峁顶轻度中度侵蚀带：此段面积约占小流域总面积的 55%，坡面比较平缓，侵蚀量占总侵蚀量的 46%。侵蚀方式主要包括溅蚀、片蚀、细沟侵蚀和浅沟侵蚀，其中片蚀和细沟侵蚀分别占坡面侵蚀量的 43% 和 34%，占坡地总侵蚀量的 19.85% 和 15.6%。②沟坡中强度侵蚀带：面积约占小流域总面积的 33.7%。地面破碎，坡度较陡，小地形条件比较复杂，土壤侵蚀量占总侵蚀量的 42%。侵蚀方式以沟道的溯源、下切、扩张等沟蚀及滑坡、崩塌等重力侵蚀为主，沟谷是泥沙的集中产地。③沟底中轻度侵蚀带：面积约占小流域面积的 11%。坡度平缓，土层深厚，水分条件较好，侵蚀方式以沟底冲刷与淤积交替出现，侵蚀量约占总侵蚀量的 12%。

2）时间变化

该区降水不仅在空间上分布不均，年内分配差别也很大。最大年降水量 717.9 mm，最小年降水量 228.8 mm，相对变幅较大。年内降水 66% 分布于 6 ~ 9 月份汛期，最大 60 min 降雨量达 43.9mm；特别是 7 ~ 9 月份，夏田收获后，地面裸露，一遇暴雨造成严重的细沟侵蚀。汛期产沙量占全年产沙量的 70% ~ 85%。

3）土壤侵蚀分区

该区水土流失面积占全区面积的 96.85%，土壤侵蚀发展迅速，特别是坡面和梁峁顶。依据土壤侵蚀模数该区可划分为轻度侵蚀区、中度侵蚀区、强度侵蚀区和极强度侵蚀区四个区。轻度侵蚀区的年侵蚀模数在 2 500 t/km^2 以下，面积约 0.2 万 km^2，主要分布在张川、清水县的东部，武山县的南部和漳县等地区；中度侵蚀区的年侵蚀模数在 2 500 ~ 5 000 t/km^2，面积约 0. 34 万 km^2，主要分布在庄浪县的东部，张川、清水县的南部，武山中部、陇西县南部和丘 3 区的西北部；强度侵蚀区的年侵蚀模数在 5 000 ~ 8 000 t/km^2，面积约 0. 568 万 km^2，主要分布在渭河一级支流的咸河、散渡河、葫芦河上游和下游地区；极强度侵蚀区的年侵蚀模数在 8 000 t/km^2 以上，个别地区高达 12 000 t/km^2 以上，面积 0. 632 万 km^2，主要分布在丘 3 的中部地区，即咸河、散渡河、葫芦河流域的中游。

4. 黄土高塬沟壑区（高塬区）

1）土壤侵蚀的时空分布

（1）土壤侵蚀的时间分布。本区山坡地土壤侵蚀量基本是由暴雨及其产生的坡面超渗径流造成的，以 7 ~8 月份最多（见表 6-14）。虽然 6 月和 9 月径流比其他月份多，但产沙量却没有 7 月和 8 月那么大，主要是 7 ~8 月暴雨特别多，而 6 月、9 月暴雨相对少的缘故。

表 6-14　南小河沟天然荒坡径流场 1964 ~1966 年 5 个坡度月平均降雨及侵蚀

月份	降雨量（mm）	占年雨量（%）	侵蚀量（t/km^2）	占年侵蚀量（%）
1	1. 0	0. 17	0	
2	1. 3	0. 22	0	
3	13. 8	2. 34	0	
4	33. 3	5. 65	0	
5	43. 6	7. 40	0	
6	37. 0	6. 28	0. 28	8. 89
7	179. 0	30. 38	2. 38	75. 56
8	84. 7	14. 37	0. 49	15. 55
9	121. 8	20. 67	0	
10	61. 8	10. 49	0	
11	9. 8	1. 66	0	
12	2. 2	0. 37	0	
合计	589. 3	100	3. 15	100

据南小河沟杨家沟雨量站 1964 ~1979 年逐月暴雨次数统计，在发生的 19 次暴雨中，7 ~8 月暴雨次数为 15 次，占总暴雨次数的 79%，其余月份仅占 21%。

（2）土壤侵蚀的空间分布。受地形和地质条件等的影响，该区暴雨径流沿坡面重新分配产生垂直分异。侵蚀类型分为塬坡沟蚀带和沟坡沟蚀带两类。侵蚀方式从分水岭由上而下依次为：塬坡面状侵蚀带—塬坡细沟侵蚀带—坡麓细沟、浅沟侵蚀过渡带—坡麓浅沟侵蚀带—现代沟谷切沟侵蚀带。

山坡地侵蚀量占流域总侵蚀量的 88%，土壤年侵蚀模数为 3 828 ~4 532 t/km^2，其中坡度大于 35°的红土泻溜面、沟床占流域总侵蚀量的 57. 3%，年侵蚀模数高达 18. 47 万 t/km^2，是该区山坡地泥沙最主要的产沙部位。南小沟流域不同类型土地的泥沙来量见

表 6-15。占山坡地总面积的 4.42% 的农地的侵蚀量占总侵蚀量的 0.35%；占山坡地总面积 75.71% 的荒草坡的侵蚀量占总侵蚀量的 0.07%，而占山坡地总面积 8.74% 的红土泻溜坡的侵蚀量却占总侵蚀量的 92.4%。用 ^{137}Cs 法对南小河沟流域不同土地利用类型年均土壤侵蚀模数计算结果（见表 6-16）显示，山坡地土壤侵蚀模数红土泻溜坡 > 农坡地 > 林地 > 草地 > 梯田。草地的侵蚀模数小于林地，主要原因是草地为多年荒坡，植被覆盖度较好，林地在造林初期易造成较大侵蚀，因此林地多年平均侵蚀模数大于草地。

表 6-15　南小河沟不同利用类型山坡地泥沙来量分析

部位	山坡地利用类型	面积		泥沙		
		数量（km^2）	占山坡地（%）	模数（t/km^2）	数量（t）	占总量（%）
坡	农地	0.200	1.95	1 300	265	0.31
	荒草地	2.505	24.37	8	20	0.02
	其他	0.195	1.90	8 462	1 650	2.00
沟	农地	0.254	2.47	1 299	330	0.40
	荒草地	5.275	51.34	8	40	0.05
	立崖	0.948	9.23	4 198	3 980	4.81
	泻溜	0.898	8.74	85 040	76 370	92.40

表 6-16　各地貌部位不同土地利用类型年均土壤侵蚀模数

部位	地类	年均流失土层厚度（cm）	年均侵蚀模数（t/km^2）
坡	农坡地	0.17	2 465
	草地Ⅰ	0.02	290
	草地Ⅱ	0.05	725
	草地Ⅲ	0.03	435
	梯田	0.005	7
沟	草地Ⅰ	0.007	102
	草地Ⅱ	0.001	145
	林地Ⅰ	0.07	1 015
	林地Ⅱ	0.04	580
	红土泻溜坡	0.62	8 900

2）塬水下沟对侵蚀的影响

黄土高塬沟壑区不同于黄土丘陵沟壑区的最大特点是：径流来自塬面，泥沙来自沟谷。本区塬面面积约占 30%，其径流量却占流域径流量的 67%。塬面径流汇入沟谷，将对沟谷产生巨大的冲刷作用，使沟头迅速向塬心延伸，沟谷泥沙增加 76% 以上（见表 6-17）。

表 6-17　塬水下沟对沟谷泥沙增加分析

重现期(a)	雨量(mm)	下塬			未下塬			塬面			影响量(t)	占总量(%)
		年径流深(mm)	年侵蚀模数(t/km^2)	年侵蚀量(t)	年径流深(mm)	年侵蚀模数(t/km^2)	年侵蚀量(t)	年径流深(mm)	年侵蚀模数(t/km^2)	年侵蚀量(t)		
5	67.7	5.04	3 600	110 200	5.006	1 500	15 690	5.064	431.6	8 702	85 808	77.9
10	85.2	6.28	4 300	13 700	6.554	1 900	19 870	6.131	545.1	10 990	100 800	76.5
20	97.2	7.19	5 050	154 600	7.776	2 200	23 010	6.885	633.4	12 770	118 800	76.8

3)治理对侵蚀量的影响

南小河沟流域从20世纪50年代开始到80年代初流域治理度达58%,拦沙效益达97%以上。塬面兴建梯田使塬坡部位坡度变缓,阻止了径流下塬;沟头防护等措施防止了径流由沟头直接下塬,使沟头前进得以控制;沟谷兴建水库、淤地坝,拦截了坡面来沙,减小了沟床下切、沟岸扩张,使得沟谷部位产沙得以控制;生物护坡使得松散的坡面得以稳固,红土泻溜得到大大控制。水土保持措施有效削弱了水流动能,减少了土壤侵蚀。

第二节　土壤侵蚀对山坡地生产力的影响

一、土壤侵蚀影响山坡地生产力的评价模型

土地质量是衡量土地生产力水平的综合指标,土壤侵蚀对土地生产力的影响可归结为对土地内在质量的影响。土壤环境载体之外的光热水气等气候条件决定了土地的外在质量,由降水(气候)生产潜力表征;土壤质地、土层厚度、土壤养分及水分状况等土壤生态环境因子决定了土地内在质量。土地内在质量愈高,旱作条件下的生产力愈能接近降水生产潜力,在有灌溉保证条件下愈能接近光温生产潜力。

土壤侵蚀是导致黄土高原地区山坡地质量退化的主要原因,山坡地退化主要表现为:①土层厚度变薄;②土壤质地粗粒化、石质化、母质化;③土壤有机质和养分含量不断降低;④降水入渗量减少,水分状况恶化;⑤土壤理化性状恶化。单位时间范围(如年)内山坡地生产力降低的百分率反映了山坡地质量退化强度;某类山坡地在一定时间范围内或相对于未退化土地类型生产力累计降低的百分率反映了山坡地的累积退化强度。土壤侵蚀强度愈小,山坡地质量退化强度愈弱;土壤侵蚀强度愈大,山坡地质量退化强度愈大。

(一)土地质量单因子影响强度评判模型

土地质量评判因子集合为:

$$V = \{x_1, x_2, x_3, x_4, x_5\} \tag{6-11}$$

式中:V为土地质量评判因子集合;x_1 为有效土层厚度,cm;x_2 为土壤有机质含量,%;x_3 为自然降水截留入渗系数;x_4 为土壤质地评判值(0分 $< x_4 \leq 100$ 分),$x_4 = W/R \times 100\%$,W为自然降水的截留入渗量,mm,R 为降水量,mm;x_5 为土壤理化性状评判值(0分 <

$x_5 \leqslant 100$ 分)。

假设其他因子无限制作用,土地现实生产力占降水生产潜力的比率称土地质量因子对降水的满足度系数。上述五个土地质量评判因子指标值都存在一定的临界区间,即轻微限制临界点与极强度限制临界点。可定义某一土地质量因子对降水生产潜力的满足度达到 85% 以上为轻微限制临界点;当某一土地质量因子对降水生产潜力的满足度不足 15% 时为极强度限制临界点。

1. 有限指数型评判模型

根据边际生产力递减规律,随着有效土层厚度和土壤有机质含量的指标值从极强度限制临界点向轻微限制临界点变动,对土地质量的影响强度呈由强变弱的特点,可建立有限指数型评判模型。有限指数型评判模型形式为:

$$G_i(x_i) = 1 + Be^{kx_i} \tag{6-12}$$

式中:$G_i(x_i)$ 为土地质量单因子评判值$[0 < G_i(x_i) \leqslant 1]$;$i=1,2$;$B$、$k$ 均为特定参数,由限制性临界指标确定(见表 6-18)。

表 6-18 土地质量单因子有限指数型评判模型参数

评判因子	极强度限制临界值	轻微限制临界值	评判模型参数	
			B	k
有效土层厚度(cm)	30	200	-1.154 407	-0.010 204
土壤有机质含量(%)	0.3	1.2	-1.515 403	-1.927 335

2. 线性评判模型

根据土壤质地评判值、自然降水截留入渗系数和土壤理化性状评判值属性,其与土地质量基本具有线性关系,可建立线性评判模型。线性评判模型形式为:

$$G_i(x_i) = x_i/100 \tag{6-13}$$

式中:$i=3,4,5$。

(二)土地质量综合评判模型

黄土高原地区山坡地土地质量综合评判模型包括最小因子限制性综合评判模型和模糊综合评判模型,一般应采用最小因子限制性综合评判模型。

(1)土地质量最小因子限制性综合评判模型:

$$G = \min\{G_i(x_i)\} \tag{6-14}$$

式中:$i=1,2,3,4,5$。即土地质量综合评判值取五个单因子评判值中最小者。

(2)土地质量模糊综合评判模型:

$$G = \sum \alpha_i G_i(x_i) \tag{6-15}$$

式中:α_i 为第 i 个评判因子的权重系数。

(三)土壤侵蚀对山坡地质量影响的评价模型

1. 山坡地质量年际渐变侵蚀退化评价模型

(1)土地质量年际渐变退化强度的单因子评价模型为:

$$\Delta G_i(x_i) = f(\Delta x_i) \tag{6-16}$$

$$\Delta G_i(x_i) = Be^{kx_i}(e^{k\Delta x_i} - 1) \quad (6\text{-}17)$$

$$\Delta G_i(x_i) = \Delta x_i/100 \quad (6\text{-}18)$$

式中：Δx_i 为因土壤侵蚀使第 i 个评判因子在单位时间内的变动量；$\Delta G_i(x_i)$ 为因土壤侵蚀由第 i 个评判因子退化所引起的土地质量评判值在单位时间内的变动量（渐变退化强度）。

式（6-17）针对有限指数评价模型而言，式（6-18）针对线性评价模型而言。

（2）土地质量年际渐变退化强度的综合评判模型为：

$$\Delta G = \min\{\Delta G_i(x_i)\} \quad (6\text{-}19)$$

2. 山坡地质量累积侵蚀退化评价模型

（1）山坡地质量单因子累积退化强度评价模型：

$$DG_i(x_i) = f(Dx_i) \quad (6\text{-}20)$$

$$DG_i(x_i) = Be^{kx_i(1)} - Be^{kx_i(0)} \quad (6\text{-}21)$$

$$DG_i(x_i) = Dx_i/100 \quad (6\text{-}22)$$

式中：Dx_i 为因土壤侵蚀使第 i 个评判因子在一定时间范围内的累积变动量；$DG_i(x_i)$ 为因土壤侵蚀由第 i 个评判因子退化所引起的土地质量评判值在一定时间范围内的变动量（累积退化强度）。式（6-21）针对有限指数模型而言，$x_i(0)$、$x_i(1)$ 分别为第 i 个评判因子的期初、期末指标值；式（6-22）针对线性评判模型而言，$Dx_i = x_i(1) - x_i(0)$。

（2）山坡地质量累积退化强度的综合评判模型为：

$$DG = \min\{DG_i(x_i)\} \quad (6\text{-}23)$$

二、土壤侵蚀对山坡地质量影响的实证分析

黄土高原地区黄土分布面积广，除部分中高山地、土石山地及风沙滩地外，大部分土地为厚层黄土地。大部分山坡地海拔在 1 000 ~ 2 500 m，长期受地面抬升作用和水流冲刷切割，地面破碎，土地类型变化大。黄土物质深厚疏松，易于耕作，适于作物及多种植物生长，同时黄土松软，大孔隙多，垂直节理发育，渗水性较强而抗冲性极弱，湿陷性较强；加之黄土高原大部分地区地面坡度大，干旱时期长，降水集中，如果不能合理地利用山坡地，或采取滥垦滥牧、乱采乱伐等掠夺式经营方式，就会产生严重的水土流失，对土地质量产生深刻的影响。

（一）土壤侵蚀切割地面、剥蚀表土

严重的水土流失使山坡地支离破碎，地表肥土和土壤被不断冲刷而流失。目前，黄土高原地区山坡地表土的年冲刷厚度：丘 1 区为 1 ~ 1.5 cm；丘 2 区为 1.5 ~ 2.0 cm；丘 3 区为 0.5 ~ 1.0 cm；黄土高原塬面一般在 0.1 ~ 0.2 cm，最大可达 0.4 cm。这种状况如不能扭转，黄土层厚度将逐年减薄。据估算，约 3 000 年黄土高原山坡地将变为戈壁沙地，土地质量将退化到极限状态。表 6-19 反映了黄土高原地区四个类型区土层厚度变化对山坡地质量的影响。

黄土高原地区有效土层厚度 50 cm 的山坡地，光热降水资源最大利用率约为 30.69%；有效土层厚度 100 cm 的山坡地，光热降水资源最大利用率约为 58.39%。在丘 1 区年均土层厚度为 50 cm 的山坡地表土剥蚀 1 ~ 1.5 cm，土地质量和生产能力下降 0.71% ~ 1.07%，10 年累积下降 7.45% ~ 11.46%；在丘 2 区年均山坡地表土剥蚀 1.5 ~ 2.0 cm，年均土地质

量和生产能力下降1.07% ~1.43%,10年累积下降11.46% ~15.69%;在丘3区年均山坡地表土剥蚀0.5 ~1.0 cm,年均土地质量和生产能力下降0.35% ~0.71%,10年累积下降3.45% ~7.45%;在黄土高塬沟壑区塬地表土年均剥蚀0.1 ~0.2 cm,年均土地质量、生产能力下降0.07% ~0.14%,10年累积下降0.71% ~1.43%。

表6-19 不同类型区土层厚度变化对山坡地质量的影响

类型区	年均土层剥蚀厚度(cm)	有效土层厚度50 cm地段		
		$DG_i(x_i)$	$\Delta DG_i(x_i)$	10年累积 $\Delta DG_i(x_i)$
丘1	1.0 ~1.5	0.306 9	-0.007 1 ~ -0.010 7	-0.074 5 ~ -0.114 6
丘2	1.5 ~2.0	0.306 9	-0.010 7 ~ -0.014 3	-0.114 6 ~ -0.156 9
丘3	0.5 ~1.0	0.306 9	-0.003 5 ~ -0.007 1	-0.034 5 ~ -0.074 5
高原区(塬面)	0.1 ~0.2	0.306 9	-0.000 7 ~ -0.001 4	-0.007 1 ~ -0.014 3
类型区	年均土层剥蚀厚度(cm)	有效土层厚度100 cm地段		
		$DG_i(x_i)$	$\Delta DG_i(x_i)$	10年累积 $\Delta DG_i(x_i)$
丘1	1.0 ~1.5	0.583 9	-0.004 3 ~ -0.006 4	-0.044 7 ~ -0.068 8
丘2	1.5 ~2.0	0.583 9	-0.006 4 ~ -0.008 6	-0.068 8 ~ -0.094 2
丘3	0.5 ~1.0	0.583 9	-0.002 1 ~ -0.004 3	-0.021 8 ~ -0.044 7
高原区(塬面)	0.1 ~0.2	0.583 9	-0.000 4 ~ -0.000 9	-0.004 3 ~ -0.008 6

(二)破坏山坡地土壤质地

经水力、风力及重力侵蚀后,山坡地表土层的黏粒被带走,沙粒和砾石增多,沙黏结构失调,供水肥和保水肥能力降低,这是黄土高原地区山坡地质量退化的一个主要特征。在黄土高原地区,随着山坡地坡度变陡及植被覆盖度降低,土壤侵蚀不断加剧,表土质地由中壤土变成轻壤土;土壤侵蚀至心土层,质地又复变黏,变成重壤土或轻壤土;当有效土层侵蚀殆尽后,可出现黄土性母质层或砾石层,发生母质化和砾质化现象,土地生产能力几近丧失。

黄土高原地区山坡地主要土壤包括黑垆土、黄绵土、灰钙土、风沙土及粗骨土等。黑垆土一经耕种后,因土壤侵蚀强烈而剥蚀退化,目前完整剖面仅存在于侵蚀较弱的平坦塬面(1° ~3°),坡度较大的塬畔(>3°)多见到侵蚀黑垆土。黄绵土是黄土或母质上特征明显的幼年土壤,剖面发育不明显,广泛分布于黄土丘陵沟壑区水土流失强烈的山坡地上,它是耕作熟化和侵蚀同时相互作用的产物。灰钙土主要分布于黄土高原西北部地区的干旱黄土丘陵和破碎塬地,成土母质以砂黄土和沙土为主,剖面厚度不足1 m。风沙土主要分布在西北部和毛乌素沙地及接壤的长城沿线一带,目前主要以流沙为主,部分已被植被所固定,熟化层薄,土壤肥力很低。粗骨土和土质土主要分布于土石山地,是在岩石半风化体上发育很弱的极其幼年的土壤。黄土丘陵地区在长期土壤侵蚀作用下,地带性黑垆土退化为黄绵土之后,山坡地土地质量累积退化 60% ~85%;沙质灰钙土山坡地质量累积退化 70% ~90%;风沙土、粗骨土山坡地质量累积退化 80% 以上。黄土高原地区山坡地主要土壤质地特征与土壤质地评判值见表 6-20。

表 6-20　山坡地主要土壤质地特征与土壤质地评判值

土壤类型	土壤质地	黏粒(%)	沙砾质(%)	质地评判值(分)	累积退化强度(%)
黑垆土	轻壤	20 ~ 30	10 ~ 20	>85	<15
黄绵土	细沙土、粉沙土	10 ~ 30	50 ~ 70	15 ~ 40	60 ~ 85
沙质灰钙土	沙土	10 ~ 20	60 ~ 70	10 ~ 30	70 ~ 90
风沙土	细沙土	<10	>80	<15	>85
粗骨土	砾石土	<10	>70	<20	>80

(三)降低山坡地土壤肥力

土壤养分是土壤肥力的物质基础,也是土壤中有机无机复合体的重要组成部分。土壤侵蚀引起的山坡地土壤肥力退化首先表现为有机无机复合体的破坏,土壤有机质和主要营养元素含量的明显减少。土壤养分退化包括养分的有效性退化、数量性退化和生物消耗性退化。对于黄土高原山坡地广泛分布的侵蚀土壤来说,养分的贫瘠退化(即数量性退化)更为突出和普遍。

1. 林地开垦加速侵蚀下山坡地土壤养分退化特点

贾绍凤根据植被覆盖状况估算安塞县山坡地所得出的自然侵蚀和加速侵蚀结果类推,山坡地自然侵蚀占目前总侵蚀量的 5% ~20%,人为耕垦造成的加速侵蚀占总侵蚀量的 80% ~95%,人为加速侵蚀占绝对主导地位。史衍玺、唐克丽应用定位观测资料研究了子午岭林区人为开垦林地对土壤侵蚀的影响。表 6-21 反映了梁峁林地与开垦地土壤侵蚀强度变化。据径流场定位观测,梁峁林地径流小区的平均年径流模数为 143 m^3/km^2,年侵蚀模数最高为 1.52 t/km^2,最低仅为 0.04 t/km^2。表明土壤侵蚀很轻微,基本上可代表自然生态平衡条件下的侵蚀状况。但是,在林地开垦为农地后的侵蚀强度急剧增大,年径流模数平均为 29 762 m^3/km^2,年侵蚀模数最高达 16 230 t/km^2,平均达 10 342 t/km^2,相当于林地侵蚀模数的 14 364 倍。开垦裸露休闲地的年平均径流模数 32 085 m^3/km^2,年平均侵蚀模数为 11 486 t/km^2,高于开垦后的农地,相当于林地侵蚀模数的 15 953 倍。

表 6-21　梁峁林地与开垦地土壤侵蚀强度的变化

地类	观测年限(年)	产流次数	年径流模数(m^3/km^2)		年侵蚀模数(t/km^2)	
			区间值	平均值	区间值	平均值
林地	1989 ~ 1994	29	39.4 ~ 236	143	0.04 ~ 1.52	0.72
开垦农地	1990 ~ 1994	40	15 890 ~ 48 680	29 762	5 815 ~ 16 230	10 342
开垦裸露地	1990 ~ 1994	45	22 061 ~ 54 453	32 085	9 933 ~ 15 407	11 486

林地具有生物积累作用,表层有机质含量较高。当林地开垦为农田后,土壤有机质含量出现迅速下降的过程。在林地开垦耕种后的最初几年,有机质下降幅度较大;随开垦年限的增长,下降幅度变缓。开垦 6 年的农地,有机质含量下降到 1.762%,与开垦前林地

有机质含量2.715%相比,下降0.953%,年均下降0.16%,是人为加速侵蚀引起表土大量流失的结果。开垦20年的农地,有机质含量下降到0.545%,已相当于侵蚀黄绵土耕层有机质的含量水平。说明林地由生物积累作用新形成的腐殖质层已被冲蚀殆尽,土壤发育转向生土化过程。表6-22反映了土壤有机质数量与质量的退化所引起其他土壤特性的变化。

表6-22 林地开垦后土壤腐殖质组成随开垦年限的变化

开垦年限(a)	有机质(%)	总碳量(g/kg)	胡敏酸		富里酸		残渣碳(%)	胡富比
			含量(g/kg)	占总碳量(%)	含量(g/kg)	占总碳量(%)		
林地	2.715	15.75	3.85	24.4	3.75	23.9	51.7	1.02
2	2.486	14.42	3.44	23.9	3.26	22.6	53.5	1.05
4	2.150	12.47	2.69	21.6	2.82	22.6	55.8	0.95
6	1.762	10.22	2.11	20.6	2.20	21.6	57.8	0.96
10	1.227	7.12	1.26	17.8	1.59	22.3	60.0	0.79
15	0.874	5.07	0.71	13.9	0.98	19.3	66.8	0.72
20	0.545	3.16	0.22	7.0	0.54	17.1	75.9	0.41
30	0.578	3.35	0.33	9.9	0.58	17.3	72.8	0.58

从表6-23可见,开垦20年的农地与林地相比,各种形态的氮、磷、钾的减损率在7.2%~75.3%,全氮、碱解氮、有效磷的减损率在68%以上,是反映土壤养分退化的敏感性指标。土壤中氮、磷俱缺,成为农业生产的限制因素。土壤氮、磷含量是土壤养分退化程度的反映。林地开垦20年后,土壤养分退化已接近黄土母质和临界水平。

表6-23 林地与开垦后20年农地土壤中主要养分含量比较

项目	林地养分(g/kg)	农地养分(g/kg)	农地比林地养分减损	
			数量(g/kg)	比例(%)
全氮	1.32	0.42	0.90	68.2
碱解氮	140.4	34.7	105.7	75.3
全磷	0.712	0.581	0.131	18.4
有效磷	187	57.5	129.5	69.3
速效磷	8.37	4.90	3.47	41.5
全钾	19.82	18.39	1.43	7.2
缓效钾	1 017	663	354	34.8
速效钾	163.5	72.5	91	55.7

根据表6-22,按式(6-11)可以估算出梁坡林地开垦为农地后不同年限因土壤侵蚀使土壤有机质下降,造成梁坡地质量累积退化(见表6-24)。在林地开垦20年时间范围内,山坡地因土壤有机质下降造成土地质量、生产能力下降百分率呈加速变化趋势。前10年年均下降2.09%,后10年年均下降3.68%;在开垦后15~20年间年均下降4.39%。林

地开垦到 20 年期间土地质量累积下降约 57.7%，即丧失生产能力 1/2 以上。

表 6-24　梁坡林地开垦后土壤有机质下降对土地质量的影响

开垦后年限(a)	0～2	2～4	4～6	6～10	10～15	15～20	0～10	10～20	0～20
累积质量退化	-0.045	-0.011 5	-0.026 7	-0.091 6	-0.138 8	-0.248 9	-0.134 3	-0.387 7	-0.522 0
年均质量退化	-0.002 2	-0.005 7	-0.013 4	-0.022 9	-0.278	-0.049 8	-0.013 4	-0.038 8	-0.026 1

2. 不同坡度和土壤类型条件下侵蚀对养分的影响

黄土高原地区山坡地土壤侵蚀对土壤养分的影响随地表坡度不同差异较大。地表坡度愈大，土壤侵蚀愈强烈，相应的土壤养分流失愈严重（见表 6-25）。在 6°～11°范围内，坡度增加 1°，土壤有机质流失量增加 23.93 kg/hm^2；在 16°～21°范围内，坡度增加 1°，土壤有机质流失量增加 41.1 kg/hm^2。显然，随坡度增加，土壤养分急剧退化。表 6-26 是由表 6-25 计算出的不同坡度下土壤养分减少量，可见每流失 1 t 土壤，土壤有机质流失 6.27～6.43 kg，全氮流失约 0.52 kg，全磷流失约 1.35 kg。单位流失土壤养分减少量随坡度变化不大。

表 6-25　晋西北河曲地区不同坡度耕地养分流失状况

坡度	年表土侵蚀模数(kg/hm^2)	土壤养分流失量(kg/hm^2)			折流失化肥量((kg/hm^2)	
		有机质	全 N	全 P	N 肥	P 肥
<5°	8 100	52.06	4.20	10.95	25.05	68.40
6°～10°	16 350	105.05	8.55	22.03	50.85	137.85
11°～15°	34 950	224.70	18.15	47.25	108.00	295.35
16°～20°	66 450	427.20	34.50	89.70	205.35	569.70
21°～25°	98 400	632.70	51.15	132.90	304.50	830.70

注：氮按碳酸氢铵含氮量 16.8% 计，磷肥按过磷酸钙含 P_2O_5 量 16% 折算。

表 6-26　晋西北河曲地区不同坡度单位土壤流失养分减少量

坡度	年表土侵蚀模数(kg/hm^2)	土壤流失养分减少量(kg/t)		
		有机质	全氮	全磷
<5°	8 100	6.270	0.519	1.352
6°～10°	16 350	6.425	0.523	1.347
11°～15°	34 950	6.429	0.519	1.352
16°～20°	66 450	6.429	0.519	1.350
21°～25°	98 400	6.430	0.520	1.351

据测定，黄土丘陵地区地带性黑垆土侵蚀退化为黄绵土之后，土壤肥力大大降低：有机质含量由 3% 左右降为 0.2%～0.5%，全氮由 0.2%～0.3% 降为 0.05% 以下，有效磷由 15 mg/kg 降到 5 mg/kg 以下。微量元素——有效态锌锰铜铁硼钼硒的含量也明显下降：锌由 0.6～0.8 mg/kg 降至 0.5 mg/kg 以下，锰由 15 mg/kg 降至 5 mg/kg，铁由 8 mg/kg 降至 2.5 mg/kg，硒由 3.5 mg/t 降至 1.0 mg/t 以下，均远远低于有效态微量元素的临界值

标准。由式(6-11)按土壤有机质含量变化可估算出黑垆土侵蚀退化为黄绵土后,山坡地质量、生产能力降低62.6% ~95.2%,即大部分黄土丘陵山坡地经长期侵蚀造成的土地质量累积退化强度达到2/3左右,甚至更高。

3. 不同植被及土地利用条件下土壤侵蚀对土地养分的影响

甘肃子午岭和宁夏固原林草地、坡耕地土壤侵蚀强度及土壤有效养分含量测定数据见表6-27。开垦10~15年的坡耕地土壤有机质含量约1%。坡耕地比密林地质量退化约30%,比天然草地质量退化25% ~30%,比人工苜蓿地质量退化15% ~20%,比灌木林地质量退化20% ~25%。安塞县黄绵土坡耕地有机质含量为0.4% ~0.5%,水平梯田为1.8% ~1.85%,坡耕地比水平梯田有机质含量降低53% ~65%;沟台地有机质含量为0.75% ~0.8%,坡耕地比沟台地有机质含量降低25% ~35%。

表6-27 不同侵蚀强度土壤中有机质及有效态微量元素含量

地点	植被	侵蚀强度	有机质(%)	有效态微量元素含量(mg/kg)					
				锌	锰	铜	铁	硼	钼
甘肃子午岭	密林地	微弱	5.84	1.05	19.3	1.10	32.0	0.71	0.03
	天然草地	微弱	2.52	0.50	17.2	1.10	10.2	0.64	0.02
	灌木林	中度	1.98	0.94	15.8	1.30	8.8	0.65	0.03
	坡耕地	强烈	1.05	0.22	7.3	0.81	4.2	0.35	0.08
宁夏固原	天然草地	微弱	2.54	0.98	16.0	1.40	10.8	0.70	0.02
	人工草地(苜蓿)	中度	1.46	0.89	32.4	1.72	6.4	0.57	0.02
	坡耕地	强烈	0.99	0.30	7.0	0.66	4.1	0.26	0.05

(四)降低土壤有效水分含量及水分生产效率

山坡地土壤侵蚀不仅使黄土高原地区山坡地土层变薄,有机质含量和养分降低,而且破坏土壤结构,使得土壤有效水含量降低,持水性能变差,水分利用率降低。水分是黄土高原地区山坡地生产力的一个主要限制因子。在正常年份的山坡地生产力低下不是因为降水不足,而是因为降水资源未能得到充分利用。由于黄土高原地区山坡地水分流失严重,坡耕地年径流量20~120 mm,径流系数为0.1~0.4;地面强烈蒸发,夏季休闲期地表蒸发量占降水量50% ~70%;对土壤深层贮水利用不足,仅利用到2 m土层储水量的50%左右;由于土壤侵蚀使山坡地薄层化、贫瘠化而大大降低了水分利用效率,一般水分生产效率仅为0.25~0.35 kg/mm。

1. 土壤侵蚀对土壤水分供应的影响

据在黄龙山系东南缘的宜川县铁龙湾林场测定,在历时60.0 min,降水量32.0 mm,平均雨强0.533 mm/min,I_{30}为0.82 mm/min,I_{10}为0.95 mm/min的降水条件下,自然山杨林地、有保护性草灌植被的采伐林地、采伐后耕垦的农地上径流系数分别为0.022、0.022和0.309,山坡林地比坡耕地径流系数降低92.8%。山杨林地的截留入渗系数为0.978,坡耕地为0.691,水土流失造成截留入渗系数降低0.287。

在水力侵蚀过程中,当土壤含水量达到饱和状态时随降水历时延长产生地表径流,水滴击溅和地表径流是山坡地水土流失的直接动力,降水特征和强度、地形、坡度、坡长、植被覆盖状况影响地表径流形成过程及强弱。一般在土质疏松、坡度大、降水强度较强、植被覆盖差的山坡地上容易产生地表径流。径流系数愈大,自然降水中可形成的土壤有效水分愈小。根据有关资料,黄土高原地区不同类型山坡地在一般降雨条件下的径流系数和自然降水截留入渗系数见表6-28。覆盖较好的林地径流系数多在0.05以下,一般不超过0.10,枝叶截留降雨能力强,侵蚀和产流甚微。山坡天然草地和荒地径流系数一般小于0.15,陡坡地一般不超过0.25。塬地径流系数一般在0.05~0.15,水分流失也不大。坡耕地径流系数随坡度增大而急剧增大,5°~15°坡耕地径流系数为0.20~0.40,15°~25°坡耕地增至0.40~0.60,>25°坡耕地可达0.60~0.80。根据式(6-18)可估算出不同坡度的坡耕地因水土流失使土壤供水能力降低而造成的坡耕地质量退化:5°~15°坡耕地质量、生产能力降低20%~40%;15°~25°坡耕地降低40%~60%;>25°坡耕地降低60%~80%。

表6-28 不同利用方式下山坡地径流系数和自然降水截留入渗系数

项目	林地	天然草地	荒坡地	塬地	坡耕地		
					5°~15°	15°~25°	>25°
径流系数	<0.05	<0.15	<0.25	0.05~0.15	0.20~0.40	0.40~0.60	0.60~0.80
截留入渗系数	>0.95	>0.85	>0.75	0.90~0.95	0.60~0.80	0.40~0.60	0.20~0.40

2. 土壤侵蚀对土壤水分生产效率的影响

土壤侵蚀使土壤贮水能力降低,土壤结构和养分状况退化、劣化,造成土壤供水肥能力和结构失调。据测定,土壤结构不良、低肥力的山坡地水分生产效率为0.25~0.35 kg/mm,而土壤结构良好、高肥力的平缓地水分生产效率达0.5~0.7 kg/mm。因土壤侵蚀而使山坡地水分生产效率降低约50%。在干旱地区,水分是山坡地的生态因子,在土地质地、土层厚度和肥力既定的条件下,农田水分供应愈短缺,植被吸收利用率愈高。据宁夏干旱地区实测资料,春麦地降水利用率平均在50%~55.6%,山坡地>塬地>川台地。川台地干旱年的降水利用率高于丰水年。同样,山坡地在同一降水年型中其干旱程度大于塬地和川台地,故其降水利用率高于塬地和川台地(见表6-29)。固原干旱地区农田水分生产效率为0.195~0.252 kg/mm,川台地>塬地>山坡地,山坡地水分生产效率平均比川台地降低20%~30%(见表6-30)。

表6-29 1992~1995年宁夏干旱区降水利用率及有效水利用情况

耕地类型	降水利用率(%)		可供有效水利用率(%)	
	区间值	平均值	区间值	平均值
川台地	32.9~66.4	50.85	30.5~55.3	46.9
塬地	29.5~62.5	50.98	30.9~65.8	48.0
山坡地	46.3~65.0	55.63	50.7~68.3	57.4

表 6-30 1992～1995 年宁夏固原春麦水分生产效率

耕地类型	春麦单产（kg/hm²）		水分生产效率（kg/mm）	
	区间值	平均值	区间值	平均值
川台地	291.0～2 392.5	870	0.10～0.61	0.252
塬地	234.0～1 650.0	750	0.10～0.38	0.246
山坡地	336.0～1 543.5	570	0.14～0.36	0.195

（五）土壤侵蚀对土壤理化性状的影响

山坡地土壤侵蚀过程中直径小于 10 μm 的有机无机复合胶体容易流失，一般情况下泥沙中直径小于 10 μm 的有机无机复合水胶体含量超出表土 45%～48%。据南水沟流域实测，洪水悬移质中的黏粒含量高达 38%，而表土中的黏粒含量约 15%，悬移质中的黏粒含量高出坡耕地表土中黏粒含量的 20% 以上。山坡地流失表土以细颗粒和比重小的颗粒为主，这些颗粒主要是结构团粒。水土粒随泥沙流失使得土壤团粒结构遭到破坏，黏粒含量减小，土壤质地逐渐变粗。山坡地土壤理化性状与有效土层厚度、土壤质地、土壤有机质及养分状况密切相关。土壤侵蚀对土壤理化性状的影响可由上述三个因子间接体现。

（六）土壤侵蚀对山坡地质量影响的总体分析

土壤侵蚀对山坡地质量影响的五个评判因子既相互依存，又区分主从。实际上山坡地质量直接取决于土壤养分、水分供给的数量大小和有效性，土层厚度、土壤质地及理化性状是形成土壤养分、水分供给数量及有效性的物质基础和生态条件。根据黄土高原地区山坡地类型及退化阶段、特征可归纳出三种退化类型。

1. 土层厚度薄层化主导退化类型

此类型主要分布于土石山区表土剥蚀（水蚀、风蚀为主）达到强度或极强度限制的临界点范围的山坡地，其有效土层厚度小于 30 cm，黄土覆盖极薄，土地生产力极为低下，已接近或达到草灌植被自然恢复的极限条件。如继续滥垦滥牧，将会很快丧失生产力。

2. 土壤质地母质化—沙石化主导退化类型

此类型主要分布于黄土丘陵地区大于 25°的极陡坡耕地上，由于人为耕垦土壤侵蚀极为强烈，土壤发育已返回生土化发育阶段，土壤养分主要靠黄土母质提供，耕垦熟化速度远低于侵蚀退化速度。风沙区的流动沙丘、半固定沙丘，土石山区严重砾石化、石质化山坡地亦属此种退化类型。

3. 土壤养分流失主导退化类型

此类型主要分布于黄土高原及丘陵地区 6°～25°的山坡地上。土壤侵蚀达到中度和强度，表土每年剥蚀 0.5～1.5 cm，土壤质地及理化性状不断退化，土壤有机质和养分严重流失，在撂荒条件下植被一般可以自然恢复。

从表 6-31 可以看出，平坦残塬地，土地质量累积退化强度一般小于 15%。山坡地中 15°～25°坡耕地质量累积退化强度达 56.5%～76.8%，25°以上坡耕地质量累积退化强度达 76.8%～94%。坡耕地侵蚀退化因子中，土层厚度、有机质含量、土壤质地和土壤水分状况相互作用,以土壤养分退化居第一位。

表6-31 耕地侵蚀退化因子及累积退化强度比较

侵蚀退化因子	塬地		15°~25°坡耕地		25°以上坡耕地	
	x_i	$DG_i(x_i)$	x_i	$DG_i(x_i)$	x_i	$DG_i(x_i)$
土层厚度(cm)	>200	<15	40~70	56.5~76.8	20~40	76.8~94
土壤有机质含量(%)	>1.5	<8.5	0.35~0.5	57.8~77.2	0.25~0.35	77.2~93.5
土地质地评判值	>85	<15	30~55	45~70	10~30	70~90
降水截留入渗系数	>0.9	<10	0.4~0.6	40~60	0.20~0.40	60~80
综合退化强度(%)	<15		56.5~76.8		76.8~94	

第七章　山坡地径流资源化开发利用技术

第一节　雨水资源化开发利用的含义及现状

水资源短缺已成为全球性热点问题，据全国第二次水资源评价，我国水资源人均占有量仅为世界平均水平的25%，由于水资源南北分布极不均匀，长江以北的广大地区，耕地和人口分别占全国的64%和45%，但水资源只占19%，人均占有量只有517 m^3。水资源的短缺，严重制约了当地工农业生产的发展和人民生活水平的进一步改善，特别是雨养农业区更是如此。

黄土高原地区降雨集中且多暴雨，雨水供应与作物生长发育需水期严重错位、剧烈的水土流失引起土质条件差、蓄水保水能力差等自然条件，导致了黄土高原雨养农业区农业生产长期处于低而不稳的状况。这种现状抑制了雨水资源潜力的发挥，同时也阻碍了黄土高原地区农业的进一步发展。黄土高原地区水资源主要来源于天然降水，如何实现农业生产的持续发展，关键在于如何提高雨水资源的利用效率，充分发挥雨水资源的生产潜力，建立雨水资源化开发利用的良性运行体系。

一、雨水资源化的含义

雨水作为一种重要的生产资源，长期以来受到人类的极大关注，近年来随着干旱程度的日益加剧，人类对雨水资源的重视程度也与日俱增，深受干旱之苦的黄土高原雨养农业区更是如此。雨水是气候资源中能够计量、存贮和运输的物质资源，是区域水资源的最根本来源。

当雨水作为一种用来满足人类生活和生产活动需求的物质资料时，雨水就变为雨水资源，而将雨水转化为雨水资源的过程可称为雨水资源化。间接利用雨水以及其他形式大气水的过程称为广义雨水资源化，雨水资源化过程中应用的集流、收集、存贮、运输、利用（节灌或补灌）系统称为雨水集流节灌系统。目前在黄土高原雨养农业区，雨水集流节灌系统占雨水开发利用的主导地位，正在发挥着日益巨大的作用。雨水资源化过程包括两条途径：一是雨水自然转化为雨水资源，其含义是雨水通过入渗进入土壤，增加土壤水库的贮存量，直接供给作物生长发育；二是雨水的人为资源化过程，主要含义是经过人类干预，使雨水变为雨水资源，促进农业生产的发展或解决人畜饮水，如各种增加雨水入渗的水土保持措施、雨水集流节灌系统等。

雨水资源化强调以下几个方面：①最大限度地利用雨水资源，变害为利，使不能为作物直接利用的暴雨或大暴雨所产生的径流，经过人为干预，变为可以被作物利用的雨水资源；②强调人类在雨水资源化过程中的干预作用；③雨水资源化不但可以解决近期干旱，为农业生产提供适宜的环境，而且可通过雨水的集流、存贮，跨季度跨年度使用，缓解由于雨水供应与作物需求不同步的矛盾；④雨水资源化过程强调雨水在土壤与作物间的存贮与调蓄利用，最大限度发挥“土壤水库”的贮蓄功能。

二、黄土高原雨水资源化的有利条件

就目前黄土高原地区的雨水资源化利用而言，雨水集流节灌系统占主导地位，在甘肃陇中陇东、宁夏南部山区、陕西北部、山西西部、内蒙古南部等地都得到了大力推广，收到了很好的经济、社会、生态效益。在黄土高原地区除几个生产条件比较好的平原以外（渭河平原、河套平原、汾河平原），绝大部分地区属雨养农业区，农业生产对降雨的依赖性特别强，发展雨水集流，解决人畜饮水，发展雨水灌溉或补充灌溉，提高天然降雨的利用效率，具有深远的意义。

（一）具有雨水资源化开发利用的降水条件

黄土高原雨养农业区多年平均降水量在250～660 mm，降水量从西北向东南呈扇形带状递增，依次为干旱偏旱区（250～350 mm）、半干旱区（350～400 mm）和半干旱易旱区（450～600 mm），而大部分地区的年降水量在400 mm以上，400 mm降水等值线大致沿河口镇经东胜、榆林、横山、靖边、定边、环县、海原、固原、西吉、会宁、榆中至同仁，该线东南侧的广大地区年降水量均在400 mm以上，青海东部、甘肃中部和东部、宁夏南部、陕西和山西的大部多年平均降水量在400～600 mm。从降水总量来看，降水资源不算很少，但由于年内降水分布不均，60%～70%的降水量集中在雨季，且降雨多为短历时暴雨，土壤不能及时吸收，造成雨水资源的大量流失，降低了雨水资源的利用效率。然而降雨的这些特点为发展雨水集流提供了极为便利的自然条件，在雨季通过对非生产性降水的集流、存贮，跨季节、跨年度地进行合理调用，提高雨水资源化的程度，缓解雨水供应与作物需求错位的矛盾，提高农业生产雨水利用效率。

（二）丰富的光热资源使得雨水资源化的生产潜力很大

黄土高原雨养农业区光热资源丰富，自然生产潜力很大，目前绝大多数地区的粮食产量只有自然生产潜力的60%～70%，而发达地区的粮食产量可达自然生产潜力的10倍以上，由于水是该地区生产的限制性因子，通过雨水的资源化，解决水资源短缺造成长期以来该地区粮食生产低而不稳的现状是很有可能的。近年来在黄土高原的实践证明了这一点。

（三）土层厚具有较强的雨水贮蓄功能

黄土高原地区土壤类型主要有黑垆土、黄绵土、灰褐土、垆土、风积沙土等，其中黑垆土、黄绵土分布最广，土层深厚，质地均匀，透水性好，具有很好的蓄水保水性能。研究表明，1 m深的黄土可以贮蓄200～300 mm的降水，2 m厚的土层可以贮蓄300～600 mm的降水。黄土高原南部原区和西部地区都存在90～200 cm的“土壤水库”，在雨季雨水经地表入渗，进入土壤水库，并进行存贮，次年通过作物根系吸收利用，土壤水库失水。土壤水库的调蓄作用很强，它的存在具有重大的意义，尤其在雨养农业区更是如此。它为作物来年生长提供了底墒，在很大程度上缓解了作物生育期与供水期不协调的矛盾。

（四）具有丰富的土地资源和劳力资源

黄土高原雨养农业区具有丰富的土地资源，人均占有土地面积0.2～0.66 hm^2，地广人稀，农户居住分散，房屋庭院占地面积大，同时林地、草地、荒坡、道路等土地面积大，这些闲散地可以人工整修成集流面进行雨水集流，解决人畜饮水或进行节水灌溉和节水补充灌溉，变害为利。与此同时，黄土高原雨养农业区，由于商品经济发展缓慢，劳力资源相对较为丰富，这为实施雨水资源化开发利用提供了有力的保证。

三、黄土高原地区雨水资源化开发利用的现状

雨水资源化利用起步较早，最初有人将其称为径流农业（Runoff Agriculture），也有人称其为微集水农业（Micro - Water Agriculture）。国外的雨水集流利用比较广泛，不管是发达国家如加拿大、美国、澳大利亚、德国、瑞典、以色列，还是发展中国家如泰国、印度、印度尼西亚、孟加拉国、斯里兰卡、约旦等均有应用。在国内舟山群岛起步比较早，进行过大量的雨水集流试验和推广。近年来，甘肃、宁夏、陕西、山西、河北、山东、河南等省（区）相继开展了雨水资源开发利用的试验和推广，取得了很大的效益，其中甘肃开展的"121"工程和"雨水集流节灌"工程、陕西省的"甘露"工程以及宁夏南部山区的水窖农业，是黄土高原地区雨水资源化开发利用的代表和典型。

为了充分利用雨水资源，解决半干旱山区人畜饮水问题和发展高效农业，从 1988 年开始，甘肃省水利厅将甘肃干旱半干旱地区雨水集流利用研究列为省级水利重点项目，开始了甘肃省的雨水利用研究推广工作。它的发展经历了四个阶段：第一阶段是 1988 ~ 1991 年，主要开展雨水集流的试验研究；第二阶段是 1992 ~ 1994 年进行了初步的推广；第三阶段是 1995 ~ 1996 年实施"121"雨水集流工程；第四阶段是实施"三延伸"，在建设方式上由单一模式向多种形式和多种技术配套延伸；在效益上由解决人畜饮水向促进农村经济全面发展延伸；截至 1996 年 8 月份，甘肃省共完成 23.7 万户雨水集流工程，修建集流场 2 050 万 m^2，打水窖 31.6 万眼，发展庭院经济 1 万 hm^2。与此同时，黄土高原其他省（区）的雨水集流事业也取得了飞速发展，取得了巨大的经济、社会、生态效益。

黄土高原地区常见的雨水集流系统包括集流面、输水渠、沉沙池、拦污栅、进水管、蓄水设施、放水口、田间节水灌溉系统。而常见的集流面有庭院、屋顶、沥青路面、公路面、塑料薄膜、原土夯实等多种形式，面积一般在 100 m^2 以上。蓄水设施有水窖、水窑、水池、涝池四大类型。用于解决人畜饮水的蓄水设施，其容积多为 20 ~ 30 m^3，而用于发展节水灌溉或补充节水灌溉的蓄水设施容积较大，多在 50 ~ 100 m^3。田间雨水灌溉技术多采用喷灌、滴灌和微喷灌。

以雨水集流为主的雨水资源化开发利用，正在黄土高原地区特别是雨养农业区大面积兴起，它的发展壮大，将为黄土高原雨养农业区经济的发展注入新的活力和生机。

四、雨水资源化利用技术体系

（一）雨水资源化利用技术体系的内容

雨水资源化利用体系是一个十分复杂的系统，既包括各种强化降雨就地入渗的水土保持措施，也包括各种形式的蓄水保水以及节水灌溉和抗旱技术。系统中各部分相互协调、相互影响，构成了统一的有机整体。

雨水集流系统包括雨水收集系统、雨水贮蓄系统和雨水利用系统三大部分。雨水收

集系统包括雨水集蓄技术(田间工程措施——水平梯田、隔坡梯田、鱼鳞坑、水平阶;人工集流技术——自然植被管理、化学材料处理、地面硬化处理)、水保耕作技术(等高耕作、起垄耕作、粮草轮作、带状间作、覆盖技术)。雨水贮蓄系统包括水库、塘坝、涝池、水窖。雨水利用系统包括科学施肥技术(适时补肥、配方施肥、培肥地力与水肥耦合效应)、雨水高效利用技术(节水农业措施——适水种植、选育抗旱品种、节水灌溉制度、化学节水技术)和节水技术措施(输水工程、滴灌、喷灌、微喷灌、合理的沟畦灌溉技术)。

(二)雨水资源化开发利用的持续发展

雨水资源化开发利用对于促进黄土高原雨养农业区经济的发展具有极其重要的战略意义,开发利用雨水资源时必须贯彻持续发展的思想,从而实现雨水资源开发利用的稳定持续发展,为实现该目标必须做好以下几个方面的工作:①加强雨水资源化开发利用对黄土高原雨养农业区经济发展重要性的宣传,要将雨水开发利用放在战略的高度来看待;②进一步扩大雨水资源化开发利用的深度和广度;③加强雨水资源化开发利用的科技投入,降低雨水集流的成本,研究更为有效的集水材料和技术;④多渠道筹集资金,实行责权利相结合的运行机制,充分调动广大群众的积极性;⑤加强节水灌溉及补充灌溉的研究工作,走节水技术多元化的道路;⑥加强水土保持综合治理的力度和广度,强化降水就地入渗,充分发挥“土壤水库”的调蓄功能;⑦积极贯彻雨水集流系统修、用、养相结合的思路;⑧开展各种抗旱技术的研究工作,走节水抗旱与雨水资源化开发利用并举的道路。

第二节　黄土高原地区集流用水窖的主要类型及效益

目前黄土高原地区的雨水资源化开发利用,以径流集蓄、贮存、利用的雨水集流系统为主,集流面和蓄水设施是最为重要的组成部分,因而集流面的集流效益和蓄水设施的成本、使用寿命等,直接与雨水资源化开发利用的效益密切相关。

一、雨水集流系统的组成

雨水集流系统是雨水集蓄系统的重要组成部分,也是雨水资源化开发利用的基础。其目的是尽量将产生于集流面上的径流进行拦截、蓄积、净化、利用,提高黄土高原雨养农业区农业生产效率和天然降雨的利用效率,充分发挥该地区优越的光热条件。

雨水集流系统包括田间工程和田外工程两大类。田间工程包括各种田间水土保持措施,如平整土地、水平梯田、鱼鳞坑、隔坡梯田、草粮带状间轮作等,这些措施的功能都是提高降水资源就地入渗的能力,增加“土壤水库”含水容量,提高作物抗旱能力,而田外工程包括水窖、水窑、水池和涝池四大类型。一般意义上的雨水集流系统仅指后者,它通常由集流面、输水渠、沉沙池、拦污栅、进水管、蓄水设施、放水口等部分组成,各部分相互组合形成完整的雨水集流系统。

二、集流面

集流面是经人工修整用于产生径流的场地,其面积大小取决于降水量的大小、集流面的类型、蓄水量的大小以及集流面的集流效益等因素。黄土高原雨养农业区地广人稀,农户居住一般较为分散,用于解决人畜饮水的集流面,可以庭院、屋面、场等为主,可选用混凝土、水泥瓦、青瓦、机瓦、黄土夯实、塑料薄膜覆盖等多种材料。在发展高效节水灌溉或补充节水灌溉时,集流面应优先考虑现有公路、乡村道路、闲散地及荒山荒坡,不同材料的集流面的集流效率差别很大(见表7-1),经济费用也存在较大差异(见表7-2)。因此,选择集流面类型时,应综合考虑当地的自然条件、经济能力、集流的目的等多种因素,灵活确定适宜于当地自然条件且经济实惠的集流面。

表7-1 各种材料集流面在不同降水量与保证率下的集流效率

降水等级(mm)	保证率(%)	集流效率 E(%)							
		混凝土	水泥瓦	水泥土	塑料薄膜	机瓦	青瓦	黄土夯实	三七灰土
200~300	50	77.9	71.0	47.0	41.3	41.2	34.0	19.8	10.3
	75	75.4	66.0	39.5	34.0	34.2	28.3	16.5	8.0
	95	72.8	61.6	33.0	28.0	30.0	23.6	13.5	5.0
300~400	50	80.0	74.5	52.2	46.0	49.0	40.0	25.7	17.5
	75	78.2	71.6	40.3	40.6	42.0	34.0	20.8	12.4
	95	75.6	67.0	40.0	34.2	37.2	29.2	17.0	8.2
400~500	50	80.0	75.3	53.0	46.5	50.2	40.5	25.3	16.6
	75	79.4	74.0	51.0	44.6	48.0	38.2	23.0	13.7
	95	76.5	69.0	41.5	35.5	39.0	30.7	18.8	10.5

表7-2 不同材料集流面单位蓄积量费用分析

项目		混凝土	水泥瓦	水泥土	塑料薄膜	机瓦	青瓦	黄土夯实	三七灰土
全年集流效益(%)	50%	80	75	52	46	49	40	26	18
	75%	78	72	46	4	42	34	21	12
	95%	75	67	40	34	37	29	17	8
全年可蓄水量(m^3)	50%	0.211	0.198	0.138	0.122	0.130	0.106	0.068	0.048
	75%	0.173	0.160	0.103	0.091	0.094	0.076	0.047	0.027
	95%	0.128	0.115	0.068	0.058	0.063	0.050	0.029	0.014
每 m^2 造价(元)		4.82	4.96	3.64	1.94	3.98	3.0	0.25	3.08
使用年限(a)		25	15	10	25	20	4	8	6
运行费占造价百分比(%)		3	2	4	8	2	3	20	15
使用期造价+运行费(元)		7.71	7.44	5.82	3.49	5.97	4.80	0.45	6.78
单位水量费用(元/m^3)	50%	1.82	1.50	2.81	2.85	1.84	2.27	1.68	1.77
	75%	2.23	1.86	3.78	3.82	2.56	3.18	2.40	3.14
	95%	3.02	2.60	5.70	6.02	3.79	4.83	3.90	6.06

注:按1996~1998年定额计算。

表7-1中数据是由人工模拟降雨试验得到，从表中可以看出，以混凝土的集流效率最大，而三七灰土的集流效率最小，它们间的集流效率相差4.8～7.6倍。在同一降水等级内，随着保证率的增大，各种材料的集流效率都随着下降。随着降雨量的增大，各种材料的集流效率随之增大。虽然混凝土集流面的集流效益很好，但它的成本也明显高于其他材料的集流面，各材料的年集流效益、可集水量、使用年限等都相差悬殊。因此，在选择集流面材料时，应进行系统分析，根据集流目的、经济能力等多方面进行综合评价，确定出最佳的选择方案，尽量避免盲目性。

集流面面积的大小与降雨量、降雨强度、集流面材料等密切相关，根据宁夏、甘肃等地雨水集流工程的经验，集流面面积可按下式计算：

$$W_d = \sum_{i=1}^{n} \eta_i A_i R_p$$

式中：R_p 为对应于某一频率的全年降雨量；A_i 为集流面的面积；η_i 为集流面的全年集流效率；n 为集流面的种类数；W_d 为全年蓄水量。

三、输水系统

输水系统包括输水渠、沉沙池、拦污栅、进水管等几部分。输水渠一般位于集流面的下坡坡底，大多采用混凝土抹面，断面多呈梯形，底宽和深度多采用20 cm。庭院、屋面、场等集流面一般不设计专门的输水渠，而是将集流面修成一定坡向，使收集的雨水直接流向沉沙池。对于利用沥青路面、村庄道路作为集流面的集流系统，可利用公路两边原有的排水沟作为输水渠。对于利用天然荒坡、林草地作为集流面的系统，应适当修筑截水沟，集中水流并能削减水流流速，最后经输水渠流入沉沙池。沉沙池是雨水集流系统中不可缺少的部分，它具有削减水流动能和沉沙净化水流的双重作用，其大小由来水量和集流面的类型决定，一般采用长2～3 m、宽1.5～2 m、深1 m的混凝土池子，其位置高于进水口，距离蓄水设施2～3 m的地方。拦污栅设在高于沉沙池底部0.4～0.6 m的地方，位于进水管的前面，形状多为圆形，其上有钢筋做成的正方形网格，其主要目的是防止水流中漂浮物如树枝等进入蓄水设施，同时具有分散水流的功能。

四、蓄水设施

常用的蓄水设施有水窑、水窖、水池和涝池四大类。其中以水窖最为普遍，在甘肃庆阳、山西晋西等地也有将水窖和水池配合使用的情况，即所谓的高位水池。水窖、水窑、水池都应建筑在比较紧实、完整、没有裂缝的黄土层内。水窖和水窑适合于黄土层，具有稳定的垂直壁面；水池则多用于水窖和水窑结构不稳定的沙土地区；涝池多用于地势较低容易集水的地方，可用塑料覆沙覆土或沥青抹面的形式进行防渗处理，其优点是投资少、施工简单、蓄水量大，但其缺点是蒸发损失量大，很难将蓄积的水进行跨年度使用。蓄水设施的大小可根据用途及地形进行确定，一般用于人畜饮水的蓄水设施容积在20～30 m^3，用于发展集流节灌或补充节灌的蓄水设施，其容积多在50～100 m^3。

五、水窖的形式、结构与效益

水窖是雨水集流蓄水设施中最为常见的类型，也是雨水集流系统的核心。常见水窖的形式有球形水窖、瓶形水窖、圆柱形水窖和窑式水窖四大类型（见表7-3）。球形水窖蓄水量大多在20～30 m³，多采用混凝土修筑而成，其特点是经久耐用，但施工要求技术高；瓶形水窖的容积多为20～50 m³，可用混凝土、砖砌、胶泥、塑料薄膜等材料修成，其特点是施工简单，深度可以较大；圆柱形水窖的容积多在50 m³左右，蓄水量较大，多用混凝土现浇和砖砌而成，由于体积较大所以对防渗处理要求较严格；窑式水窖是一种容积大、断面呈长方形的蓄水设施，蓄水量在50～100 m³，由于跨度较大，修建要求较严格，尤其对窑拱的修建要求更是如此，因其体积大、投资高，该类水窖多用于经济效益高的果园或经济作物。

按1996～1998年定额计算，不同形式、不同材料的水窖投资效益差别显著，1口容积20～30 m³的水泥窖，材料费约700元，劳工费500元。而用3层塑料薄膜作防渗处理的20 m³水窖，投资仅600元左右。1口容积为100 m³的砖砌梯形窑式水窖，需材料费约1 800元，开挖用工费400元，砖砌费500元，总计投资2 700元。水窖的投资也随着地理位置的不同而有所差异，地理位置偏僻的山村，可以适当考虑就地选材，建造小型的胶泥水窖。

表7-3 不同形式水窖的技术参数

窖形	体积（m³）	直径（m）	深度（m）	防渗处理
球形	20～30	3～4	5	1∶3水泥砂浆抹面或塑料薄膜
瓶形	20～50	2～4	5	1∶3水泥砂浆抹面或胶泥抹面
圆柱形	50	4	4	1∶3水泥砂浆抹面或胶泥抹面
窑式	50－100	3	4	1∶3水泥砂浆抹面

水窖的效益十分显著，在一些偏远的人畜饮水有困难的山村更是如此，一般平水年份1口容积为20～30 m³的水窖可蓄积雨水40～50 m³，若1 m³水按1元计算，一般水窖的投资仅用15～20年就可回收。如果结合高效节水灌溉技术，对农作物或果园进行节水灌溉或补充灌溉，其效益则十分可观，从而大大地缩短了投资回收年限，一般大田作物需5～6年，经济作物需3～4年，果园需要2～3年就可收回投资。发展雨水资源化开发利用，不但具有明显的经济效益，同时还具有深远的社会效益和生态效益。目前，我国还有5 000万人口饮水有困难，发展雨水资源化开发利用，就地解决人畜饮水问题，提高天然降水的利用效率大有潜力可挖。

第三节　黄土高原地区主要类型区山坡地径流资源潜力分析

黄土高原地区存在巨大的径流资源潜力，但受降雨、地形地貌特征、土壤类型、土地利用方式等多种因素的影响，各地区径流资源在时间、空间分布上存在一定差异。因此，针对各地区自然条件，具体分析各类型区山坡地径流资源的分布特征及潜力，具有重要意义。

根据项目的设计，本研究选择了绥德、安塞、西峰三个研究区域，分别代表黄土高原丘陵沟壑区第一副区、第二副区和高塬沟壑区，分别进行研究。径流是指降落到流域表面的降水，经植被截留、地表填洼、土壤入渗、蒸发损失后流出流域断面的水流。由于黄土高原地区降雨集中、多暴雨，一般径流汇流过程很短，因此在径流计算时仅计算产流即可。同时山坡地一般占到流域总面积的80% ~95%（除高塬沟壑区），可近似将流域的径流作为山坡地径流来处理。降雨是山坡地径流的直接来源，因此对降雨特征进行分析是研究径流资源开发利用的前提。

一、降雨资源的时空分布特征

（一）绥德

黄丘第一副区多年平均降水量在280 ~500 mm，其中陕北片为280 ~500 mm，晋西北片为450 ~500 mm，内蒙古东南片为400 ~450 mm。该区降水在年内多集中在6 ~9 月，降水量占全年降水量的75%左右，其中7、8 月约占50%以上。同时，降水年际间变化很大，以韭园沟为例，该流域多年平均降水量为513 mm（见表7-4），年际变化是232 ~735 mm，汛期平均降水374 mm，多年在112 ~574 mm 变化。从空间分布上来看，降水量从东南到西北逐渐递减。

表7-4　黄丘第一副区代表流域年内降水量分布

流域	观测年限	多年平均（mm）	降水量	年平均降水量月分配及月降水量占全年降水量的百分比											
				1	2	3	4	5	6	7	8	9	10	11	12
韭园沟	1954 ~1979	513	P（mm）	2.72	6.64	14.9	27.4	35.5	43.9	130	119	80.6	33.8	13.2	3.78
			占%	0.53	1.3	2.9	5.3	6.9	8.6	25.5	23.3	15.7	6.6	2.6	0.7
王家沟	1954 ~1981	505	P（mm）	3.9	5.7	12.5	24.0	36.0	56.1	125	115	76	34.4	14.1	3.5
			占%	0.77	1.1	2.5	4.8	7.1	11.1	24.7	22.7	14.9	6.8	2.8	0.7
曹坪	1960 ~1969	485	P（mm）	2.1	3.2	12.1	29.5	43.9	30.5	99.5	109	99	37.5	16.6	0.85
			占%	0.43	0.66	2.5	6.1	9.1	6.3	20.5	22.6	20.5	7.7	3.42	0.18
皇甫川	1961 ~1978	400	P（mm）	—	—	—	15	18	40	110	120	58	18	—	—
			占%	—	—	—	3.75	4.50	10.0	27.5	30.0	14.5	4.50	—	—
平均			P（mm）	2.91	5.18	13.2	24.0	33.3	42.6	116	116	77.3	30.9	14.6	2.71
			占%	0.58	1.03	2.63	4.96	6.90	8.99	24.6	24.6	16.4	6.41	2.92	0.50

（二）安塞

对安塞县真武洞镇（中科院水保所安塞试验站所在地）1956 ~1990 年的降水资料进行统计表明，多年平均降水量为522.2 mm，年最大和最小降水量之比为867（1964 年）/296.6（1974 年）=2.92，年降水量变差系数：C_v =0.24（计算值），C_v =0.27（适线值）。不同重现期年降水量：20%（丰水年）641 mm；50%（平水年）536 mm；75%（偏枯年）427 mm；90%（枯水年）302 mm（见表7-5）。降水在年内分布也极不均匀，6 ~8 月降水量占全年降水量的55%～75%。安塞属黄土高原丘陵沟壑区第二副区，属干旱半干旱森林地带，水土流失严重，多年平均年侵蚀模数高达14 000 t/km^2。

表7-5　安塞县典型年降水量年内各月分布

频率(%)	年份	年降水量P(mm)	各月降水量分布(%)											
			1	2	3	4	5	6	7	8	9	10	11	12
20	1959	641	1.9	0	8.7	2.3	3.6	21.1	16.1	36.3	3.0	4.5	1.8	0
50	1976	536	0	4.5	1.3	6.9	2.4	6.4	28.1	33.6	2.1	3.5	0.1	1.1
75	1957	427	2.1	0.7	1.2	11.8	17.0	13.8	32.1	10.7	6.4	0	4.3	0
90	1965	302	0	1.3	2.4	12.0	5.2	8.3	40.2	6.7	9.2	10.3	4.4	0

(三)西峰

西峰属典型的高塬沟壑区，多年平均降水量469.5 mm，根据杨家沟1964～1997年的降水资料分析，西峰地区的年降水变化很大，1995年的252 mm仅是1990年658.3 mm的38.3%。降雨年内分布极不均匀，6～9月的降水量占全年降水量的61%～80%，平均为68.8%。分析还表明，年内降水量越小，6～9月降水量占全年降水量的百分比越大，从而更加加剧了干旱程度。西峰地区年内各月降水量分布见表7-6。

表7-6　西峰地区年内各月降水量分布

年份	降水量	1	2	3	4	5	6	7	8	9	10	11	12
1995	P(mm)	0.1	0	0.4	1.3	1.4	15.9	73.8	85.7	26.3	40.9	6.2	0
	占%	0	0	0.16	0.52	0.56	6.3	29.3	34.0	10.4	16.2	2.5	0
1997	P(mm)	10.7	10.3	7.7	35.6	9.1	11.9	73.5	70.1	63.8	14.6	19.7	0.2
	占%	3.3	3.2	2.4	10.9	2.8	3.6	22.5	21.4	19.5	4.5	6.0	0
1993	P(mm)	8.2	7.2	42.2	11.5	29.4	47.0	167	96.3	26.2	58.9	14.2	0.1
	占%	1.6	1.4	8.3	2.3	5.8	9.2	32.8	18.9	5.2	11.6	2.8	0
1990	P(mm)	6.8	21.7	34.3	49.5	69.1	54.8	88.9	148	110	59.1	16.2	0
	占%	1.0	3.3	5.2	7.5	10.5	8.3	13.5	22.5	16.7	9.0	2.5	0
平均(%)		1.5	2.0	4.0	5.3	4.9	6.9	24.5	24.2	13.0	10.3	3.5	0

二、径流资源潜力分析

(一)绥德

多年水文观测资料表明(见表7-7、表7-8)，黄丘第一副区多年平均径流深为13.2～122.0 mm，北部平均径流深63.1 mm，南部平均径流深47.4 mm。多年平均径流系数在0.03～0.30，北部地区平均径流系数0.15，南部平均径流系数0.11。径流资源的年际变化幅度也很大，丰水年是枯水年的1.60～7.31倍，年内分布不均匀，主要集中在7～9月份,占全年平均径流量的 33.8% ~70.9%。

表 7-7 黄丘第一副区主要流域降水量及径流量

流域	站名	资料年限	流域面积 (km^2)	平均年降水量 (mm)	平均年径流深 (mm)	径流系数
佳芦河	申家湾	1957 ~ 1983	1 121	414.7	74.3	0.18
秃尾河	高家川	1956 ~ 1983	3 253	411.0	122.0	0.30
窟野河	温家川	1954 ~ 1983	8 645	416.8	82.4	0.20
蔚汾河	碧村	1956 ~ 1983	1 476	469.9	48.0	0.10
岚漪河	裴家川	1957 ~ 1983	2 159	493.4	57.8	0.12
朱家川	后会村	1959 ~ 1983	2 914	457.3	13.2	0.03
孤山川	高石崖	1950 ~ 1983	1 263	404.6	74.2	0.18
偏关河	偏关	1958 ~ 1983	1 915	396.5	35.8	0.09
皇甫川	皇甫	1954 ~ 1983	3 199	424.1	58.1	0.14
浑河	放牛沟	1955 ~ 1983	5 461	475.8	41.6	0.10
清涧河	延川	1954 ~ 1983	3 468	482.3	42.0	0.09
无定河	川口	1952 ~ 1983	30 217	509.8	45.5	0.09
屈产河	裴沟	1963 ~ 1983	1 023	474.8	38.5	0.08
三川河	后大成	1957 ~ 1983	4 102	425.3	66.6	0.16

表 7-8 黄丘第一副区主要流域多年平均径流深及年内分布

流域	径流深 (mm)	多年平均径流年内各月分布比例(%)											
		1	2	3	4	5	6	7	8	9	10	11	12
皇甫川	63.5	0.1	0.8	7.4	5.3	2.6	5.5	23.6	34.5	12.8	4.5	2.4	0.5
孤山川	87.0	0.2	1.4	8.3	5.4	2.3	3.5	23.6	34.1	12.0	4.5	3.3	1.3
窟野河	90.6	1.8	3.2	11.3	6.0	2.9	3.6	18.5	27.0	11.0	6.7	5.3	2.7
佳芦河	92.7	2.1	3.8	8.8	6.1	4.5	4.7	20.7	26.8	8.9	5.8	4.8	3.0
无定河	50.4	5.6	8.1	12.1	7.5	5.6	4.3	10.1	13.8	10.0	8.8	7.8	6.3
韭园沟	43.0	2.3	3.9	7.2	3.6	4.3	3.1	24.5	28.0	9.6	6.2	4.5	2.8
裴家峁	43.5	3.1	5.4	7.1	4.7	5.2	4.9	34.4	12.3	9.3	5.6	4.6	3.4

(二)安塞

中科院安塞试验站 1983 ~1986 年 4 年间的研究资料表明,不同土地利用条件下的径流小区,4 年共计产流次数在 9 ~19 次。其中以种植牧草或灌木的小区、草灌间作小区以及水平沟种植小区的产流次数较少;紫花苜蓿小区,由于地面比较紧实,产流次数较多,而以裸露地产流次数最多。但总体来看,平均每年只有 2.3 ~4.8 次,大多数降雨并不产生径流,这可能与黄土比较疏松、渗透性能比较好有关。纸坊沟 1985 ~1989 年 5 年间的研究结果表明,平均每年的径流深只有 29.3 mm,径流系数只有 0.053,绝大多数降雨都就地入渗。试验表明,不同土地条件下产流情况差异显著,表 7-9 给出了不同植被减少径流的试验结果。从表中可以看出,径流量的大小与地表下垫面状况密切相关,同时与植被的生长发育过程也存在关系,径流资源的大小与降雨特性密切相关。一般来说,降雨强度越大,径流量大且迅猛,径流系数随着降雨特性的不同而出现明显的差异(见表 7-10)。就多年平均水平而言,安塞地区的年径流深在 28 ~127 mm。

表 7-9　1980 ~1989 年林草植被减少径流试验结果

试验处理	年平均径流量	
	m^3/km^2	比例(%)
农地(对照)	17 821.0	100
柠条成林	2 155.9	12.1
6 ~15 年刺槐成林	2 221.4	12.5
1 ~6 年刺槐幼林	8 069.6	45.3
2 ~8 年沙打旺草地	5 332.9	29.9
1 ~5 年紫花苜蓿草地	14 152.9	79.4
牧荒坡	24 146.4	135.5

表 7-10　不同林草植被类型情况下径流观测结果

林草类型	郁闭度或覆盖度(%)	1989 年 7 月 16 日大暴雨		1989 年 7 月 22 日降雨	
		径流深(mm)	径流系数	径流深(mm)	径流系数
6 年生刺槐林	70 ~85	3.02	0.023	0	0
15 年生刺槐林	60 ~80	1.37	0.01	0.04	0.002
4 年生柠条林	20 ~50	31.56	0.023	0.25	0.015
侧柏×紫穗槐	30 ~50	4.17	0.035	0.29	0.017
4 年生沙棘林	80 ~90	1.26	0.009	0	0
沙棘×油松	60 ~70	3.56	0.026	0.12	0.007
沙棘×杨树	50 ~60	8.94	0.066	0.18	0.011
4 年生沙打旺	60 ~90	8.72	0.064	0.23	0.014
4 年生红豆草	25 ~40	12.84	0.094	0.21	0.012
农地(对照)	30 ~50	23.42	0.172	0.24	0.014

(三)西峰

蚬瓦川 1976 ~1984 年 9 年的逐月径流资料分析表明,黄土高塬沟壑区次降雨径流系数在 0.01 ~0.33,径流深在 4.7 ~155 mm。多年雨季径流系数在 0.09 ~0.44,径流深在

30 ~ 146 mm，平均 88 mm，每平方千米每年流失径流资源在 88 000 m^3 以上。

径流资源年际间差异显著，径流深最大年是最小年的 4.4 倍。径流年内分布也十分不均匀，雨季径流资源一般占全年径流资源的 50% ~ 70%。对资料进行进一步分析后发现，雨季径流资源主要是由几次特大暴雨形成的，年内最大暴雨形成的径流资源占雨季总径流量的 18% ~ 66%，平均为 42%。

从上述分析可以看出，黄土高原不同类型的径流资源分布特征存在一定差异，从南到北随着降水量的减小，径流资源也随着减小，同时地形地貌特征对径流资源的分布特征存在很大影响，下垫面的类型也对径流资源存在影响。另外，不同地区的径流资源也存在一定的相似之处，主要表现在年内径流相对集中，绝大多数径流都产生在雨季，并且仅由少数几次特大暴雨产生，同时径流资源的年际变化幅度很大，这一特征在很大程度上影响了雨水集流系统的效益，在丰水年径流资源丰沛，但在干旱年径流资源枯缺，不利于径流资源的跨年度调节利用。

同时应清醒地认识到，黄土高原地区的径流资源并不丰沛，要充分发挥雨水资源的效益，提高雨水的利用效率，必须走雨水集流的道路，经过集流面提高集流效率，仅依靠现有地表产生的径流资源，尚无法改变水资源日趋匮乏的现状，同时也达不到提高农业生产增收的最终目标。

在雨水的利用方式上，应尽量选择用水量小、效益大的节水灌溉方式，如滴灌或微喷，同时应放弃传统灌溉的思想，充分发挥补充节水灌溉的作用。在集流形式上应多元化，充分贯彻因地制宜的设计思想，最大限度地发挥雨水资源的效率。

第四节　黄土高原地区山坡地径流资源高效利用及管理

一、雨水集蓄工程维护

（一）水源工程的维护管理

1. 窑（窖）、蓄水池工程的维护

窑（窖）管护工作的主要内容包括：①适时蓄水；②检查维修工程设施；③保持窑（窖）内湿润；④做好清淤工作；⑤检查和处理渗漏；⑥建立窑（窖）权归户所有的管护制度，贯彻“谁建、谁修、谁有”的原则。

2. 配套设施的维护管理

水源工程是雨水集蓄工程的主体，配套设施也是其中不可缺少的组成部分。

1）集水场维护管理

集水场主要指人工集水场，有混凝土集水场、塑膜覆砂、三七灰土、人工压实土场（麦场和简易人工集水场）、表土层添加防渗材料等多种形式。维护管理的内容包括：维护人工集水设备的完整，延长使用寿命，提高集水效率。主要管理措施包括：①设置围墙；②冬季降雨雪后及时清扫，可减轻冻胀破坏程度，对混凝土集水场和人工土场均有良好的效果。

2)沉沙池维护管理

黄土高原地区水土流失严重,而雨水集蓄工程主要集蓄雨洪径流,来水中含沙量大,因此合理布设沉沙池和加强对沉沙池的管护至关重要。沉沙池管护的主要内容如下:

(1)每次引蓄水前及时清除池内淤泥,以便再次发挥沉沙作用。

(2)冬季封冻前排除池内积水,使沉沙池免遭冻害。

(3)及时维修池体,保证沉沙池完好。

二、覆盖抑制蒸发利用

雨水被土壤接纳成为土壤水分后,受光热和风力作用具有可蒸发性,在干旱半干旱区,无效蒸发十分剧烈,研究表明,其中70% ~80%以径流和蒸发形式流失掉,仅有20% ~30%被作物利用,特别是有些土地一年中大部分时间处于裸露和半裸露状态,即使重视拦蓄地表径流,由于忽略了减少地面蒸发仍造成雨水资源的浪费。因此,利用覆盖抑制蒸发,延长水在土壤水库中的集蓄时间,是提高雨水资源利用率的有效途径之一。就目前来讲,覆盖技术有以下六类。

(一)黑色覆盖技术

利用秸秆、干草、枯草等植物残余或各种物质燃烧后的灰分或畜禽粪便沤制的厩肥直接覆盖土壤表面,可以起到增加温度、降低土壤水分蒸发速率、保蓄水分、避免板结、供给营养等作用。据报道,陕西永寿和山西屯留等地用秸秆覆盖麦地、玉米地等,水分利用率提高15.3% ~57.6%;黑色覆盖可减少蒸发12 ~42 mm,使播前土壤水分增加27.5 mm,厩肥覆盖和灰分覆盖虽有减少土壤水分蒸发的作用,但由于养分损失过多,其利用率远低于做底肥使用,不宜于广泛推广应用。

(二)白色覆盖技术

白色覆盖技术即塑料薄膜覆盖技术,用工业生产的塑料薄膜覆盖地面,利用其透光性好、导热性差和不透气等特性,改善土壤生态环境,提高水分利用率。通过塑料薄膜覆盖,林地土壤水分可提高24.3%。

(三)绿色覆盖技术

绿色覆盖又称为生物覆盖,利用植物种植在地面,发挥其根系、叶的固定和遮盖作用,具有减少径流和抑制蒸发的双重作用,其中减少径流的作用主要表现在截留降雨和增加入渗两个方面。低等植物石果衣覆盖地面,一般可以减少土面蒸发量的30% ~40%。

(四)化学覆盖技术

化学覆盖是利用化学材料,施用在土面后,形成一种连续性薄膜,阻止土壤水分通过,抑制水分蒸发,提高水分利用率,国外曾使用胶乳、石蜡、沥青、石油等物质在地面上喷洒以防止土壤水分蒸发,我国亦在一些地区试验应用过,虽效果较佳,但成本太高,不能够大面积推广应用。

(五)砾石覆盖技术

利用卵石、砾石、粗砂和细砂的混合体在土壤上覆盖,能够改善水向土中入渗和土壤水分的保持,它是“砂田”结构的主要组成部分,在坎那利岛兰查洛特地区利用火山灰覆盖在葡萄园,成为一种极好的蒸发抑制剂。砾石覆盖技术仅适合在干旱的特殊地区应用。

(六)土壤覆盖技术

土壤覆盖技术是在农田土壤表层,通过人为作用,创造一层松紧适度的土壤覆盖层,有减少蒸发、保蓄水分的作用,它投资少、见效快、易操作,是我国干旱半干旱区作物栽培的重要技术之一。

三、雨水富集叠加高效利用技术

干旱半干旱区降雨偏少,分配不均,供需错位,由于自然降水具有再分配性和可移动性,利用自然和人工创造的集流面进行雨水资源的再叠加,即把多个地块的雨水径流叠加于一个地块上或把多个时段的雨水径流叠加在一个时段上,减少集流区水分的无效消耗,增加水分供应;减少作物非生育期的水分消耗,增加生育期的水分供应,提高雨水资源的利用率。

雨水高效利用是一项复杂的系统工程,主要包括输水方法、节水灌溉方式、节水灌溉制度及先进的集水农业技术四个方面。

(一)输水方法

输水是雨水储存与利用之间的重要环节,传统水渠输水因下渗蒸发等,造成输水利用率低、渠道占地等缺陷。为了提高输水的利用率,现采用管道输水,其输水利用率可达到95% ~97%,比土渠输水节水35%左右,比硬化渠道节水5% ~15%。

(二)节水灌溉方式

节水灌溉方式是雨水资源利用的最重要环节,主要有喷灌、滴灌、微喷灌、雾灌、渗灌、管灌等几种形式。

(1)喷灌:喷灌是利用加压设备或利用高处水源的自然水头,将水流通过管道,经过喷头喷射到空中并散成水滴来进行灌溉的,喷灌分为固定式、半固定式的移动式。喷灌有灌水均匀(均匀度达0.8 ~0.9)、机械化自动程度高、可以控制灌水量、不易产生深层渗漏和地面径流、不会破坏土壤结构、调节田间小气候等优点,有明显的增产效果。据测定,喷灌水利用系数可达0.72 ~0.93,比坡面灌溉省水30% ~50%,但喷灌基建投资高,受风和空气温度影响很大,对水质也有很高要求,且喷灌强度过大时,深层灌溉不足,因此发展喷灌要因地制宜。

(2)滴灌:滴灌是通过安装在毛管上的滴头、孔口和滴灌等灌水器将水滴逐滴均匀缓慢地滴入作物根区附近土壤的灌水技术。有固定式和移动式两种,灌溉系统采用管道输水,输水损失很少,可有效地控制水量,水利用效率高,用水量仅为地面灌溉用水量的1/6 ~1/8,比喷灌省水1/2。另外,由于滴灌时实现自动化管理,不需要开沟等,可溶性肥随水施到作物根区,水流滴入土壤后,靠毛管力作用湿润土壤,不破坏土壤结构,有省肥省工省能增产的优点,是目前广泛推广的节灌技术。就以色列而言,80%以上的灌溉地采用滴灌,但滴灌存在滴头容易堵塞、限制根系发展、一次性投资高的缺点,因此滴灌只能在一定范围内使用。

(3)微喷灌:微喷灌是在滴灌和喷灌的基础上逐步形成的一种技术,是通过低压管道系统,以小的流量将水喷洒到土壤表面进行灌溉的灌水方法。微喷灌通过管网系统直接将水输送到根部土壤表面,水分利用率高。实践证明,微喷灌溉系统一般比喷灌系统省水

20% ~30%,比地面灌溉省水 50%左右,微喷灌管理方便,节省劳力和能耗,不易堵塞,能防止土壤冲刷和板结,容易控制杂草生长,是一种较先进的灌溉技术,但仍有受风影响降低灌水均匀度、限制根系发展、水质要求高的缺点,因此要根据实际情况来发展微喷灌。

(4)渗灌:渗灌是利用修筑在地下的专门设施将灌溉水引入田间耕作层,借助毛管作用自下而上湿润作物根系附近土壤的技术。渗灌可分为无压渗灌和有压渗灌两种。渗灌除能使土壤湿润均匀、湿度适宜并且保持土壤结构良好外,还具有减少地面蒸发、节约用水、灌溉效率高、灌水与其他田间作业可同时进行等优点。

(三)节水灌溉制度

节水灌溉制度是田间灌水的工作制度,它是指在一定的气候、土壤和农业技术措施等条件下,为获得农作物的高产稳产所规定的一系列田间灌水制度,包括灌溉定额、灌水定额、灌水次数和灌水时间。根据各地情况,遵照作物需水规律,应用水对作物生产力影响的研究成果,确定每种作物最佳灌溉时期、灌溉定额等,制定科学合理的节水灌溉制度,使有限的雨水资源用于作物生长最关键时期,达到对雨水资源的最有效利用。

(四)先进的集水农业技术

随着科学技术的发展,国内外研究出许多先进的集水农业技术,如应用保水剂、抗旱剂为作物集水。我国研制的保水剂有 SA-3 保水剂、TCB-10 保水剂、KH841、IACB、兰州晶体、PAMN 等,它们有较好的保水效果,如使用 PAMN,可使玉米整个生产期的灌水量减少 15.7% ~42.88%。抗旱剂主要有黄腐酸(FA)抗旱剂,它依靠强大的吸水能力,为作物聚集水分,一般可使作物增产 8% ~15%。另外,还有土壤蓄水保墒剂(IAC-B)、APT 生根粉、腐殖酸钠等化学药剂,它们的应用在不同程度上都能对作物起到集水作用,减少灌水量,促进作物增产。

第八章　黄土高原地区山坡地农业丰产栽培技术

第一节　黄土高原地区山坡地农业生产的障碍因素

山坡耕地是黄土高原地区农耕地的主体,研究山坡地农业丰产栽培技术是研究山坡地生态稳定与经济持续发展技术的重要组成部分。影响黄土高原地区山坡地农业生产的主要障碍因素是土壤水分和土壤肥力,而造成土壤水分和土壤肥力亏缺的主要因素是水土流失。

一、水土流失

水土流失对土壤生产力的影响的短期效应表现在土壤养分流失,长期效应表现在土壤物理及化学性质的退化,如土壤厚度减少、容重增加、持水能力和入渗能力下降等。这些影响可以概括为:①植物营养元素流失;②土壤蓄水能力下降;③土壤结构退化;④表层土壤结皮的形成,加剧土壤侵蚀;⑤坡面上部养分在坡面下部的沉积等。水土流失的短期效应可以通过增施有机肥和化肥、应用节水灌溉技术、合理安排轮作等途径来弥补;而长期效应对土壤物理化学性状造成的损失是无法弥补的。

(一)对土壤物理性质的影响

水土流失造成土壤耕层厚度减少、蓄水能力下降、表层结皮形成、板结、水分入渗能力下降。

Becher 和 Battison 的研究结果表明,在侵蚀条件下,玉米产量下降的原因在于土壤有效持水能力的下降。Frye 等的研究认为,与非侵蚀土壤相比,侵蚀土壤表层具有较高黏粒含量和较高的土壤容重。Langdale 等发现,由于土壤侵蚀,作物根系活动受阻,严重地影响作物对土壤养分和水分的利用。Lal 在对一些热带土壤进行研究时发现,土壤侵蚀能够增加表层土壤砾石的含量,影响表层土壤的持水能力,随侵蚀强度的增加,3 小时后,土壤水的入渗能力和土壤水势在急剧下降;进一步的研究揭示,造成土壤水入渗能力减弱的主要原因在于土壤结构破坏,并提出了“土壤侵蚀率”概念,土壤侵蚀率 =(粉粒 + 黏粒)/(砾石 + 沙粒)。土壤侵蚀往往会造成原地土壤黏粒含量的减少、砾石含量的增加,因而侵蚀严重土壤的“土壤侵蚀率”一定会高于侵蚀强度弱的土壤。利用土壤颗粒组成的比例来反映土壤侵蚀强度,为土壤侵蚀监测与分区提供了行之有效的方法。

从所查阅的文献资料来看,水土流失对土壤物理性质的影响方面的研究,主要集中在对土壤容重、土壤水势、土壤颗粒组成、土壤结皮的形成等方面,很少有人来评价土壤侵蚀对土壤水的传导和土壤结构稳定性的影响。

（二）水土流失对土壤化学性质的影响

Frye 认为水土流失对土壤化学性质的影响表现为三种形式：①土壤有机质流失；②土壤矿质元素流失；③具有低肥力或高酸度的底土裸露。由于土壤侵蚀强度和土壤类型不同，土壤侵蚀对土壤化学性质的影响程度也不同。Bramble 认为，土壤有机质含量与土壤侵蚀密切相关，提高土壤有机质含量是防止土壤流失最为重要的手段之一。Dormaar 认为，为了防止土壤氮素流失，应对氮肥用量进行限制，规定在 mollisols 土壤上每公顷最高施氮量不能超过 15 kg。Gumbs 认为，在 Ultisol 土壤上，种作物小区径流中无机氮素的流失均小于不种作物小区，作物和非作物小区径流无机氮素流失量分别为 0.1 kg/hm^2 和 1.6 kg/hm^2。Barrows 和 Honontiaux 研究侵蚀条件下土壤有机质流失规律时发现，径流中有较高含量的有机质，而且这种有机质矿化速率均高于泥沙中的有机质。

土壤侵蚀对土壤化学性质的影响，不仅会导致土壤有效养分的流失，更严重的是加速土壤肥力的退化。土壤养分退化是土壤肥力退化的主要表现形式，土壤养分退化包括养分的有效性退化、数量性退化和生物消耗性退化。土壤侵蚀对土壤养分退化的影响仅限于对土壤养分有效性变差和数量的减少。据对黄河流域支流杏子河流域考察，由于严重的水土流失，地带性黑垆土的面积逐渐萎缩，形成幼年性的黄绵土已成为该地区主要耕作土壤，这一事实清楚地表明，土壤侵蚀促使了黑垆土土壤向黄绵土的演化。从土壤氮素有效性和含量角度来考虑，黄绵土与黑垆土氮素肥力存在明显差异。史衍玺进行林地开垦加速土壤侵蚀下土壤养分退化的研究时发现，人为开垦林地后，土壤侵蚀强度加剧，呈加速侵蚀特征。在人为加速侵蚀影响下，有机质含量与开垦年限间呈幂函数关系，林地开垦20 年后，土壤有机质和速效氮含量下降到侵蚀黄绵土的水平。不仅如此，土壤阳离子代换量也在急剧减少，土壤保肥能力显著降低。

综上所述，土壤侵蚀影响土壤诸多化学性质，土壤有机质的流失在一定程度上会造成土壤肥力的退化。有机质与土壤团粒结构形成及矿质离子吸附相关，土壤有机质的减少反过来会加速土壤侵蚀。通过增加土壤有机质含量来达到控制土壤流失的目的，已成为目前水土保持与土壤侵蚀学研究的焦点。

（三）水土流失对作物生长的影响

作物的生长受许多因素影响，很难直接区分和评价土壤侵蚀对作物生产力的影响。水土流失间接影响作物生长发育，具体表现在：①播种时，土壤结皮形成影响种子萌发；②影响土壤养分有效性及供应能力；③影响土壤团粒结构稳定性和土壤储水能力；④影响土壤通气性；⑤在作物苗期，影响作物根系生长（主要包括侧根的裸露，细沟侵蚀的形成对表层根系的冲刷等）。土壤侵蚀对作物生长影响方面的研究，多集中在土壤物理退化方面。例如，在作物播种期，土壤侵蚀导致土壤结皮的形成，阻碍种子萌发，推迟出苗期；Mokma 的研究结果证实，由于加速侵蚀，玉米生长后期，土壤有效水储量及土壤氮素供应严重不足，玉米成熟期提前，产量下降；Lal 系统研究了土壤侵蚀强度对作物性状的影响，阐明了作物生长与表层土壤侵蚀厚度的关系，玉米籽粒和茎叶氮磷的含量随土壤侵蚀厚度的增加呈显著下降趋势，而锰的含量呈上升趋势。当土壤侵蚀厚度为 10 cm 和 20 cm 时，玉米高度分别降低 2.4 cm、3.0 cm，产量依次减少为 90、130 kg/hm^2；Belay 观察到，由于土壤侵蚀，作物生长发育严重受阻，土壤侵蚀强度与玉米高度、根系伸长、茎叶重、籽粒重和生物重量呈极显著的负相关关系；一些研究结果表明，在美国，从 1950 年到 1980 年的 30 年间，由于土壤侵蚀，玉米生长受到严重限制，几乎在所有情况下，土壤侵蚀对作物生长影响具有不可弥补的作用；Becher 认为，土壤侵蚀减少了土壤熟化层的厚度，限制了作物对土壤有效水的利用，侵蚀小区的产量减少了 20% ~40%；Battison 的研究也得到类似结论，侵蚀严重的小区产量下降了 16% ~80%。侵蚀土壤持水能力下降与有效养分亏缺的双重作用，严重限制了作物生长。

二、土壤水分供应严重不足，降水利用率低

黄土高原地区多年平均降水量多在 300 ~600 mm，年内分布严重不均，受季风气候的影响，年内 60% 的降水主要分布在 6 ~8 月，且多暴雨，如果按径流系数 0.1 计算，坡地全年有效降水量在 290 ~540 mm，坡耕地作物对降水的满足系数不高，是黄土高原坡耕地土壤水分供应不足的又一佐证。据调查，黄土高原旱地农田水分满足系数由半湿润偏旱区向半干旱偏旱区呈规律性的减少（见表 8-1）。

表 8-1　黄土高原旱农地作物水分满足系数

地区		半湿润偏旱区			半干旱区					半干旱偏旱区	
		屯留	乾县	天水	固原	定西	康保	张北	沽源	同心	定边
小麦	光温潜力（kg/hm^2）	56.71	40.33	41.92	43.61	50.63	41.05	38.68	36.69	45.59	43.43
	水分潜力（kg/hm^2）	36.92	25.99	25.39	16.16	17.05	16.71	27.01	21.53	7.78	10.55
	满足系数（%）	65.1	64.5	60.6	37.1	33.7	40.7	69.8	58.7	16.8	24.3
谷子	光温潜力（kg/hm^2）	57.73	22.57	35.79	32.41	33.21	26.35	25.17	24.46	45.57	41.28
	水分潜力（kg/hm^2）	45.73	17.56	25.05	18.75	14.58	14.35	22.02	18.47	19.57	21.76
	满足系数（%）	79.2	86.8	70.0	57.8	43.9	54.4	87.3	75.5	43.0	52.7
薯类	光温潜力（kg/hm^2）	72.31	36.35	41.51	50.82	49.5	52.68	64.02	50.08	51.74	50.17
	水分潜力（kg/hm^2）	57.27	28.11	27.78	49.61	23.41	26.08	52.67	33.14	16.8	21.88
	满足系数（%）	79.2	84.2	66.9	77.3	47.3	49.5	82.3	66.2	32.5	43.6

就小麦而言，半湿润偏旱区的水分满足系数一般为 60% ~80%，半干旱地区为 30% ~60%，半干旱偏旱区为 15% ~30%，即三类地区由于受水分条件的制约，光温生产潜力分别下降了 20% ~40%、40% ~70% 和 70% ~85%。这种下降是明显的，以致长期以来，水分不足被认为是黄土高原山坡地农业生产的首要限制因子。

在欠缺人工补充水源的情况下，黄土高原山坡地农田水分现实的生产力远不及水分生产潜力，仅为 20% ~40%，造成水分现实生产力低下的原因有：①山坡地农田土壤水分的蒸发和降雨径流的损耗造成土壤水分利用率不高；②山坡地土壤肥力较低、施肥量不大

是降水生产潜力开发中的首要限制因子；③降水在作物生育期分布不均，作物需水临界期与充分降水期的不同步，使坡地农田水分利用率不高。

在农田管理、施肥和耕作条件一致情况下，黄土丘陵区不同农田类型水分利用率完全不同。从表 8-2 中可以看出，川旱地作物水分利用率普遍高于坡地，高肥垄沟种植的水分利用率显著大于低肥平播，水平沟种植大于平播，表明合理施肥与耕作可显著改善坡耕地土壤水分状况，有利于开发坡旱地土壤水分的生产潜力。

表 8-2　安塞试验区主要农田类型及作物水分利用率

农田类型	耕作方式	作物	生育期降水量(mm)	生育期耗水量(mm)	产量(kg/hm^2)	水分利用率($kg/(hm^2 \cdot mm)$)	测定年份
川旱地	地膜覆盖	玉米	301.0	495	3 900.0	0.52	1987
	地膜覆盖	玉米	611.9	512	7 132.5	0.93	1988
	垄沟	玉米	301.0	443	3 105.0	0.47	1987
	垄沟	玉米	611.9	495	6 288.0	0.85	1988
	垄沟	玉米	488.7	474	7 800.0	1.10	1993
	平播	玉米	488.7	488	6 750.0	0.92	1993
	高肥垄沟	谷子	433.3	435	4 231.5	0.65	1993
	低肥垄沟	谷子	433.3	441	3 556.5	0.54	1993
	高肥平播	谷子	433.3	430	3 535.5	0.55	1993
	低肥平播	谷子	433.3	436	3 219.0	0.49	1993
坡地	水平沟	小麦	221.0	359	786.0	0.15	1985
	水平沟	小麦	278.3	493	1 462.5	0.20	1986
	平播	小麦	221.0	320	412.5	0.09	1985
	平播	小麦	278.3	524	807.0	0.10	1986
	水平沟	谷子	428.8	429	1 029.0	0.16	1993
	平播	谷子	428.8	414	871.5	0.14	1993
	水平沟	黄豆	364.1	362	961.5	0.14	1994
	平播	黄豆	364.1	354	600.0	0.11	1994

三、农业土壤肥力低下

(一)黄土高原农业土壤分布

土壤分布主要受到成土因素与成土过程的支配。地带性土壤分布受生物气候带的控制，从北至南，顺栗钙土—轻黑垆土—普通黑垆土—黏黑垆土—褐土—塿土方向发生演变。非地带性各种幼年土壤分布，主要由地貌和水文地质条件所决定，地形制约着水热条件的再分配和侵蚀程度的强弱，从而支配着植被和土壤的形成过程。各种地貌构成和土地利用方式不同，培肥熟化过程也有差异，对土壤类型形成产生很大影响。丘陵区由于受强烈的沟谷流水侵蚀作用，地形切割剧烈，形成复杂的微地貌类型，各种幼年土壤种类繁多；而塬区因下伏基岩起伏度较小，地面平缓，侵蚀较轻，微地貌与土壤类型也比较单纯。为便于对黄土高原主要类型土壤生态环境和分布特征进行评价，选择黄土高原典型试验示范区进行阐述（见表8-3）。

表8-3　黄土高原综合治理试验示范区生态环境与主要土壤类型

分区	试区名	气候带	生物带	土壤带	耕种土壤类型	成土母质	主要土地类型	年土壤侵蚀模数（t/km^2）	年降水量（mm）
一、晋蒙风沙丘陵栗钙土黄绵土区	准格尔旗五分地沟	中温带半干旱	草原	栗钙土—轻黑垆土	沙化栗钙土 黄绵土 粗骨土	黄土、红土、砂岩、页岩	沟坡、梁峁坡	18 800（治理前，下同）	422
	河曲县砖窑沟	暖温带半干旱	草原	轻黑垆土	黄绵土 栗褐土	黄土、红土、砂页岩	沟坡、梁峁坡、谷底	20 000	450
二、晋西陕北黄土丘陵沟壑黄绵土区	离石县王家沟	暖温带半干旱	草原	普通黑垆土	黄绵土	黄土、红土、砂页岩	沟坡、梁峁坡、梯田、台地	20 000	510
	米脂县泉家沟	中温带半干旱	草原	普通黑垆土	黄绵土 绵沙土	黄土、红土、砂页岩	沟坡、梁峁坡、沟台	17 600	422
	安塞县纸坊沟	暖温带半干旱	草原	普通黑垆土	黄绵土	黄土、红土和黄土状物质	沟坡、梁峁坡、川地、沟台	14 000	549
三、陇东宁南低山黄土丘陵黄绵土黑垆土区	固原县上黄村	中温带半干旱	草原	轻黑垆土	细黄土、轻黑垆土	黄土、红土、砂岩	坪台、梁峁坡、沟坡	5 000	472
	西吉黄家二岔	中温带半干旱	草原	轻黑垆土	细黄土、轻黑垆土	黄土、红土和泥质砂页岩	沟坡、梁峁坡	9 000	402
	定西县高泉沟	中温带半干旱	草原	轻黑垆土	黄绵土、黑麻土	黄土、冲积残积物	沟坡、梁峁坡、沟谷地	5 000	415
四、渭北黄土塬黑垆土黄褐土区	长武县王东沟	暖温带半干旱	森林 草原	黏黑垆土	黑垆土、黑麻土	黄土、红土	沟坡、梁峁坡、沟台地	6 560	588
	淳化县泥河沟	暖温带半湿润易旱	森林 草原	黏黑垆土	黑垆土、褐土、善土	黄土、红土和淤积物	塬、沟坡	4 000	600
	乾县枣子沟	暖温带半湿润易旱	森林草原—森林	黏黑垆土—褐土	黄善土、褐善土、善土	黄土、红土和淤积物	塬、塬坡、沟坡	3 500	590

丘陵区地带性土壤为黑垆土，但在丘陵区已残留不多，仅在梁峁顶部、沟掌、崾岘及河谷阶地有零星分布。六盘山西侧在川台和残塬上分布较多。准格尔旗和河曲，有栗钙土及由褐土向栗钙土过渡的栗褐土。丘陵区分布最广的是黄绵土，它是黑垆土上部发生层被侵蚀后，在黄土母质上直接耕种形成的一种岩性土，在梁峁坡、沟坡和川台上广泛分布，是面积最大的耕种土壤。栗钙土在准格尔旗和河曲属地带性土壤，但多数已发生沙化。栗钙土受侵蚀后形成栗黄土、栗红土，它们主要分布于梁峁坡、川台及高原状地形的牧荒坡上。以黄绵土为主体的安塞，土壤分布规律是：梁峁为黄绵土，沟坡为硬黄土，塌地为黄

绵土，沟谷有红胶土，崖边为石泡土，川道为黄绵土，河谷为淤土及沙板土。定西土壤分布规律是：山地为厚层或薄层灰褐土，坡地为黑麻土、黄麻土、白麻土和黄绵土，川地为黄麻土，河谷为淤沙土。

旱塬区主要为黑垆土，南部为黑垆土—褐土过渡区，塬平地上为黑垆土或具褐土特性的褐善土，塬坡上为黄绵土类的黄善土，沟坡缓坡为白善土，陡坡为红黄混杂的二色土，崖凹为黄绵土，谷底为淤土。

（二）主要土壤类型与基本性状

本区主要地带性土壤的成土过程，经历了钙化过程、黏化过程以及腐殖质积累和耕种熟化过程；幼年土壤的黄绵土只有耕种熟化与反熟化（侵蚀）过程；在农田生态环境稳定的情况下（如川台、梯田），熟化作用大于反熟化作用，熟化层变厚，有机质积聚；在丘陵坡地，侵蚀量往往数倍于熟化进度，土壤长期呈母质性状，肥力极其低下。

1. 栗褐土

栗褐土分布于河曲与准格尔旗试区的梁峁、沟坡或鞍部等地貌上，是褐土向栗钙土过渡的一个土类。它的成土母质主要是黄土。成土过程中物理风化强烈，淋溶作用微弱，黏化钙积不明显，通体石灰反应。土体深厚，质地轻而均匀，多为轻壤，通透性好，易耕易改造。好气性微生物活动强烈，有机质分解较快，有不同程度的侵蚀。表土有机质含量为 0.5% ~0.8%，全氮 0.04% ~0.07%，碱解氮 25 ~65 mg/kg，有效磷 3 ~8 mg/kg，肥力低下。在平缓地段或修成梯田后，产量可达 1 500 ~3 000 kg/hm^2。

2. 黑垆土

黑垆土是旱塬试区主要耕种土壤，也是一种肥力较高的旱作土壤，在米脂和安塞仅见零星分布，在固原、西吉和定西等县则以麻土类出现，有较大面积分布。黑垆土质地轻壤—中壤，颗粒以粉粒为主，一般占 60% ~70%，其中粗粉粒一般占 40% ~50%，物理黏粒占 25% ~40%。安塞杏子河流域黑垆土耕层容重为 1.03 ~1.09 g/cm^3，孔隙度在 55% 左右，其中毛管孔隙度 <50%，非毛管孔隙度 5.9% ~7.2%；毛管孔隙发育，非毛管孔隙较为适中。土壤最大吸湿水 4.16% ~4.64%，凋萎湿度 5.48% ~8.35%，田间持水量 21%，饱和持水量 48.1% ~52.5%。固原黑垆土容重 1.09 ~1.13 g/cm^3，总孔隙度 58.1% ~59.6%，田间持水量 20%，凋萎湿度 7% 左右。黑垆土化学组成以 SiO_2 和 Al_2O_3 为主，其次为 Fe_2O_3。这 3 种成分一般占 80% 以上，且剖面各层无显著变化，因而硅/铝铁率也较恒定。黏粒中，硅/铝铁率为 2.6 ~2.8，硅/铝率为 3.2 ~3.6，硅/铁率为 11 ~13。黏土矿物以伊利石和水云母为主，并含有少量高岭土与蒙脱土。

黑垆土腐殖质层厚度在 60 ~100 cm，碳酸钙含量为 6% ~10%，钙积层可达 15% ~20%。耕种黑垆土表层有机质含量在 1% ~1.5%，多点平均为 1.16%；全氮含量 0.060% ~0.120%，平均 0.075%，碳/氮（C/N）在 9 左右；碱解氮含量一般为 30 ~90 mg/kg，平均 56 mg/kg；全磷 0.100% ~0.230%，平均 0.136%；有效磷 4 ~20 mg/kg，平均 6.5 mg/kg，氮/磷（N/P）8.6 左右；全钾 1.1% ~2.45%，平均 2.0%；速效钾 80 ~300 mg/kg，平均 164 mg/kg。有机质氮素含量呈中等偏低；全磷含量丰富而有效磷很低，全钾与速效钾含量均较丰。有效态微量元素锌硼钼含量均低于临界值，有效锰含量中等偏低，有效铜铁含量中等（临界值：锌硼铜均为 0.5 mg/kg，锰为 7 mg/kg，铁为 2.5 mg/kg）。黑垆土从北至南颗粒变细，pH 值降低，碳酸钙含量减少，钙积层下移，代换量增高。黑垆土可分为轻黑垆土（北部）、普通黑垆土（中部）、黏黑垆土（南部）、黑麻土（六盘山以西）和潮黑垆土等亚类。

黑垆土土层深厚，上松下紧，蓄水保墒性能良好；适耕期长，适种性广，既发小苗又发老苗，是较好的旱作耕种土壤。地力产量，在陕北、陇中和宁南在 1 500 kg/hm^2 左右，在渭北达 1 800 ~ 2 250 kg/hm^2；加上培肥措施，前者可达 3 000 kg/hm^2，后者在 4 500 kg/hm^2 以上。

3. 黄绵土

黄绵土是具有明显黄土母质特性的侵蚀土壤，与黑垆土呈复区分布，是丘陵沟壑区面积最大的一种耕作土壤。它在北部为绵沙土，在南部为黄善土、白善土；在宁南称缃黄土。按所处位置，则有坡黄绵土、川台黄绵土等。黄绵土质地由北向南逐渐变细，在兰州、延安和离石一线以北多为轻壤，以南多为中壤。以杏子河流域的黄绵土为例，粗粉粒占 32.4% ~60.4%，中粉粒和细粉粒变动在 9.1% ~15.1%，物理黏粒占 17.2% ~30.3%，黏粒 6.8% ~14.8%。容重 0.97 ~1.14 g/cm^3，总孔隙度 58.1% ~64.1%。其中毛管孔隙度 48.4% ~53.8%，非毛管孔隙度 0.6% ~13.5%。土壤最大吸湿水 3.1% ~4.94%，凋萎湿度 4.38% ~6.86%，田间持水量 22.9% ~23.3%，饱和持水量 49.2% ~52.1%。黄绵土的 SiO_2、Al_2O_3、Fe_2O_3 含量低于黑垆土，CaO 与 MgO 高于黑垆土。黏粒的硅/铝铁率为 2.7 ~2.9，硅/铝率为 3.5 ~3.7，略高于黑垆土。

黄绵土耕作层下即黄土母质，碳酸钙全层均匀分布，含量在 10% ~14%。代换量及各项养分均低于黑垆土；C/N 为 6.5，也远低于黑垆土；N/P 为 8.9，高于黑垆土。这表明，黄绵土有效磷含量更为缺乏，有效态锌锰钼含量均低于临界值，部分地区铜铁亦缺乏。

黄绵土质地轻，透水通气，耕性好，适耕期长。但水分蒸发强烈、保墒抗旱性差、土色浅、土温变幅大、有机质和氮素贮量低，有效养分极为贫乏，保肥性能较差。地力产量：坡地 450 kg/hm^2 左右，川台 1 500 kg/hm^2，现实产量分别为 750 kg/hm^2 与 2 700 kg/hm^2；培肥熟化的梯田和川台黄绵土，产量可达 3 750 kg/hm^2 以上，增产潜力很大。

4. 褐善土

褐善土是黄土向褐土发育的过渡性土壤，在暖温带半湿润区森林草原—森林生物气候带形成，分布于淳化、乾县等台塬及塬坡中上部。地形平缓、水热条件相对稳定，具有地带性褐土发育过程，且似𪢸土土体构型，只是发育程度较低。上层有较厚覆盖层，中壤质，下伏隐黏化层和钙积层，前者为中壤—重壤质，黏粒含量高于母质，低于𪢸土的黏化层。褐善土养分含量大体与黑垆土相近，但有效磷较黑垆土高。土体构型上松下紧，保水保肥力强，为蒙金型构型。养分含量中等偏低。地力产量 2 250 kg/hm^2 左右，现实产量可在 6 000 kg/hm^2 以上，是台塬区的高产土壤。

5. 红胶土

红胶土是发育在红色古土壤或第三纪红土上的一种初育土，分布于丘陵沟壑区侵蚀严重的沟坡及梁峁陡坡。红胶土质地黏重，棱块状结构，通体呈棕红色，重壤或黏土质地。无剖面发育，下部常有大量石灰结核或石灰盘。安塞、米脂、固原和定西试区的红胶土，物理黏粒变化在 45% ~75%，黏粒在 45% 左右。总孔隙度 60% 左右，其中：毛管孔隙度

47%，非毛管孔隙度13%。红胶土平均养分含量为：有机质0.80%，全氮0.070%；C/N6.6，碱解氮39 mg/kg；全磷0.130%，有效磷4.1 mg/kg；全钾2.02%，速效钾123 mg/kg。红胶土耕层薄，土体坚硬，耕性不良，透水性差，又不耐干旱。有机质、全氮含量均低，有效氮、磷极缺，有效态锌锰硼钼含量多在临界值以下。地力产量低于黄绵土，改造培肥困难，大部分不宜农用，应改为林牧地。

（三）黄土高原农业土壤养分分布

土壤氮素含量从东西方向看是两头高中间低。西部甘青高原森林草原—草原土壤地区，受构造地形的影响，海拔高，气温低，有利于土壤氮素的积累，土壤氮素含量最高，耕地土壤全氮含量高达1.0 g/kg以上，最高达4.44 g/kg。向东进入森林草原黑垆土地带，在渭源、陇西、定西一带，全氮含量在0.65～1.0 g/kg，至武山以东、天水以西，土壤全氮含量最低，变化幅度为0.5～0.65 g/kg。翻过关山进入汾渭河谷平原，土壤属森林—森林草原褐土地带，土壤以垆土为主，其西部土壤全氮含量多在0.75～1.0 g/kg，东部土壤全氮含量在0.5～0.75 g/kg；太岳、太行山区以褐土为主，氮素含量多在0.85 g/kg以上。

从南北分布情况看，总的是南高北低，以陕西省最为典型。秦岭北麓地处森林—森林草原地带南部，土壤以立茬土为主，土壤全氮含量最高，耕地土壤全氮含量多在0.85 g/kg以上。向北进入油土区，其全氮含量为0.65～0.85 g/kg。再向北进入高塬沟壑区，本地区植被为森林草原—草原地带，土壤为黑垆土，耕地全氮含量多在0.65～0.75 g/kg。至延安黄土丘陵区，现耕种土壤为黄土母质发育而成的黄绵土。延安附近以黄土为主，耕地土壤全氮含量在0.5～0.65 g/kg。由此向北进入草带，土壤为黄绵土，全氮含量为0.3～0.5 g/kg。至长城沿线进入风沙草原地带，土壤以风沙土、栗钙土、棕钙土为主，土壤全氮含量最低。风沙土含氮在0.3 g/kg以上，其他在0.3～0.5 g/kg。山西长治、临汾、侯马、运城一带以南为森林—森林草原褐土地带，土壤以黑垆土、褐土为主。耕地土壤全氮含量在0.65～1.25 g/kg；向北进入森林草原—草原黑垆土地带，全氮含量0.3～0.5 g/kg。甘肃渭源、陇西一带属森林草原地带，以黄绵土、黑垆土为主。土壤全氮含量多在0.65～1.0 g/kg。定西以北属草原地带，土壤以灰钙土、黄绵土为主，全氮含量在0.5～0.75 g/kg，至靖远大槐峁山以北，土壤以淡灰钙土为主，全氮含量0.3～0.5 g/kg。再向北进入风沙草原地带，土壤为风沙土，全氮含量在0.3 g/kg以下。

土壤侵蚀引起大量养分流失，从而导致了土壤肥力退化。为了提高土壤生产力而进行小流域综合治理，不仅能维持整个小流域内的生态平衡，而且在一定程度上可提高流域内光能的转化率和减小流域内物质和能量输出（养分流失、水土流失等）。自然地貌由于水蚀而形成的复杂性和多样性，在以黄绵土为主要类型的土壤上，其养分分布也具有其复杂性。

纸坊沟流域土壤养分的分布特征（见表8-4）表明，在以黄绵土为主的耕种土壤中，其土壤养分含量较低，土壤有机质、全氮、全磷、速效磷、全钾、碱解氮、速效钾、pH值变幅分别为2.6～18.5 g/kg、0.27～1.14 g/kg、1.35～15.6 g/kg、0.79～8.7 mg/kg、10.3～22.8 g/kg、31.9～90.9 mg/kg、113.0～203.8 mg/kg、7.82～8.69，与全国平均土壤养分含量相比，本地区属于氮、磷俱缺乏。因而，提高本地区农业生产力的关键措施就是增加土壤有机质和施磷。土壤全钾及有效钾的含量较高，一般能满足作物的生长发育，钾肥的试验也证明了这一点。

表 8-4 纸坊沟流域土壤养分分布特征

地类	植被土壤	有机质(g/kg)	全氮(g/kg)	全磷(g/kg)	速效磷(mg/kg)	全钾(g/kg)	碱解氮(mg/kg)	速效钾(mg/kg)	pH(H_2O)
坡地	坡耕地黄绵土	4.6	0.35	1.30	2.19	21.6	38.7	135.7	8.46
	坡耕地薄层土	10.1	0.71	15.6	2.53		57.6		
	坡耕地二色土	4.2	0.36	1.12	1.21	21.8	40.9	128.1	8.00
	荒坡黄绵土	10.7	0.69	1.48	1.66	21.7	56.0	203.8	7.83
	荒坡薄层	18.5	1.14	1.76	2.04	21.7	90.9	203.8	7.82
	峁顶黄绵土	9.0	0.60	1.33	2.28		62.2		
坡地	人工草地	5.6	0.42	1.35	1.61	20.8	41.2	118.1	8.00
	人工柠条地	7.9	0.54	1.41	1.75	22.8	52.7	151.5	7.92
	人工刺槐	8.2	0.54	3.89	1.51	20.9	52.2	148.36	7.90
	人工核桃	4.0	0.31	1.18	1.26	20.0	41.6	113.0	7.91
	人工果园	5.9	0.42	1.99	1.94	21.2	45.4	123.1	7.93
	人工沙打旺	7.9	0.56	1.56	1.76	21.2	49.9	148.3	7.90
梯田	耕地黄绵土	4.3	0.35	1.39	2.68	10.3	40.8	121.7	8.21
	耕地二色土	2.6	0.27	1.35	6.53	21.2	31.9	123.1	8.06
	塌地黄绵土	6.2	0.48	1.37	2.81	19.3	41.7	183.6	8.00
	梯田果树	6.5	0.52	1.60	4.46	21.2	47.1	163.4	7.92
	家庭果园	8.4	0.30	1.53	8.70	20.6	54.0	193.7	8.63
	人工草地	4.7	0.32	1.35	0.79		47.7		
川地	耕种黄绵土	4.3	0.35	1.39	2.68	10.3	40.8	123.1	8.69

在黄土丘陵沟壑区的坡地，退耕还林还草，对减少土壤侵蚀、防止土壤退化起到了一定的积极作用。如山坡地人工刺槐、沙打旺、柠条林地土壤养分含量普遍高于坡耕地黄绵土。其土壤养分含量基本趋势为乔木地 > 灌木 > 人工草地 > 农耕地，该趋势与土壤侵蚀量趋势截然相反，呈负相关关系。

由于土壤种类不同，其土壤养分量也不相同。荒坡黄绵土由于自然熟化未受到人为的影响，其土壤养分含量普遍高于坡耕地；荒坡薄层土壤养分也相对大于坡耕地黄绵土；同样是黄绵土，其峁顶养分却显著高于坡地黄绵土；二色土一般发育在马兰黄土母质红层上，其土壤耕性、结构性及土壤养分含量均低于坡耕地黄绵土。

家庭果园土壤养分含量比梯田果园相对较高，并远高于梯田黄绵土，仍以二色土壤养分最低。同是黄绵土，其坡耕地与川地、梯田土壤养分相差无几，因而似乎表明，要提高黄绵土土壤养分含水量，种树种草生物措施优于工程措施。

上述土地利用情况、植被因素及其人工熟化过程对黄绵土土壤肥力的影响不大，而对防止水土流失起了关键性作用。因而表明，形成黄土丘陵区土壤肥力在地理位置、土地利用等方面的差异，其主导因素来自土壤侵蚀。因此，提高其土壤肥力的关键措施就是控制水土流失，种林种草。

黄土高原区土壤有机质及氮、磷含量水平较低(见表8-5)，一般为750～1 500 kg/hm^2。在化肥投入量有限的情况下，如何提高肥料利用率就成为本地区提高土地生产力的关键措施，而氮、磷及有机肥用量的合理搭配是提高肥料利用率的基础。

表8-5　试区土壤养分含量

试区	土地类型	有机质(g/kg)	全氮(g/kg)	全磷(g/kg)	碱解氮(mg/kg)	速效磷(mg/kg)
定西	川台地	11.5	0.96	0.70	68.7	
	老梯田、二阴缓坡	11.2	0.99	0.61	69.9	
	梁峁顶、陡坡	8.0	0.80	0.59	84.8	
安塞	川地	7.6	0.58	0.60	40.9	19.0
	塌地	9.0	0.60	0.60		12.2
	梯地	3.9	0.36		31.4	13.4
	坡地	4.9	0.39	0.54	31.7	15.2
米脂	川水地	4.2	0.30		31.2	
	梯田	2.5	0.25		23.2	
河曲	梯田	4.0	0.35	0.51	13.2	

第二节　提高山坡地农业生产的途径和对策

一、退耕还林还草，建设生态农业

黄土高原丘陵区因长期不合理的土地利用，滥伐滥垦森林草原，以广种薄收的落后生产方式向大自然索取，维持随人口增长而增长的粮食需求，这一掠夺式生产方式造成的结果是水土流失加剧，生态环境恶化，土地和整个生态系统生产力下降，严重影响了区域农业和经济的发展。黄土高原丘陵沟壑区安塞县纸坊沟流域50多年生态环境的变迁更能反映退耕还林还草、建设生态农业的重要性。据调查，1938年，纸坊沟小流域人口密度为11.4人/km^2，乔灌林覆被率51.2%，林草总覆被率达76.5%；户均大牲畜2.3头，羊20只；耕垦指数为13.4%，粮食产量1 449 kg/hm^2。到1958年，仅仅20年，人口密度增至26.7人/km^2(包括移民)，开垦指数达51.5%，乔灌植被破坏殆尽，仅占总土地面积的0.4%，土壤年侵蚀模数达15 000 t/km^2；粮食产量下降到408 kg/hm^2，生态系统完全退化。1959～1978 年的 20 年生态系统进一步退化，人口密度 47.4 人/km^2，人均土地 2.1 hm^2，但已无荒可开、无地轮歇、无林可砍，群众靠挖草根解决燃料问题，户均大家畜 1.1 头、羊 7 只，“三料”俱缺，人均农地 0.93 hm^2，群众不得温饱。1976 年中科院西北水保所开始在该流域推广水土保持和农业增产措施，但由于思想认识和广种薄收习惯没有改变，起步艰难，时有反复。如 1983 年因土地承包到户，又出现乱开荒的现象，耕垦指数由 1978 年的 44.3% 增至 47.9%，虽然开始实施了造林种草，退耕还林还草仍十分困难，粮食单产难以提高，平均产量长期徘徊在 450 kg/hm^2 左右。1985 年以后，纸坊沟小流域被列入国家“七五”科技攻关项目，开展了水土保持型生态农业的研究。其主导思想是：以强化降水就地拦蓄入渗防止水土流失为中心，以土地合理利用为前提，以恢复植被、建设基本农田、发展经济林和养殖业为四大主导措施，建立水土保持型生态农业体系，实现农林牧综合发展，生态经济良性循环。经过“七五”、“八五”10 年集中综合治理，农田由 1983 年的 396 hm^2 退到 1995 年的 149 hm^2，退耕率为 62%，农林牧用地比例由 1∶0.3∶0.5 调整为 1∶1.7∶2.1。1995 年，人均农田 0.27 hm^2，其中基本农田 0.16 hm^2，人均林地 0.47 hm^2，其中经济林 0.08 hm^2，有效林草植被（盖度 0.6 以上的林草地）覆被率达 41.2%；“八五”期间粮食平均产量 1 425 kg/hm^2，人均纯收入 1 100 元；年输沙模数减至 2 600 t/km^2，扭转了生态、经济相互制约和恶性循环的局面，并为可持续发展奠定了基础。安塞纸坊沟的实践表明，以小流域为单元，经过 10～15 年的连续综合治理，退化的生态系统可以恢复重建，实现生态经济良性循环。可见，不同的生产方式使农业生态系统朝不同的方向演变：以破坏生态环境和生产条件为代价、掠夺性利用资源的广种薄收生产方式所得到的经济利益是不可能持久的，而遵循生态规律，合理利用土地等资源，保护并不断改善生态环境，科学管理和经营农业生态经济系统，才可获得持久的经济效益，建成稳定、高效和持续发展的农业生态系统。

黄土高原山坡地退耕还林还草的生态效益最为直观地表现为土壤侵蚀量的减少和土壤肥力的恢复。大量研究表明，在地貌和降雨条件一致时，土壤侵蚀模数：乔木林地 < 灌木林地 < 草地 < 农地。不同植被土壤肥力退化强弱一般与侵蚀模数大小顺序相同，土壤侵蚀模数愈大，土壤肥力下降愈明显（见表 8-6）。刺槐、果树、柠条、草地和农地土壤氮素在 6 年内分别下降了 26.1%、52.6%、21.5%、8.8% 和 7.7%。

随着我国 21 世纪经济发展战略的转移，西部地区的经济发展与生态环境问题日益受到党和国家的高度重视。1997 年，江泽民总书记对《关于陕北地区治理水土流失建设生态农业的报告》作了重要批示，肯定了陕北治理水土保持、改善生态环境的措施和经验，并针对历史遗留下来的这种恶劣生态环境问题及多年治理水土流失改善生态环境的成功经验，指出：经过一代一代人长期持续地奋斗，再造一个山川秀美的西北地区是可以实现的。1999 年 6 月，江泽民总书记视察黄河时又强调：对黄河防洪，水资源利用，生态环境建设有重大影响的关键科技问题，要重点攻关，力争取得突破，为治理开发黄河提供有力的科技支撑，把黄河水害治理好，把黄河资源利用好，把黄河生态环境建设好，对实现我国现代建设跨世纪发展宏伟蓝图，具有十分重大的战略意义。1999 年 8 月，朱镕基总理为落实党中央的战略决策，到陕西视察水土保持与生态环境建设和黄河防汛工作，他指出：搞好水土保持，加强生态环境建设，是中华民族生存与发展的长远大计，必须从实施可持续发展战略的高度，充分认识生态环境建设的重大意义，国家将加大治理水土流失的投资力度，重点支持黄河、长江中上游地区的水土流失，力争用10年的时间，或更长一点的时间，这一地区的生态环境得到明显改善。可以看出，国家把开发西部地区及黄河流域水土保持与生态环境建设提高到了一个前所未有的高度。

表8-6 不同植被条件下流域土壤氮素分布情况

植被	年份	样本数(个)	有机质(g/kg)	全氮(g/kg)	碱解氮(mg/kg)	全磷(g/kg)
草地	1992	6	7.20	0.510	46.42	0.64
	1998	4	8.37	0.465	32.80	—
刺槐	1992	13	7.65	0.540	51.20	0.62
	1998	2	6.83	0.399	34.20	—
果树	1992	10	5.27	0.620	47.08	0.62
	1998	4	4.59	0.294	27.30	0.59
柠条	1992	15	7.73	0.530	49.33	0.62
	1998	3	6.58	0.416	33.40	—
农地	1992	76	5.13	0.390	42.26	0.68
	1998	49	5.52	0.360	30.10	0.63

因此，使黄土高原大于3°坡地退耕还林还草，保证人均基本农田0.07～0.13 hm^2（1～2亩），在满足粮食自给情况下，大力发展林草业，提高黄土高原林草有效覆盖率，不但可有效地控制水土流失，保护坡地水土资源，而且可改善黄土高原生态环境，实现山坡地农业可持续发展。

二、建设基本农田，改善土壤生态环境

黄土高原地区十分重视基本农田建设，把基本农田建设放在首位，把基本农田建设作为农业可持续发展的基础。山坡地地面坡度多为5°～25°，兴修水平梯田，变跑水、跑土、跑肥的"三跑田"为保水、保土、保肥的"三保田"，是最有效的改造措施，也是坡地的治本途径。据有关研究报道，平整改土后，降水径流系数由0.25降低到0.06，则降水拦蓄力由48%提高到94%，耕地0～20 cm、20～40 cm、40～60 cm土壤含水量分别提高1.6%～10%、0.7%～6.6%、2.3%～12.2%；粮食产量枯水年增产率64%，平水年增产率40%，丰水年增产率为22.6%；每公顷年拦蓄泥沙58.37 t。宁县在"八五"期间，各乡镇采取"统一规划、分期实施、三集中、一统一"的方法，即集中战场、集中劳力、集中时间、统一作战，大张旗鼓，造成声势，突击作战，大修梯田，随改随培肥，1991～1994年共兴修水平梯田2 586 hm^2，当年新平整的地块，机深耕23 cm，每公顷施农肥90 000 kg，草木灰7 500 kg，过磷酸钙1 500 kg、尿素375 kg、硫酸锌30 kg，做到了当年改土，当年增产。石鼓乡石鼓村5年兴修山地梯田32 hm^2，1993～1994年小麦产量稳定在3 000 kg/hm^2左右，1995年，在特干旱的情况下，小麦产量仍达到1 275 kg/hm^2，较坡耕地增产88%。又如陕西省

北部风沙区，通过治沙造田，许多地方实现了林网化、排灌化、田园化。中部丘陵区兴修水平梯田，打坝淤地、打井建窖，发展小块水地和节水灌溉，开展山水田林路小流域综合治理，特别是高标准连片水平梯田建设，改变了农业基本条件。南部高塬沟壑区兴修水平埝地，建设高标准园田。山西省仅“八五”以来，全省机修梯田累计达 55.3 万 hm^2。通过机修梯田、生土熟化、生物地埂等措施，有效地控制地表径流，减少水分流失，耕作制度也随即发生了变化，坡耕地上的广种薄收变成了基本农田的精耕细作，近 200 万人解决了吃饭问题。甘肃省确定并实施了“梯田 + 集雨 + 科技 + 调整”的旱地农业发展模式，即采用以梯田建设为基础，以集雨灌溉为核心，以地膜覆盖为主的综合科技手段，以调整机井结构为途径，将改变生产条件、推广科学技术、发展集雨节灌和调整经济结构有机结合，形成了资源合理配置与经营、有利于提高土地生产力的旱地农业系统工程。又如国家扶贫县庄浪县，到 1997 年底，累计修建梯田 6.2 万 hm^2，占坡耕地面积的 92%，占总耕地面积的 83%。使水土流失得到有效控制，并解决了温饱问题，1998 年人均产粮 343 kg，农民人均纯收入达到 1 028 元。宁夏南部山区提出了“充分利用‘三水’、大力建设‘三田’，人均实现‘三亩’基本农田”的指导思想。以小流域为单元，采用机修梯田方法发展宽面的高水平梯田，推广地膜覆盖和集雨补灌技术，从根本上改善了山区的生产条件和生态环境，提高了土地生产力和抗御自然灾害的能力。“八五”期间连续 4 年大旱，但山区粮食产量比“七五”增加了 15.3%，1996 年宁南粮食产量达 7.49 亿 kg，创历史最高水平。

当坡地改为梯田后，水土流失及土壤养分流失减少，经过培肥土壤，梯田土壤养分含量有不同程度的提高（见表 8-7）。目前，黄土高原机修梯田约占新修梯田的 80% 以上，坡地原状土壤破坏严重，新修梯田表层土壤肥力不高，甚至低于原状坡地土壤。如安塞县纸坊沟流域（见表 8-8），川地、坡地和新修梯田土壤有机质含量平均为 7.65、5.89、5.06 g/kg，全氮平均为 0.499、0.399、0.362 g/kg，碱解氮则分别为 45.5、37.4、35.7 mg/kg，川地土壤肥力较高，新修梯田肥力较低。由于在不同土地类型上化肥投入、作物吸收和侵蚀不同，除新修梯田土壤肥力略有提高外，川地和坡地土壤肥力都存在不同程度的下降。其原因在于，川地于 1996 年进行平整，将原来 5°左右的川地修成水平台式梯田，土壤有机质、全氮和碱解氮含量在 6 年内分别下降了 32.0%、31.0% 和 40.0%；每年投入到坡地的氮肥多年维持在 20 kg/hm^2 左右，基本不施有机肥和磷肥，6 年内，土壤有机质、全氮和碱解氮分别下降了 3.8%、18.9% 和 33.4%；新修梯田由于试验年份内土壤有机肥投入量较大，平均投入 11 340 kg/hm^2，显著高于流域平均投入 6 750 kg/hm^2 水平，土壤有机质和全

表 8-7　安塞县不同土地类型土壤耕层养分含量

土壤养分	丘陵坡地	川地	梯田	坝地	平地
有机质（g/kg）	5.457	6.609	5.685	4.924	5.568
全氮（g/kg）	0.371	0.457	0.411	0.310	0.387
速效磷（mg/kg）	4.0	4.7	5.2	4.3	4.7
碱解氮（mg/kg）	25.4	33.0	28.0	25.0	27.9
速效钾（mg/kg）	102	136	111	116	116

氮含量相对得到提高。新修梯田如果合理地培土施肥可保证当年增产，如安塞纸坊沟流域新修梯田每公顷投入有机肥 3 800 kg、尿素 300 kg、过磷酸钙 600 kg，在平水年（500 mm 降水量）当年谷子产量达到 3 450 kg/hm^2，是坡地产量的 2 ~4 倍，水分和养分利用率分别提高 50% 和 115% 以上。

表 8-8　纸坊沟小流域不同土地类型氮素分布

土地类型	年份	样本数（个）	有机质（g/kg）	全氮（g/kg）	碱解氮（mg/kg）
坡地	1992	94	6.00	0.440	44.9
	1998	38	5.77	0.357	29.9
川地	1992	5	9.10	0.590	56.8
	1998	6	6.19	0.407	34.1
新修梯田	1992	22	4.60	0.350	41.3
	1998	20	5.51	0.373	30.1

第三节　山坡地农业丰产栽培技术

一、耕作丰产栽培技术

（一）山坡地蓄水耕作法

早在 20 世纪 40 年代，土壤耕作法在国外就引起重视，特别在旱坡地以保护耕地、防止退化为特征新的保护耕作法代替传统耕作法更加引人注目。Mannering（1987）在前人研究的基础上，将保护耕作法明确定义为：保护耕作是任何一个耕作和种植制度，只要它最少能维持 30% 的土壤覆盖，并减少土壤和水分流失，提高耕作地产量。随后 Mannering 对保护耕作法进行了系统分类研究，认为保护耕作法至少应该包括免耕、垄沟、条带耕作、覆盖耕作和减少耕作。

水土保持耕作法作为保护耕作法的一个分支，近年来日益受到国内外农学家的重视，有人将它与有机农业一起并列为 20 世纪 90 年代世界农业研究的两个重要课题。但多数研究注重其实用性，有关它的概念、范畴尚存在争议。杨春峰认为，土壤耕作法指由若干土壤耕作措施有机组成的一种特定的土壤耕作类型，并将水土保持措施分为保护耕作和保护种植两部分。蒋德麒认为，“从广义上讲，整个农业技术改良措施特别是旱地农业技术措施均属此类”。卢宗凡认为，水土保持耕作法旨在以保水保肥为目的、提高农业生产的措施。综上所述，共同的认识是水土保持耕作法是以提高坡耕地水、肥利用率为目的，以增加地面覆盖、减少水土流失为主导措施的耕作技术。1983 年在延安召开的首届水土保持耕作法学术讨论会促进了这一学科的发展。典型的水土保持耕作法有水土保持复合耕作法、蓄水聚肥耕作法、地膜覆盖及残茬覆盖耕作法、改土壤截流蓄水种植沟耕作法、松免少耕法等。

（二）水土保持复合耕作法

水土保持复合耕作体系有 4 个显著特点：一是以保持水土为核心；二是有明显的增产

效果；三是自成体系；四是具有一定的地域性。卢宗凡在长期研究的基础上，把水土保持复合耕作法为分3类：小于25°的耕地实行水平沟种植；25°～30°坡耕地实行草粮带状间作轮作；大于30°坡地进行草灌带状间作。

1. 水平沟耕作

水平沟耕作作为水土保持耕作法的一种形式，通过土壤耕作在坡面上形成的沟与垄，增加地面粗糙度，防止土壤侵蚀。在旱坡地上，沿等高线开沟、筑垄，以垄拦水，以沟蓄水，把作物种在沟里，既保水肥又保作物，有良好的增产效果。水平沟耕作增产机理在于：①改变太阳光的反射角度，减少受光热能的散失，使表层和10 cm土壤地温有所提高，迎风面风速降低，减少土壤水分散失，起到保墒作用。②拦蓄径流和减少土壤冲刷。水平沟较平播减少径流量25.7%～40.3%，减少土壤侵蚀33.7%～56.1%。③减少土壤养分的流失。水平沟耕作能有效地减少土壤可溶性氮素的损失。与传统耕作相比，随坡度的增大铵态氮和硝态氮拦蓄效果由62.4%下降到49.8%；水平沟耕作小区以侵蚀形式形成流失的土壤N素含量在302～1 578 kg/(km^2 · a)；流失的P_2O_5在863～4 516 kg/(km^2 · a)，而传统耕作小区以土壤颗粒形式流失的N素含量在1 170～2 382 kg/(km^2 · a)，P_2O_5含量在2 506～6 815 kg/(km^2 · a)，并随坡度增大N、P_2O_5流失量随之增大。④蓄水效应显著地高于平播，并随坡度增加蓄水能力在下降。⑤改变了土壤水分条件，土壤水分利用率显著提高。⑥集中施肥可以显著地提高水、肥利用率，且水肥耦合效应表现为正效应。

在风蚀地区，利用水平沟耕作法增加地面粗糙度，也有良好的防风蚀效果。它能利用高出地面的垄体，降低近地面大气层风速；利用低于地面的垄间捕获风移动的土壤颗粒。据研究，垄高10 cm，垂直于风向，防风效果最好，利用水平沟耕作，在地面形成大于1.0 mm的较多非风蚀颗粒，防风效果更好。

2. 草粮带状间作轮作

25°～30°坡地实施草粮带状间作轮作，根据水土保持法的规定，这部分坡耕地应该退耕还林还牧，但在短期内还不能退下来的情况下，应在水平沟种植的基础上，实行草粮带状间作轮作。要求草粮呈水平带状间作种植，带宽10 m以上，一般以20 m为好，坡长的地块带可以宽一些，坡短的地块带可以窄一些，应便于耕作。据国外的研究，草带实施的坡度一般不受限制。

草带的作用机理表现为：草能控制径流泥沙的沉积，对径流具有过滤作用，因而也将草带称之为草地过滤带（VFS）。Robinson等进行了13次人工模拟降雨试验，认为VFS的3 m地段能过滤70%的径流泥沙，9.1 m宽的VFS能过滤85%的泥沙，随着VFS宽度的增加，过滤作用趋于一致，因而一般认为10 m左右VFS宽度需作进一步调整。Groffman认为，VFS不仅能过滤径流泥沙，而且也能过滤径流液中的NO_3-N。有些研究结果也表明，VFS的适当利用可以减少径流泥沙的装载，VFS的持续有效利用肯定会使径流泥沙浓度减到最小。利用永久植被，例如草皮来控制泥沙具有双重作用：①根系能保持土壤，减少侵蚀的易发性；植被茎秆能减少径流速度，进而减弱泥沙的搬运力。②草地的培肥作用显著。表现在草地能增加土壤的团粒结构；增加土壤养分，包括全氮和有机质的含量；通过根系的作用，使土壤深层的养分，诸如Cu、Zn、Mn、Fe及P等有效养分富集于地表。

3. 草灌带状间作

草地拦蓄径流的作用随坡度的增加而减弱，因而有必要进行草灌带状间作。通过灌草带状间作，使30°以上陡坡地尽快达到用草灌覆盖，迅速控制泥沙的输出；通过人工种草，改良牧草品质，提高产草量，发展养殖业；通过种灌木，快速解决“三料”俱缺难题；实现保持水土、提高地力、增加产量、综合发展的目的。

卢宗凡的试验结果表明，与单种草相比，草灌间作可以减少侵蚀量2.7%～41.9%，以柠条+沙打旺最好，其次为柠条+紫花苜蓿，再次为柠条+草木樨；径流量减少规律与侵蚀量减少规律一致，表现异常的为柠条+紫花苜蓿、柠条+红豆草反而比单种草地增加径流量2.6%～9.7%。

（三）蓄水覆盖耕作法

在干旱半干旱条件下，仅靠耙耱形成的干土覆盖，保墒效果极其有限。如果耕作时或播种后，在地面再附加一种人工覆盖物，蓄水保墒效果较好。覆盖耕作最为重要的作用在于改善土壤水分供应状况，提高土壤水分利用率，抗御干旱威胁。地膜覆盖后，避免了土壤水直接蒸发，膜下形成土壤水分的内循环，起到了有效的保墒作用。研究表明，在玉米整个生育期内0～40 cm土壤内部有保墒作用，而0～20 cm土层的保墒效果更为显著。地膜的隔离性极大程度地降低了土壤表层气流的热交换运动，避免了蒸发热的损失，有效地提高了耕地土壤温度。在玉米整个生育期内，0～20 cm土层均有增温效果，全生育期内可增加≥10 ℃积温190 ℃左右。如宁南山区，因积温不足，生育期短，玉米露地栽培，历年来仅能种植早熟玉米品种，限制了产量的提高。地膜覆盖栽培后，由于热量状况的改善，促进了玉米早生快发、苗齐苗壮、提前成熟，实现了以高产中晚熟杂交种替代低产早熟地方种子的品种更新，产量得到大幅度提高。又如延安地区，以前因地温低，玉米播种期在5月上中旬，实施地膜覆盖技术后，玉米可提前到4月10日以前播种，克服了低温的威胁，玉米产量亦得到极大的提高。地膜覆盖能改善土壤理化性质，提高养分利用率；地膜覆盖不但具有保墒、增温作用，而且还具有维护表土、减轻雨滴溅蚀和免除中耕除划、机具的碾压以及人畜践踏、保持土壤不被压实而不沉的作用；同时，还可以消除阳光暴晒而引起的表土硬结和龟裂，保持土壤良好的结构。据在苗期测定，覆膜田0～15 cm土壤容重为1.112 g/cm^3，对照田同层容重为1.232 g/cm^3，容重下降0.120 g/cm^3；覆膜田孔隙度为49.9%，对照田为45.01%，孔隙度增加10.86%；固相下降7.13%，气相增加34.10%，改变了土壤三相比例关系。不仅如此，地膜覆盖还可改变土壤生态条件，为土壤微生物创造了良好的生态环境。据肖玉珍的研究，覆膜田的土壤微生物类群的数量，从苗期到11叶期，细菌比对照田高82.55%～141.6%，放线菌比对照田高71.8%～127.7%，真菌比对照田高67.7%～74.4%，硝化细菌的固氮菌量比对照田高4.3%～57.2%，纤维素分解菌比对照高56.0%～74.4%，自生固氮菌的固氮菌量比对照田高4.3%～8.3%。因而，覆盖耕作能加快土壤有机、无机物质的矿化，促进土壤难溶性养分向可溶性养分转化，提高肥料利用率。另外，由于地膜覆盖使土壤养分的利用率显著提高，水肥耦合效应表现突出。试验表明，旱地玉米覆盖栽培下施用氮、磷肥均有显著的增产效果，其中以氮肥最为突出。地膜覆盖根系发达，能调运土壤深层水分。地膜覆盖由于改善了土壤生态条件，水、肥、气、热适度增加，并协调一致，促使玉米根系生长快，吸附面积大，活力强。覆膜的初生根、次生根、支持根、根系总长度和根系水平扩展分别比对照增加 133.3%、40.0%、72.7%、69.4% 和 50.0%。根系总吸附面积和活跃吸附面积均比对照增加 56.2%。利用作物残茬覆盖地面是比较简单易行的覆盖方法。以其作为热传导的隔离层,水分蒸发的障碍物,亦能收到明显的保墒效果。坡耕地上残茬覆盖还有明显的保水保土效果。但残茬覆盖也有不利因素,如降低地温,作物生育期推迟,播后覆盖还会发生"氮饥饿"现象,需额外施肥。

(四)截流蓄水沟耕作法

在继承传统耕作法优点的基础上,将坡耕地农田沿等高线由低向高依此规化成 1.2 m 或 2.2 m 宽的耕作带,采用人、机结合把第二耕作带内的活土层叠加移翻到第一耕作带,移填深施农家肥和化肥,构筑成净带 0.9 m 或 1.8 m 的微型水平式截流蓄水沟。李永平等在宁南山坡进行了上述截流蓄水沟耕作法研究,试验结果表明,与传统耕作法相比,0~50 cm 土壤容重较传统耕作法降低 0.10~0.12 g/cm^3,孔隙度增加 5.0%~6.4%,土壤有机质含量增加 14.0%,全氮增加 17.5%,速效氮增加 33.5%。截流蓄水沟同时也能增加 0~200 cm 土层蓄水量,较传统耕作法增加蓄水量 73.3~114.8 mm,土壤蓄墒率提高 42.5%~71.5%。

(五)集水深蓄耕作法

张定一等在长期研究的基础上,提出集水深蓄耕作法。具体田间作业为:用畜力翻转犁作业,沿与坡向相垂直的等高线每 50 cm 做一个垄沟,垄沟耕作带宽 25 cm,空耕带宽 25 cm,打一个孔径 5 cm、深 35 cm 的地孔,使径流渗入深层土壤。试验结果表明,集水深蓄耕作法与传统耕作法相比,可以减少径流量 57.8%,减少土壤侵蚀 58.0%。

二、优化平衡施肥

以黄土高原试验示范区优化施肥结果予以说明。

丘陵区每公顷平均化肥纯养分量不过 30~45 kg,旱塬 45~75 kg;"七五"期间逐年增加,1989 年丘陵各试区平均每公顷增至 75 kg,旱塬达 150 kg 以上。据河曲、米脂、固原、定西、长武、淳化和乾县 7 个试区资料统计,1985 年每公顷平均施化肥纯养分量为 51.75 kg,1989 年 118.35 kg,增加 130%。化肥中氮磷比由 1∶0.03 变为 1∶0.36,比例趋向合理。同期每公顷平均有机肥由 9 000 kg 增至 13 500 kg,增加 50%。定西、河曲和乾县 3 个试区统计,1985~1989 年农电量(度)增加了 49.1%,农机马力增加 20.6%,农用柴油增加 67.3%,机耕面积扩大了 208%,这就较大地提高了农业现代化程度,打破了传统封闭式的农业物质循环模式;物质循环规模扩大,能量转换效率提高。

离石试区王家沟,从 20 世纪 50 年代末开始修梯田,到 1989 年共修梯田 260 hm^2,占耕地面积的 80%。他们采用养畜、增施肥料、精耕细作和扩大养分作物面积等措施,产量由坡耕地的 1 200 kg/hm^2 提高到 3 000 kg/hm^2。经多点实测,梯田有机质含量由原坡地的 0.37% 提高到 0.81%,全氮由 0.034% 提高到 0.070%,碱解氮由 16 mg/kg 提高到 36 mg/kg,有效磷由 3.1 mg/kg 提高到 7.6 mg/kg。定西试区近 4 年修梯田 108 hm^2,累计达到 246.7 hm^2,占农耕地的 52.2%。经测定,梯田有机质含量由原坡地 0.083% 提高到 1.17%,全氮由 0.063% 增到 0.900%,碱解氮由 39.7 mg/kg 增至 49.6 mg/kg,有效磷从

4.2 mg/kg 增至 7.1 mg/kg。另据该试区 1984 年与 1989 年两次对 21 块农地(其中 10 块坡地、11 块梯田和川地)实测,有机质含量平均值由 1.00% 增至 1.15%,其中 15 块地升,4 块平,2 块降;全氮平均值由 0.083% 增至 0.090%,8 块升,2 块平,4 块降(全氮只测 14 块地);碱解氮平均由 51 mg/kg 增至 94.8 mg/kg,20 块升,1 块降;有效磷平均由 6.0 mg/kg增至 9.1 mg/kg,16 块升,1 块平,4 块降。养分含量总的是呈上升趋势。1980 年和 1988 年两次在安塞试区对 8 块耕地的养分实测表明,有机质含量平均值由 0.59% 增至 0.77%,7 块升,1 块降;全氮均值由 0.050% 提高至 0.060%,7 块升,1 块降;碱解氮由 47.5 mg/kg 降为 35.2 mg/kg,2 块升,5 块降,1 块平;有效磷由 4.1 mg/kg 降为 2.3 mg/kg,3 块升,5 块降。大体看出,土壤基础肥力(有机质、全氮)呈上升趋势,尤其是基本农田上升更为显著(见表 8-9),但有效养分缺乏状况仍无改变。有效氮磷下降,还可能与采样时间有关,因为收获后农地有效养分常处于低谷。

表 8-9 安塞试区若干地块土壤肥力变化趋势

地块	土地类型	有机质(%)		全氮(%)		碱解氮(mg/kg)		有效磷(mg/kg)	
		1980	1988	1980	1988	1980	1988	1980	1988
脑畔山	缓坡	0.53	0.63	0.048	0.042	65.2	21.9	4.2	1.2
后脑畔山	坡地	0.37	0.40	0.065	0.069	41.4	23.8	2.1	0.6
对面山	缓坡	0.49	0.36	0.041	0.042	23.8	23.8	1.8	0.9
拉平川	旱川	0.55	0.78	0.045	0.055	43.4	45.2	1.2	3.4
西川	旱川	0.73	0.92	0.052	0.056	51.8	35.7	4.0	1.1
西川中段	旱川	0.37	0.91	0.024	0.055	19.5	32.0	2.1	4.3
西川东段	旱川	0.55	0.74	0.038	0.055	31.8	30.8	1.5	1.7
寺要先村后	老梯田	1.17	1.43	0.088	0.111	103.4	66.5	15.6	4.8
平均		0.59	0.77	0.050	0.061	47.5	35.0	4.1	2.3

在改良利用土壤资源方面,各试区的经验均有其独到之处:离石试区长期连续治理、大面积机修梯田,施用黑矾以加速熟化;固原试区实行农牧结合,豆粮、草粮轮作,开辟有机肥源,推行化肥深施,扩大物质循环规模,提高养分利用率;长武试区大力开发沟坡低产地;定西、淳化、安塞和长武试区大面积的配方施肥;河曲试区的新修梯田当年增产技术;乾县试区的综合栽培与培肥措施等。这些措施都在实践中发挥了良好的作用。

黄土丘陵区作物生物量低,地上部一般占 90% 以上。氮、磷主要贮存于种子中,钾主要贮存于茎部。以同等产量比较,豆类所贮养分最多,玉米最少;以实际产量计,则单位面积玉米携出养分量最多。作物携出养分的量,多数表现为氮 > 钾 > 磷,但谷子、糜子常是钾 > 氮 > 磷。

在中等偏上的施肥水平下,土壤氮基本平衡,磷盈余,钾亏缺。养分供应可以维持 1 875 kg/hm^2 的水平。低于这个施肥量,氮素出现亏缺,钾亏缺加重。由于有机肥施用量低,土壤有机质一般表现为负平衡。为保证作物增产与维持土壤有机质及养分平衡,需要提高肥料用量。黄土丘陵区降水生产潜力,小麦每公顷约 3 750 kg、玉米 5 250 kg、谷子

4 500 kg,达到此产量需吸氮 105 ~ 112. 5 kg、磷 33 ~ 37. 5 kg。当前中等偏上的施肥量氮的满足率一般为 40% ~50% ,磷的满足率在 60% 左右。为此,建议施肥量为:在每公顷施 15 000 kg 优质有机肥的基础上,川地玉米氮肥不应低于 120 kg,磷肥不应低于 60 kg;梯田氮肥不低于 90 kg,磷肥不低于 45 kg;坡地可略低于梯田。这个施肥量可根据雨量及产量水平予以增减,雨量多、产量高地区,可适当多施;反之则适当少施。

化肥在提供作物养分、维持土壤养分平衡方面起很大作用,对增加土壤有机物的归还也有良好影响。增加土壤有机质,主要靠有机肥,有机肥可供应全部钾素和部分氮磷。为此,必须强调有机肥与无机肥配合施用的施肥制度。

土壤生态系统养分输入与输出应有合适的比值。比值过大,造成肥料浪费,经济效益下降;过小则土壤养分亏缺,地力减退,产量下降。根据试验结果初步认为养分输入与输出比,钾不应低于 0. 5 ~ 0. 8,磷以 2 ~ 3、氮以 1 ~ 1. 5 为宜。土壤养分库的平衡,是用作物产量作为杠杆的。养分亏缺必然会以降低产量,控制养分输入与输出的比值,以形成调节机制。因此,增加产量、维持土壤系统养分平衡,并使地力逐步提高的根本措施,是增加投入与减少非生产性的养分输出,即增施肥料与建设基本农田,防止水土流失。试验区这样做取得了显著的效果;而丘陵区一些有机肥投入少又不施化肥的坡耕地,产量低,土壤养分亏缺。这是正反两个方面的例证。

土壤磷素平衡,是一种表观的平衡状况。由于磷的有效性与利用率都很低,丘陵区土壤有效磷普遍不足。如何提高磷的有效性与利用率,以及如何弥补钾的亏缺,是今后需要深入研究的课题。

三、土壤养分有效转化技术和控制养分径流流失

水土资源是农业生态系统中最为重要的自然资源,随着人口的增长和生态环境的日益恶化,干旱缺水和水土流失严重威胁人类赖以生存的自然生态环境,不仅如此,干旱和土壤肥力退化导致土壤生产力低下,加速了土壤生态系统的恶性循环。黄土高原地区,农业环境条件脆弱,水土流失严重,土壤退化,农业发展受到自然和环境条件的限制。养分作为农业生态系统中物质流最重要的组成部分,长期以来制约着黄土高原地区农业的发展。大量事实证明,投入的营养元素未能充分发挥作用。黄土高原地区土壤普遍缺磷和氮,磷肥的当季利用率平均只有 10% ~15% ,一年两作的利用率也不过 25% 左右;氮肥的利用率也只有 30% 左右。养分利用率不高既导致经济效益下降,也对环境产生不良影响。不合理的氮肥投入所导致的地下和河流水体硝态氮的污染、蔬菜中硝态氮的累积、地面水的富营养化和温室效应气体氮氧化物的产生,已经并将继续危害人类的生存和健康。因此,利用野外试验资料,分析和评价土壤养分循环途径和利用、径流养分流失规律技术,对提高农田土壤养分有效利用和防止土壤养分径流流失具有十分重要的意义。

(一)氮磷合理配合是提高土壤养分有效转化的主要途径

黄绵土土壤氮磷俱缺,氮更为匮乏,增施氮磷化肥在一定程度上能提高作物产量。氮磷的合理配施是提高土壤氮磷有效转化的途径。由于作物生育期降水量年际分配的不一致性,用长期施肥试验 4 年轮作周期内作物对氮磷的吸收率(化肥转化率)更能直接反映氮磷转化的效果。1983 ~1998 年连续 16 年坡地长期施肥试验资料分析结果(见表 8-10)

表明,随轮作周期的延长,不同处理作物对氮的吸收量在逐渐下降,但不同处理递减率不同,不施肥处理周期递减率高达 25.7%,氮磷配施或与有机肥配施仅为 13% 以下,氮磷配施有利于延长轮作周期作物吸氮量的递减率。与吸氮量不同,轮作周期内作物吸磷量变化无规律,这可能与磷肥后效有关。现已证明,黄绵土土壤施氮无后效,磷肥后效可延长至 3 年。尽管如此,氮、磷肥与有机肥配合施用有利于增加作物对氮磷的吸收。氮磷配合施用,氮、磷肥转化率分别为 30.0% 和 8.7%,而氮磷单施,氮、磷肥转化率仅为 6.9% 和 5.1%。从而说明,氮磷合理配合是提高土壤养分有效转化的主要途径。

表 8-10 长期施肥与作物轮作周期吸氮、磷量的关系 (单位:kg/hm^2)

吸氮、磷量	轮作周期	CK	P	N	NP	M	MN	MNP
吸氮量	第一轮作周期	55.94	52.36	64.36	117.38	70.99	112.89	144.45
	第二轮作周期	29.59	38.22	41.73	111.36	46.10	115.92	133.05
	第三轮作周期	26.41	37.35	44.20	104.34	47.49	117.01	143.94
	第四轮作周期	22.91	31.61	42.83	78.16	46.99	90.18	110.05
	总吸氮量	134.85	159.54	193.12	411.24	211.57	436.00	531.49
	递减率(%)	25.7	15.5	12.7	12.7	12.8	7.2	8.7
吸磷量	第一轮作周期	7.75	11.75	5.84	15.77	11.83	12.22	22.25
	第二轮作周期	3.28	9.78	3.42	13.89	10.48	13.76	21.49
	第三轮作周期	3.28	7.42	3.83	10.54	9.51	11.88	19.09
	第四轮作周期	6.36	13.31	7.29	16.49	16.69	19.95	27.08
	总吸磷量	20.66	42.26	20.37	56.69	48.51	57.81	89.92

注:小区面积 7 m×2 m,处理为 CK、N、P、NP、MN 和 MNP,重复 3 次。有机肥(M)7 500 kg/hm^2,氮肥(N)尿素 114 kg/hm^2,三料磷肥(46% P_2O_5)57 kg/hm^2。轮作方式为:谷子—荞麦—谷子—糜子,4 年为一轮作周期。

氮磷配施在增加作物对氮磷吸收的同时,也显著地增加了作物产量。结果表明(见表 8-11),氮磷配施 16 年作物产量达到 20 750 kg/hm^2,分别比单施氮磷增加了 164.2% 和 90.1%。其中,单施氮肥仅比对照增产 10.3%,单施磷肥比对照增产 53.3%,黄绵土土壤施磷肥的效果优于施氮肥。氮磷肥与有机肥混合施用均比氮磷肥单施产量成倍提高。

表 8-11 长期施肥对作物产量的影响 (单位:kg/hm^2)

试验年份	轮作周期	CK	P	N	NP	M	MN	MNP
1983 ~ 1986	第一轮作周期	2 507	3 420	2 505	5 582	3 612	5 132	6 635
1987 ~ 1990	第二轮作周期	1 188	2 183	1 292	4 494	2 348	4 988	6 071
1991 ~ 1994	第三轮作周期	1 460	2 157	1 589	4 913	3 023	5 576	7 308
1995 ~ 1998	第四轮作周期	1 964	3 155	2 469	5 762	4 523	7 066	8 813
1983 ~ 1998	总产量	7 118	10 915	7 854	20 750	13 505	22 761	28 826

注:有关数据同表 8-10。

(二)叶面喷施尿素可有效地提高作物氮磷肥利用率

除化肥直接施入土壤外,叶面施肥也是一条有效的施肥途径。但是,在大多数情况下，叶面施肥不能代替土壤施肥，它是一个施肥的辅助措施，只有在特殊条件下采用。黄土高原由于降雨与作物生长需水临界期不同步，限制作物根系对土壤养分的吸收。因此，在作物需肥关键期，通过叶面直接施肥，可有效提高化肥的利用率。由于尿素是有机态小分子，不带电荷，易被叶面吸收而不损伤角质层，是一种较好的叶面喷施的化肥，自 1957 年 Finney 进行小麦叶面喷施以来，一直受到人们的青睐。

研究结果（见表 8-12）表明，当施氮量相同时，将一部分氮肥作为叶面喷施，可有效提高化肥氮的有效转化。但施肥处理不同，提高的程度有所差异，N、P 配合处理，叶面喷施尿素可将氮肥转化率提高 4 ~ 13 个百分点，而土壤仅施氮肥不施磷肥，叶面喷施尿素将氮肥转化率仅提高 2 ~ 8 个百分点。叶面喷施尿素不仅能提高氮肥的转化率，在一定程度上也能促进作物对磷素的吸收。作物不同，叶面喷施尿素增加磷素转化程度不同，黄豆表现最为显著。当对作物仅单施氮肥时，叶面喷施尿素，土壤磷素转化率由 7.2% 提高到 22.62%，提高了 2.1 倍；氮肥与有机肥混施，磷肥转化率由 8.16% 提高到 22.48%，提高了 1.8 倍。

表 8-12　梯田糜子、谷子及黄豆叶面喷施尿素对氮磷转化率的影响　（%）

年份	作物	N、P 转化率	N		NP		MN		MNP	
			常规施 N	喷施	常规施 N	喷施	常规施 N	喷施	常规施 N	喷施
1996	糜子	N	22.68	27.37	36.17	49.64	29.54	33.62	50.22	55.11
		P	2.95	2.97	14.89	17.46	4.16	4.17	8.54	10.54
1997	谷子	N	19.22	21.17	22.99	26.08	21.72	25.95	31.52	35.23
		P	4.59	6.21	7.87	9.12	5.53	8.88	9.09	11.45
1998	黄豆	N	36.03	42.16	51.31	57.87	23.75	25.78	31.17	33.15
		P	7.20	22.62	22.67	31.94	8.16	22.48	33.13	43.14

注：每公顷施有机肥（M）7 500 kg，纯氮（N）97.5 kg，P_2O_5（P）75 kg。叶面施肥处理将 1/5 施氮量作为叶面喷肥，分两次于作物拔节期喷施。

叶面喷施尿素促进了作物对土壤氮磷的吸收和转化，从而促进了作物生长和发育（见表 8-13）。与常规施肥相比，叶面喷施尿素，糜子产量增加了 8.0% ~ 24.7%，谷子产量增加了 6.9% ~ 33.3%，黄豆产量增加了 1.6% ~ 104.7%。其中，以单施氮肥产量增加最为明显。

表 8-13　梯田糜子、谷子及黄豆叶面喷施尿素对产量的影响　（单位：kg/hm^2）

试验年份	作物	N			NP			MN			MNP		
		施 N	喷施	增加（%）	施 N	喷施	增加（%）	施 N	喷施	增加（%）	施 N	喷施	增加（%）
1996	糜子	1 007	1 256	24.7	2 082	2 398	15.2	1 807	2 014	11.5	2 810	3 035	8.0
1997	谷子	1 796	2 394	33.3	2 128	2 721	27.9	1 106	1 257	13.7	1 779	1 901	6.9
1998	黄豆	1 254	2 567	104.7	2 255	2 654	17.7	1 653	2 891	74.9	3 057	3 105	1.6

注：施肥情况同表 8-12。

(三)合理耕作是提高氮磷转化的关键

水平沟耕作作为保护耕作的一种形式,在坡面上形成沟垄相间微地貌,可有效地拦截径流泥沙,在沟里施肥和播种,有利于种子萌发和对土壤养分的吸收利用。以往的研究证明,水平沟耕作可拦截径流20% ~40%,泥沙30%,增加作物产量10% ~25%。但在不同坡度上,水平沟耕作对养分转化率及作物产量的影响,很少有人进行过详细研究。

利用4年连续耕作试验资料,研究不同坡度上水平沟耕作的养分转化效应,结果表明(见表8-14),随坡度的增大,从0°到30°,不同年份的氮肥转化率在逐渐下降,其中25°和30°坡地下降最为明显。当坡度分别为0°、10°、20°、25°和30°时,水平沟耕作氮肥转化率分别为18.0%、17.5%、14.4%、9.9%和5.8%,平均为13.1%;传统耕作(平播)则分别为13.8%、16.4%、13.9%、8.6%和5.5%,平均为11.6%,与水平沟耕作相比,分别下降23.3%、6.3%、3.5%、13.1%和5.2%,平均为11.5%。在施肥量相同时,不同作物的氮肥转化率也不同,1996年和1998年糜子的氮肥转化率平均为10.7%,而1997年和1999年谷子转化率平均14.7%,比糜子增加了37.4%。在相同坡度上,不同作物的水平沟耕作对氮肥转化率贡献也有所差异,糜子1996年和1998年水平沟耕作仅比传统耕作平均增大2.9%,而谷子1997年和1999年平均增大10.9%。由此看来,水平沟耕作对谷子氮肥转化率影响程度较大。

表8-14　坡地水平沟耕作对氮转化率的影响　　(%)

年份	作物	耕作方式	0°	10°	20°	25°	30°	平均
1996	谷子	水平沟	18.1	17.9	15.3	10.1	5.6	13.4
		平播	15.9	14.3	12.7	8.7	5.6	11.4
1997	糜子	水平沟	14.6	14.5	12.4	8.2	4.6	10.9
		平播	14.6	13.7	12.6	7.4	4.4	10.5
1998	谷子	水平沟	22.7	22.1	19.6	12.7	9.9	17.4
		平播	22.6	22.3	19.5	10.4	8.7	16.7
1999	糜子	水平沟	16.6	15.5	10.2	8.4	3.2	10.8
		平播	15.7	15.4	10.7	7.9	3.2	10.6
平均	2季谷子 2季糜子	水平沟	18.0	17.5	14.4	9.9	5.8	13.1
		平播	13.8	16.4	13.9	8.6	5.5	11.6

注:1992年建成试验小区60个,小区水平投影面积4 m×10 m,坡向北偏东82°。小区四周用水泥板围埂,相邻小区留50 cm人行道,土壤为黄绵土。每小区播种25行,每行留苗30株。每个播种小区施0.3 kg NH_4NO_3,2 kg过磷酸钙(含$P_2O_5$11.8%),作种肥一次性施入,裸地小区不施肥。

0°水平沟耕作实际上是平地垄沟耕作,垄沟耕作是黄土区川平地耕作的主要方式。表8-14也同时表明,垄沟耕作和传统耕作的氮肥转化率平均为18.0%和13.8%,垄沟耕作比传统耕作平均增加了30.4%。垄沟耕作比水平沟耕作对作物氮肥转化率具有显著的影响。

水平沟耕作有利于增加作物对化肥的利用,拦蓄径流和泥沙,因此在施肥量相同时,对作物产量也产生影响。表 8-15 表明,与氮肥转化率相同,随坡度的增大,不同作物产量逐渐下降,当坡度达到30°时,不同耕作的作物平均产量仅为807 kg/hm^2,占0°的38.7%,占10°坡地的21.9%。当水平沟耕作坡度分别是0°、10°、20°、25°和30°时,分别比传统耕作产量增加15.9%、28.8%、28.4%、24.7%和32.8%,平均增大24.7%,其中以0°(垄沟耕作)增加最少,表明水平沟耕作对作物产量的影响程度明显大于垄沟耕作。

表 8-15　坡地水平沟耕作对作物产量的影响　　(单位:kg/hm^2)

年份	作物	耕作方式	0°	10°	20°	25°	30°	平均
1996	谷子	水平沟	2 025	1 895	1 637	1 017	762	1 467
		平播	1 987	1 426	1 224	985	821	1 289
1997	糜子	水平沟	2 165	1 948	1 557	1 123	771	1 513
		平播	1 879	1 642	1 324	876	548	1 254
1998	谷子	水平沟	2 768	2 550	2 067	1 868	1 473	2 145
		平播	2 213	2 098	1 774	1 448	996	1 706
1999	糜子	水平沟	2 005	1 886	1 583	1 221	674	1 474
		平播	1 658	1 261	1 010	884	408	1 044
平均	2 季谷子 2 季糜子	水平沟	2 241	2 070	1 711	1 307	920	1 650
		平播	1 934	1 607	1 333	1 048	693	1 323

注:有关情况同表 8-14。

(四)减少化肥径流损失,提高氮磷肥有效转化

黄土丘陵区土壤侵蚀相当严重,它不仅造成严重的水土流失,而且导致土壤肥力退化。作物从土壤中吸收的营养元素绝大部分来自于水溶性矿质养分,径流流失的矿质氮约占施入氮肥的10%。流失的矿质氮数量虽少,却往往造成当季作物减产。因此,水土流失是造成坡地化肥利用率不高的一个重要原因。

1. 增施化肥促进作物生长,减少养分径流流失

施氮肥明显能促进谷子生长,随坡度的增大,氮肥效应降低。在其他条件(土壤、作物、降雨)相对一致时,土壤侵蚀和产流主要受作物生长状况和坡度的影响,氮肥通过调节作物生长来间接对侵蚀和产流产生影响(见表 8-16)。土壤中矿质氮的流失等于径流中矿质氮含量与径流量之积,由于高氮处理比低氮处理仅能减少径流 8%左右,而径流中铵态氮浓度平均增加50.4%,硝态氮浓度平均减少41.1%,结果表现为:高氮处理土壤铵态氮、硝态氮和矿质氮年平均流失量分别达到17.90、12.93、30.84 kg/km^2,与低氮处理相比,除铵态氮增加50.4%外,其余分别减少45.8%和13.8%;裸地对照分别增加71.1%、52.1%和60.4%。

作物地施氮肥高者土壤铵态氮流失多,硝态氮流失少;而裸地氮肥用量高者,矿质氮流失多,原因在于:高、低氮处理作物地上部年平均吸氮量为40.3、24.1 kg/km^2,生物学产量分别达到4 185、2 039 kg/km^2。施氮量高的小区,作物吸氮量和生物产量较大,一方面对土壤氮素吸收利用程度较大,另一方面对径流阻力增大,结果表现为:增加土壤硝态氮

入渗，加强土壤表层铵态氮与径流相互作用。高氮处理小区能减少径流，由于径流铵态氮浓度增加幅度较大，与低氮处理相比，增加了土壤铵态氮的流失；减少径流和径流硝态氮浓度的双重作用，使土壤硝态氮流失减少程度最大。高、低氮处理裸地，在无作物情况下，土壤矿质氮流失主要受土壤含量的影响，含量高者流失量大。

表 8-16 施氮肥与土壤矿质氮流失的关系

坡度(°)	处理	径流量($m^3/(km^2 \cdot a)$)	铵态氮流失		硝态氮流失		矿质氮流失	
			流失量($kg/(km^2 \cdot a)$)	施肥增加(%)	流失量($kg/(km^2 \cdot a)$)	增加(%)	流失量($kg/(km^2 \cdot a)$)	增加(%)
10	低氮	14 239	10.40	67.7	26.91	-70	37.31	-29.4
	高氮	13 484	17.44		8.89		26.33	
20	低氮	16 500	12.38	1.9	23.77	-22.8	36.15	-14.3
	高氮	15 317	12.62		18.35		30.97	
25	低氮	21 483	14.15	13.6	25.99	-56.6	40.14	-31.9
	高氮	18 762	16.07		11.28		27.35	
30	低氮	21 827	10.70	138.1	18.77	-29.6	29.47	31.3
	高氮	20 258	25.48		13.21		38.69	
平均	低氮	18 512	11.90	50.4	23.86	-45.8	35.77	-13.8
	高氮	16 955	17.90		12.93		30.84	
25	CK 无氮	22 545	11.50		20.51		32.01	
	CK 低氮	22 006	16.67	45.0	21.79	6.2	38.46	20.1
	CK 高氮	21 967	28.53	71.1	33.15	52.1	61.68	60.4

注：小区水平投影面积 4 m×10 m，坡向北偏东 82°。1997 年匀地种植糜子，1998 年试验小区供试作物谷子，每小区播种 25 行，每行留苗 30 株，品种晋汾 7 号。4 月 5 日播种，10 月 8 日收获。磷肥作为底肥，用量每小区 2 kg 过磷酸钙（含 P_2O_5 11.8%）。处理为高氮和低氮两个水平，高氮：种肥每小区 0.3 kg 硝酸铵，追肥每小区 1.7 kg 硝酸铵；低氮：种肥每小区 0.3 kg 硝酸铵，追肥每小区 0.7 kg 硝酸铵。小区坡度分别为 10°、20°、25°和 30°，重复 3 次。利用 3 个 25°坡度小区安排对照处理，不种作物，处理为不施 NP 肥、高氮和低氮。

表 8-17 表明，随坡度的增大，土壤侵蚀量急剧增加，高氮处理侵蚀量略小于低氮，分别为 1 094、1 162 $t/(km^2 \cdot a)$，平均减小 5.9%。但由于泥沙有机质富集的缓冲效应，高氮处理有机质平均流失量为 5 702 $kg/(km^2 \cdot a)$，低氮处理则为 5 743 $kg/(km^2 \cdot a)$，高氮处理比低氮仅减少 0.7%；高氮处理泥沙全氮含量为 0.536 g/kg，比低氮处理全氮含量 0.481 g/kg 高 11.4%，而高氮处理泥沙全氮流失量为 498 $kg/(km^2 \cdot a)$，却比低氮处理 559 $kg/(km^2 \cdot a)$ 减少了 10.9%。在不同坡度上，高氮处理比低氮处理均不同程度减少土壤有机质和全氮流失。

2. 氮磷合理配施

随 N、P 用量的提高，土壤侵蚀量逐渐减少（见表 8-18）。但由于泥沙有机质和全氮富集的缓冲作用,使 NP 配合对土壤全氮流失的减少作用下降。具体表现为:当 N 处在 N_0、N_1 和 N_2 水平时,土壤侵蚀量平均分别为 541、401、319 t/(km^2·a),N_2 比 N_0 水平减少 41.0%;土壤有机质流失量则分别为 3 338、2 987、3 058 kg/(km^2·a),N_2 水平比 N_0 水平仅减少 8.4%;全氮流失量分别为 248、223、215 kg/(km^2·a),N_2 比 N_0 水平仅减少 13.3%;当 P 处在 P_0、P_1 和 P_2 水平时,土壤侵蚀量平均分别为 507、410、346 t/(km^2·a),P_2 水平比 P_0 水平减少 31.8%;相应土壤有机质流失量则依次为 3 672、3 072、2 640 kg/(km^2·a),P_2 比 P_0 水平减少 28.1%;全氮流失量依次为 261、223、203 kg/(km^2·a),P_2 比 P_0 水平减少 21.9%。结果表明,在黄绵土上,施肥具有减蚀效应,以氮肥减蚀效应较为突出;合理的 NP 配合,可有效地减少土壤有机质和全氮的流失。

表 8-17　氮肥对土壤全氮和有机质流失的影响

坡度(°)	处理	侵蚀量(t/(km^2·a))	土壤有机质流失量(kg/(km^2·a))	土壤全氮流失量(kg/(km^2·a))
10	低氮	167	1 324	123
	高氮	128	1 041	105
20	低氮	843	5 842	553
	高氮	840	6 334	412
25	低氮	1 313	7 418	673
	高氮	1 191	7 182	581
30	低氮	2 323	8 386	888
	高氮	2 218	8 251	893
平均	低氮	1 162	5 743	559
	高氮	1 094	5 702	498
25	CK 无氮	2 648	8 434	965
	CK 低氮	2 629	8 301	911
	CK 高氮	2 607	8 511	979

注:有关情况同表 8-16。

表 8-18　NP 配合对土壤全氮和有机质流失的影响

处理	侵蚀量(t/(km^2·a))	有机质流失量(kg/(km^2·a))	全氮流失量(kg/(km^2·a))
N_2P_2	296	2 883	202
N_2P_1	318	2 875	210
N_2P_0	342	3 417	234
N_1P_2	301	2 089	175
N_1P_1	399	3 032	234

续表 8-18

处理	侵蚀量 (t/(km² · a))	有机质流失量 (kg/(km² · a))	全氮流失量 (kg/(km² · a))
N_1P_0	508	3 840	259
N_0P_2	440	2 948	231
N_0P_1	512	3 308	225
N_0P_0	670	3 759	289
CK	1 592	7 084	668

注:小区水平投影面积为 3 m×6.7 m,坡向北偏东 80°。1997 年种植谷子,1998 年试验小区供试作物黄豆,每小区播种 25 行,每行留苗 30 株,品种晋遗 19 号。4 月 5 日播种,10 月 8 日收获。试验处理为:N_0P_0、N_0P_1、N_0P_2、N_1P_0、N_1P_1、N_1P_2、N_2P_0、N_2P_1、N_2P_2 和对照 9 个,两次重复,仅下排 10 个小区一次重复布设径流装置。NP 具体用量为:N_0 不施肥,N_1 每公顷施 55.2 kg N,N_2 每公顷施 110.4 kg N,氮肥品种为尿素;P_0 不施磷肥,P_1 每公顷施 45 kg P_2O_5,P_2 每公顷施 90 kg P_2O_5,磷肥品种为过磷酸钙(含 P_2O_5 11.8%)。磷肥作种肥一次施入,尿素 1/5 作种肥,4/5 作追肥,于 7 月 1 日穴施。田间管理同一般大田。

作物对土壤氮素的吸收,减少了土壤氮素流失,相关分析表明(见表 8-19),作物吸氮量与土壤全氮流失量的相关系数为 $-0.814\ 8^{**}$,则作物对土壤氮素利用程度愈高,土壤氮素流失愈少。

表 8-19 NP 配合对作物性状的影响

处理	地上部产量(kg/hm²)	籽粒产量(kg/hm²)	地上部吸氮量(kg/hm²)
N_2P_2	3 261	1 713	39.3
N_2P_1	2 873	1 537	36.0
N_2P_0	2 415	1 232	32.7
N_1P_2	2 869	1 479	35.9
N_1P_1	2 494	1 351	28.9
N_1P_0	2 282	1 205	26.7
N_0P_2	2 690	899	19.9
N_0P_1	1 639	807	18.0
N_0P_0	1 462	731	13.9

注:有关情况同表 8-18。

3. 水平沟耕作

1998 年 6 次大田小区产流结果(见表 8-20)表明,不同坡度水平沟与传统耕作径流量均有变动,但趋势大致相似:随坡度增大产流量增加,但在不同坡度上,水平沟对径流减少作用不一,水平沟平均仅减少径流 7.2%。

水平沟耕作也影响径流液中矿质氮含量,在原地土壤矿质氮含量基本一致时,与传统耕作相比,径流中铵态氮浓度均有所提高,而硝态氮反而下降。水平沟对径流中铵态氮和硝态氮浓度影响不一致的原因,可能是水平沟对径流的拦蓄作用加强了土壤硝态氮的入渗，并使表层土壤与径流相互作用充分且作用时间延长，吸附于土壤颗粒表面和溶解于土壤溶液中铵态氮更易向径流中释放和扩散，相应增加径流中铵态氮浓度。

表 8-20　水平沟耕作对径流中矿质氮流失的影响

坡度(°)	耕作措施	径流(m^3/km^2)	土壤中矿质氮含量(mg/kg)			径流中矿质氮含量(mg/kg)			径流矿质氮流失(kg/km^2)		
			NH_4^+	NO_3^-	合计	NH_4^+	NO_3^-	合计	NH_4^+	NO_3^-	合计
10	传统	14 239	2.24	4.56	6.80	0.73	1.89	2.62	10.40	26.91	37.31
	水平沟	12 823	2.26	4.65	6.91	0.86	1.45	2.31	11.09	18.59	29.68
	裸地	16 305	1.11	3.54	4.65	0.89	0.53	1.42	14.42	8.66	23.08
20	传统	16 500	2.20	4.65	6.85	0.75	1.44	2.19	12.38	23.77	36.15
	水平沟	16 666	2.22	4.55	6.77	0.83	0.92	1.75	13.83	15.31	29.14
	裸地	19 791	1.00	4.12	5.12	0.75	0.65	1.40	14.84	12.86	27.71
25	传统	21 183	1.98	3.52	5.50	0.66	1.21	1.87	14.15	25.99	40.14
	水平沟	18 313	1.75	3.26	5.01	0.75	0.85	1.60	13.73	15.57	29.30
	裸地	21 079	0.85	3.24	4.09	0.61	0.78	1.39	12.84	16.49	29.33
30	传统	21 827	1.55	3.27	4.82	0.49	0.86	1.35	10.70	18.77	29.47
	水平沟	20 905	1.20	3.89	5.09	0.64	0.73	1.37	13.37	15.26	28.63
	裸地	22 848	0.65	3.24	3.89	0.51	0.92	1.44	11.76	21.08	32.84
平均	传统	18 512	1.99	4.00	5.99	0.64	1.29	1.93	11.90	23.86	35.77
	水平沟	17 176	1.86	4.09	5.95	0.76	0.94	1.70	13.01	16.18	29.19
	裸地	19 980	0.90	3.54	4.44	0.67	0.74	1.41	13.47	14.77	28.24

注：同表 8-14。

利用 6 次产流 24 组数据，采用相关分析评价不同耕作措施下产流量对土壤有效流失的贡献，结果表明，水平沟耕作下，产流量与铵态氮、硝态氮和矿质氮流失量之间的相关系数分别达到 0.656 4**、0.665 4** 和 0.712 5**；传统耕作下分别达到 0.745 6**、0.521 8** 和 0.754 2**；裸地情况下分别达到 0.552 4**、0.693 2** 和 0.846 1**，相关分析反映径流量与土壤矿质氮流失关系密切。因此，水平沟减少土壤矿质氮素流失的作用主要通过防止径流流失来实现。

通过水平沟耕作在坡面上形成较大的垄和沟，增加地表粗糙度，拦截径流泥沙。测定结果表明（见表 8-21），当坡度分别是 10°、20°、25° 和 30° 时，水平沟比传统耕作减少土壤流失 17.4%、21.4%、37.5% 和 19.9%。水平沟耕作在拦截泥沙的同时，也可有效地减少泥沙养分的流失。研究结果表明，随坡度的增大，土壤氮素及有机质流失加剧，当坡度分别是 10°、20°、25° 和 30° 时，水平沟与传统耕作相比，减少土壤有机质损失能力依次为 7.7%、12.0%、21.0% 和 11.2%，减少土壤全氮流失能力依次为 4.9%、14.6%、27.1% 和 15.5%。表明与传统耕作相比，水平沟耕作在 25° 坡地减少土壤有机质和全氮流失的能力最强。

表 8-21　水平沟耕作与土壤氮素流失

坡度(°)	耕作	土壤侵蚀量(t/km^2)	养分富集率		泥沙养分流失(kg/km^2)	
			有机质	全氮	有机质	全氮
10	传统	167	2.52	3.85	1 357	123
	水平沟	138	3.01	4.39	1 252	117
	裸地	1 013	1.77	2.32	5 570	526
20	传统	843	2.46	3.09	6 358	553
	水平沟	663	2.76	4.07	5 592	472
	裸地	1 526	1.30	2.31	6 666	688
25	传统	1 313	2.07	2.67	7 951	672
	水平沟	820	2.39	2.91	6 279	490
	裸地	2 648	1.10	1.74	8 821	955
30	传统	2 324	1.40	1.93	8 649	888
	水平沟	1 862	1.49	2.08	7 681	750
	裸地	3 411	1.02	1.62	10 644	1 203
平均	传统	1 162	1.76	2.42	6 070	559
	水平沟	871	1.99	2.73	5 201	457
	裸地	2 150	1.18	1.86	7 925	843

注:同表 8-18。

1983～1998 年连续 16 年坡地长期施肥试验资料结果表明,随轮作周期的延长,不同处理作物对氮的吸收量在逐渐下降,氮磷配施有利于延长轮作周期作物吸氮量的递减率。氮磷配合施用,氮、磷肥转化率分别为 30.0% 和 8.7%,而氮磷单施,氮、磷肥转化率仅为 6.9% 和 5.1%。氮磷配施 16 年作物产量达到 20 750 kg/hm^2,分别比单施氮磷增加了 164.2% 和 90.1%。黄绵土土壤施磷的效果优于施氮。氮磷与有机肥混合施用均比氮磷单施产量成倍提高。

1996～1998 年连续 3 年叶面喷施尿素试验结果表明,叶面喷施尿素可将氮肥转化率提高 4～13 个百分点,叶面喷施尿素不仅能提高氮肥的转化率,在一定程度上也能促进作物对磷素的吸收。叶面喷施尿素,土壤磷素转化率由 7.2% 提高到 22.62%,提高了 2.1 倍;氮肥与有机肥混施,磷肥转化率由 8.16% 提高到 22.48%,提高了 1.8 倍。与常规施肥相比,叶面喷施尿素,糜子产量增加了 8.0%～24.7%,谷子产量增加了 6.9%～33.3%,黄豆产量增加了 1.6%～104.7%。

1996～1999 年连续 4 年水平沟耕作试验结果表明,水平沟耕作可增加作物对化肥氮素的转化,氮肥转化率平均达到 13.1%,与传统耕作相比,氮肥利用率平均增加了 30.4%。而四季作物产量则分别达到 1 650、1 323 kg/hm^2,水平沟耕作比传统耕作平均增产 24.7%。

不同坡度上，高氮处理土壤有机质和全氮流失量分别达到5 702、498 kg/(km^2·a)，比低氮处理分别减少0.7%和10.9%；铵态氮流失为17.9 kg/(km^2·a)，比低氮处理增加50.4%；硝态氮流失为12.93 kg/(km^2·a)，比低氮处理减少45.8%。增施氮肥并不能增加土壤有机质、全氮和铵态氮的流失。作物对土壤氮素的吸收，减少了土壤氮素流失。作物吸氮量与土壤全氮流失量的相关系数为-0.814 8**，作物对土壤氮素利用程度愈高，土壤氮素流失愈少。水平沟耕作土壤有机质、全氮和硝态氮流失量分别达到7 681、750、15.26 kg/(km^2·a)，分别比传统耕作减少11.2%、15.5%和18.7%；而铵态氮流失量为13.37 kg/(km^2·a)，比传统耕作增加了28.0%。水平沟耕作并不能减少土壤铵态氮的流失。

第九章　黄土高原地区山地果园建设与丰产栽培技术

第一节　山地果园建设的意义

黄土高原地区是我国苹果、梨、枣等多种果树生产的适宜产区之一，山坡地是黄土高原地区果品生产的重要基地。该区山坡地日平均温度比塬区高0.8～1.2 ℃，昼夜温差在生长季节达10 ℃以上；排水良好，有利于增加土壤空气含量；梯田通风透光良好，且生产的果品着色好，含糖量高，贮存期长。根据国务院关于“退耕还林（草）”的指示精神，坚持“果树上山下滩，不与粮棉争地”的方针，大力发展黄土高原地区的山地果树，是该区治理水土流失、改善生态环境与实现山坡经济持续发展的重要途径。

一、山地果园建设对生态环境的影响

黄土高原地区山坡地面积大，建设山地果园可以有效地利用山坡地资源，减少水土流失，改善生态环境。主要表现在：果园地通常要将坡地修成水平阶、坡式梯田、水平梯田等，从而减少了地面坡度和坡长，改变了地形，拦蓄调节了地表径流，减少了水土流失；栽植果树增加了地表覆盖度，调节了园地小气候，固结土体，拦截雨水，避免雨滴直接击溅地表，从而减缓地表径流的形成，减轻了土壤侵蚀强度；果园各项配套管理措施的应用提高了土壤有机质含量，改进了土壤理化性状。据西峰水保站南小河沟山地果园径流泥沙测定，水平梯田果园拦蓄效益为100%，水平阶为96%，鱼鳞坑为70%，因此山坡地果园的建设对改善生态环境具有显著的作用。

二、山地果园建设对经济发展的影响

果业生产是黄土高原地区农业生产的重要组成部分，果业收入在本项目研究期间曾一度成为黄土高原地区农村经济的强劲增长点，目前果业收入仍为相当多数农民收入的主要来源。黄土高原地区大部分山坡地农作物生产效益低下，每公顷产值在1 500元左右，农民收入极低，生活比较贫困。利用山坡地发展果业生产，既可保护优良农田，提高山坡地生产力，增加国家税收，壮大地方经济，提高农民收入，同时可以满足城乡果品需求，繁荣市场经济，推动果品贮藏、加工、营销业的不断发展，为农民增加收入和就业机会。据调查，山地果园每公顷产量可达到30 000～37 500 kg，收入4.5万～15万元，产投比达到（3～7）:1，是粮食种植的7～8倍。不少果农因此发家致富，过上小康生活。

第二节　黄土高原地区山地果树栽培的主要技术

一、山地苹果树栽培的主要技术

（一）主栽品种

根据“因地制宜，适地适树”的原则和商品化生产的目标，目前黄土高原地区生产上主要栽培和有发展潜力的品种仍然以优质、晚熟、耐贮的红富士为主，有长富1、秋富2、岩富10、烟富6、宫崎短富士、惠民短枝富士、礼富1号、寿红、2001富士等，早熟品种有皇家嘎啦、藤牧1号、摩力士等，中熟品种有新红星、津轻等，秦冠在一些地区仍为主要栽培品种，但发展潜力不大。其他品种如乔纳金、金矮生、王林、早捷等属零星栽植，规模较小。

（二）建园

选用品种纯正的优质无病毒一级苗木，山坡地栽植株行距3 m×（2～4）m，每公顷825～1 245株；旱塬地栽植株行距3 m×（4～5）m，每公顷660～825株；矮化中间砧、短枝品种栽植株行距（2～2.5）m×（3～4）m，每公顷1 005～1 665株。一般采用南北行定植，山坡地采用等高线定植，部分高水平管理园采用计划密植或集约化育苗式建园。

根据主栽品种选用适宜的授粉树，授粉品种比例为10%～20%，授粉品种栽植距离不超过30 m，主要配置方式有对等式、差量式、复合式和山地等高配置四种形式。

栽植时间为春栽或秋栽，一般夏季挖坑施肥，秋季栽植，也可秋季挖坑施肥，春季栽植。栽植方式采用栽植沟或穴栽法，即按行挖深、宽各1 m的栽植沟或1 m^3的定植穴。每公顷施有机肥45 000 kg左右，栽植时每株施过磷酸钙1.5 kg，磷酸二铵0.2 kg，栽后及时灌水。秋季栽苗木要压倒埋土防寒，春季栽苗树盘要及时覆膜。按70 cm高定干，套塑料袋保湿、保温。

（三）土肥水管理技术

1. 土壤管理

土壤管理采用清耕、生草、覆盖等制度。果树定植后逐年扩穴深翻或条沟深翻土壤，以秋季为好，深度为80～100 cm。每年沿定植穴向外扩宽80 cm，或沿栽植沟向外拓宽50～60 cm。深翻时尽量避免损伤粗根，并施足有机肥，填土后灌透水。每年对隙地进行春、秋季深耕，深度20～30 cm，耕后耙平。幼树期采用树盘或树行地膜覆盖。覆膜宽度0.8～1.4 m，土壤早春解冻追肥，浇水后及时覆盖。秋季深施基肥、浇水后覆盖。隙地间作豆科、薯类或蔬菜等低秆作物，间作物距离树干最少1 m，间作带面积不超过果树面积的50%，间作物收获后秸秆通过深翻施入土壤或覆于树盘。盛果期果园土壤多采用生草制、覆盖制或二者并用，树盘采用覆草，隙地种植三叶草、草木樨、箭舌豌豆等绿肥作物，以行间种植为主，刈割后直接翻压在树盘下，或作为树盘覆盖物。树盘覆盖多采用作物秸秆或间作的绿肥，厚度20 cm，每公顷用草量45 000 kg，覆草前应适量追施尿素。随覆盖物的腐烂，覆盖层变薄，应及时添草保持15 cm的厚度，覆草应坚持4～5年，然后翻入土壤。树盘也可采用地膜覆盖。

2. 施肥

利用果园隙地及空闲地种草发展畜禽养殖业及农村沼气，种养结合，多途径解决有机肥源，同时利用农作物秸秆和落叶还园，补充土壤有机养分。有机肥以秋施最好，一般在8月下旬至9月初，幼龄园采用环状沟施肥，每公顷施用量15 000 ~ 37 500 kg；成龄园采用放射沟或平行沟施肥，每公顷施用量45 000 kg以上或产量的1.5倍。苹果园氮、磷、钾肥的适宜配比1∶1∶1。每年幼树结果前株施纯氮75 ~ 750 g，初结果树200 ~ 500 g，结果树500 ~ 1 000 g。每百千克产量的施肥量为纯氮0.8 ~ 1.0 kg，纯磷1.0 ~ 1.5 kg，纯钾0.8 ~ 1.0 kg。化肥随秋基肥施入全年用量的1/2以上，其余在生长季分2 ~ 3次追施。第一次在萌芽前追施，以速效氮肥为主；第二次在花芽分化前施用，以磷肥为主并施加适量氮肥，选用磷酸二铵较为理想；第三次在果实膨大期追肥，以速效钾为主。科学施肥方法是以土壤诊断和树体诊断为依据进行配方施肥。对果树缺少微量元素的，可采用叶面喷施、枝干注射、土壤施用进行矫正。同时苹果园还可采用高美施、稀土微肥、叶面宝、增产菌、丰产素等高效浓缩肥料，效果较好。

3. 水分管理

黄土高原地区果园灌溉的方式主要采用畦灌、滴灌、渗灌、低压管灌和穴贮肥水覆膜灌，以渗灌和穴贮肥水覆膜灌效果最好。果园的灌水量一般按以下公式计算：

$$W = \frac{ShV(H - HR)}{100}$$

式中：W为灌水量，t；S为灌溉面积，hm^2；h为灌水深度，m；V为土壤容重；H为田间持水量；HR为灌前土壤含水量。

一般认为，果树生长期土壤水分保持田间持水量的60% ~ 80%最适宜，低于60%时须进行灌溉，灌水时期一般保证冬灌、春灌，其他季节根据干旱情况调节灌水。同时应采用多种节水栽培措施。例如深耕松土，雨后中耕、地膜覆盖，树盘覆草。FA旱地龙、保水剂和抗蒸腾剂的应用也具有良好的效果。

（四）树体管理技术

1. 整形修剪

乔化品种树形采用小冠疏层形和改良式纺锤形，矮化、短枝密植园采用细长纺锤形，计划密植园临时株多采用折叠式扇形。小冠疏层形树高3.5 ~ 4 m，干高40 ~ 60 cm，第一层3个主枝，第二层2个主枝，层间距80 ~ 100 cm，树形完成后落头。改良式纺锤形树高3 ~ 3.5 m，干高40 ~ 60 cm，中心干下部着生3个永久性主枝，3个主枝层内距25 ~ 30 cm，在基部第三主枝上50 cm开始培养第一小主枝，向上每30 cm培养1个小主枝，螺旋上升、错落排列，小主枝上无侧枝。要求主枝、枝组粗度不能超过着生部位粗度的1/3 ~ 2/3。折叠式扇形干高40 ~ 50 cm，全树由4 ~ 5个向行间延伸的水平枝组成，一边2 ~ 3个，其上着生中小型枝组，各水平枝相距40 ~ 50 cm，树高不超过2.5 m，冠宽2 m。

修剪采用四季修剪，即“春刻芽，夏拉枝，秋开角，冬疏截”，春季修剪以刻芽和花前复剪为主，对辅养枝两侧每隔10 cm刻芽，距芽前0.5 cm，缺枝的部位重刻、近刻，并涂抹发枝素，抹掉竞争芽、背上芽，并进行花前复剪，调整花芽量。夏季修剪主要采用拉枝、拿枝、摘心、扭梢、除萌、环割、刻伤等措施，配套应用，缓和树势，促进枝类转化和花芽分化。拉枝、拿枝主要对骨干枝、辅养枝的开角变向。环切、环割一般在5月中旬至6月中旬采用，用于旺枝旺树，环割以1～3圈为宜，环剥以枝干粗度的1/10为宜，环剥后最好用塑料纸包扎。摘心主要用于延长头，延长头长到60～70 cm时摘心可促发二次枝，加速树冠成形。扭梢主要用来控制背上枝，一般5月中下旬开始采用，当枝条长到15～20 cm时，留基部5 cm半木质部位扭转180°，可促进成花，培养小型枝组。秋季修剪主要为开角和摘心，秋季开角易固定，可采用拉、撑、吊等办法开张枝条角度，调整方位角，角度以不同树形要求为准。幼旺树对延长头9月初摘心，可促进枝条充实。冬季修剪多采用短截和疏枝。幼树修剪量要轻，除中心干延长头、各主枝延长头进行短截外，疏除密生枝、病虫枝，其余枝条尽量不动。苹果树进入盛果期，多采用开心落头，清理内膛，处理裙枝。三套枝修剪，疏截结合，调整结果与生长平衡关系。同时，成花素、整形素、发枝素、矮状素等化学药剂在果树修剪中也具有良好的效果。

2. 花果管理

采用疏花疏果结合人工授粉，定量生产，单果管理。疏花疏果先疏蕾，后疏果，每20～25 cm留一个果，按干周法和计划产量定果，授粉时间在盛花期，多采用点授、喷雾或果园放蜂。为提高果实品质可采用套袋、喷果形剂、增色剂、Ca肥、硼肥、摘叶转果、覆反光膜等措施。套袋一般在定果后10～15天进行，采收前30天除袋，套袋前喷一次杀菌剂。喷施化学药剂按说明书要求施用。摘叶转果在采前10～30天进行，摘除直接遮盖果面及果实附近5～10 cm叶片。转果是用手托住果实，向一个方向转动180°。铺反光膜在采前30～40天进行，范围以树冠投影面为主。此外，适时采收、调节树体通风透光、增施有机肥、及时防治病虫等措施对提高果实品质也特别重要。

（五）主要病虫害及防治技术

黄土高原地区苹果主要病虫害为腐烂病、锈病、炭疽病、白粉病、食心虫、叶螨、蚜虫、卷叶蛾、金龟甲等。以预防为主，采用性诱剂、糖醋液、黑光灯和田间调查等监测病虫害发生，及早采取化学、生物、农业综合防治措施。抓住关键防治时期，减少农药用量和次数，及早进行控制；大量应用高效低毒农药、生物制剂，引进繁殖害虫天敌，推广性诱剂、黑光灯、糖醋液诱杀方法，合理防治病虫害，减少果实农药残留，生产无公害果品。例如用菌毒清、中生菌素防治腐烂病、白粉病；性诱剂、黑光灯、糖醋液和白僵菌防治食心虫、卷叶蛾、金龟甲；用灭蚜菌、疏果净防治蚜虫；以及加强对瓢虫、草蛉、赤眼蜂等天敌的保护、引进和应用，都可有效防治病虫害。合理耕翻土壤、清洁果园、培土灭虫、剪除病虫枝、刮老翘皮等管理办法也可起到良好的作用。

二、山地梨树栽培的主要技术

（一）主栽品种

黄土丘陵沟壑区，特别第三副区是黄土高原地区的主要产梨区之一，白梨系统梨占70%，砂梨系统梨占25%，西洋梨系统梨占5%。其品种以早酥梨、砀山酥梨、雪花梨、锦丰梨、巴梨为主，还有金花梨、爱岩梨、冀蜜、红酥、晋酥和秦酥等引进品种。

（二）建园

品种配置。梨园设计以南北行为主，也可以根据地形地势栽东西行。密植园株行距用 2 m×4 m,每公顷 1 245 株;一般园株行距(3～4) m×(4～5) m,每公顷 990 株或 660 株。梨树自花结实率低,栽植时要配置 15%～20% 的授粉树,最好是主栽品种互为授粉树。如砀山酥梨可配置雪花梨、锦丰梨为授粉树;同时,雪花梨、锦丰梨可用砀山酥梨为授粉树(见表 9-1)。

表 9-1　梨树主要栽培品种与授粉品种

主栽品种	授粉品种
早酥梨、巴梨、红巴梨、红香酥、秦酥	砀山酥梨、雪花梨、锦丰梨
砀山酥梨、金花梨、冀蜜	雪花梨、锦丰梨
雪花梨、晋酥、晋蜜	砀山酥梨、锦丰梨、早酥梨
锦丰梨	早酥梨、砀山酥梨、金花梨
苍溪梨	早酥梨
爱岩梨	可不配授粉树

整地挖穴。按栽植密度和行画线、打点,挖方形或圆形穴,丰产沟的规格为宽深各 1 m 。挖穴或沟时,表土和底土分开堆放。挖好后先在穴(沟)底放入麦草、玉米秸、杂草等 10～20 kg,氮肥 0. 1 kg 与表土充分混合填入坑内踏实(表土不够可以行间补充),有条件的果园可顺沟(或穴)灌水一次,增加墒情。根据黄土高原地区实际,果园田间规划及挖穴沟在夏秋季进行有利于穴内蓄水和有机物的腐烂分解。

苗木选择。选择品种纯正、主干粗壮、嫁接部位愈合良好,嫁接口 10 cm 以上,苗高 1. 5 m 以上,直径在 1. 0 cm 以上,50～80 cm 整形带有 8 个左右的饱满芽,根系发达,有 3～5 条15 cm 以上侧根(最好选用根苗)的一级苗木。

苗木栽植。分为秋栽与春栽。春栽最好先一年秋冬挖好定植穴,放入底肥,灌足水,来年春季土壤解冻后尽早栽植,以提高成活率,减少缓苗时期,促进新梢生长。外运苗木在栽植时可预先在 5% 的尿素溶液中浸泡 24 小时,使其吸足肥水。然后根系蘸泥浆(由适量鲜牛粪和过磷酸钙或由奥普尔活性液肥 400 倍混合而成)。嫁接部位高出地面 10～20 cm,根系向四周舒展,填熟土、踏实、灌水、封土。秋栽最好在苗木栽后压倒埋土防寒越冬,增温保墒。

(三)土肥水管理

1. 土壤管理

深翻改土,结合施肥压青埋草,幼树期采用逐年扩穴措施深翻改土(60 cm 深),不断提高土壤有机质含量,改善土壤理化性状,促进梨树根系生长。以不影响梨树生长为前提,行间间作豆科和马铃薯等矮秆作物。进入盛果期后,最好种植多年生绿肥,每年刈割 2～3 次,割后将草覆于树盘。每年可结合灌溉、施肥中耕除草 3～4 次,行间中耕除草因间作物不同而异,果园可推行"草苷磷"等药剂进行化学除草,当草长到 20～30 cm 高度时,选无风晴天,每次每公顷用量 7. 5～15 kg,稀释成 200～300 倍,加洗衣粉 3 000 g 喷施,喷施时注意不要喷到树干和枝叶上,以免产生药害。

2. 施肥

果园施肥分基肥、追肥和根外追肥。每生产百千克果需纯氮 1.5 kg、纯磷 0.75 kg 和纯钾 1.5 kg。施肥以农家肥为主，并适量配施氮磷钾肥，幼树每株 20 ~ 25 kg，成龄树“公斤果公斤肥”。施肥时期在根系第二次生长高峰前即 9 ~ 10 月。幼树和初果树每年应从定植穴边缘向外挖环状沟集中施肥，沟深 60 cm，宽 40 cm。盛果期后，根系交叉，可全园撒施后翻入土壤；追肥以化肥为主，春(花前、花后)、夏(果实膨大，花芽分化)、秋(果实生长后期)分期施入。以树干为中心，挖 20 cm 深的辐射沟，化肥与土壤拌匀后再覆土，避免烧根。花前或花后(3 月上中旬 ~ 4 月下旬)肥，以氮肥为主，追肥量为全年的 1/4；果实膨大和花芽分化(6 ~ 7 月)肥，以氮肥为主，配合磷钾肥，追肥量为全年的 1/4；果实生长后期(8 月中下旬)为氮磷钾完全肥料，追肥量为全年的 1/3。根外追肥主要在生长季节，根据树体生长结果情况，结合喷药或单独叶面喷施硼砂、尿素、磷酸二氢钾和有机腐殖酸复合液肥等，盛花期喷 0.2% 硼砂，幼果膨大期和疏果后喷 0.3% ~ 0.5% 尿素和叶面肥，能促进果实生长，提高光合作用，增加树体贮藏养分的积累；花芽分化期和果实急速生长期，喷 0.3% ~ 0.5% 磷酸二氢钾和叶面液肥，能促进花芽分化，增大果个，增进果实品质。

3. 水分管理

蓄水保墒在黄土高原地区的山地果园管理中尤为重要，梯田整地、增施有机肥、深翻改土、种植绿肥和覆草覆膜等技术措施作用显著。黄土高原地区近年来实施集雨工程，把有效的降雨拦截贮存，结合节水灌溉有计划地在果树生长发育的阶段调节使用，效果非常显著。同时，果树行间种植多年生绿肥作物，树盘或树带覆草也是一项提高有机质含量、减少土壤蒸发和蓄水保墒的有效措施。在蓄水保墒的基础上，有条件的果园可根据当年降水情况灌水 1 ~ 2 次，第一水在秋季施基肥的土壤结冻前灌冬水，水量要大，每公顷 750 ~ 900 m^3；第二水在 6 ~ 7 月份灌伏水，根据田间持水率而定。

(四)树体管理

1. 整形修剪

梨树生长旺盛，顶端优势强，枝条直立，分枝角度小，自然状态下，树体呈抱合状，上强下弱，外强内弱。随着品种的更新换代，栽植株行距的变小，整形修剪由大冠形向中小冠形、重剪向轻剪、多留枝留果向合理留枝留果方向发展。

梨树整形修剪乔化园采用主干疏层形、小冠疏层形和改良式纺锤形，密植园多采用细长纺锤形和折叠式扇形。小冠疏层形是目前推广的一种主要树形，适于 3 m × (4 ~ 5) m 株行距的梨园。其树体结构为：树高 3.5 m 左右，主干高 50 cm，中心干上着生 6 ~ 7 个主枝，分 2 ~ 3 层排列。第一层 3 ~ 4 个主枝，第二层留 2 个主枝，第三层 1 个主枝。第一层距第二层 1.0 ~ 1.2 m，层间配置 1 ~ 2 个大型结果枝组，第二层距第三层 50 ~ 60 cm。

苗木定植后，在距地面 80 cm 处定干，同时在剪口下 30 cm 内，选择不同方位的饱满芽 5 ~ 6 个进行刻芽，促发长枝。栽后第一年冬剪时，选中心干剪口下第一芽为延长枝，剪留 50 ~ 60 cm，疏掉剪口下竞条枝(不换头时)，选 3 ~ 4 个方位合理的枝条为第一层主枝，剪留枝长 40 ~ 50 cm。2 ~ 3 年生梨树冬剪时，继续对各级延长枝进行短截，加速扩大树冠，选留第一层主枝的侧枝和第二层两个主枝，疏除过密、竞争及背上直立枝，其余枝条缓放，每年 5 ~ 6 月份进行拉枝开角，主枝为 70°，辅养枝为 90°。4 ~ 5 年生梨树冬剪时，为进一步完成树形，局部缓放促花，增加产量，对各级骨干延长枝进行轻度短截，调整主从关系，控制第二层主枝长度为第一层的1/2左右，控制层间辅养枝的数量以及生长势和生长范围，疏除密生枝和直立枝，回缩更新单轴延伸枝组，继续缓放中庸枝、斜生辅养枝，培养结果枝组。

2. 花果管理

梨树为异花授粉，配置适当比例的授粉树是搞好授粉工作的前提。为提高果品质量与产量，在自然授粉的基础上，应积极推广人工授粉和壁蜂授粉。人工授粉分点授和喷液两种，以开花后第一、二天为宜。点授法是将花粉装入小瓶内，用毛笔沾取花粉，于初花期至盛花期在花朵的柱头上轻轻一点，每花序只点1～2朵健壮边花；喷液法是将花粉配成溶液，用超低量喷雾器喷到花朵柱头上，每5 kg水加入250 g白糖和15 g尿素，先配成糖尿液，再用250 g水加入25 g的糖和20 g花粉搅匀，用纱布过滤到糖尿液中。为提高花粉发芽率，可加入5 g硼砂，要求均匀喷洒。目前授粉壁蜂主要为角额、凹唇和紫壁三种（各地也有当地的野壁蜂）。甘肃天水果树所已引进多年，试放效果很好，授粉坐果、果实个头、产量及果形明显好于对照（自然授粉）。

疏花疏果是实现梨树稳产、高产、优质、克服大小年现象的重要措施，疏花比疏果更能节约贮藏养分，有利于坐果，有利于幼果果实细胞的分裂和膨大。疏花时间从现蕾期至盛花期越早越好，疏果一般在落花后两周开始，并在20天内疏完。留果时也可参考干周截面积和树冠投影面积推算，即每平方厘米干周截面积留果5.2个，每平方米树冠投影留果40～50个。每花序以留单果为主，部分花序可留双果。

套袋技术。套袋可提高果品外观质量和价值，一般从盛花后40天内完成。套袋前3天必须认真喷一次高效杀虫菌混合剂，套袋时必须将袋口绑严封紧，防止药液和黄粉蚜进入袋内。

（五）主要病虫害及防治

黄土高原地区山坡地梨园主要病害有梨黑星病、梨黑胫病 、梨腐烂病、梨轮纹病等；主要虫害有梨大食心虫、梨小食心虫、茶翅蝽、梨木虱、梨蚜等。防治病虫害以预防为主，综合防治，其方法主要包括：秋季或早春深翻树盘，消灭土壤中越冬病虫害，早春刮除翘皮，消灭树缝中越冬虫害。梨树花芽萌动后（3月上中旬），刮除梨黑胫病皮，涂抹843康复剂，全园喷布波美3～5度石硫合剂或索利巴尔50～80倍液，铲除树体越冬病菌和梨木虱、介壳虫等越冬害虫。花前或花后喷布杀虫剂，杀灭梨大食心虫、梨木虱、梨小食心虫、梨蝽象、梨蚜等；花后至麦收前，每隔15～20天喷布3～4次杀菌剂，控制梨黑星病、梨轮纹病的发生，果实采收前一个月内，为保护果品质量，再喷布1～2次杀菌剂；夏季根据梨小食心虫、梨木虱、梨蚜、梨蝽象发生情况，喷布杀虫剂。

三、山地枣树栽培的主要技术

黄土高原地区的枣树栽植主要集中在陕西、山西河谷地带，由于光照、温度等条件优越，适宜于果实糖分等干物质的积累，枣果品质上乘，栽培历史悠久，形成了比较成熟的栽培管理技术。

（一）选用优良品种

选择优良品种是枣树优质高产的重要环节。选用良种要注意与当地自然条件相适应，特别是以经济栽培为目的枣园建设更应如此。实践表明，在黄土高原地区分布的300多种红枣品种中，中阳木枣（柳林木枣）、骏枣、绥德木枣（油枣、黄河畔枣）、民勤小枣、绥德牙枣、板枣和相枣等是适宜栽培的品种，其产量和品质相对稳定，抗裂性较好，应作为主栽品种。

（二）建园技术

1. 栽植形式与栽植密度

黄土高原地区的枣树栽植形式主要有宅旁零星栽植、片林、枣粮间作和密植等。零星栽植的枣树数量很多，群众多在房前屋后、道路两旁、沟坡堤岸及闲散土地上栽植枣树。这种经营方式不受规格限制，既美化了环境，又有一定的经济收入，但管理一般较为粗放，且树势较弱，产量较低。若能加强施肥、灌溉、修剪和病虫害防治等方面的管理，产量便可大幅度提高。片林栽植一般行距大于株距2 m左右，既便于间作，又能保证较好的通风透光条件。生长势较弱、树高5 m以下的品种采用株行距3 m×5 m，每公顷栽种660 株左右；生长势中等、树高5～7 m的品种采用株行距（3～4）m×（6～7）m，每公顷栽植360～555 株；生长势强、树高9 m左右的品种采用株行距6 m×（8～9）m，每公顷栽种180～240 株较为合适。丘陵山坡地带修整成梯田后，沿等高线单行栽植于台面偏外1/3处，株距3～5 m为宜，过密栽植会给相邻台面的光照带来不利影响。枣粮间作大体分为两种：一是枣树不规则地着生于农田之中；二是按一定株行距分布于农田之中，其中以后者较为多见。枣粮间作的栽植密度一般为株行距（4～5）m×（8～10）m，树体高度多控制在5～7 m。间作物多以小麦、豆类、夏谷、花生等成熟期较早的低秆作物为主。

随着果树矮化密植栽培技术的发展，枣树矮化密植逐渐成为黄土高原地区枣树集约化经营的主导方向。密植枣树的栽植株行距一般为2 m×（2～4）m。

2. 栽植技术

栽植准备。按确定的株行距挖定植穴，秋栽要在夏季挖穴，春栽则在秋季挖穴，使穴内土壤有充分的时间熟化，并积水保墒。枣树的栽植穴一般宽80～100 cm，深80 cm。土壤瘠薄或沙石过多的地块要适当加宽加深。挖穴时应将表土和心土分开堆放。挖坑后每穴施有机肥25～40 kg与表土混合，填入坑内做基肥。

苗木选择。自育苗木采用人工移苗器带土移栽，移苗前对苗木浇透水一次，以增强土壤黏着力，便于带土；外地苗木先要对根系进行激素处理，即将根系受伤部分主侧根剪留10～15 cm，剪后浸入配好的ABT生根粉液中浸泡1小时，再行栽植。

栽植方法。定植时两人合作，一人持苗，另一人填土，边填边踩实，栽植深度以苗木原入土深度为宜。过深则生长不良，树势衰弱；过浅容易干旱，造成死苗。苗木栽植后要进行浇水，每株100 kg左右，水渗完后应覆土保墒。夏季如出现干旱还应进行浇水，浇后及时松土保墒，提高土壤湿度和透气性，促进苗木根系生长，缩短栽后缓苗期。水源缺乏的地区除松土保墒外，还可用塑料薄膜覆盖树盘，这对增温、保湿有良好的促进作用。

(三)土肥水管理技术

1. 土壤管理

黄土高原地区山地枣园传统的土壤管理方式为:翻耕土壤除根蘖,翻耕深度一般为15～30 cm,树干周围宜浅,以不伤大根为准;中耕除草,疏松土壤,以改善土壤理化性状,保护土壤养分和水分;隙地种植绿肥,培肥地力;采取梯田、鱼鳞坑、蓄水池等工程措施整地,提高园地蓄水能力,增加土壤水分含量,以满足枣树生长结果对水分的需要。

2. 施肥

调查表明,每生产百千克鲜枣需纯氮0.87 kg、纯磷0.55 kg和纯钾0.19 kg。花期是枣树需氮肥最多的时期,结果期是需磷肥最多的时期,所以氮肥应在花前施入,磷肥应在花前或花期施入。在土壤普遍缺磷的黄土中追施磷肥增产效果更为明显,具体做法是:秋季采枣之后,盛果树每株施农家肥30～50 kg、过磷酸钙2 kg、碳铵2 kg。春季开花前一周每株一次追施碳酸氢铵2 kg,花后半个月遇雨每株再追施碳酸氢铵1.0 kg、过磷酸钙1.5 kg或果树专用肥2 kg,幼树减量。花期树上喷布0.3%硼砂,7月中下旬再喷一次0.3%尿素、0.3%磷酸二氢钾。

3. 水分管理

枣树虽然耐旱,但要获得丰产必须满足枣树自萌芽到果实成熟的正常需水要求,近年来在气候干旱的情况下,一般全年灌5次水。催芽水在萌芽前结合施肥进行;开花水结合花期施肥进行,此时气温较高,蒸发量大,适时灌水可避免造成"焦花"和"落花",以提高坐果率,如雨水过多、湿度太大,不宜进行灌水,以免引起落花落果;坐枣水在落花后灌,能减少落果;变色水结合施肥进行,能加速果实膨大,提高果实品质;冻冰水在封冻前灌水,可以促进根系生长,提高树体能量积累,增加枣树的越冬抗寒能力。山区和没有浇水条件的地区应通过多次中耕蓄水保墒解决枣树生长结果的需水问题。

(四)树体管理

1. 枣树整形修剪

枣树修剪一般分冬季修剪和夏季修剪。冬季修剪在枣树落叶后到翌年树液流动前均可进行。但因枣树休眠时间长(6个月左右),愈合能力差,冬剪不宜过早,一般以2～3月份为宜。夏剪在枣头生长旺盛阶段过后,即5月下旬至6月上旬进行。常用的修剪方法有:①疏枝,就是将树冠内干枯枝、徒长枝、下垂枝及过密的交叉枝从基部除掉。疏枝可起到使枝体养分集中、疏密适度、通风透光、平衡树势的作用。②回缩,即对多年生的延长枝和结果枝进行缩剪,它可以抬高枝头角度,增强生长势,利于结果枝组的复壮和老树更新。③短剪,就是把较长的枣头或二次枝剪短,其作用是增强下部养分,刺激主芽萌发,促使抽生新枝,保证树体健壮和结果正常。④摘心,在生长季节将新生枣头顶芽抹掉,控制枣头加长生长,提高坐果率。⑤缓放,即对留作主侧枝延长枝用的当年生枣头不加剪截。缓放的目的在于使枣头继续延伸生长,以利于扩大树冠和增加枣股数量。⑥别枝,即把直立的徒长枝拉平,别在附近的枝条下,以填补枝条空缺的部位,使之结果。⑦抹芽,即对各级枝萌生的无用芽及嫩枝及时抹掉,以减少养分消耗,利于结果。⑧刻伤,即将主芽上方1 cm处刻伤,促其萌发新枝。⑨除根蘖,将不作育苗用的根蘖苗及时刨除,以减少养分消耗,维持健壮树势。

2. 枣树花果管理

枣树是多花树种,开花多,坐果少。据对不同品种枣树的观察结果,自然坐果率只有0.62% ~1.2%,老龄枣树更差。造成枣树落花落果的根本原因是枣树从花期到坐果期的营养生长和生殖生长重叠进行,养分集中消耗过大以致营养不足,另外花期干旱或长期低温阴雨等不良的外界环境条件也是导致枣树落花落果严重的原因之一。因此,保花保果技术是枣树丰产栽培中的关键性技术之一。

提高枣树的坐果率,既要加强肥水管理,提高树体整体营养水平,又要采取相应的技术措施抑制树体营养生长,调节生长与结果的矛盾,改善授粉受精状况及不良气候条件。生产中的措施主要有4类:一是缓和矛盾、调节营养物质运转的措施,主要包括开甲、摘心、刺树、抹芽、疏枝、拉枝等;二是花期喷水、喷肥等提高空气湿度、改善田间小气候的措施;三是枣园放蜂等增加授粉媒介、提高受精率的措施;四是喷施包括赤霉素、吲哚丁酸、硼酸、硼砂等植物生长调节剂和微量元素措施,其中应用较广的是赤霉素。夏季修剪时期正是枣树花期到坐果期,其目的在于促使枣树早挂果、多结果,在此基础上实施保花保果措施可以达到预期的目的。

(五)病虫害防治技术

危害黄土高原地区枣树的主要病虫害有枣步曲、枣粘虫、桃小食心虫、大灰象甲、枣疯病(见表9-2)等。每年因病虫危害,造成成片枣园不能正常生长,大面积的减产或绝收。防治措施主要有农业、生物、化学、物理措施等,制定病虫害防治技术体系要因时、因地、因病虫种类制宜。

表9-2 黄土丘陵沟壑区第一副区枣树病虫害调查统计

病虫名称	危害部位	危害时期	危害虫态	说明
枣步曲	幼芽、叶、花蕾	4月下旬~6月上旬	幼虫	1997年、干旱
桃小食心虫	果	7~9月	幼虫	
大灰象甲	嫩芽、叶、芽	4月下旬~9月	成虫、幼虫	幼虫危害根
枣龟蜡蚧	叶、枝	4月下旬~9月	成虫、若虫	1998年、干旱
红缘天牛	枝干	4~10月	幼虫	
蚱蝉	嫩枝	7~8月	成虫、幼虫	雨季、幼虫食根
枣疯病	全株	全生长期	类菌质体	
裂果	果	9~10月		连续降雨

1. 休眠期的病虫害综合防治

枣树从落叶到萌芽期间称为休眠期,主要进行以农业技术防治为主的综合防治。枣园是枣树害虫居住、取食、生长发育和繁殖的环境,园内土壤、植物以及各项农业技术措施和其他环境因子都与各种病害、虫害存在着密切关系。农业技术防治就是根据各种病虫的生理、生态学特征与有关农业技术因素的关系,在服从高产优质目标的前提下,结合各项农业技术和对枣林生态系统的调控而达到控制某些病虫害的作用。防治措施包括以下几个方面：一是结合冬季整形修剪刮树皮、堵树洞、清洁枣园，根据观察，消灭潜藏在枣树枝干树片缝隙中的多种越冬虫源，可减轻来年的危害。如枣粘虫的越冬蛹主要集中在主干及主枝的粗皮裂缝和树洞中，若能彻底刮除粗皮裂缝和用泥堵塞树洞，防治效果可达80%以上。由于枣树木质坚硬、粗皮较厚、裂缝多，害虫潜藏较多，故刮树皮时适宜重刮、深刮，要刮到红色的树皮层上，但不能露出白色嫩皮。同时，在刮皮前要在树干周围铺塑料布，把刮下的粗皮和害虫烧掉。对于"枣疯病"病株要连根挖除。二是结合秋季深翻扩树盘、挖隔虫沟。具体方法是以树干为圆心，在半径为50 cm 处开挖深20 cm、宽15 cm 的沟，并用"1605"拌成毒土撒于沟中，以破坏枣步曲、桃小食心虫和食芽象甲等害虫越冬的洞室，同时也将这些越冬害虫翻到地表，以利天敌袭击。三是解冻后在树干基部绑塑料膜、捆毒草绳。3 月中旬，用 20 cm 宽的塑料布绑于树干距地面 30 ~ 60 cm 的平滑处上部反卷呈喇叭状，防止雌蛾钻过孔隙上树产卵，塑料条下卷一卷草绳，草绳用 2 000 倍液溴氰菊酯浸泡，以杀死爬行上树的害虫。

2. 生长期的病虫害综合防治

枣树生长期病虫害主要是选用高效、低毒、无残留、无污染的化学农药进行防治，一般将枣树年生长期划分为前期、中期、后期 3 个防治期，并以枣步曲、桃小食心虫、大灰象甲、枣龟蜡蚧、红缘天牛、蚱蝉、枣疯病等"6 虫 1 病"作为主防和兼防对象。在土壤处理的基础上，针对桃小食心虫及其他害虫的生物学特性，筛选出 40% 氧化乐果乳剂、20% 杀灭菊酯乳剂及 40% 水胺硫磷乳剂 3 种农药和 5‰的尿素及 1‰的磷酸二氢钾两种肥料，以化学防治为主、林业防治为辅的综合防治技术措施。其具体措施为：前期防治于 5 月中、下旬枣树开花前用 2.5% 溴氰菊酯 2 万倍、40% 氧化乐果 2 000 倍、5‰尿素混合液喷之，并兼治大灰象甲、红缘天牛等多种害虫，同时通过根外追肥保叶、保花、增强树势，提高结果率。枣树开花期间不再喷药，避免杀伤蜜蜂和天敌。中期（枣树幼果期）防治于 7 月初用灭扫利 4 000 倍、5‰尿素、1‰磷酸二氢钾混合液喷之，以杀灭枣龟蜡蚧、桃小食心虫为主并兼防治其他害虫，同时可以减少生理落果，提高幼果保存率。后期（果实膨大至成熟期）防治于 7 月中下旬喷一次 15 000 倍杀灭菊酯乳剂和 1‰磷酸二氢钾混合液，以杀灭桃小食心虫的越冬成虫及第 1 代初孵幼虫。8 月中、下旬再喷洒一次 6 000 倍杀灭菊酯，消灭第 1、2 代桃小食心虫幼虫，减少虫蛀落果，提高枣果产量及品质。

第三节　技术试验示范果园建设设计

一、黄土高塬沟壑区南小河沟苹果示范园

南小河沟苹果园建于下马山、长青山阳坡梯田，田面宽度 3.5 ~ 15 m，总面积 6.67 hm^2。经过多年种植，土壤理化性状较好。建园前对梯田进行了整修，加固了埂坎，清除了杂树、杂草等，修建了 3 m 宽的梯田道路。两山下有花果山水库和机井，果园灌溉条件得以保证。

（一）苗木选择

选择西峰市千亩苹果示范村的南佐村 3 年生苗，砧木为山定子，苗干端正、根系嫁接

口愈合良好完整，主栽品种为红富士，授粉品种为新红星、秦冠，栽植比例为8∶1∶1，并引进烟富6号、宫崎短富士、惠民短枝富士、红王将、嘎啦、藤牧1号等新品种进行试栽。

（二）栽植

根据田面宽度，随梯田走势，按株行距（2.5～3.0）m×（3.5～4）m沿等高线栽植，按间距法每8株主栽品种栽植2株授粉品种。选用优质一级苗木于早春栽植，定植穴采用1 m^3 大坑，挖坑后随即将表土填入下层。当土填至60 cm处时，每坑施入50 kg腐熟有机肥、1.5 kg磷肥、0.2 kg尿素，并与填入的表土搅拌均匀，然后灌水沉实土壤。栽植时苗木用磷肥液蘸根。在坑中央堆成一馒头状小土丘，将苗木直立于上面，使根系自然舒展。深度以苗干上的土印与地面平齐为准。随后填入行间表土。土填至地面平时将四周踏实。每株顺根系附近补灌水15～20 kg，待水下渗后覆土与地面平。栽后立即按70 cm高度定干，并用80 cm长、10 cm宽的空心塑料袋进行树干套袋，袋顶部封死，下部袋口埋入土中。当袋内幼芽长到3 cm左右时开始放风，先在袋内各部位割开4～5个直径1 cm大小的孔洞透气，然后每隔2～3天扩大一次。6～8天后袋内外温、湿度基本相同时于傍晚取掉残破塑料袋。据观测，套袋后苗木发芽早而整齐，萌芽率高，缓苗期短，成活率达到95%以上，新梢生长速度前期可增加50%～200%，生长量大，并可有效防治金龟子等害虫危害嫩梢。

二、黄土丘陵沟壑区第三副区罗玉沟梨园

罗玉沟梨园是在清理淘汰原有老果园的基础上，采用人工和机械相结合的方法修建田面宽度为6～12 m的水平梯田，田面机耕深翻并进行消毒处理建成。面积1.4 hm^2，修有50 m^3 蓄水池1座，25 m^3 集雨蓄水窖2眼，且有泉水资源，配套灌溉设施（包括滴灌）齐全。

（一）品种选择

从甘肃省农科院、秦安县等地引进锦优－2号、红霞、早酥梨三个优良品种，均为杜梨砧木，2年生断根的一级苗木。主干粗壮，苗高1.5 cm左右，嫁接部位愈合良好，径粗1.0 cm以上。50～80 cm整形带有8个左右的饱满芽，根系发达，有3～5条长15 cm以上的侧根。

（二）栽植

根据田面宽度及不同品种的生物学特性，选择栽植株行距分别为：早酥梨、红霞3 m×4 m，锦优－2号3 m×5 m。苗木栽植分秋栽与春栽，以秋栽为好。春栽最好在上年秋冬挖好定植穴，规格1 m^3，每穴施有机肥50 kg，有机肥与表土混均后填入穴内，尽早栽植能够提高成活率，减少缓苗时期，促进新梢生长。栽植时，每穴施复合肥0.2 kg，外运苗木可预先在5%的尿素溶液中浸泡24小时，使其充分吸足肥水。然后根系蘸稀泥浆（由适量鲜牛粪和过磷酸钙或由奥普尔活性液肥400倍混合而成）。栽植时果树接口略高出地面（10～20 cm），根系向四周舒展，前后对直，横竖成行，填熟土、踏实、灌水，水渗后封土，并修树盘、覆地膜。

三、黄土丘陵沟壑区第一副区辛店沟枣园

辛店沟枣园建在小石沟流域周围的梁峁坡上和鸭峁沟沟口，坡向以南坡、东南坡、东

部为主，总面积 7 hm^2。枣园由老葡萄园和老苹果园更新而成，对原窄条梯田进行了合并扩宽，布设了集流小区。

（一）品种选择

调查研究表明，中阳木枣和绥德木枣（黄河畔枣）在本地区适生能力最强、产量和品质相对稳定，抗裂性较好，故作为主栽品种。另外，还适当引进了梨枣、骏枣、赞皇大枣、金丝小枣等新品种进行试栽。

（二）栽植与管护

枣树栽植密度为(1.5 ~2.5) m×(3 ~5) m（梯田因田面宽度而定），每公顷栽 1 245 ~ 1 665 株。苗木以 2 ~3 年生的归圃壮苗或嫁接小苗为主，同时选择 1 ~3 年生的根蘖苗经不同处理后栽植，以作对比试验研究。栽植穴采用 60 cm×60 cm×60 cm 和（80 ~100）cm×（60 ~80） cm 两种，栽后进行精心的水肥管护、整形修剪及病虫害综合防治。

第四节　山坡地技术示范果园建设

一、新品种引进及适应性

本项目研究期间共向示范果园引进了梨枣、骏枣、赞皇大枣和金丝小枣等 4 个优良红枣品种，新世纪、烟富 6 号、皇家嘎啦、宫崎短富士、乐乐富士、寿红富士、藤牧 1 号等 7 个苹果新品种，锦优 -2 号、红霞、早酥梨、锦丰系中试品种 82-1-1 等 4 个梨树优良品种。经试验观测，引进苹果年新梢生长量均达到 50 cm 以上，能适应生长环境，且树体健壮、病虫危害轻；梨树年新梢增长量均达到 40 cm 以上，适应性较强；骏枣和赞皇大枣产量和品质相对较佳，且抗裂性较好，对土肥水要求不严，梨枣对土肥水的要求较严，不宜上山；金丝小枣作为鲜食品质佳，但产量较低，适应性一般，一些性状有待进一步观测。各品种生长情况见表 9-3 ~ 表 9-5。

表 9-3　苹果新品种树体指标统计

品种	年新梢生长		节间长（mm）	叶色	树势	抗病性	成枝力
	长度（cm）	粗度（mm）					
新世纪	58	7.11	27.64	淡绿	旺盛	强	强
宫崎短富士	117	9.35	19.51	绿	旺盛	强	强
乐乐富士	112	9.85	24.80	浓绿	旺盛	强	强
寿红富士	82	8.60	28.21	淡绿	旺盛	强	强
烟富 6 号	93	10.05	21.02	浓绿	旺盛	强	强
皇家嘎啦	106	10.42	26.50	绿	旺盛	强	强
藤牧 1 号	79	8.95	24.51	绿	旺盛	强	强

表 9-4　梨新品种树体指标统计

品种	年新梢生长		果形	单果重(g)	品质	树势	萌芽力	成枝力
	长度(cm)	粗度(mm)						
早酥梨	70.2	6.8	卵圆形	220	上	旺盛	强	弱
红霞	68.1	5.6	卵圆形	280	中上	旺盛	强	强
锦优-2号	61.3	6.2	近圆形	245	上	旺盛	强	强
82-1-1	58.2	5.5	近圆形			中	弱	强

表 9-5　红枣新品种树体指标统计

品种	枣头生长长度(cm)	年干周生长(cm)	果形	单果重(g)	品质	树势	萌芽力	吊果比
骏枣	58.5	3.2	卵圆形	52.0	上	旺盛	强	5:1
梨枣	42.1	2.4	方圆形	48.0	上	弱	中	6:1
赞黄大枣	53.3	2.9	近圆形	24.5	中上	旺盛	强	4:1
金丝小枣	46.7	2.5	卵圆形	6.2	上	中	强	9:1

二、建园技术

(一)苹果集约化建园技术

按等高反坡梯田标准整修山坡地,定植时采用一年生优质苹果苗,密度为1 m×1.5 m,增施有机肥,种植豆科绿肥进行熟化,提高土壤有机质含量,2~3年后将大苗移栽至园地。技术要求:第一,移栽最好在春季土地解冻后立即进行。第二,移栽前对苗园地浇透水一次,园地按规划株行距挖1~1.2 m^3 栽植坑。第三,挖苗时尽量保持根系完整,少伤主根和较粗根系,适量带土并用塑料薄膜包扎,轻运至园地。挖苗及运输时防止损伤树枝、树皮。第四,栽植时将较粗根系从断裂处剪成马蹄形,精细栽植。每株施有机肥100 kg。第五,定植后立即浇透水一次,以后每隔一周浇水一次,连续浇水2~3次后用薄膜覆盖树盘。第六,栽后对树冠适度重剪,保持根冠平衡,并用塑料薄膜包扎主干和主枝基部,减少水分蒸腾。

经试验观测,利用此技术建园果树成活率达到95%~100%,比常规建园提前挂果2~3年。可节省果园前期管理费用30%~40%,且具有果树成形快,结果早,成本回收期限短的优点。建议广泛应用于山坡地果园建设或更新。

(二)枣树抗旱短截栽植技术

传统的枣树栽植一般是选择老枣树地1~3年生的根蘖苗进行整株栽植。在栽植季节雨水丰沛时苗木成活率可达70%~80%,而当雨水欠缺时苗木成活率仅为20%~40%。为了提高苗木成活率,缩短缓苗期,促使幼苗早成形、快长枝、早结果,针对春季气候干旱、土壤水分含量低以及枣树的生物学特性,采用红枣抗旱短截栽植和整株栽植进行对比试验研究。于6月中旬调查观察各项试验成活率,10月中旬调查观察各项试验树种的保存率(详见表9-6)。

表9-6 枣树抗旱短截栽植和整株栽植成活率比较

项目	根蘖苗			苗圃育苗		
	整株栽植	短剪60 cm	短剪30 cm	整株栽植	短剪60 cm	短剪30 cm
样本(株)	50	50	50	50	75	83
成活(株)	23	18	23	24	57	70
成活率(%)	46	36.0	46.0	48.0	74.7	84.3
保存率(%)	38.0	28.0	39.0	38.0	64.0	81.0

试验结果表明,选择1~2年生的根蘖苗进行短截后栽植,其正常年份成活率明显提高,而在干旱条件下成活率提高不明显;选择2~3年生的归圃苗或水生嫁接苗进行预留30 cm左右的短截栽植,成活率明显提高,在干旱条件下的成活率可达80%~85%,而且树体生长明显旺盛、整齐。分析认为,短截后的枣苗根部水分和养分可以集中利用,而苗木归圃苗后或水生嫁接苗的枣苗须根较多,更利于吸收土壤中的水分和养分,从而提高苗木成活率。

三、土壤管理

果园生草覆草、地膜覆盖和穴贮肥水技术是一套行之有效的增肥、增水、保墒,提高地温的技术。根据本研究结果,利用黄土高原地区草及秸秆资源丰富的优势,推广果园生草覆草、覆膜和穴贮肥水等技术,能够改善果园土壤理化性状、促进果树生长发育、大幅度增加果品产量。

(一)生草覆草

山坡地苹果园覆草采用树盘覆草或顺行覆草,厚度15~20 cm,每公顷覆草量22 500 kg,范围以树冠大小为准,覆盖物腐烂后及时添草,保持15 cm厚度。3年后随秋季施肥将覆盖物翻压,并重新覆盖。种植白三叶草、矮化草木樨、多年生香豌豆和美丽鹧鸪豆等绿肥作物,种植宽度为行距的2/3,生长期刈割覆盖树盘或直接翻压进行果园生草试验。山坡地梨园选择多年生水保优良草种小冠花,春季播种,并结合生草措施每年覆草1~2次,待草长到30~40 cm高时刈割覆草,覆盖树盘或整个树盘带,覆盖厚度10~20 cm。

试验结果表明,苹果覆草对提高土壤养分含量及改良其物理性状具有明显效果。果园生草可增加土壤有机质,促进土壤团粒结构形成,增加地表覆盖度,减少土壤流失19%~68%、水分流失54%~83%。梨树生草覆草能缓解季节性集中降雨产生的地表径流,减少水土流失,提高降雨渗透能力,减少土壤水分蒸发,并能调节地温。连续测定5~8月份梨园0~20 cm土壤含水量生草覆草区平均为17.0%,清耕区8.4%,相对提高8.6%;40 cm土壤含水量生草覆草区平均为20.7%,清耕区14.1%,相对提高6.6%。早春生草覆草地温上升缓慢且稳定;夏秋季节地表地温生草覆草比清耕低7~12 ℃,晚秋(10月份)生草覆草地表地温比清耕提高3~5 ℃。

（二）地膜覆盖穴贮肥水

在山坡地苹果园，根据树冠大小在树冠投影内侧根系集中分布区挖 4 ~ 8 个直径 30 cm、深 40 ~ 50 cm 的穴，穴内放一径粗 15 ~ 20 cm 的草把。草把周围填土时每穴混施 50 ~ 100 g 过磷酸钙，50 ~ 100 g 尿素，浇水 3 ~ 5 kg，然后树盘覆盖地膜，并在穴上地膜穿一小孔，便于以后施肥浇水。穴可连续使用 2 年，地膜每年覆盖一次，隔 2 年穴位交错进行。项目研究以清耕管理为对照，经观测，穴贮肥水技术可使土壤温度提高 2 ~ 3 ℃，早春果树提前 3 ~ 6 天发芽，节肥 30%，节水 50%，且能增加土壤含水量，明显促进果树生长（见表 9-7）。

表 9-7　地膜覆盖穴贮肥水对苹果树生长的影响

处理	土壤含水量（%）	根量（条）	干周（cm）	新梢生长量（cm）	新梢粗度（mm）
地膜覆盖穴贮肥水	14. 179	54. 6	16. 16	85	9. 06
清耕	12. 570	24. 8	11. 58	73	7. 72
相对增加（%）	12. 8	120. 2	39. 6	16. 44	17. 36

在山坡地梨园，选择 70 cm × 2 的聚乙烯地膜，于 3 月中旬至 4 月中旬对新建园进行全园树盘覆膜，并设立对照，覆膜时一般采用 1 m^3 的“树盘碗”，每年结合秋施基肥平整树盘带，开沟压实地膜边缘。于 10 月中旬测定树体生长情况（见表 9-8）。结果表明，地膜覆盖能够保墒保肥，保温增温，抑草杀草，促进树体生长发育。据测定，新建梨园覆膜处理比对照主干粗度平均增加 1. 4 cm，发枝总数增加 12 条，新梢长度增加 19. 2 cm。

表 9-8　地膜覆盖对梨树生长的影响

处理	成活率（%）			2 年生树体发育情况				
	重复 1	重复 2	平均	平均径粗（cm）	冠幅（cm）	树高（cm）	单株枝量（条）	新梢平均长（cm）
地膜覆盖	97. 2	98. 2	97. 8	4. 62	261	272	75	68. 5
对照	69. 2	77. 8	73. 5	3. 22	189	174	63	49. 3

在山坡地枣园，行间覆盖塑料薄膜可以改善土壤水、气、热等物理条件，幼树密植园早春覆盖地膜 10、20、30 cm 深处的地温比不覆盖者高 1. 5 ~ 2. 0 ℃，土壤含水量提高 8% ~ 12%，根系发育提前 5 ~ 10 天，而且生长量加大，物候期提早 8 ~ 10 天。另外，地膜覆盖对抑制杂草生长、减轻桃小食心虫危害有十分明显的效果。

（三）塑料条包扎树干技术

春季幼树在 80 cm 定干后，除苗木剪口下 20 cm 留芽外，从地面上全部用 2 ~ 3 cm 宽塑料条包裹阻止树体水分蒸发、防止幼树抽条效果显著。据测定，1 ~ 2 年生幼树采取塑料条包扎树干抽条率低于 5%。梨树试验表明，塑料条包扎可提高幼树成活率，促进树体生长和早期成形（见表 9-9）。

表 9-9　幼树包扎树干对成活率及生长情况的影响

品种	处理	成活率（%）	新梢长度（cm）	距地表 10 cm 干径（cm）
锦优 -2 号	处理	97. 2	63	4. 5
	对照	70. 7	40	3. 7
红霞	处理	98. 8	69	4. 9
	对照	80. 5	52	4. 1

注：表中新梢长度于 6 月中旬统计，干周于 8 月中旬调查。

四、肥料管理

（一）扩穴深翻增施有机肥

每年秋季沿树冠外围挖 80 cm 宽、60 ~ 80 cm 深的环状沟，增施腐熟有机肥 100 kg，掺入作物秸秆、杂草等 50 kg，最后浇透水一次，以后每年向外扩展，3 ~ 4 年株间全部翻通。经试验，深翻后土壤容重下降 7%，孔隙度增加 10. 4%，蓄水保肥能力和透气性提高；土壤有机质增加 2. 3% ~ 5. 2%，含水量增加 7. 5%，熟化程度和肥力提高；扩穴深翻为苹果树生长发育创造了良好的土壤环境，促进了地下部根系的生长发育，使吸收根增加 2. 1 ~ 3. 9 倍，显著地提高了根系的吸收能力（见表 9-10）。

表 9-10　扩穴深翻对苹果园土壤理化性状影响

项目	容重（g/cm^3）	孔隙度（%）	有机质（g/kg）		土壤含水量（%）	毛根数量（条）	侧根数量（条）
			0 ~ 30 cm	30 ~ 60 cm			
处理	1. 01	49. 91	1. 04	0. 821	14. 217	335	213
对照	1. 09	45. 21	1. 02	0. 78	13. 257	94. 7	104. 7
比较（%）	-7. 3	10. 4	2. 3	5. 2	7. 5	387	210

（二）幼树化肥施用技术

黄土高原地区山地苹果幼树适宜的氮、磷、钾配比为 2: 1: 1。一般秋季基肥施入全年需肥量的 2/3，早春及花芽分化期追施剩余肥料。前期以氮肥为主，后期以磷钾肥为主，施肥以环状沟较好，肥料施入根系集中分布层。施肥量一般 1 ~ 3 年生苹果树全年投施纯氮肥 165 ~ 330 kg/hm^2，纯磷 90 ~ 300 kg/hm^2，纯钾 75 ~ 225 kg/hm^2。经试验，果树年新梢生长量达到 60 cm 以上，叶色浓绿，枝条健壮，果树成形快，早果丰产。

（三）根外追肥技术

课题研究引进美国 OEIS 公司生产的高美施、河北徐水生物工程有限公司生产的绿风 95 和宁夏垦原科技实验厂生产的丰产素，对山地红富士苹果幼树进行不同浓度的叶面追肥试验，发现对加速果树生长具有明显效果，其中以 400 倍高美施、250 倍绿风 95 和每公顷 225 mL 的丰产素效果最佳（见表 9-11、表 9-12）。

表 9-11　不同浓度高美施对苹果树生长影响

处理	新梢长度（cm）	提高（%）	新梢粗度（cm）	提高（%）	干径（cm）	提高（%）	冠径（cm）	提高（%）
200 倍	72.3	21.5	0.69	21.1	2.25	19.0	72.9	15.9
400 倍	75.4	26.7	0.66	15.8	2.13	12.7	76.5	21.6
600 倍	59.6	0.1	0.57	0	1.87	-1.1	56.9	-9.5
CK	59.5		0.57		1.89		62.9	

表 9-12　不同浓度绿风 95、丰产素对苹果树生长影响

处理		新梢长度（cm）	提高（%）	新梢粗度（cm）	提高（%）	干径（cm）	提高（%）	冠径（cm）	提高（%）
绿风 95	250 倍	75.1	29.5	0.754	23.1	2.445	20.1	80.0	25.0
	500 倍	74.0	27.6	0.722	17.8	2.360	15.9	79.6	24.4
	750 倍	74.2	27.9	0.724	18.1	2.244	10.2	76	18.8
丰产素	225 mL/hm^2	69.4	19.6	0.670	9.3	2.086	2.5	69.2	8.1
	150 mL/hm^2	57.0	-1.7	0.586	-4.4	1.750	-14.0	61.0	-4.7
	75 mL/hm^2	58.5	0.8	0.621	1.3	2.016	-1.0	63.3	-1.1
CK	清水	58.0		0.613		2.036		64	

（四）平衡施肥

课题组在山坡地示范枣园采用 3^3 型试验布设试验方案（见表 9-13），并设计了不施肥（$N_0P_0M_0$）、单施氮肥（$N_{60}P_0M_0$）、单施磷肥（$N_0P_{60}M_0$）和单施有机肥（$N_0P_0M_{300}$）四种试验方案。

表 9-13　平衡施肥方案设计

因素	有机肥（羊粪）（kg/株）	氮肥（碳铵）（kg/株）	磷肥（过磷酸钙）（kg/株）	区组
1	1	0.2	0.2	Ⅰ
2	1	0.4	0.4	Ⅱ
3	1	0.6	0.6	Ⅲ
4	2	0.2	0.4	Ⅲ
5	2	0.4	0.6	Ⅰ
6	2	0.6	0.2	Ⅱ
7	3	0.2	0.6	Ⅱ
8	3	0.4	0.2	Ⅲ
9	3	0.6	0.4	Ⅰ

结果表明,第一,采用平衡施肥法即以氮、磷和有机肥合理配合施用对树冠增长和增产效果最为明显(见表9-14)。试验结果表明,正交试验 $R_A=34.0$、$R_B=87.3$、$R_C=46.3$,试验因素效应均大于误差干扰效应 $R_e=15.4$,说明因素 A、B、C 的效应是完全可靠的。第二,不同肥料增产效应不同,其中氮肥的增产幅度最大,有机肥增产幅度居中,磷肥的增产作用与有机肥相近,故高产枣园在增施有机肥的基础上必须氮、磷配合施用(施氮量应大于施磷量)。根据边际产值与边际肥料成本分析确定氮肥适宜用量为 300 ~ 900 kg/hm^2,磷肥(过磷酸钙)适宜用量为 300 ~ 900 kg/hm^2,有机肥适宜用量为1 500 ~ 4 500 kg/hm^2。第三,平衡施肥能提高枣树的水分利用效率(见表9-15)。平衡施肥的枣树水分利用效率均在 12.75 ~ 20.4 $kg/(mm \cdot hm^2)$,比不施肥的枣树水分利用效率高 5.55 ~ 13.2 $kg/(mm \cdot hm^2)$,比单施氮肥或磷肥的水分利用效率分别提高 16% ~ 86% 、33% ~ 113% 。每毫米降水平衡施肥组比单施氮肥组多产鲜枣 0.12 ~ 0.63 kg,比单施磷肥组多产鲜枣 0.21 ~ 0.72 kg。第四,根据营养平衡理论确定的枣树平衡施肥方案,经 9 个试验处理的联应值均大于 1,在 1.62 ~ 2.19(见表9-16),说明几种肥料同时施用对作物的增产量高于各种肥料单独施用增产之和,各种营养元素之间有相互促进作用和明显的交互效应。

表 9-14 不同施肥方案枣树生长情况

指标	树高平均生长量(m)	地径总生长量(cm)	枝展(cm)	枣头生长量(cm)
1	0.117	1.1	42.8	6.7
2	0.159	1.7	41.7	7.2
3	0.255	2.5	49.2	8.4
4	0.121	1.3	41.5	6.8
5	0.182	2.4	58.3	7.6
6	0.257	2.51	49.3	8.8
7	0.190	2.03	49.0	7.9
8	0.162	1.8	41.5	7.4
9	0.27	2.52	59.7	9.2

表 9-15 平衡施肥对枣树水分利用效率的影响

项目	CK	10	11	12	1	2	3	4	5	6	7	8	9
处理	$N_0P_0M_0$	$N_{60}P_0M_0$	$N_0P_{60}M_0$	$N_0P_0M_{300}$	$N_{20}P_{20}M_{100}$	$N_{40}P_{40}M_{100}$	$N_{60}P_{60}M_{100}$	$N_{20}P_{40}M_{200}$	$N_{40}P_{60}M_{200}$	$N_{60}P_{20}M_{200}$	$N_{20}P_{60}M_{300}$	$N_{40}P_{20}M_{300}$	$N_{60}P_{40}M_{300}$
产量(kg/hm^2)	1 920	2 940	2 565	2 745	228	330	361	286	364	360	323	320	378
水分利用效率($kg/(mm \cdot hm^2)$)	7.20	10.95	9.60	10.20	0.85	1.23	1.35	1.07	1.36	1.34	1.21	1.19	1.41

注:生产年降水量为 268 mm。

表 9-16　不同肥料不同配比联应值计算结果

试验编号	联应值	较对照增产量(kg/hm^2)			
		M—CK	N—CK	P—CK	MNP—CK
1	1.81	274.5	340.5	214.5	1 500
2	2.19	274.5	679.5	430.5	3 030
3	1.80	274.5	1 020.0	645.0	3 495
4	1.79	550.5	340.5	430.5	2 370
5	1.89	550.5	679.5	645.0	3 540
6	1.95	550.5	1 020.0	214.3	3 480
7	1.62	825.0	340.5	645.0	2 925
8	1.68	825.0	679.5	214.5	2 880
9	1.65	825.0	1 020.0	430.5	3 750

五、水分管理

(一)提蓄自压式低压管灌

提蓄自压式低压管灌是将水提到上部蓄水池中,从蓄水池引水,以管道代替田间渠道,将低压水直接送到树盘内的一项节水灌溉新技术。每公顷投资6 000 ~7 500 元,安装方便,安全适用,经济科学,比沟灌节水 45% ,节省用工 33% (见表 9-17),成本回收年限为3 ~5 年,在黄土高原地区山地果园推广前景广阔。

表 9-17　低压管灌与沟灌用工、灌水量统计

项目	灌水量		年用工费	每次用工
	m^3/hm^2	m^3/株	(元/(hm^2 · a))	(人/hm^2)
沟灌	450.0	0.55	900	45
低压管灌	247.5	0.30	611.25	30
节约比率(%)	45	45.5	32	33

经试验,山坡地苹果园幼树期适宜于每年早春、6 月初和封冻前各灌水一次,每次每株灌水量为 1 年生 0.5 m^3 ,2 年生 0.8 m^3 ,3 年生 1.2 m^3 ,4 年生 1.5 m^3 ,可满足果树水分需求,促进果树生长。

(二)集雨滴灌

罗玉沟梨园集雨滴灌系统自 1998 年建成使用,所用水源为山泉水及集流雨水,通过高位调节蓄水池及固定上水管道,按照梨树生长发育不同时期的需水要求及降雨、土壤含水量等因素实施灌溉,并布设了灌溉措施(滴灌、穴灌、沟灌)比较试验。据试验测定,灌后3天滴灌渗水半径平均为100 cm,沟灌和穴灌渗水半径为40~60 cm;滴灌比穴灌和沟灌节水40%~60%,并且灌后土壤结构良好,省去灌后重新做树盘、覆膜等用工,同时又可结合灌水施追肥。

(三)节水渗灌

渗灌布设在试验枣园。选用当地再生塑料管(打上1.00 mm的渗水孔)为渗管,埋入枣树根系集中分布、距地面30~50 cm的土层中,形成低压渗灌系统,并以未埋渗管的同类枣园作为对照。结果表明,渗灌能够显著促进枣苗生长,使有限的水资源发挥最大的效益,减少地表水分蒸发及地下渗漏损失,同时渗管埋入地下直接向枣树根系供水,可在枣树缺水矛盾最为突出的时候及时补灌"救命水"和"增产水"。其节水率达到60%~70%(见表9-18、表9-19)。

表9-18　枣树生长量处理区与对照区情况比较

处理	调查株数	根径(cm)	树高(m)	冠幅(cm)	新梢条数	新梢总长(cm)	挂果树(株)
渗灌	30	1.81	1.65	56	1.28	75	18
对照	30	1.45	1.30	43	1	45	0

表9-19　一次灌水实测土壤含水量比较　(%)

处理	取土深度(cm)									
	0~10	10~20	20~30	30~40	40~50	50~60	60~80	80~90	90~100	平均
渗灌	7.22	8.89	16.68	33.88	34.90	35.10	32.10	20.38	10.01	22.13
对照	4.19	4.99	5.34	5.54	5.56	5.45	5.58	5.20	7.10	5.44
增减	3.03	3.90	11.34	28.34	29.34	29.65	26.52	15.18	2.91	16.69

由表9-19也可看出,0~20 cm渗灌土壤含水量比对照仅高3.47%,二者差异不大;30~80 cm土层中渗灌土壤含水量比对照高28.46%;80~100 cm土层中渗灌土壤含水量比对照高9.05%,大于0~20 cm土壤含水量差异,说明重力水向下渗透,但渗透量不大。这表明渗灌能减少水分蒸发,枣树根系层供水比较理想。由于次灌水量较小,重力水下渗也较少,其节水率可达65%以上,同时抑制了杂草和真菌的生长,相对减少了农药施用量,具有较好的生态经济效益。

六、整形修剪

(一)山地苹果树整形修剪

苹果树形以小冠纺锤形比较适宜。其树体结构为:干高40~50 cm,树高3 m,冠径3 m,基部着生3~5个1.5 m长的主枝,主枝上配1~2个侧枝或直接着生结果枝组。主枝上部着生 7 ~ 8 个小主枝，小主枝在中心干上插空选留，错落着生，树高 3 m，冠径 3 m，适宜栽植密度 825 ~ 1 245 株/hm^2。此树形矮小紧凑、枝条开张、光能利用率高、年修剪量轻、修剪技术简单、容易掌握，四年成形。枝组丰满，结果早，丰产优质。

修剪技术：早春对缺枝部位进行芽上目伤，并涂抹发枝素，成枝率可达到 85% ~ 93%。单纯涂抹发枝素成枝率为 50% ~ 60%；萌芽前对辅养枝可隔 10 cm 刻两侧芽，以迅速增加枝量，使短枝比例明显增加，当年花芽形成比例 23%；生长季背上枝进行扭梢，可控制旺长，成花效果好。晚秋对新梢轻摘心，可提高枝条成熟度、韧度以防止越冬抽条；生长季 5 ~ 7 月份对背上枝、竞争枝、内向新枝进行拉枝，可控制枝条旺长，缓势促花，成花率可达到 18%；生长季 5 ~ 7 月份每隔 10 天对辅养枝进行环割，成花率可达到 31%。拉枝是以上措施实现的基础，操作时必须按树形要求，开张角度，调整枝条方位。总之，以上修剪措施必须互相结合，综合运用，因树造形，才能培养出丰产树体结构，促进早果中产。

（二）山地梨树整形修剪

梨树适宜树形为小冠疏层形，单株负荷量 50 ~ 60 kg。其树体结构为：干高 50 cm，树高 3.5 m 左右，主枝分 2 ~ 3 层排列。第一层 3 ~ 4 个主枝，每个主枝上留 2 个背斜生侧枝。第二层 2 个主枝，第三层 1 个主枝，第二层、第三层主枝上不留侧枝，直接着生结果枝组。第一层间距为 1.0 ~ 1.2 m，层间配置 1 ~ 2 个人字形结果枝组，第二层间距 50 ~ 60 cm。第一层 4 个主枝之间角度为 90°（三个主枝则为 120°），与主干呈 70°左右的开张角度，第二层主枝与下层主枝之间垂直方向交错，严防重叠，开张角度 60° ~ 70°，第三层主枝朝东北或西北方向，开张角度 50°左右。

修剪技术：修剪的主要方法可以用“多留枝、大角度、多缓放、及回缩、适疏枝、少短截、酌伤”来概括。多留枝，即因梨树枝条萌芽率强，成枝力低，所以在留主枝数上多于苹果树。大角度，因梨树枝条多直立，所以在整形修剪中多采用人工拉枝，开大主枝与辅养枝角度，缓势促花，因梨树枝条较苹果枝脆硬而直立，幼枝拉枝不宜在休眠期，而应在生长期进行。8 月中下旬对辅养枝拉成水平，可提高成花率 10% 左右。多缓放，可以缓和树势、枝势，克制梨树顶端优势，促萌短枝，成花结果，梨树结果枝组主要靠缓放措施来培养。及回缩，及时回缩各种缓放枝可促该枝更新复壮，可以调整花果量，解决树膛内部的光照，是一种维持树势、控制树冠大小、更新各种枝条的修剪方法。适疏枝，指适时疏去竞争、直立、强旺、过密、重叠、交叉、细弱枝和部分花果枝、各级延长枝下的竞争枝，可以减少消耗，提高贮藏养分的利用率，提高果品质量，防止大小年现象的发生。少短截，指整形修剪中，短截方法要尽量少用。酌伤，梨树易成花结果，一般不用或少用刻伤措施，但一年生定干树，旺长枝或一些临时枝，于定干后和 5 月下旬至 6 月上旬春季萌芽期在主枝两侧中心干上进行刻芽、环剖和环剥手术，疏除各类枝条上的背上芽，可提高成枝率 25%，同时可增加枝量，防止跑条，对促发长枝、控制长势、促花结大果有好处。

（三）山地枣树整形修剪

枣树树形选用主干疏层形和开心形。主干疏层形修剪技术要点主要包括定干、主枝和侧枝的培养、辅养枝的利用和控制及结果枝组的培养等几个方面。定干高度 80 ~ 100 cm，定干翌年选一生长直立强壮枣头做中心领导枝，下部选 3 个方位好、角度适宜的做第一层主枝，其余可疏除。第三年中心领导枝在 120 cm 高处进行短截，并剪除剪口下第一个二次枝，利用主干主芽抽生新枣头继续做中心领导枝。以下再选和第一层错落着生2个二次枝，粗度1.5 cm，各留2～3个芽短截，培养2层主枝。结果枝组的培养随着主侧枝延长，一般主侧枝的中下部，可培养成1.5 m长的大型枝组，主侧枝的中上部，可培养成3～4个二次枝的小型枝组。各枝组的距离一般保持在100 cm左右。多余萌发的枣头，应从基部疏掉。开心形修剪技术要点是留干高80 cm，树高2.2 m，主枝与主干呈三叉结构，3个主枝以45°向外侧斜伸，每个主枝上培植4～5个侧枝，侧间距40～50 cm，每侧枝为一个结果枝组，留二次枝8～10个。定干后，在整形带内选择3个相互成120°的二次枝，留桩短截，并于1 cm处刻伤，促使主芽萌发。夏末对已萌的发育枝进行软化拉枝，与主干成40°～45°夹角；呈三叉结构的主枝，翌春萌发前对三主枝截头，并与两侧各选一个侧向二次枝留桩短截，并于芽上1 cm处刻伤，促使主芽萌芽成侧枝。

七、病虫害防治

（一）山地苹果园病虫害综合防治技术

山地果园多与林、牧草混作，小气候特征明显，病虫种类复杂，病虫危害无明显规律，防治成本高、效果差。经多年观测研究，初步总结出一套适合山坡地苹果园病虫害的综合防治技术：第一，加强病虫害的监测，抓好早期预防。通过应用性诱剂、黑光灯和田间调查等方法进行病虫监测，选择高效低毒药剂在病虫发生初期进行预防，可节约防治成本，防效显著。第二，增强树势，提高树体抗性。山坡地果园采取加大有机肥投入，配套节水灌溉、合理间作、树盘覆膜、科学修剪等管理措施，使果树生长旺盛，通风透光良好，树体抗病能力增强，可减轻果园病虫危害。第三，注意保护天敌，维持生态平衡，应用生物药剂进行病虫防治，减少化学农药施用量及次数保护和合理利用天敌，通过生物措施控制病虫危害。第四，扩大防治范围，控制病虫源数量。山地果园病虫防治必须树上、树下、园内、园外同时防治，才能达到理想防治效果。对锈病、炭疽病、食心虫等以病源寄主为中心扩散传播的病虫，应以病源寄主为重点，根据传播方向提早控制。第五，结合小气候特点和大环境变化，灵活调整防治时期。山坡地果园一般阳坡地高于原地2～3 ℃，果树发芽早，落叶迟，多数病虫危害时间提前，危害期延长。因此，必须加强监测工作，适时适地防治；同时，应掌握大环境变化，一般阴雨天病害加重，持续晴天虫害较重，应根据此特点灵活进行防治。第六，生物、物理、化学防治措施有机结合，进行综合防治。通过多年试验，采用以上技术进行山地果园病虫害防治可节约防治成本30%，幼树期腐烂病、白粉病、炭疽病发病率低于1%，锈病在发病初期能够得到及时控制，金龟甲、蚜虫、大青叶蝉、卷叶蛾等害虫危害减轻，化学药剂年使用次数了减少2～3次，较好地保护和利用了天敌，为山坡地果园的优质、丰产打下了良好的基础。

（二）山地梨园病虫害综合防治技术

山地梨园普遍存在且危害较大的病虫害主要有“四病六虫”，四病有梨黑星病、梨轮纹病、梨黑胫病及梨腐烂病；六虫有梨大食心虫、梨小食心虫、梨星毛虫、茶翅蝽、金龟子及红蜘蛛等。在病虫害防治中，要求合理使用化学农药，充分发挥农业生物防治和人工防治的作用，使病虫害都能得到控制，病虫害防治水平得到有效提高。秋季或早春深翻树盘，消灭土壤中越冬虫害，早春刮除翘皮，消灭树缝中越冬虫害。梨树花芽萌动后（3月上中旬)，刮除梨黑胫病皮，涂抹843康复剂，全园喷布波美3～5度石硫合剂或索利巴尔50～80倍液，铲除树体越冬病菌和梨木虱、介壳虫等越冬害虫。花前或花后喷布杀虫剂，杀灭梨大食心虫、梨木虱、梨小食心虫、梨蝽象、梨蚜等。花后至麦收前，每隔15～20天喷布3～4次杀菌剂，控制梨黑星病、轮纹病的发生；果实采收前一个月内，为保护果品质量，再喷布1～2次杀菌剂。夏季根据梨小食心虫、梨木虱、梨蚜、臭木蝽象发生情况，喷布杀虫剂。冬季结合修剪清园，剪除病枝，并喷布一次波美3～5度的石硫合剂，进一步消灭病源，减少来年病虫害的发生，提高果园管理水平，合理负荷，增加树体抗病能力。

(三)山地枣树病虫害综合防治技术

危害枣树最严重的病害是"枣疯病"，该病害一旦流行，常常引起毁园。危害本地区山坡地枣园的主要虫害是枣树桃小食心虫、枣粘虫、枣步曲等三种。此外，因不同年份不同季节气候变化异常(如过于干旱或雨水较丰沛)或流行性虫害，会发生某些虫害最为猖獗的情况，如大灰象甲、蚱蝉、红缘天牛、日本龟蜡蚧等。在实际生产中，只要紧抓枣树最主要的"三虫一病"的综合防治，辅之以不同情况下的专门病虫害的重点防治，就可以保证红枣的优质丰产。

"枣疯病"目前没有好的根治办法，为了预防该病发生，示范园实行健株育苗栽植，新建枣园尽量选用无病毒枣苗，严把引进苗木检疫关，并尽量选育抗病毒品种。此外，为减少传病媒介，一般可在4月下旬枣树萌芽时，喷布50%"1605"1 500倍液，防治中国拟菱纹叶蝉等初龄幼虫；5月中旬花期前喷布10%氯氰菊酯5 000倍液，防治第一代若虫，兼治凹缘菱纹叶蝉；6月下旬枣盛花期后，喷布80%敌敌畏2 000倍液，防治第一代成虫；7月中旬喷布20%速灭杀丁3 000倍液，以除治传病昆虫。

桃小食心虫的防治，当性诱剂诱蛾高峰出现3天时为树上喷药的有利时机。常用药物有50%杀螟松1 000倍液、50%对硫磷2 000倍液、20%甲氰菊酯2 500～3 000倍液或青虫菌6号1 000倍液。由于"桃小"多在叶背、果梗洼等隐蔽地方产卵，喷药时药量要足、喷药要细。地面上秋冬压土灭茧，越冬幼虫或虫茧多集中于枣树根颈周围的土壤中，深秋结合开沟施基肥，将树盘下10 cm以内的表土铲起埋入施肥坑内，或地面再培土20 cm，消灭越冬幼虫。每年5月下旬到6月上旬，用5%甲萘威粉75 kg/hm^{2}或50%二嗪磷、32%辛硫磷微胶囊、25%对硫磷微胶囊100倍液，喷洒于树盘，然后轻锄入土。

枣粘虫的防治方法主要是冬、春刮树皮，将刮下的树皮集中烧毁，主干大枝涂白；8月下旬在主干上部和主侧枝基部束草诱集幼虫，使其进入草中化蛹，冬季将草环取下烧毁；成虫期可用黑光灯和性诱剂诱杀。树上用药在枣芽3 cm时，用氯氰菊酯2 000倍液，或用青虫菌、杀螟杆菌防治。枣步曲的防治主要在5月份树上用50%对硫磷2 000倍液防治。

第五节　山坡地果园建设评价

一、技术试验、示范与推广

课题研究主要以苹果、梨、枣为主，开展了果园基础建设和良种引进、园地管理、整形修剪、病虫害防治等丰产配套技术研究，进行了相应的试验布设。在黄土高塬沟壑区建立山地苹果示范园 6.67 hm^2，保存率达到 100%，引进苹果新品种 6 个，树体干径 5.0～7.0 cm，树高 2.5～3.0 m，冠径 3.0～3.5 m，成花株率 10%。腐烂病发病率低于 1%，无危险虫害发生。同时在全园配套修建了“提蓄自压式低压管灌”设施。在黄土丘陵沟壑区第三副区淘汰更新山地低产苹果园，建立了示范梨园 1.33 hm^2，引进梨新品种 4 个，树体干径 3.0～5.0 cm，树高 2.0～2.5 m，冠径 1.8～2.3 m，成花株率 2%，同时在全园内配套修建了集雨滴灌设施。在黄土丘陵沟壑区第一副区建立山地示范枣园 6.67 hm^2，引进枣树新品种 4 个。达到一年定植，两年挂果，三年产量 225 kg/hm^2，四年产量 750 kg/hm^2，五年产量1 500 kg/hm^2，总产值 3.0 万元，净收入 2.0 万元。在试验和示范基础上，在黄土高原不同类型区进行了“山坡果园建设与丰产栽培技术”推广，累计推广面积 365 hm^2，其中苹果园 65 hm^2，梨园 50 hm^2 和枣园 250 hm^2。

二、树相指标评价

水分是直接影响山坡地果树幼树成活率、生长量和果园建设速度的第一限制性因素，课题执行期(1997～1999 年)是历年来极为严重的连续性干旱年份，尽管课题组在示范建设过程中通过多种途径尽可能满足幼果树的生理需水，其生长指标、建园速度还是受到了一定的影响，但是通过科学的四季修剪、土肥水管理和病虫害综合防治等措施，各品种的丰产型树体基本形成。表 9-20～表 9-22 为示范苹果园、枣园和梨园各年树相指标。其中苹果树年新梢生长量达到 62 cm，2000 年底的树体冠径达到 2.80 m，树高 3.38 m，每公顷枝量达到 33.45 万个，长、中、短枝比例 1∶2∶7，短枝比例明显增加，成花株率达到 60.3%，达到四年生树丰产树体指标。枣园 1997～1999 年幼枣树枣头各年生长量平均为 1.07 m、1.34 m 和 0.89 m；平均每公顷枣头数量达 1 200 个以上，枣吊数量达 166.95 万个；1999 年冠幅达 3.09 m×3.01 m，树高 4.41 m，干径 7.7 cm，进入挂果期的成果率达到 65%。梨树年新梢生长量达到 40 cm 以上，2000 年底的每公顷枝量达到 15 万条以上，长、中、短枝比例 1∶2∶10，成花株率达到 40%。建园以来，苹果腐烂病、白粉病、炭疽病，梨树黑星病、轮纹病发病率低于 0.5%，枣树白粉病、炭疽病、枣疯病等低于 0.1%，锈病、卷叶蛾、金龟甲、红蜘蛛、梨小食心虫、梨木虱、梨蚜、臭木[illegible]象、枣步曲、桃小食心虫、大灰象甲、枣龟蜡蚧、红缘天牛、蚱蝉主要病虫害能及时得到有效控制，各年度病虫危害较轻。

表 9-20　山坡地苹果园各年树相指标统计

年份	树高(cm)	干径(cm)	新梢生长长度(cm)	新梢生长粗度(cm)	冠径(cm)	成活率(%)	公顷枝量(万个)	枝类比(长∶中∶短)	病虫危害程度	成花株率(%)	覆盖度(%)
1997	114	1.79	42	5.66	69	75	1.65	4∶3∶3	轻	—	2.1
1998	135	2.63	60	7.04	138	96.7	7.95	2∶3∶5	轻	1.3	9.28
1999	243	3.84	75	7.63	218	100	15.45	2∶2∶6	轻	6.4	21.77
2000	338	5.59	71	8.13	280	99.01	33.45	1∶2∶7	轻	60.3	44.87

表 9-21　山坡地枣园各年树相指标调查

年份	降水量（mm）	树高（m）	干径（cm）	冠幅（m）	枣头生长量（m）	枣股数（个）	成活率（%）	成果股率（%）	产量（kg/hm²）	病虫危害程度	覆盖度（%）
1997	314.8	2.13	4.8	1.46×1.23	1.07	265.4	75	33.5	762	弱	16.7
1998	362.7	3.28	6.3	2.00×1.70	1.34	334.1	85	40.3	1 959	弱	29.2
1999	293.7	4.41	7.7	3.09×3.01	0.89	360.8	90	65.0	3 232.5	弱	45.8

表 9-22　山坡地梨园各年树相指标统计

年份	树高（cm）	干径（cm）	新梢生长长度（cm）	新梢生长粗度（mm）	冠幅（cm）	成活率（%）	公顷枝量（万个）	枝类比（长：中：短）	病虫危害程度	成花株率（%）	覆盖度（%）
1998	120	1.87	40	3.89	54	85	2.25	1∶2∶1	轻	—	2.1
1999	153	3.41	68	6.92	150	—	5.7	2∶2∶6	轻	5.2	10.8
2000	186	4.68	70	7.45	210	—	15.75	1∶2∶10	轻	38.9	28.9

三、生态指标评价

实施山地果园建设与丰产栽培技术，有效地改善了土壤结构和物理性状，增加了土壤孔隙度，提高了土壤的蓄水、保肥能力和透气性；使土壤微生物活动能力增强，转化酶提高，加速了有机物质分解，可溶性养分含量大大提高。与同类农地土壤转化酶相比，山地苹果园提高80.2%、枣园提高70.01%、梨园提高55%；与同类农地土壤有机质相比，山地苹果园提高62.79%～85.70%、枣园提高19.5%、梨园提高19.1%，进而使土壤生产力显著提高（见表9-23和表9-24）。

表 9-23　山坡地苹果园与同类农地土壤养分含量测试

项目	有机质（%）		全氮（mg/kg）		速效磷（mg/kg）		速效钾（mg/kg）		孔隙度（%）		转化酶（mg/kg）	
	0～30 cm	30～60 cm	0～30 cm	30～60 cm	0～30 cm	30～60 cm	0～30 cm	30～60 cm	0～30 cm	30～60 cm	0～30cm	30～60 cm
苹果园	1.24	0.70	930	620	74.4	51.5	3.1	1.8	49.3	45.4	45.8	极微
小麦地	0.67	0.43	790	380	48.9	32.0	2.0	1.2	46.2	44.7	25.32	极微
苹果园比小麦地增加	0.57	0.27	140	240	25.5	19.5	1.1	0.6	3.1	0.7	20.48	—
苹果园比小麦地提高（%）	85.70	62.79	17.72	63.16	52.15	60.94	55	50	6.7	1.6	80.88	—

表 9-24　山坡地枣园与同类农地土壤养分含量测试

项目	取土深度(cm)	有机质(%)	全氮(mg/kg)	速效氮(mg/kg)	速效磷(mg/kg)	转化酶(mg/kg)	土壤容重(g/cm³)	土壤孔隙度(%)
枣园	0～30	0.63	730	72.4	4.9	863.2	1.380	46.53
	30～60	0.34	370	36.9	2.2	588.4	1.499	42.37
农地	0～30	0.57	330	34.0	1.8	506.0	1.495	43.09
	30～60	0.31	220	22.5	极微	126.4	1.474	43.54

表 9-25　山坡地梨园与同类农地土壤养分含量测试

项目	有机质(%)		全氮(mg/kg)		速效氮(mg/kg)		速效磷(mg/kg)		孔隙度(%)		转化酶(mg/kg)	
	0～30 cm	30～60 cm	0～30 cm	30～60 cm	0～30 cm	30～60 cm	0～30 cm	30～60 cm	0～30 cm	30～60 cm	0～30 cm	30～60 cm
梨园	1.07	0.81	840	740	54.7	44.2	4.8	2.9	45.62	38.45	2 030.2	254.2
小麦地	0.92	0.68	790	720	38.6	32.1	3.4	2.5	43.54	38.14	1 309.8	238.4
梨园比小麦地增加	0.15	0.13	50	20	16.1	12.1	1.4	0.4	2.08	0.31	720.4	15.8

山地果园建设整地减少了地面坡长，改变了地形结构和园地环境，一方面有效减缓了地表径流的形成，控制了水土流失，如水平梯田拦蓄地表径流效率可达到98%；另一方面随着果园树体树冠的逐年生长，可以显著提高山坡地覆盖度，课题试验示范前基地原农地覆盖度仅为18.7%～19.6%，果园建成后的4年生苹果树覆盖度已达到44.87%，3年生枣园为45.8%、梨园为28.9%；山地果园建设还可以减少水分蒸发量，调节园地小气候，试验枣园的空气相对湿度就比农地高10%左右。

四、经济效益评价

对管理较为规范、长势中上等山坡地盛果期果园的调查表明，每公顷苹果、红枣、梨纯收入均比同类农地农作物高(见表9-27～表9-29)。山地果园建设既符合"果树上山下滩，不与粮棉争地"的国家政策，又能增加农民收入，壮大地方经济，扩大就业机会，同时随着果品贮存、运输和加工业的发展，将取得巨大的效益。

表 9-27 山坡地苹果园与同类农地(小麦)经济效益比较

(单位:元/hm^2)

项目		年份											产投比	果农比较
		1990	1991	1992	1993	1994	1995	1996	1997	1998	1999	小计		
农地	投入	975	975	975	1 050	1 050	1 050	1 050	1 125	1 125	1 125	10 500	1. 64:1	累计比 7:1
	产出	1 738. 5	1 692	1 836	2 631	2 019	912	1 386	2 192. 4	1 738. 5	1 128. 6	17 274		
	效益	763. 5	717	861	1 581	969	-138	336	1 067. 4	613. 5	3. 6	6 774		
苹果园	投入	2 700	2 700	3 000	3 000	3 150	3 450	3 450	3 600	3 600	2 900	32 550	2. 47:1	
	产出	5 449. 5	6 481. 5	6 558	7 792. 5	7 678. 5	8 482. 5	9 577. 5	9 147	9 501	9 562. 5	80 230. 5		
	效益	2 749. 5	3 781. 5	3 558	4 792. 5	4 528. 5	5 032. 5	6 127. 5	5 547	5 901	5 662. 5	47 680. 5		

表 9-28 山坡地红枣与同类农地(黄豆)经济效益比较

(单位:元/hm^2)

项目		年份											产投比	枣农比较
		1990	1991	1992	1993	1994	1995	1996	1997	1998	1999	小计		
黄豆	投入	2 475	2 475	2 475	2 550	2 550	2 550	2 550	2 625	2 625	2 625	25 500	2. 24:1	年累计比 2:1
	产出	4 515	5 827. 5	5 587. 5	5 512. 5	6 537	6 840	7 110	5 850	5 175	4 275	57 229. 5		
	效益	2 040	3 352. 5	3 112. 5	2 962. 5	3 987	4 290	4 560	3 225	2 550	1 650	31 729. 5		
红枣	投入	2 775	2 775	4 350	4 350	3 150	3 840	3 840	3 300	3 300	3 900	35 580	2. 73:1	
	产出	7 740	8 640	8 280	7 920	12 150	11 137. 5	11 475	10 350	10 185	9 240	97 117. 5		
	效益	4 965	5 865	3 930	3 570	9 000	7 297. 5	7 635	7 050	6 885	5 340	61 537. 5		

表 9-29　山坡地梨园与同类农地(小麦)经济效益比较　（单位:元/hm^2）

项目		年份											产投比	枣农比较
		1991	1992	1993	1994	1995	1996	1997	1998	1999	2000	小计		
农地	投入	1 125	1 200	1 200	1 275	1 290	1 200	1 260	1 260	1 245	1 245	12 300	2.0∶1	10 年累计梨园效益是农地效益的 3.4 倍
	产出	2 520	1 830	2 880	3 780	3 240	3 030	2 340	1 080	2 100	2 250	25 050		
	效益	1 395	630	1 680	2 505	1 950	1 830	1 080	-180	855	1 005	12 750		
山坡地梨园	投入	2 700	2 775	3 210	3 360	2 700	2 520	1 950	900	2 100	2 250	24 465	2.8∶1	
	产出	4 290	4 350	4 875	5 505	6 375	7 335	7 920	8 670	9 180	9 300	67 800		
	效益	1 590	1 575	1 665	2 145	3 675	4 815	5 970	7 770	7 080	7 050	43 335		

五、经济稳定性分析

山坡地可持续利用最佳模式和经营方式，不仅要用其生态效益和暂时的经济效益来评价其优劣，而且还需对其生产项目的经济稳定性进行数量化评价，该项目具体采用多年连续经营不同品种的产值与产量的稳定系数(苹果与小麦、红枣与黄豆、梨树与小麦种植模式 10 年期)，具体公式如下：

$$S = \sqrt{\left[n\sum x^2 - \left(\sum x\right)^2\right] / n(n-1)}$$

式中：S 为经济稳定系数；x 为连续两年之间产量或产值的差值；n 为分析年限。

根据以上公式分析评价山坡地不同品种种植模式的经济稳定性。具体的数值模型计算分析见表 9-30 ~ 表 9-32。从中可以看出：山坡地果园产量稳定系数为 13.8，产值稳定系数为 31.9；山坡地小麦产量稳定系数为 15.79，产值稳定系数为 23.9。山坡地红枣产量稳定系数为 25.28，经济产值稳定系数为 81.30；黄豆产量稳定系数为 25.65，产值稳定系数为 32.81。山坡地梨园产量经济稳定系数为 22.49，产值稳定系数为 41.93，山坡地农地(小麦)产量稳定系数为 26.45，产值稳定系数为 28.22。结果表明，山坡地果树生产和对应的农作物种植结构的稳定系数：$S_{苹果产量} < S_{小麦产量}$，$S_{苹果产值} > S_{小麦产值}$；$S_{红枣产量} < S_{黄豆产量}$，$S_{红枣产值} > S_{黄豆产值}$；$S_{梨产量} < S_{小麦产量}$，$S_{梨产值} < S_{小麦产值}$。分析认为，随着近年来果品产业化的大力发展，尤其是新技术、新材料包括新品种、节水灌溉、覆盖生草、配方施肥、病虫综合防治等新技术，克服了各品种果树的大小年及适龄不挂果等技术难题，增强了抵抗干旱、病虫害的能力，使苹果、红枣和梨产量相对农作物生产比较稳定；但由于苹果和红枣面积逐年扩大，产量提高，市场培育逐年成熟，苹果和红枣两种果品价格增减幅度大于农作物增减幅度，产值变化较大，稳定性小于农产品，而梨和农作物生产运行、市场调节在同一个水平下，可以看出梨产值持续稳定于农作物产值，结合现代果品生产的市场需求，山坡地苹果园必须进一步加强管理，在确保稳产的基础上，加大套袋、增红剂等新技术应用，提高果品质量，生产优质果品，增加经济效益；同时反映了红枣生产存在着供不应求的现状，适生区该产业发展前景广阔；梨也有一定的发展潜力。

表 9-30　山坡地苹果园与农作物产量、产值统计分析

（单位：产量，kg；产值，元）

年度	苹果园						小麦					
	产量	$x_n - x_{n-1}$	$(x_n - x_{n-1})^2$	产值	$x_n - x_{n-1}$	$(x_n - x_{n-1})^2$	产量	$x_n - x_{n-1}$	$(x_n - x_{n-1})^2$	产值	$x_n - x_{n-1}$	$(x_n - x_{n-1})^2$
1990	121.11			363.33			82.8			115.9		
1991	144.03	22.92	525.33	432.09	68.76	4 727.9	80.6	2.2	4.84	112.8	3.1	9.6
1992	145.72	1.69	2.86	437.16	5.07	25.70	64.4	16.2	262.44	122.4	9.6	92.2
1993	173.15	27.43	752.40	519.45	82.29	6 771.64	103.2	38.8	1 505.44	175.4	53	2 809
1994	182.82	9.67	93.51	511.90	7.55	57.00	79.2	24	576	134.6	40.8	1 664.6
1995	217.50	34.68	1 202.70	565.5	53.6	2 872.96	35.4	43.8	1 918.44	60.8	73.8	5 446.4
1996	245.56	28.06	787.36	638.46	72.96	5 323.16	66.0	30.6	936.36	92.4	31.6	998.6
1997	234.55	11.01	121.22	609.83	28.63	819.68	104.4	38.4	1 474.56	146.2	53.8	2 894.4
1998	275.39	40.84	1 667.91	633.40	23.57	555.54	96.6	7.8	60.84	115.9	30.3	918.1
1999	289.79	14.4	207.36	637.54	4.14	17.14	68.4	28.2	795.24	75.2	40.7	1 656.5
Σ		190.7	5 360.65		346.57	21 170.72		230	7 534.16		336.7	16 489.4
Σ^2		36 367			120 111			52 900			113 367	
S	13.84			31.90			15.79			23.93		

注：表中 $x_n - x_{n-1}$ 中数值为连续两年差数的绝对值。

表 9-31　山坡地枣园与农作物产量、产值统计分析

（单位：产量，kg；产值，元）

年度	苹枣园						黄豆					
	产量	x_n-x_{n-1}	$(x_n-x_{n-1})^2$	产值	x_n-x_{n-1}	$(x_n-x_{n-1})^2$	产量	x_n-x_{n-1}	$(x_n-x_{n-1})^2$	产值	x_n-x_{n-1}	$(x_n-x_{n-1})^2$
1990	430			516			350			301		
1991	480	50	2 500	576	60	3 600	370	20	400	388. 5	87. 5	7 656. 25
1992	460	20	400	552	24	576	355	15	225	372. 5	16. 0	256. 00
1993	440	20	400	528	24	576	350	5	25	367. 5	5. 0	25. 00
1994	530	90	8 100	810	282	79 524	415	65	4 225	435. 75	68. 25	4 658. 06
1995	495	35	1 225	742. 5	67. 5	4 556. 25	380	35	1 225	456. 0	20. 25	410. 06
1996	510	15	225	765	22. 5	506. 25	395	15	225	474. 0	18. 0	324. 00
1997	460	50	2 500	690	75	5 625	325	70	4 900	390. 0	84. 0	7 056. 00
1998	485	25	625	679	11	121	345	20	400	345. 0	45. 0	2 025. 00
1999	440	45	2 025	616	63	3 969	285	60	3 600	285. 0	60. 0	3 600. 00
Σ		350	18 000		629	99 053. 5		305	15 225		404	26 010. 37
Σ^2		122 500			395 641			93 025			163 216	
S	25. 28			81. 30			25. 65			32. 81		

注：表中 x_n-x_{n-1} 中数值为连续两年差数的绝对值。

表 9-32　山坡地梨园与农作物产量、产值统计分析

（单位：产量，kg；产值，元）

年度	小麦						梨园					
	产量	$x_n - x_{n-1}$	$(x_n - x_{n-1})^2$	产值	$x_n - x_{n-1}$	$(x_n - x_{n-1})^2$	产量	$x_n - x_{n-1}$	$(x_n - x_{n-1})^2$	产值	$x_n - x_{n-1}$	$(x_n - x_{n-1})^2$
1991	140			168			286			572		
1992	102	38	1 444	122	46	2 116	290	4	16	580	8	64
1993	160	58	3 364	192	70	4 900	325	35	1 225	650	70	4 900
1994	210	50	2 500	252	60	3 600	367	42	1 764	661	11	121
1995	180	30	900	216	36	1 296	425	58	3 364	765	104	10 816
1996	168	12	144	202	14	196	489	64	4 096	880	115	13 225
1997	130	38	1 444	156	46	2 116	528	39	1 521	845	35	1 225
1998	60	70	4 900	72	84	7 056	578	50	2 500	925	80	6 400
1999	140	80	6 400	140	68	4 624	612	34	1 156	979	54	2 916
2 000	150	10	100	150	10	100	620	8	64	992	13	169
Σ		386	21 196		434	26 004		334	15 706		490	39 836
Σ^2		148 996			188 356			11 556			240 100	
S	26.45			28.22			22.49			41.93		

注：表中 $x_n - x_{n-1}$ 中数值为连续两年差数的绝对值。

第六节　结论与认识

一、科学规划、合理布局,调整树种和品种结构

在黄土高原地区广阔的山坡地上,应逐步贯彻落实“退耕还林(草)”的生态建设精神,大力推广山地果园集约化经营,布局上必须按照因地制宜、扬长避短、适当集中的原则,促使果品生产向最佳适宜区和适宜区集中,实行果品生产由粗放型经营向集约型经营转变。

品种结构的调整,应按照宜果则果、适地适树、周年供应、市场要求进行。实践证明,一个树种的主栽品种不应是1个,应有3～4个。一个品种不宜超过40%,多类树种做到早、中、晚熟品种和鲜食、加工品种合理搭配,主要树种一般早熟品种占10%左右,中熟品种占30%左右,晚熟品种占60%左右。加工品种,应根据加工业的发展而定,一般鲜食品种与加工品种调整为70∶30。加快品种更新换代,实现果树良种化、区域化、产业化,是提高果品质量和经济效益的关键。

二、加快推广优质高效栽培技术

目前,我国果树总体管理水平与世界先进国家相比,差距很大。国内不同地区之间的管理技术水平也不均衡。果树技术推广工作薄弱,果农技术水平低是造成果园单产低、果品质量差的重要原因。为此,今后必须加大优质高效栽培技术的推广力度,提高水果单产和质量。重点是推广普及先进适用的新技术,将优良品种、矮化密植、合理修剪、疏花疏果、配方施肥、果园生草覆盖、果实套袋、摘叶转果、设施栽培、节水灌溉及病虫害综合防治技术组装配套,把产量和质量提高到一个新的水平。

(一)发展山坡地果园集雨节水灌溉配套技术

发展山坡地果园集雨节水灌溉配套技术是水利工程措施与生物措施相结合的综合体,必须把单项节水技术成果组装应用。根据黄土高原地区干旱少雨、水资源缺乏的现状,把有限的降雨通过各种措施汇集储蓄起来,通过节水灌溉技术与农业抗旱保墒技术相结合,即应用果园生草、覆草、覆膜及化学保水剂等技术,按照果树生长发育的需水关键时期补充灌溉,建立集雨截流节水灌溉体系,通过各试验示范基地的运行,综合效益非常显著,是今后黄土高原山坡地果园生态稳定与经济可持续发展的方向。

(二)果园生草、覆草、覆膜技术

果园生草、覆草、覆膜措施是山坡地果树生态栽培的重要模式。果园生草、覆草、覆膜可有效减轻降水对地表的冲刷和地表径流量,减少蒸发,调节地温,可激活土壤活性酶,增加氮、磷的有效成分,从而培肥地力。果园生草、覆草、覆膜与工程整地相结合,不仅是果树丰产栽培的重要技术,同时也对控制山坡地果园的水土流失起着重要作用。

(三)配方施肥技术

黄土高原山坡地植被稀疏、水土流失严重、土壤贫瘠,因此要加大对土地的投入,根据不同树种品种,不同生长发育时期,结合土壤养分情况,掌握果树吸肥能力的年度变化特

点，进行合理的配方施肥，确定氮、磷、钾的比例，强健树体，增强树体的抗逆性。从试验示范基地采用配方施肥效果可看出，幼树生长健壮，春梢生长量明显高于对照，且越冬抽条率低于2%。

三、加速果品贮藏和深加工等产业发展

发展果品贮藏和加工业，可缓和产销矛盾、提高经济效益，也是保证果品质量的重要途径。近年来我国果树生产发展很快，1997年果品总产量已达到5 089.3万t，再根据农业部制定的全国水果发展的2010年远景规划目标，到2010年，全国水果总产量将达到9 300万t，但我国贮藏加工设备落后，每年贮藏量只占果品总产量的20%左右，加工量只占果品总产量的10%左右，远远落后于世界发达国家40%～50%的水平。因此，在大力发展果树生产的同时，还应高度重视果品贮藏加工业的发展。

综上所述，山坡地果园建设是山坡地资源开发和生态保护的重要途径，它既能获得较高的经济效益，又能促进生态环境的保护，最终达到生态、经济可持续发展。

第十章　黄土高原地区山坡地林草植被建设技术

第一节　林草植被建设技术研究评述

一、立地类型与树种选择研究

立地分类、树种选择是林草植被建设的基础工作。黄土高原地区的立地分类和树种选择研究始于20世纪50年代，高尚武根据苏联乌克兰学派H. C. 波格来勃涅克的“林型学原理”学说，以气候、土壤和植被为标志，将黄河中游黄土高原划分为五个森林植物地带和52个分区、32个造林类型、49个立地条件类型，并提出了相应乔木、灌木树种；此后至70年代末，王兆凤、王占孟、高志义等一些国内外专家学者分别以甘肃、陕西和山西部分地区为对象进行了立地类型划分和适地适树问题的调查和研究。这些研究对于黄土高原地区造林地土壤水分的重要性已开始有所认识，并通过地形因素来表述立地特征，特别是后期的一些研究在总结黄土高原地区多年造林立地类型划分和适地适树研究的基础上，深入分析了光、热、水、土4个植物基本生态因子与立地类型形成的关系，认为土壤水分是黄土高原地区林木成活生长最主要的限制因子，土壤水分在年内年际间的微小变化都将反映在林木生长上，在单一黄土母质发育土壤和基本缺乏植被的条件下，土壤水分的变化主要受制于地形因素变化，从而提出黄土高原地区应在注意土壤条件的基础上，以地形外部特征为依据进行立地分类的观点，突破了多年来运用波氏系统进行立地分类的方法，为建立黄土高原地区立地分类体系提供了新途径。进入80年代后，计算机技术和数理统计方法应用于立地分类中，王斌瑞、朱金兆、王佑民等应用多元回归或数量化理论，依据刺槐、油松生长指数或立地指数与环境变量之间的关系，分别在晋西黄土残塬沟壑区和渭北黄土高塬沟壑区进一步验证了土壤水分变化受制于地形外部特征变化的结论，从而使传统的立地分类和适地适树研究从定性研究进入到定性与定量相结合的阶段。在此基础上，由北京林业大学牵头组织，黄土高原地区7省（区）林业科学研究所共同承担的课题“黄土高原立地条件类型划分及适地适树研究”以及随后开展的“黄土高原立地条件类型划分和适地适树中间试验”课题，系统深入地研究了黄土高原地区的立地类型划分，提出了不同类型区的主要造林立地类型及相应的适生树种表。在山西省隰县李家窑黄土残塬沟壑区不同造林立地类型上布设了光、热、水和土定位观测，系统地研究了影响立地类型土壤水分的内在机理，并结合立地类型，从地貌特征、土壤水分、小气候特征和土壤侵蚀状况入手，采用层次分析法和逐步聚类相结合的方法，综合评价了造林地的立地质量。除沿用人工林生产量、生长势检验指标外，运用现代土壤—植物—大气连续系统理论，研究了主要造林树种幼树在不同土壤水分条件下的树叶水势、蒸腾量、光合速率等植物水分生理指标的敏感程度和树木外观反应，据此来评价不同造林立地树木的适生性。深入地揭示了形成黄土高原地区不同造林地立地质量差异的原因以及适生树木的生理生态特性，将立地类型划分和适地适树研究推向更为深入的微观机理研究阶段，对黄土高原地区的林草植被建设起到重要的作用。

二、防护林体系建设研究

黄土高原地区的防护林体系建设研究始于20世纪60年代，70年代后期关君蔚在总结我国"三北"防护林建设经验的基础上提出了防护林基本林种划分的思想，归纳了以防风固沙防护林、水土保持林、环境保护林为核心的防护林体系综合简表，比较完整地表述了我国防护林体系结构、类型、林种配置。80年代末90年代初，随着我国生态农业、生态林业实践的发展，"三北"防护林局在二期防护林建设中提出了"生态经济型防护林体系"的新观念，后经实践和理论研究充实完善，形成了较为完整的生态经济型防护林体系的概念，从而使防护林建设在规模、内涵及效果上逐渐成为改善区域生态环境质量、促进地区经济发展和实现生态脆弱地区可持续发展的重要措施。目前，我国防护林建设已从形式设计走向按照水土流失危害划分不同类型、设计不同规格林草配置模式，按照不同立地类型选择适宜树、草种的科学设计；从定性研究体系建设配置技术发展到定性、定量、定位有机结合，在总体布局时考虑不同树、草种的生态适应性等多种因素，优选不同立地条件的适宜树、草种配置模式；从单一营造防护林走向建设多林种、多树种、乔灌草相结合，并融保护、封育、改造现有林和次生林于一体的高效益防护整体。实践证明，多树种组成复层结构保证了林分生态效益的互补，增加了林分生物学稳定性，因而混交林效益好，其生物生长量远高于同一立地条件的纯林。黄土高原地区立地类型多样，可营造多树种、多层次、不规则的带状、片状、网状、团状、簇状混交林，以提高防护林的功能效益。防护林建设要注意选择优良树种，培育壮苗，精细整地，合理密植，认真栽植，加强抚育管理；要由单一林业走向农、林、牧相结合，山、水、田、林、路综合治理，形成林农、林牧、林草、林药的合理结合，协调发展的多效益的农林复合生态系统。同时要注意生态效益、经济效益和社会效益的协调发展，从林种配置、树种选择、立体配置等各个环节注重防护林短、中、长期效益的结合，从粗放管理走向集约化、科学化和规范化管理。

三、集流、蓄水型林草植被建设技术

黄土高原地区的径流利用有着悠久的历史，目前山坡地造林整地沿用的挖穴、鱼鳞坑、水平阶、水平沟、反坡梯田等径流利用技术就是很好的见证。隔坡梯田始于20世纪50年代中期，其原理就是暴雨时通过梯田分段拦蓄利用斜坡段上流失的水土。80年代初期，山西大宁县将山坡地每隔10 m修宽1 m、深1 m的水平沟，在斜坡段种植农作物，在沟内栽植果树或速生丰产林，群众称之为隔坡水平沟或丰产沟，这种整地方式在丰水年或平水年能有效地拦蓄径流，增加造林地供水，提高造林成活率和林木生长量，但在严重干旱年由于坡面难以产流集中到植树带，加之土壤蒸发强烈，对提高造林成活率和林木生长量效果不明显。

径流林业是以水量平衡为基础、融入现代科学知识、通过水土保持整地工程人为改变地表产流及入渗状况和具有一定技术标准的现代造林技术。黄土高原地区各地在发展径流林业方面具有丰富的经验,一般情况下,集水区与蓄水区的面积比为:400~500 mm 年降水地区 3:1,300~400 mm 年降水地区 5:1,经济林相对高于其他林种,为 7:1。常用方法是沿梁峁坡等高线开挖深 60 cm,宽 100 cm,反坡 15°~18°的梯田植树带,并对集水坡面进行不同类型的防渗处理。防渗处理的方法主要有 3 种:一是铲除坡面杂草,再把表面砸实拍光;二是在坡面砸实拍光的基础上,再喷高分子化合物 YJG,使土壤表面形成坚硬光滑的不透水膜;三是保留原自然坡面。丁学儒等在兰州市干旱山坡地采用单坡式、双坡式、扇形、V 字形等集水整地方式造林,在集水面喷涂乳化沥青及覆盖塑料薄膜等防渗集水材料建造微型集水区,集水面积 4 m^2 时土壤含水量可提高 6%~25%,集水面积 8 m^2 时造林成活率可达 60%~80%。王斌瑞、王百田等根据不同树种对水分的生理需求与区域水资源环境容量,在年降水量 400 mm 左右的黄土丘陵地区开展了大面积的径流林业试验研究,通过确定合理密度、大隔坡深整地和集水坡面的多种防渗处理,即首先将坡面铲平,修成纵向的长方形或回字形集水面,铲除杂草,压实拍光,在此基础上再喷高分子化合物 YJG-1 号、2 号、3 号和栽植低等植物石果地衣等防渗材料,同时对植树带进行土壤改良和覆盖保墒等技术处理,从而改善林木生长的土壤水分条件,使植树带的来水量达到每年 600~1 300 mm,造林成活率从不足 30% 提高到 82%~98%,林木生长量提高 40%~80%。目前微型集水系统存在的问题是土壤蓄水容量的有限性,易于在干旱季节出现植树带供水不足,而雨季水分过剩造成生长季后期林木旺长等现象。因此,研究集水系统径流贮存与合理供给技术,实现降水的时空调控,提高水分利用率将是径流林业要解决的关键技术。随着现代科学技术的飞跃发展和新材料的不断出现,试验筛选高效、耐久、无污染、廉价和使用方便的集水防渗新材料也将是径流研究的长期任务。近年在我国西北地区兴起的集水农业和窑窖农业等,为径流合理利用提供了实践基础。

第二节　不同类型区山坡地林草植被空间配置模式及品种选择

一、林草植被配置的理论依据

根据黄土高原地区植被不同生态区的特点,以生物生态学和群落学特征为主,选择合理的植物建群种(优势种)、伴生种及结构配置,在此基础上考虑植物建设的经济效益,最大限度地发挥山坡地林草植被的保持水土和改善生态功能,促进山坡地生态稳定与经济的持续发展。

(一)坡面空间配置

根据因害设防、因地制宜、共生互利的原则,依据山坡地单元生态位、水土流失发生发展规律和林种、树种、生物生态学习性及生态经济效益水平等确定适宜发展的林草种;同时使林种与农作物、牧草等生态系统紧密结合,功能互补。空间配置模式在生态上达到三方面要求:符合坡面水分生态分布,林草植被类型与立地类型水分生态适宜性相匹配,达到林草地水量平衡;符合不同立地类型对林草植被生物量允许值(可承载的最大生物量)；符合最大允许土壤侵蚀所需有效植被盖度(密度)。

(二)坡面立体配置

立体配置的核心是林分内植物种的多样性、结构和功能问题。实践证明，和谐稳定的复层混交结构其适应性、抗逆性、稳定性、生物量及保持水土、涵养水源的功能远大于纯林，因此各林种应根据立地环境容量、植物种的生物生态学特性及生态经济要求，调控树、草种及其他植物种的结构组成，可考虑引入乔木、灌木、草类、药用等经济植物，特别是区域适生的有经济开发可能性的植物，尽可能多地增加林分内部植物种的多样性。同时，还要充分利用植物共生、生态位时空分化等来优化种群结构，特别是要强调林农、林草、林药等复合经营，增加林分的稳定性，充分发挥水、土、光、热等资源的生产潜力，提高山坡地的生态经济效益，达到短、中、长期效益的有机结合。

二、不同类型区山坡地林草植被空间配置典型模式

根据林草植被空间配置理论，按照生态稳定、经济高效的原则，在调查、分析不同类型区山坡地典型地段林草植被类型组成、结构和功能的基础上，初步提出不同类型区山坡地林草植被配置模式。

(一)晋西黄土丘陵沟壑区山坡地林草植被配置模式

配置模式见表10-1。

表10-1　晋西黄土丘陵沟壑区土坡地林草植被配置模式

地貌部位	坡度	林草配置模式	林分结构特征	功能作用	林草植物种
缓坡	<15°	梯田、隔坡梯田、隔坡水平沟等农地防护林	隔坡坡面防蚀林、等高绿篱林带	护坎、防蚀	毛白杨、新疆杨、核桃、紫穗槐、花椒、楸树、苹果、梨、桃、臭椿
	15°~25°	隔坡水平沟、隔坡梯田农林复合经营	隔坡坡面防蚀林、等高绿篱林带	减少地表径流、防止侵蚀	核桃、杏、花椒、梨、苹果、柿
陡坡	25°~35°	林草复合带	乔灌草带状配置	涵养水源、减少径流泥沙	油松、刺槐、侧柏、杜梨、沙棘、紫穗槐、山桃、山杏、黄蔷薇、柠条、虎榛子
	>35°	封禁、适当稀植乔灌木	乔木品字状、灌木带状、乔灌草结合	固定沟坡	侧柏、山杨、沙棘、荆条、山桃

(1)塬面和分水岭、梁峁坡面上部坡度小于15°的坡面：该坡段是当地主要农业用地，以建设高标准梯田为主，并配置以道路埂坎林带或林网、片状经济林、间作林、四旁植树等为主体的农田防护林体系。

(2)梁峁坡中部15°~25°缓坡：以农林复合形式配置防护林体系，采用隔坡水平梯田(坡面带状林)、隔坡水平沟(水平沟为林带)等复合结构设计，隔坡宽度10~15 m。

(3)梁峁坡下部25°~35°陡坡：配置坡面水土保持林、林牧复合防护林。在较完整的坡面上，采用乔灌异林复层林与草田相间的形式，水平沟整地，林带宽度15~20 m，林带间距大于15 m。在面积较小或破碎的坡面，采用全面造林，集水式鱼鳞坑整地。乔木树

种造林密度应小于 1 500 株/hm^2。

(4)梁峁坡下部大于 35°急坡:配置为坡面水土保持林,采用人工促进封山育林、深根性乔灌草结合的异林复层结构。

(二)陕北黄土丘陵沟壑区山坡地林草植被配置模式

配置模式见表 10-2。

表 10-2 陕北黄土丘陵沟壑区山坡地林草植被配置模式

地貌部位	坡度	林草配置模式	林分结构特征	功能作用	林草植物种
缓坡	<15°	梯田农林复合、带状防护林	梯田、林带	防蚀、防风	杜梨、柠条、沙棘
	15°~25°	梯田农林复合、果园	梯田、带状山地果园	防蚀	苹果、梨、桃、杏、红枣、葡萄
陡坡	25°~35°	水平沟牧草带、带状乔灌林或灌木林	乔灌草带状配置	涵养水源、防蚀	杜梨、臭椿、柠条、沙棘、文冠果、山楂、紫穗槐、柽柳、苜蓿、草木樨、沙打旺
	>35°	适度稀植乔灌木林	乔木品字状、灌木带状配置	固定沟坡	沙棘、紫穗槐、火炬松、侧柏、刺槐、臭椿、河北杨、白榆、小叶杨、柠条
沟沿	—	灌木防护林	灌木防护林带	防止沟头前进	柠条、酸枣

(1)梁峁顶部、靠近分水岭小于 15°缓坡:宽梁峁采取梯田防护林带、农林复合经营,窄梁峁风蚀强烈、土壤干旱瘠薄,可配置耐旱、抗风蚀灌木林(柠条、沙柳等)或乔灌(侧柏、杜梨)隔行混交林,乔木株行距(3~4) m×2 m,灌木株行距(1~1.5) m×2 m;乔灌混交林灌木密度 1 m×1 m,乔木密度 1.5 m×1.5 m。

(2)梁峁坡中上部 15°~25°缓坡:梯田农林复合经营,背风向阳、水分条件较好的坡段发展山地果园,早期果粮间作,提高山坡地生产力。

(3)梁峁坡中下部 25°~35°陡坡:较完整坡面水平沟种植苜蓿、草木樨、沙打旺等牧草;破碎坡面鱼鳞坑整地营造坡面防护林,此种立地类型土壤较干旱瘠薄,片蚀、细沟、浅沟侵蚀严重,因此应该营造水土保持林。阴坡土壤水分条件相对较好,选择抗寒、抗旱性较强的杜梨、柠条、柽柳、沙棘等。阳坡风蚀强烈较阴坡更为干旱,宜选择抗旱、抗风蚀性较强的臭椿、柠条、沙棘、文冠果、山楂、紫穗槐等乔灌混交或单纯灌木林。

(4)沟沿线以下至坡脚线之间坡度大于 35°的坡段(沟坡):一般较急陡,沟蚀严重,地形破碎,保水保肥能力极差,土壤极为干旱贫瘠,人畜不易到达,造林施工不便,宜营造灌木防护林,阳坡适宜的灌木有柠条、酸枣;阴坡适宜的灌木有沙棘、紫穗槐以及萌蘖性较强的火炬松;在沟坡下部坡度稍缓处可营造以灌木为主的乔灌混交林,阳坡适生的乔木有侧柏、臭椿、刺槐,阴坡适生的乔木有河北杨、白榆、小叶杨、火炬松、刺槐;在坡面较完整的地段,水平沟种植山杏等经济树种。

(5)沟沿线地段:重力侵蚀严重,梁峁顶部及坡面径流常经此处下泄,故此处需营造高密度的镶边防护林带,以切断径流、阻止径流进入侵蚀沟,控制沟蚀发展。据调查,在这些地段多采取护沟埂等工程措施,沿沟边种植一些根系发达、萌蘖性强、固土作用大的灌木树种,如柠条、酸枣等,采取高密集型造林,加强防护作用,一般带宽 3 ~5 m,穴距 1 m × 1 m。

(三)陇东黄土高塬沟壑区塬坡林草植被配置模式

配置模式见表 10-3。

表 10-3　陇东黄土高塬沟壑区塬坡林草植被配置模式

地貌部位	坡度	林草配置模式	林分结构特征	功能作用	林草植物种
缓坡	10° ~30°	梯田农林复合地埂经济林带	梯田、地埂经济林	防蚀、固埂	苹果、梨、桃、核桃、花椒
		防护林	乔灌带状配置	防蚀	油松、沙棘、刺槐、侧柏、元宝枫、紫穗槐
陡坡	40° ~70°	水平沟带状灌木林	灌草带状配置	涵养水源、防蚀、固定沟坡	柠条、狼牙刺、扁核木、胡颓子、虎榛子、沙棘、杭子梢、绣线菊
沟沿	—	乔灌木防护林	乔灌林带	防止沟头前进、固坡	油松、沙棘、侧柏、元宝枫、紫穗槐

(1)塬嘴(塬面与沟谷间的缓冲地带):坡度为 10° ~30°,该坡段汇集塬面径流,侵蚀沟扩张,切割塬面较快,土壤干旱瘠薄,可营造塬边沟头防护林,沿等高线水平阶整地,采用行间、带状方式,营造油松沙棘混交林、刺槐侧柏混交林、侧柏沙棘混交林、元宝枫紫穗槐混交林。造林密度:针叶树株行距 1.5 m×2 m,阔叶乔木株行距 2 m×2 m,灌木株行距 1.5 m×2 m。在局部坡度较缓、土壤肥沃深厚的坡耕地,可结合修建水平梯田,配置农林复合带状地埂经济林,适宜的经济林树种有苹果、梨、桃、核桃、花椒等。

(2)沟谷:坡度大多为 40° ~70°,地形破碎陡峭,多为滑塌、崩塌、泻溜等严重的重力侵蚀;为固沟保塬,应首先封沟育林育草,营造沟坡灌木防护林、塬边沟头防护林,应选择根系发达、萌蘖性强、生长迅速的树种。阳坡选用耐旱耐瘠的灌木柠条、狼牙刺、扁核木、胡颓子等,阴坡选用虎榛子、沙棘、杭子梢、绣线菊等。

(3)沟沿线地段:塬面径流常常造成大量泥沙下泄,导致塬边崩塌和沟头向塬心伸展,可在沟沿营造 5 ~8 行乔灌结合的防护林带,可选择营造油松沙棘混交林、刺槐侧柏混交林、侧柏沙棘混交林、元宝枫紫穗槐混交林。

(四)陇东黄土丘陵沟壑区山坡地林草植被配置模式

配置模式见表 10-4。

(1)梁峁顶部、靠近分水岭小于 15°缓坡:该坡段是地表径流的起点,土壤干旱贫瘠、风蚀强烈,水蚀较轻。对于农作物难以生长、分布较集中、覆盖率在 30% 以上的天然草地封轮封牧,严格控制放牧时间和放牧强度,给牧草以休养生息、繁殖更新的机会,主要草种有红三叶、苜蓿、早熟禾、芦苇、无芒麦等。实践证明,这种方法见效快、效益高,产草量可提高 3 ~4 倍。对于宜林荒地,在坡面平缓水分条件较好的地段,修筑隔坡带子田,灌草合理配置;在坡度较陡地段,采取水平阶整地,进行灌草带状混交配置。适生的主要灌木树种有沙棘、柠条、紫穗槐、胡枝子等,牧草有红豆草、苜蓿、红三叶、小冠花、沙打旺。

(2)梁峁坡中上部15°~25°缓坡:配置梯田地埂农林复合模式,地埂种植灌木、牧草,品种有小冠花、黄花菜、花椒、紫穗槐等,既能充分利用地埂保证梯田安全生产,又能增加经济收入。背风向阳水分条件较好的缓坡地段建造梯田果园模式,采用鱼鳞坑或水平台等水保工程整地,栽植苹果、梨、杏、桃、山楂、大樱桃、葡萄、核桃、花椒等,栽植密度每公顷600~1 000株。沿山坡等高线配置灌草带状复合经营模式,利用灌木覆盖地面,通过减缓径流、拦截泥沙来保护牧草生长,紫穗槐、柠条、沙棘、苜蓿和小冠花是本区最好的灌草种。

表10-4　陇东黄土丘陵沟壑区山坡地林草植被配置模式

地貌部位	坡度	林草配置模式	林分结构特征	功能作用	林草植物种
缓坡	<15°	天然草地改良、人工隔坡带子田	隔坡坡面防蚀林	护坎、防蚀	红三叶、苜蓿、早熟禾、芦苇、无芒麦、红豆草、小冠花、沙打旺、草木樨、沙棘、柠条、紫穗槐、胡枝子
	15°~25°	梯田地埂、梯田果园农林复合经营、灌草带状	梯田地埂经济林、等高绿篱林带	减少地表径流、防止侵蚀	小冠花、黄花菜、花椒、紫穗槐、苹果、梨、杏、桃、山楂、大樱桃、葡萄、核桃、花椒
陡坡	>25°	封禁、适当稀植乔灌木	乔灌草带状配置乔木、灌木品字状	涵养水源、减少径流泥沙、固定沟坡	油松、刺槐、臭椿、旱柳、山杏、柠条、沙棘、紫穗槐

(3)梁峁或沟谷大于25°陡坡:该坡段地形破碎、干旱贫瘠、侵蚀严重,可营造水土保持防护林、人工促进封山育林,地形较完整部位可配置带状乔灌混交林,适宜树种有刺槐、山杏、油松、臭椿、旱柳、沙棘、柠条、紫穗槐等。地形较破碎地段可配置品字形分布灌木林,鱼鳞坑整地,适宜树种有沙棘、柠条、紫穗槐等。

第三节　不同类型区山坡地集流、蓄水型林草植被建设技术

一、试验布设

在黄委会绥德水保站辛店沟试验场,选择立地条件相对较好、避开冲风口、强阳坡的梁峁坡地段,依据造林要求,采用水平沟整地,集流坡面处理采用3种方式:砸实拍光——铲除草皮、挖走树根、清理石块、平整坡面,用铁锹将坡面砸实拍光;拍光——与砸实拍光方法基本一致,但不砸实坡面;自然坡面——保留坡面植被。1996年春季造林,集水面积、树种选择、整地规格等试验布设情况见表10-5。

表 10-5　辛店沟试验场山坡地集流造林试验设计

树种	不同处理造林面积(m^2)			集流面积(m^2)	苗木质量	密度(株/hm^2)	说明
	自然坡面	拍光	砸实拍光				
仁用杏	3.33	10.00	10.00	10	一级1龄嫁接苗	900	整地规格宽100 cm、深60 cm,每隔3 m做一横挡,田面反坡25°,地埂宽30 cm、高25 cm
红枣	3.33	13.33	13.33	12	一级分蘖苗	600	
沙棘	3.33	6.67	6.67	6	一级2龄苗	1 500	
侧柏	3.33	6.67	6.67	8	一级2龄苗	1 200	
火炬松	3.33	10.00	10.00	6	一级2龄苗	1 200	

二、集流、蓄水型林草植被建设效果

在试验示范林幼树阶段,要全面、客观地评价集流、蓄水型营林技术的科学性、先进性有一定难度,但通过林木的成活率、保存率以及生长量等指标来反映现阶段林木生长状况是可行的。

(一)不同集水处理的林木成活率、保存率

表10-6反映了不同集流处理措施下试验示范林的幼树成活率和保存率,集流面砸实拍光、集流面拍光两种处理试验林树种的成活率和保存率都明显高于对照(自然坡面),

表 10-6　不同集流处理试验示范林成活率、保存率及生长状况

树种	集流面处理方式	成活率		保存率		年新梢生长量	
		数值(%)	比对照提高百分点	数值(%)	比对照提高百分点	数值(cm)	比对照提高(%)
仁用杏	自然坡面	60.0		52.1		14.30	
	拍光	87.5	27.5	90.1	38.0	16.63	16.3
	砸实拍光	95.5	35.5	95.5	43.4	20.20	41.3
红枣	自然坡面	25.3		63.2		10.43	
	拍光	75.6	50.3	89.2	26.0	16.10	54.4
	砸实拍光	88.3	63.0	87.0	23.8	18.87	80.9
沙棘	自然坡面	13.8		0		8.53	
	拍光	71.2	57.4	8.7	8.7	13.47	57.9
	砸实拍光	73.9	60.1	25.5	25.5	14.87	74.3
侧柏	自然坡面	12.5		83.8		14.90	
	拍光	62.5	50.0	91.9	8.1	23.57	58.2
	砸实拍光	86.7	74.2	96.5	12.7	25.77	73.0
火炬松	自然坡面	75.6		92.5		18.20	
	拍光	85.0	9.4	100.0	7.5	28.80	58.2
	砸实拍光	96.7	21.1	100.0	7.5	30.93	69.9

其中仁用杏、红枣、沙棘、侧柏、火炬松的成活率分别提高27.5~35.5个百分点、50.3~63个百分点、57.4~60.1个百分点、50~74.2个百分点和9.4~21.1个百分点,造林后第三年的保存率分别较对照提高38~43.4个百分点、23.8~26个百分点、8.7~25.5个百分点、8.1~12.7个百分点和7.5个百分点。林木成活率和保存率比对照大幅度提高的原因是砸实拍光和拍光集流坡面可增加地表土壤的紧实度,减小孔隙度,增强土壤黏结力,使土壤表面形成一层致密的入渗阻力层,从而增加降水的产流率,显著提高植树带汇集的径流量,增加苗木根际区的土壤水分含量,保证了苗木水分需求,特别是缓解了春季干旱对幼树生长的影响,使苗木顺利度过造林苗木根系伤口愈合、体内水分重新平衡、生根等一系列体内生理代谢变化的调整期。另外,由于不同树种的生态特征及其对水分的要求不同,同等条件下不同树种的成活率和保存率也存在差异,试验林各树种之间比较,火炬松、仁用杏成活率、保存率较高,沙棘、红枣、侧柏较低。

(二)不同集水处理的林木生长量

表10-6还反映了1996~1998年不同集流处理状况下的林木新梢生长量。拍光和砸实拍光集流面树木的年新梢生长量均比对照有大幅度提高,其中仁用杏、红枣、沙棘、侧柏、火炬松的新梢平均生长量分别提高16.3%~41.3%、54.4%~80.9%、57.9%~74.3%、58.2%~73%和58.2%~69.9%,与林木成活率、保存率的调查结果基本一致。各树种之间相比较,红枣幼树生长量最大,仁用杏生长量最小。

第四节　山坡地“三低”刺槐林更新改造技术

一、“三低”刺槐林的概念界定

“三低林”是低产、低质、低效林的总称。低产林是传统林学中森林经营的概念,指产量(值)低于同类立地条件下相同林分平均产量或蓄积量(值)的林分,低产林主要强调林分的产量,而没有过多考虑林分的生态功能,通常包括生长低劣的人工林或天然次生林。低效林是伴随林业生态建设实践产生的现代林学概念,最初的低效林仅局限于水源涵养与水土保持效益低的林分,以后逐渐拓展为水源涵养、水土保持效益差或生长量低于同类立地条件下相同林分平均生长量的林分。低效林不仅强调林分的生态功能,又兼顾林分应有的经济效益,很显然低效林包含着低产林的概念。关于低质林目前没有确切定义,仅从森林经营角度理解,低质林主要强调的是林分的经济价值,指木材质量差,其商品价值低于同类立地条件下相同林分平均水平的林分。目前,林学界对“三低林”还没有形成较权威的定义,国家也没有制定有关“三低林”的具体指标,仅规定用材林中龄阶段速生树种每公顷年生长量不低于3 m^3 就属低产林。本书认为,定义“三低林”的概念应该体现森林的多效性、多功能性以及持续经营的思想。目前的“三低林”提法太笼统,又缺乏具体指标,而低效林是指林分的生物产量、生态效益和经济效益低于同类立地条件下相同林分平均水平的林分,基本可以取代“三低林”的概念。关于低效刺槐林由于不同地区的造林立地条件差异很大,因此界定标准也不尽相同,这里给出黄土高原地区低效刺槐林的一般标准。郁闭度在0.4以下的低矮疏林;每公顷保存株数1 200株以下的残次林;中幼林阶段(15 年生以下)年材积生长量在 1 m^3/hm^2 以下、年生物量在 10 t/hm^2 以下的林分;10 ~ 15 年生密度超过 2 500 株/hm^2 或林分平均高低于 5 m,平均胸径不足 5 cm 的林分。

二、低效刺槐林成因分析

黄土高原地区形成低效刺槐林的主要因素可归结为环境因素和人为因素两大类。环境因素包括水分、养分、地形、坡向和春季大风等,人为因素包括违背适地适树原则、树种单一、密度过高、人为破坏及不合理经营等。

(一)持续的土壤干化

土壤干化是我国黄土高原地区人工林地土壤退化的主要表现形式,其显著特征是因林木蒸腾耗水过量造成林木根际区土壤水分长时间持续亏缺,天然降水已不能有效予以补偿,土壤表层板结,土壤紧实度增大,从而导致人工林的生长受到抑制、林分生长衰退。例如,晋西人工刺槐林在干旱年份土壤根际区最低土壤含水量仅为 8% ~9%,接近凋萎湿度,使根际区形成季节性出现的干化土层;地处干旱半干旱地区边缘的山西省河曲县,10 年生刺槐林地 0 ~5 m 深土层的水分含量 10 月底仅为 2.6% ~4.0%,土层通体处于凋萎湿度边缘;陕西省安塞县 6 年生刺槐林地 0.8 ~4.0 m 深土层也存在着非常明显的水分严重亏缺层。水分长期亏缺严重抑制刺槐林生长,例如山西省吉县 16 年生刺槐林平均胸径仅 6.32 cm。由此可见,黄土高原地区人工林普遍存在着生长停滞状况,其中土壤干化是人工刺槐林生长衰退的最直接原因。

(二)土壤养分严重不足

低效刺槐林分布地区不仅土壤水分亏缺,而且土壤养分也普遍不足。研究表明,山西省吉县一些“小老树”林地的土壤含水量与正常生长林分相当,但土壤肥力不足,有机质只有 0.2% ~0.45%,全氮 0.01% ~0.02%,速效磷 0.5 ~1.5 mg/kg,分别相当于正常生长林分林地土壤养分的 18.2% ~36.4%、11.1% ~22.2% 和 14.3% ~42.8%。侯庆春研究认为,刺槐“小老树”林地缺氮少磷抑制了林木生长,氮磷比例失调直接影响了林木的根系发育,限制了林木对深层土壤水分和养分的利用,另外林地的土壤养分缺乏还降低了土壤水分的利用效率。值得注意的还有,“三低林”分布地区普遍存在着“缺乏肥料、燃料和饲料,群众大量清扫枯枝落叶,甚至挖林地草皮”的现象,使本来就缺乏养分的林地无法形成枯枝落叶层,必然造成林地土壤肥力水平下降。

(三)违背适地适树造林原则

立地条件类型划分和适地适树是科学造林、育林的基本原则。目前,低效刺槐林集中分布区相当大一部分低效林是当初立地条件类型选择不当或没有充分了解刺槐的生物学、生态学特性所造成的。如甘肃西峰水保站的南小河沟试验场 20 年生的刺槐林阳坡树高仅 3.6 m,胸径仅 3.5 cm,而阴坡树高达 11.4 m,胸径达 11.4 cm,阴坡的树高和胸径生长量均是阳坡的 3 倍。又如黄土高原地区生长在梁峁顶冲风口等立地类型上的刺槐林普遍在冬春季容易风干枯梢,严重时树木枯死形成疏林或残次林的现象。因此,适地适树是形成稳定高效森林群落的基础。此外,营造单一刺槐纯林,过分强调集中连片和不注意小地形生态环境的差异是导致林分衰退的又一个原因。由于人工刺槐纯林群落结构简单,多数是同龄纯林,而且密度过高,林下植被不发达,其结果必然是林木不能完全适应而生长不良或促使景观镶嵌向同质化方向发展，从而失去对干扰发生、传播、漫延的障碍，使人工群落的稳定性降低，生产力下降，形成低效林，黄土高原地区存在不少这样的实例。

（四）林分密度过大

在一定条件下，密度决定着林分的生产力，也决定着林木对水分的消耗。因此，在干旱少雨的黄土高原地区，林分密度过高是造成林地土壤干化、生长衰退的直接原因。研究表明，山西吉县的刺槐胸径生长受密度的影响极显著，而树高生长受密度的影响较小，在一定范围内胸径生长随密度增大而减小，随密度减小而增大。吉县的年降水量为570 mm，根据林木水量平衡计算刺槐林的合理密度为1 000 株/hm^2 左右，而现保留中龄以上刺槐林的密度高达3 000 ~4 000 株/hm^2，超出水分环境荷载能力3 ~4 倍，其结果必然是林木生长衰退，如该县16 年生刺槐林分的平均胸径仅6. 32 cm，是典型的低效林。而在年降水量500 mm 的方山县，经过采取降低林分密度、汇集利用地表径流和确定合理林木水分营养面积等措施，使5 年生刺槐林的胸径达7. 1 cm。

（五）不合理的经营与破坏

人工林的抚育管理是森林经营的重要环节。长期以来重栽轻管是林业生产中的主要问题，不合理的抚育管理措施（如单纯把抚育看成“砍大留小”、“伐优留劣”）影响林木生长，造成大片残次林或疏林。黄土高原地区有相当一部分低产刺槐林生长的立地条件相对较好，但由于管理不善、人畜破坏严重致使刺槐林变成残次林或多代萌生复层纯林的林分。最为严重的是新中国成立以来几次大规模的乱砍滥伐，使大片的人工刺槐林遭受严重的破坏，形成低效林。

三、低效刺槐林的更新改造途径

低效刺槐林集中分布在年降水量400 ~600 mm 的半干旱半湿润地区，虽然经济效益甚微，但在改善生态环境、防风固沙和保持水土等方面仍起着重要作用。同时低效林分布区大都是全国有名的贫困区，因此要遵循“因地制宜”、“生态效益为主，经济效益为辅”以及“改造与更新相结合”的原则，依据低效林成因采取相应的措施，逐步提高低效林的生产力和生态经济效益。

（一）集流蓄水，强化入渗

黄土高原地区天然降水有限，在不能增加天然供水的情况下，为了缓解或改善林木根际区土壤水分状况，采用现代径流造林技术是防止土壤干化的有效途径。研究表明，山西省方山县4 m^2 集水面在生长季5 ~10 月进行拍光处理，其5 年生刺槐植树带年汇集的径流约531. 87 mm，扣除林地蒸散量373. 37 mm，植树带剩余径流量为158. 50 mm，剩余径流参加林地水分循环，贮存于林木根际区或补充深层土壤水分，从而使根际区土壤水分保持在10%左右，保证全年没有出现大幅度下降的现象，从而避免土壤干化的发生。研究还表明，由于植树带土壤含水量稳定上升，林木的生长量大幅度提高。如在集水区为8 m^2 并进行拍光处理的情况下，5 年生刺槐的树高达7. 06 m，胸径达7. 05 cm，而常规造林的树高仅有5. 84 m，胸径只有5. 03 cm。此外，还可以采取化学和生物方法对植物带进行蓄水保墒处理，减少林地和林木的无效蒸发，改善林地土壤物理性状，提高土壤水分库容量，为林木生长创造一个良好环境条件。如覆地膜、铺秸秆、施保水剂、增温保墒剂、抗旱剂等。因此，针对土壤干化所造成的低效刺槐林，可根据水量平衡原理和单株林木需水量，设计集流面积和间伐宽度，修筑集流面，并对集流面采取不同防渗处理，提高产流率，保证生长季林地植树带水分收支平衡，从而改善林木个体生存环境。

（二）降低林分密度

目前，黄土高原地区保留的人工刺槐林普遍存在群落密度过大、林木生长过早衰退的问题，调整群落密度、结构，控制林分生产力成为改造林分生长状况的有效途径。如山西省方山县的年降水量为 500 mm，刺槐幼林密度为 840 株/hm^2，其年平均树高生长 1.33 m，胸径生长 1.76 cm，保持旺盛生长势，密度过大则林分生长缓慢，当林分密度达 3 330 株/hm^2 时，林分基本停止生长或出现枯死现象，可见 840 株/hm^2 是适合当地环境水分容量的合理密度，而对于刺槐成林来说密度还应更小些，只有这样才能保证单株林木的水分营养面积，保证群落结构的稳定。因此，现有密度过大的低效刺槐林应根据水量平衡计算合理的群落密度，然后采用间伐、整枝等技术措施，降低林分密度，控制群落生产力，使得林分耗水与环境供水之间保持一个相对平衡的状态，从而改善个体林木的生长状况。黄委会天水水保站罗玉沟试验场王家山刺槐林地海拔约 1 500 m，坡向东高西低，平均坡度约为 38°，刺槐林为 10 年生第二代萌生林，现密度约 6 000 株/hm^2，干旱和人为破坏比较严重，林分生长极为不良。改造采用间伐 3 行保留 1 行，并在保留行内每隔 1 株伐去数株的办法，使株行距达到 1.5 m × 4 m，林分密度为 1 500 株/hm^2。林分结构调整后在间伐带间修反坡梯田，并相应地在林木周围筑地埂，1997 年 10 月完成施工。1998 年进行了刺槐林地土壤水分及林木生长量测定，结果见表 10-7 和表 10-8。

表 10-7　罗玉沟王家山刺槐林地土壤平均含水量测定结果　（%）

处理	土层深度（cm）	测定日期					
		5 月 26 日	6 月 21 日	7 月 20 日	8 月 2 日	8 月 17 日	9 月 17 日
对照刺槐林地	0 ~ 20	16.29	7.05	12.80	8.01	6.49	17.64
	20 ~ 40	14.59	9.28	9.50	10.43	8.05	9.53
	40 ~ 60	6.48	10.57	8.53	9.69	7.81	10.39
	0 ~ 60	12.45	8.97	10.28	9.38	7.45	12.52
刺槐植树带	0 ~ 20	16.38	12.37	19.30	10.76	8.61	17.11
	20 ~ 40	14.06	10.10	13.65	11.25	9.36	11.02
	40 ~ 60	9.98	8.53	8.93	9.03	9.04	9.70
	0 ~ 60	13.47	10.33	13.96	10.35	9.00	12.61

观测结果表明，在生长季无论是未改造林地还是改造后林地的植树带，0 ~ 60 cm 土层土壤平均含水量均呈现出高—低—高的变化趋势，与以往黄土高原林地土壤水分的研

究结果基本一致。即春季是土壤水分失墒期，随着气温的回升土壤蒸发加快，林木蒸腾耗水量增加，则林地土壤水分含量降低；夏季是土壤水分补墒期，当地的降水量主要集中在7、8、9月三个月，虽然这一时期林地蒸散量也很大，但是林地得到总降水补充量大于总蒸散量，因此林地土壤水分含量增加；秋季是土壤水分缓慢失墒期，降水量减少、气温降低林地蒸散量也相应减小，因而林地土壤水分含量缓慢降低。但是改造后林地植树带的土壤含水量明显较未改造林地的土壤含水量高，改造后林地植树带的土壤含水量与未改造林地的土壤含水量相比，在春季5月26日至6月21日提高8.19%～15.16%，在夏季7月20日至8月17日提高10.34%～35.80%。观测结果还表明，1998年（改造后的第一年）与1997年（改造前）相比刺槐林平均树高提高12.82%、平均胸径提高53.39%；而1999年（改造后的第二年）与1998年相比刺槐林平均树高提高26.26%、平均胸径提高18.97%。说明采用降低林分密度、增加林木水分营养面积、集流整地的方式，可以显著改善低效刺槐林生长的林地土壤水分状况，从而显著地促进了林木的高生长、径生长。

表10-8　罗玉沟王家山刺槐林的生长量调查结果

调查时间	调查株数（株）	树高		胸径	
		平均值（m）	比上年提高（%）	平均值（cm）	比上年提高（%）
1997年4月	30	4.76		4.57	
1998年12月	30	5.37	12.82	7.01	53.39
1999年11月	30	7.18	33.71	8.34	18.97

（三）引入混交树种

黄土高原地区目前保留的刺槐低效林大都是树种单一，集中连片栽植的人工纯林，其群落结构简单，对土壤水分的无效消耗量大，水肥利用率低，抗逆性差，群落结构不稳定。而复层结构的混交林由于树种多样性增强，其抵御灾害的能力也加强，特别是乔木与灌木混交林抗风、抗水蚀能力较强，有利于防风固沙，保持水土。据周长瑞论文"研究人工混交林获得的基本观点和结论"有关研究资料，沙棘、刺槐行间混交与纯林相比，刺槐年均高生长提高5.7%～24.2%，径生长提高25%～139.3%，同时沙棘是非豆科固氮植物，具有缓解林地氮肥不足、培肥地力的作用；刺槐占优势的刺槐毛白杨混交林中，刺槐的树高达8 m、胸径达8.7 cm、单株材积达0.026 2 m^3，分别明显高于同龄刺槐纯林的树高6.7 m、胸径7.5 cm和单株材积0.017 1 m^3。因此，刺槐混交林与纯林相比无论是在群落的稳定性，还是群落的生产力方面都较高，现有低效刺槐林更新改造中引入适宜的乔、灌木树种无疑是一种十分有效的措施。现保存残次林或疏林可引入沙棘或其他灌、乔木树种作为伴生树种，但沙棘和刺槐均是阳性树种，因而要控制刺槐郁闭度不得超过0.5，以保持稀乔密灌的混交林结构，提高群落的生产力。

（四）引入更新树种

刺槐属高耗水植物。研究表明，山西省吉县黄土阳坡中龄刺槐人工林的年蒸腾耗水量（285 mm）约占全年降水量的49%，陕西省安塞县14年生刺槐人工林丰水年蒸散量

(约 432.2 mm)约占当年降水量的 66.2%。高耗水性限制了半干旱、半湿润地区的刺槐林生长,因此可筛选耐干旱、瘠薄、低耗水的针叶、灌木或乡土树种代替刺槐。例如,密度过高过熟的低效刺槐林可采用皆伐方式,保留坡面除沟沿线以及坡面上部刺槐林,皆伐坡面中部刺槐林,引入低耗水的乔、灌、草种,按照适地适树原则,进行多树种合理搭配。年降水量 400 mm 左右的地区更应引入低耗水的灌木和草本植物,以形成稳定的植物群落。

(五)皆伐定向培育

萌蘖能力强是刺槐的主要生态生物学特性之一,刺槐皆伐定向培育更新期短、生长快、成材早、方式简便、节省费用,是低效刺槐林更新改造的有效途径之一。一般一株成年的刺槐树伐倒后,不管是否将其主根挖出,伐桩周围当年可发出 10 ~ 30 株以上萌蘖苗,当将大部分萌条清除后,按一定株行距选留壮苗,其生长迅速可进行定向培育。陕西省长武县皆伐后的刺槐萌蘖林经过 6 ~ 7 年的定向培育,萌蘖植株高 7 m 以上,胸径大于 8 cm,成为可以间伐利用的椽材。萌蘖林按小径材培育平均 10 年成材,较实生林提前 6 年,出材率按 1 650 株/hm^2 计算,产值达 7 425 元,而实生刺槐林的出材率 1 000 株/hm^2,产值仅 4 500 元。皆伐萌蘖林定向培育成败的关键首先是保护好采伐迹地,1 ~ 3 年内严禁放牧,其次是及时清除多余的萌蘖苗,按一定株行距选留培育壮苗,并按年限调整密度。如对分布在塬面、缓坡等立地类型上的人为破坏残次林可进行皆伐定向培育,充分利用原有林木庞大的根系,为萌蘖林提供良好的物质基础,控制合理密度,从而大幅度提高萌蘖林生长速率,缩短成材年限。皆伐定向培育简单实用、投入少,便于农民接受。

(六)其他措施

林地施肥是改善林木生长状况的主要措施。我国速生丰产林施肥研究结果表明,林地施肥效果明显,不仅可缩短轮伐期,而且经济效益可观。由于黄土高原地区低效刺槐林分布地区自然条件恶劣、经济落后、森林经营水平低,加之人们观念落后,林木施肥一直没有得到应有的重视,为了尽快改变这种状况,应当开展刺槐林营养诊断和配方施肥方面的系统研究,以便为低效刺槐林改造提供科学施肥技术。另外,在肥料、燃料和饲料奇缺地区有计划地营造薪炭林基地和人工草场,广开肥源,切实保护现有人工林地枯落物层不被破坏,也是改造低效林的管理措施。

第十一章　技术示范基地建设与综合效益

试验示范基地建设旨在通过总结多年来山坡地综合治理开发的实践经验，将有关农、林、果、牧及径流开发等方面的先进技术组装配套、优化组合，形成整体生态经济功能强、效益高的新的技术体系。重点示范山坡地农业丰产配套技术、山地果园建设与丰产栽培技术、山坡地林草植被建设与开发技术，建成高水平的试验示范基地，为黄土高原山坡地综合治理开发树立样板，进而辐射推广。同时，研究山坡地生态稳定与经济持续发展的评价方法和评价指标体系，对示范基地效益作出综合评价。

选择西峰水保站南小河沟、绥德水保站辛店沟、天水水保站罗玉沟作为山坡地生态稳定与经济持续发展技术示范基地，在对基地开发利用现状进行分析评价的基础上，提出了以技术措施体系为主要内容的基地建设规划，并依据规划完成了基地建设任务。

第一节　技术示范基地的基本情况

一、技术示范基地的选择

本课题选择西峰水保站南小河沟、绥德水保站辛店沟、天水水保站罗玉沟建成山坡地生态稳定与经济持续发展技术示范基地。技术示范基地的选择主要有以下两方面的依据。

(一)所选技术示范基地在黄土高原水土保持分区方面具有代表性

(1)在1992年编制的《黄河流域水土保持规划》(《全国水土保持规划纲要》附件)中，根据自然条件、社会经济情况和水土流失特点，将黄土高原地区划分为严重流失区、局部流失区、轻微流失区3个一级区和9个二级区。严重流失区包括黄土高塬沟壑区和黄土丘陵沟壑区2个二级区，面积约25万km^2。本区荒山秃岭、坡陡沟深，水土流失十分严重，土壤年侵蚀模数一般为5 000～15 000 t/km^2，一些地区高达20 000～30 000 t/km^2，每年入黄泥沙约占黄河输沙总量的90%，是水土保持工作的重点地区。局部流失区包括林区、土石山区、高地草原区、干旱草原区和风沙区5个二级区，面积共31.7万km^2。本区大部分地面有不同程度的林草覆盖，水土流失轻微；林草被破坏的局部地区，水土流失也很严重，是预防监督的重点地区。轻微流失区包括黄土阶地区和冲积平原区2个二级区，面积共7.3万km^2。本区除阶地有少量沟蚀外，大部分地区地势平坦，土壤侵蚀轻微，水土保持任务较小。黄土高原地区的山坡地主要分布在严重流失区，即黄土高塬沟壑区和黄土丘陵沟壑区。在这两个区域内，山坡地面积约占总面积的78.9%。因此，本项研究主要集中在黄土高塬沟壑区和黄土丘陵沟壑区。

(2)根据1954年黄河综合利用规划土壤侵蚀分区和1992年《黄河流域水土保持规

划》中的水土保持分区，黄土丘陵沟壑区又分为5个副区。与第四、五副区相比，第一、二、三副区在平均坡度上较陡，土壤侵蚀更为剧烈，耕垦指数也高得多，生态稳定与经济发展之间的矛盾更为突出。可见，本地区山坡地生态稳定与经济持续发展技术问题是解决整个黄丘区相关问题的关键所在。因此，对黄丘区的研究又进一步集中到第一、二、三副区。

基于上述原因，本次研究主要集中在黄土高塬沟壑区及黄土丘陵第一、二、三副区。所选三条小流域分别位于黄土高塬沟壑区和黄土丘陵沟壑区第一、三副区，在地形、地貌、水文、气象、土壤、植被以及人口密度、文化教育等方面都是本类型区的典型代表。

（二）所选技术示范基地具有一定的治理基础

所选三个基地均建于20世纪四五十年代，是黄委会西峰、绥德、天水水土保持科学试验站进行水土流失规律研究和小流域综合治理的基地，在水土保持理论和实践方面积累了丰富的经验。近年来，承担过“黄河中游河龙区间水土保持措施减水减沙效益研究”、“黄河中游水土流失区基本农田发展战略研究”、“苹果栽培技术应用及集约经营”、“红枣优质丰产示范基地建设及其推广”、“林草植被建设与经营管理技术研究”等科研项目，在土壤侵蚀机理、山坡地农业丰产配套技术、山地果园建设与丰产栽培技术、山坡地林草植被建设与开发技术等方面具有一定的研究基础。同时，三个基地都拥有一支水土保持科研队伍和比较完备的水土保持科研设施，技术试验示范的物质基础较好，比较符合本项研究在短时期内建立高标准示范样板的要求。

二、自然地理概况

（一）南小河沟

南小河沟技术示范基地地处黄委会西峰水土保持科学试验站南小河沟试验场。南小河沟是泾河支流蒲河左岸的一条沟，位于东经107°30′~107°37′，北纬35°41′~35°44′。南小河沟是黄土高塬沟壑区沟壑类型的典型代表，地貌类型有梁峁坡、沟坡和沟床。梁峁坡坡度为35°~45°，占总面积的46%；沟坡坡度在45°以上，占总面积的38%；沟床坡度为3°~8°，占总面积的4.9%。试验场的地面坡度组成、土壤肥力、气象和天然植被分布的调查情况分别见表11-1~表11-4。

表11-1　南小河沟试验场地面坡度组成情况调查

场地			耕地		
坡度分级	面积（hm^2）	比例（%）	坡度分级	面积（hm^2）	比例（%）
<3°	30.13	7.3	<3°	6.33	29.2
3°~8°	20.27	4.9	3°~8°	1.33	6.2
8°~15°	2.80	0.7	8°~15°	14.00	64.6
15°~25°	5.13	1.2	15°~25°		
25°~35°	7.67	1.9	>25°		
35°~45°	190.27	46			
>45°	157.07	38			
合计	413.34	100	合计	21.66	100

表 11-2　南小河沟试验场土壤分布及肥力状况调查

土壤种类	分布面积（hm^2）	质地	容重（t/m^3）	有机质（%）	全氮（%）	速效氮（mg/kg）	全钾（%）	速效钾（mg/kg）	全磷（%）	速效磷（%）
黄绵土	379. 20	轻重	1. 09	1. 06	0. 08	52. 90	1. 32	115. 00	0. 10	极微
红土	76. 67	黏重	1. 50	0. 20	0. 03	28. 80	1. 37	217. 70	0. 09	2. 40
新积土	24. 00	轻壤	1. 20	1. 30	0. 12	54. 60	1. 40	103. 00	0. 15	极微

表 11-3　南小河沟流域气象因子调查

项目	单位	数值	年份	项目	单位	数值	年份
年均降水量	mm	557. 7		最高气温	℃	39. 6	
年最大降水量	mm	805. 2	1964	最低气温	℃	－22. 6	
年最小降水量	mm	319. 8	1942	年日照时数	h	3 060. 6	
6～9 月降雨量	mm			年水面蒸发	mm	1 474. 6	
6～9 月最大降雨量	mm	418. 2		干燥度		1. 6	
6～9 月最小降雨量	mm			>10 ℃积温	℃	2 700～3 300	
一日最大降雨量	mm	148. 2	1947	无霜期	d	156	
三日最大降雨量	mm			总辐射量	kcal		
年均气温	℃	8. 3		有效辐射量	kcal		

表 11-4　南小河沟试验场天然植被分布状况调查

编号	地质类型	坡向	坡度	土壤	海拔（m）	植被
1	梁峁坡	东坡	25°	黄绵土	1 268	白草群丛
2	梁峁坡	西坡	22°	黄绵土	1 239	艾蒿群丛
3	梁峁坡	阳坡	28°	黄绵土	1 233	白草群丛
4	梁峁坡	阴坡	31°	黄绵土	1 271	马牙草群丛
5	沟坡	东坡	56°	红土	1 147	无
6	沟坡	西坡	56°	红土	1 135	无
7	沟坡、残积坡	西坡	40°	红土黄土堆积	1 150	白草群丛
8	沟坡、残积坡	东坡	45°	红土黄土堆积	1 157	白草群丛
9	沟坡、残积坡	阳坡	30°	红土黄土堆积	1 147	白草艾蒿群丛
10	沟坡、残积坡	阴坡	44°	红土黄土堆积	1 143	野春茅群丛
11	沟床			冲积土	1 137	马牙草群丛

（二）辛店沟

辛店沟技术示范基地地处黄委会绥德水土保持科学试验站辛店沟试验场。辛店沟是无定河左岸的一级支流，位于东经110°15′～110°20′，北纬37°27′～37°32′。辛店沟是黄土丘陵沟壑类型区的典型代表，全流域有200 m以上长度的支毛沟31条、山梁16条、山峁16个，构成了梁峁沟谷相间的破碎地形，沟壑密度为7.26 km/km^2，沟谷地占流域面积的46.8%，沟间地占53.2%，25°以上的陡坡地占总土地面积的49%，25°以下的坡耕地仅占51%。辛店沟地面坡度组成、土壤肥力、气象和天然植被分布的调查情况分别见表11-5～表11-8。

表11-5　辛店沟试验场地面坡度组成情况调查

场地			耕地		
坡度分级	面积（hm^2）	比例（%）	坡度分级	面积（hm^2）	比例（%）
<3°	7.02	4.88	<3°	6.98	45.92
3°～8°	2.04	1.42	3°～8°	1.95	12.83
8°～15°	9.87	6.85	8°～15°	2.20	14.47
15°～25°	54.67	37.96	15°～25°	4.07	26.78
25°～35°	39.93	27.73	>25°		
35°～45°	18.20	12.64			
>45°	12.27	8.52			
合计	144	100	合计	15.20	100

表11-6　辛店沟试验场土壤分布及肥力状况调查

土地类别	分布面积（hm^2）	土壤质地	容重（t/m^3）	有机质（%）	全氮（%）	速效氮（mg/kg）	全钾（%）	速效钾（mg/kg）	全磷（%）	速效磷（mg/kg）
农地	15.2	黄绵土	1.49	0.468	0.04	3.88	1.47	68.30	0.05	0.22
草地	32.8	黄绵土	1.32	0.343	0.04	3.88	1.47	68.30	0.05	0.22
林地	61.3	黄绵土	1.38	0.407	0.04	3.88	1.47	68.30	0.05	0.22

表11-7　辛店沟流域气象因子调查

项目	单位	数值	年份	项目	单位	数值	年份
年均降水量	mm	475.1		最高气温	℃	38.3	
年最大降水量	mm	747.5	1964	最低气温	℃	-25.4	
年最小降水量	mm	255	1965	年日照时数	h	2 615.1	
6～9月降雨量	mm			>10 ℃积温	℃	3 499.2	
干燥度		1.85		多年平均水面蒸发量	mm	2 069	
一日最大降雨量	mm	133		无霜期	d	165	
三日最大降雨量	mm			总辐射量	kcal	132.49	
年均气温	℃	9.7		有效辐射量	kcal	66.25	

表 11-8　辛店沟试验场天然植被分布状况调查

编号	地质类型	坡向	坡度	土壤	海拔(m)	植被
1	梁峁坡	东坡	32°	黄绵土	1 005	针茅、白草
2	梁峁坡	西坡	28°	黄绵土	997	披碱草、艾蒿
3	梁峁坡	阳坡	47°	黄绵土	980	针茅、黄白草
4	梁峁坡	阴坡	53°	黄绵土	963	艾蒿、扁穗鹅冠草
5	沟坡	东坡	38°	红胶土	868	冰草、披碱草
6	沟坡	西坡	62°	红胶土	876	艾蒿、狗尾草
7	沟床			新积土	848	狗尾草、扁穗鹅冠草

(三) 罗玉沟(含梁家坪)

罗玉沟、梁家坪技术试验示范基地,地处黄委会天水水土保持科学试验站罗玉沟和梁家坪试验场。罗玉沟基地位于天水市北郊罗玉沟流域的桥子东沟上游,距天水市区约 5 km;梁家坪基地位于天水市南郊大柳树沟东侧,距市区 2.5 km,均属黄土丘陵沟壑区第三副区,海拔在 1 250 ~ 1 636 m,总面积 27.40 hm^2,其中罗玉沟基地 20.53 hm^2,梁家坪基地 6.87 hm^2。主要地貌类型以梁峁坡、沟坡为主,其中梁峁坡坡度为 25° ~ 35°,占总面积的 26.44%;沟坡坡度为 8° ~ 25°,占总面积的 31.63%,梯田占总面积的 25.62%。罗玉沟、梁家坪技术示范基地地面坡度组成、气象、土壤肥力和天然植被分布的调查情况分别见表 11-9 ~ 表 11-12。

表 11-9　罗玉沟、梁家坪技术示范基地地面坡度组成情况调查

场地			耕地		
坡度分级	面积(hm^2)	比例(%)	坡度分级	面积(hm^2)	比例(%)
<3°	6.556	23.93	<3°	5.460	38.17
3° ~ 8°	0.462	1.69	3° ~ 8°	0.462	3.23
8° ~ 15°	8.009	29.23	8° ~ 15°	7.723	54
15° ~ 25°	0.658	2.40	15° ~ 25°	0.658	4.6
25° ~ 35°	7.245	26.44	>25°		
35° ~ 45°	1.760	6.42			
>45°	2.710	9.89			
合计	27.400	100	合计	14.303	100

表 11-10　罗玉沟、梁家坪技术示范基地气象因子调查

项目	单位	数值	时间(年)	项目	单位	数值	时间(年-月-日)
年均降水量	mm	531. 1		最高气温	℃	38. 2	1942-07-21
年最大降水量	mm	772. 2	1967	最低气温	℃	－19. 2	1955-01-10
年最小降水量	mm	316. 6	1939	年日照时数	h	2 032. 1	
6～9 月降雨量	mm	343. 5		年水分蒸发	mm	1 293	
一日最大降雨量	mm	88. 1		无霜期	d	184	
三日最大降雨量	mm	169		总辐射量	kcoal	127. 56	
年均气温	℃	10. 7		有效总辐射量	kcoal	107. 66	

表 11-11　罗玉沟、梁家坪技术示范基地土壤分布及肥力状况调查

土壤种类	分布面积（hm^2）	质地	容重（t/m^3）	有机质（%）	全氮（%）	速效氮（mg/kg）	全钾（%）	速效钾（mg/kg）	全磷（%）	速效磷（%）
灰褐土	10. 035	轻壤	1. 213 6	1. 005 6	0. 082 9	36. 97	1. 916 5	137. 40	0. 045 4	11. 15
黄绵土	5. 650	轻壤	1. 133 1	0. 671 2	0. 070 9	32. 13	1. 646 5	135. 10	0. 043 3	9. 38
红 土	9. 005	黏重	1. 360 2	0. 585 1	0. 052 8	17. 32	1. 081 3	102. 21	0. 026 7	4. 26
淀积土	0. 750	轻壤	1. 246 2	0. 960 8	0. 079 1	34. 72	1. 762 3	136. 21	0. 044 6	9. 68

表 11-12　罗玉沟、梁家坪技术示范基地天然植被分布状况调查

编号	地质类型	坡向	坡度	土壤	海拔(m)	植被
1	梁峁坡	阳坡	10°～25°	黄绵土 灰褐土	1 300～1 420	阳性植物丛群(冰草、白蒿等)
2	梁峁坡	阳坡	25°～35°	灰褐土	1 420～1 600	阳性植物丛群(冰草、白蒿等)
3	梁峁坡	阴坡	10°～25°	黄绵土 灰褐土	1 300～1 420	阴性植物丛群(地椒、白茅根等)
4	梁峁坡	阴坡	25°～35°	灰褐土	1 420～1 600	阴性植物丛群(地椒、白茅根等)
5	沟坡	阳坡	20°～40°	灰褐土 红 土	1 350～1 500	喜湿生植物丛群(地榆、铁杆蒿等)
6	沟坡	阴坡	20°～40°	灰褐土 红 土	1 350～1 500	喜湿生植物丛群(地榆、铁杆蒿等)
7	沟床			淀积土	1 200～1 400	湿生植物丛群(忍冬、水蒿等)

三、社会经济状况

(一)南小河沟

南小河沟试验场是黄委会西峰水土保持科学试验站进行水土流失规律研究和小流域综合治理的基地,自1953年始建至今形成的“塬、坡、沟”三道防线的综合治理模式,对同类地区的小流域综合治理起到了典型示范作用,被誉为“黄土高原上的一块翡翠”,国务院水土保持委员会曾授予南小河沟“全国水土保持综合治理先进典型”称号。

南小河沟试验场总土地面积为4.8 km^2,其中农耕地21.33 hm^2,林地177.93 hm^2,草地183.4 hm^2,水域及其他用地97.33 hm^2,农、林、草及其他用地比例依次为4.44%、37.1%、38.2%和20.26%。南小河沟试验场全场1991年到1995年各业的平均年产值(现状)仅为23万元,农业、林业和牧业的现状产值分别为3.12万元、4.31万元和15.66万元,分别占试验场总产值的13.5%、18.7%和67.8%。试验场各业的年生产情况见表11-13。

表11-13　南小河试验场各业产值现状结构调查

年份	各业产值(万元)				各业结构比例(%)			
	农业	林业	牧业	合计	农业	林业	牧业	合计
1991	2.70	4.31	15.66	22.67	11.91	19.01	69.08	100
1992	2.70	4.31	15.66	22.67	11.91	19.01	69.08	100
1993	3.20	4.31	15.66	23.17	13.81	18.60	67.59	100
1994	3.50	4.31	15.66	23.47	14.91	18.36	66.72	100
1995	3.50	4.31	15.66	23.47	14.91	18.36	66.72	100
平均	3.12	4.31	15.66	23.09	13.49	18.67	67.82	100

(二)辛店沟

辛店沟试验场是黄委会绥德水土保持科学试验站进行水土流失规律和小流域综合治理的试验示范基地,自1953年建场至今通过沟底、沟坡、峁边、峁坡、峁顶的工程、生物措施综合治理,形成了“峁、坡、沟”不同的三道防线治理模式,其中小石沟流域曾被列为“全国小流域综合治理示范样板”,对同类地区的小流域综合治理起到了典型示范作用。

辛店沟试验场总土地面积144 hm^2,其中农耕地15.2 hm^2,其中梯田2.2 hm^2、条田地4.4 hm^2、坝地4.53 hm^2、坡耕地4.07 hm^2,另有牧荒地29.2 hm^2;其他用地(包括难利用地、居民点及道路等)34.7 hm^2;现有存栏绵(山)羊20只、奶牛4头、猪10头,年收入1万元;劳务输出、经营创收每年约3万元。试验场农、林、草及其他用地比例依次为10.56%、42.57%、22.78%和24.0%;农、林、牧及其他产值比例依次为40%、30%、10%、20%。试验场近年各业生产现状及经济结构见表11-14。

表 11-14 辛店沟试验场各业产值现状结构调查

年份	各业产值(万元)					各业结构比例(%)				
	农业	林业	牧业	其他	合计	农业	林业	牧业	其他	合计
1991	5.50	1.60	0.70	0.40	8.20	67.10	19.50	8.50	4.90	100
1992	5.50	1.80	0.70	0.50	8.50	64.70	21.20	8.20	5.90	100
1993	8.00	3.00	0.80	0.70	12.50	64.00	24.00	6.40	5.60	100
1994	5.50	1.50	0.70	0.40	8.10	67.90	18.50	8.70	4.90	100
1995	9.70	3.00	0.50	0.50	13.70	70.80	21.90	3.60	3.70	100
平均	6.84	2.18	0.68	0.50	10.20	67.06	21.37	6.67	4.9	100

(三)罗玉沟

罗玉沟技术示范基地是黄委会天水水土保持科学试验站进行水土流失规律研究和小流域综合治理的试验场。自1962年建场至今,以"工程措施和生物措施"相结合,开展了综合治理模式研究和实践,为黄土丘陵沟壑区第三副区的小流域综合治理树立了典范,辐射带动了该区以至整个黄土高原地区的水土流失综合治理工作的发展。

梁家坪试验场建于1943年,是我国最早的水土流失试验区,在全国率先开展了以水土流失规律为主的土壤侵蚀径流小区观测、山地果园栽培技术及草木樨繁育等一大批很有影响的重大试验研究工作。

罗玉沟技术示范基地现有耕地6.523 hm^2,林地9.005 hm^2,荒地2.212 hm^2,场地道路为0.680 hm^2,难利用地2.110 hm^2。梁家坪有坡耕地4.660 hm^2,果园0.530 hm^2,荒地0.460 hm^2,场院及道路0.870 hm^2,难利用地0.350 hm^2。示范基地耕地、水保林、经济林、荒地、场院道路、难利用地分别占总面积的40.81%、28.83%、5.97%、9.75%、5.66%、8.98%;两技术示范基地年总产值为6.32万元,其中农、林、牧所占比例分别为29.75%、64.08%、6.17%(见表11-15)。

表 11-15 罗玉沟技术示范基地各业产值现状结构调查

年份	各业产值(万元)				各业结构比例(%)			
	农业	林业	牧业	合计	农业	林业	牧业	合计
1991	2.07	4.34	0.50	6.91	29.96	62.81	7.23	100
1992	1.63	3.61	0.30	5.54	29.42	65.16	5.43	100
1993	2.08	4.34	0.40	6.82	30.49	63.64	5.87	100
1994	2.17	4.33	0.35	6.85	31.68	63.21	5.11	100
1995	1.45	3.62	0.40	5.47	26.51	66.18	7.31	100
平均	1.88	4.05	0.39	6.32	29.75	64.08	6.17	100

四、水土流失状况

（一）南小河沟

南小河沟流域水土流失严重，多年平均地表径流模数为8 994 m^3/km^2，土壤侵蚀模数为6 867 t/(km^2·a)。按照土壤侵蚀特点、强度和程度分为三个侵蚀类型，即塬面侵蚀、沟谷侵蚀和梁峁坡侵蚀。据多年观测资料分析，塬面是径流的主要来源地，其径流模数为9 206 m^3/(km^2·a)，来水量占全部来水量的67.4%，塬面土壤侵蚀以面蚀、细沟侵蚀为主，土壤侵蚀模数为810 t/(km^2·a)，侵蚀量占全部侵蚀量的12.3%；沟谷是泥沙的主要来源地，沟谷侵蚀主要体现在沟头前进、沟底下切和沟岸扩张几个方面，侵蚀模数为15 000 t/(km^2·a)，侵蚀量占全部侵蚀量的86.3%，其径流模数为8 716 m^3/(km^2·a)，来水量占全部来水量的24%；梁峁坡不是径流产生和汇集的主要区域，土壤侵蚀量较沟谷和塬面都小，其径流模数为8 200 m^3/(km^2·a)，梁峁坡来水量占全部水量的8.6%，土壤侵蚀以浅沟、切沟侵蚀为主，其侵蚀模数为666 t/(km^2·a)，侵蚀量占全部侵蚀量的1.4%。

（二）辛店沟

辛店沟流域隶属黄土丘陵沟壑区第一副区，水土流失严重。多年平均地表径流模数为35 000 m^3/(km^2·a)，土壤侵蚀模数为17 500 t/(km^2·a)。从整体的地形地貌、土壤侵蚀特点看，其峁边线和坡脚线把山坡地切割为三个各具特征的类型地带，峁边线以上为梁峁坡，地形多呈梁峁状，梁峁坡上部主要为溅蚀、细沟侵蚀和冲沟侵蚀，下部常形成陷穴等潜蚀，促使现代沟谷的前进，是该流域径流的主要来源（即坡面径流），其径流模数可达25 073 m^3/(km^2·a)，来水量占全部径流量的75%，土壤侵蚀模数为7 200 t/(km^2·a)；峁边线以下、坡脚线以上的沟谷坡，是该区水土流失最严重地段，水力侵蚀和重力侵蚀都较为活跃，主要侵蚀形式有沟谷扩张和沟头前进、陡坡悬崖滑坡，崩塌，泻溜等重力侵蚀突出，据多年观测，侵蚀模数达12 290 t/(km^2·a)，侵蚀量占全部侵蚀量的43.80%，其侵蚀模数为31 270 t/(km^2·a)，来水量占全部径流量的14.4%；在坡脚线以下为沟谷底，主要为洪水和泥沙输移的渠道，包括沟条地和沟床地，水力和重力侵蚀活跃，以下切、溯源侵蚀为主，其侵蚀模数为8 590 t/(km^2·a)，占全部侵蚀量的30.60%，径流模数为31 270 m^3/(km^2·a)，来水量占全部径流量的10.6%。

（三）罗玉沟

罗玉沟、梁家坪试验场水土流失严重，水力侵蚀和重力侵蚀是土壤侵蚀的主要形式。水力侵蚀最为普遍，重力侵蚀主要分布于干沟两岸及支沟沟坡；梁峁顶为轻微面蚀，梁坡为轻度或中度面蚀；沟谷为中度或强烈沟蚀，是泥沙的主要来源地，沟谷侵蚀的主要方式是沟头前进、沟床下切和沟岸扩长。水土流失主要发生在大小沟道和坡耕地，高强度暴雨和植被稀疏是造成水土流失的主要原因。水土流失以中度和极强度侵蚀为主，面积为15.254 hm^2，占水土流失面积的55.67%，其中中度侵蚀和极强度侵蚀分别为8.009 hm^2和7.245 hm^2，分别占水土流失面积的29.23%和26.44%。年均径流模数为87.3万m^3/km^2，侵蚀模数为0.998万t/(km^2·a)，年径流总量为23.9万m^3，土壤侵蚀总量为0.273 45万t。水土流失破坏了土壤肥力，是造成土壤瘠薄、产量低下的主要原因。

五、基地治理开发现状及其评价

(一)南小河沟基地

1. 基地治理开发与土地利用现状

南小河沟试验场现有山坡地面积 451. 2 hm^2，占总土地面积的 94%，是该场发展农、林、牧业生产的主要土地利用类型，具有较大的治理与开发价值。其现状治理开发措施主要有三类：一是兴修水平梯田；二是大力营造水土保持林草，稳定沟坡；三是配套修建了沟头防护和沟道治理工程。

截至 1995 年底，南小河沟试验场山坡地治理措施的保存面积为：水平梯田 15. 33 hm^2，沟台地 0. 67 hm^2，乔木林 136. 9 hm^2，灌木林 7. 06 hm^2，乔灌混交林 16. 24 hm^2，封山育草 130. 53 hm^2；累计治理面积达 306. 73 hm^2，占山坡地总面积的 67. 98%。

南小河沟试验场山坡地上有农耕地 16 hm^2，其中，5. 33 hm^2 水平梯田用于种植以冬小麦、玉米等为主的粮食作物，多年平均产量为 8 000 kg，每公顷的产量为 1 500 kg；10 hm^2 梯田为苹果园，多年平均产量达 50 000 kg，每公顷的产量达 10 000 kg；0. 67 hm^2 沟台地主要从事蔬菜种植，解决职工吃菜问题。

南小河沟试验场山坡地上有各类林地 160. 2 hm^2，占试验场林地总面积 177. 93 hm^2 的 90%。其中 20 世纪 60 至 80 年代营造刺槐、山杏等护坡林 136. 9 hm^2，老化严重，每公顷的木材蓄积量仅为 22. 5 m^3，年均每公顷的材积增长量为 0. 75 m^3，基本为低产、低质、低效的“三低林”林分。80 年代营造的 3. 33 hm^2 油松目前长势良好，每公顷的木材蓄积量达到 45 m^3，年均每公顷的材积增长量为 4. 5 m^3，是该场低产林更新改造的主要方向；80 年代营造侧柏林 6. 67 hm^2，每公顷的木材蓄积量为 22. 5 m^3，年均每公顷的材积增长量为 2. 25 m^3；疏林地 6. 23 hm^2，以刺槐、山杏和杜梨为主，主要分布于梁峁坡，人畜破坏情况极为严重，目前郁闭度小于 20%，基本无效益；人工灌木林 7. 07 hm^2，以沟坡沙棘为主，没有开发利用，经济效益低。

南小河沟试验场山坡地上有草地和牧荒地 183. 4 hm^2，饲草质量差、产量低，目前以放牧为主，仅放养极少量的肉牛和山羊等，经济效益也很低，有很大的开发利用价值。

2. 基地开发利用现状评价

1）土地资源适宜性评价

参照美国农业部土壤保持局土地生产潜力分类体系（USDA）八级制分类标准和黄土高原地区土地资源评价研究的有关成果，本次采用“专家经验与权重记分”相结合的方法进行南小河沟试验场土地资源适宜性和潜在适宜性评价。评价结果表明，南小河沟试验场Ⅰ、Ⅱ等土地的数量约为 38. 97 hm^2，占总土地面积的 8. 12%，有条件发展果树和人工牧草，提高近期经济效益；Ⅲ、Ⅳ、Ⅴ等土地的数量约为 364. 36 hm^2，占总土地面积的 75. 91%，其中有近 80% 的土地坡度小于 45°，适宜于林业和畜牧业生产。实践证明，目前栽植的油松、侧柏及一些优良豆科牧草，在这类土地上的生物产出量高、投入小，经济效益和生态效益都比较好，可以视为该类型土地治理开发的一个主要方向；Ⅵ等土地的数量约为 76. 67 hm^2，占总土地面积的 15. 97%，是目前暂时难以利用的土地。

2)山坡地治理开发潜力分析

以下从山坡地开发程度、山坡地利用程度、山坡地集约化经营程度和山坡地综合效益四个方面简要分析山坡地治理开发潜力。

(1)山坡地开发程度。南小河沟试验场的总面积为480 hm^2,山坡地面积为451.2 hm^2。从开发程度看,一是宜农山坡地面积比较小,不宜再继续垦殖和扩大种植,现状农耕地只有16 hm^2,垦殖指数为3.4%,原耕作农地主要为陡坡所修的窄条水平梯田,生态效益与经济效益都比较差,应逐步改造为宽条水平梯田;二是有林山坡地面积达到160.2 hm^2,林木覆盖率较高,达到33.9%,但是由于人畜破坏严重,有6.23 hm^2 疏林地需要逐步改造,以提高森林覆盖率、林业生态效益和林业经济效益;三是草地及牧荒地面积达到183.4 hm^2,但是生物产量和载畜量极低,每公顷草地的载畜量仅为10.4个羊单位,其中130.53 hm^2 天然草地的饲草品质很差,每公顷干草产量为3 000 kg左右,52.87 hm^2 的牧荒地几乎为裸地,每公顷产草量仅有450 kg,1 hm^2 草地不足养好1只羊。

(2)山坡地利用程度。南小河沟试验场的山坡地总面积为451.2 hm^2,有306.73 hm^2 为农、林、牧业生产所利用,利用程度为67.98%;其中农耕地、林地和草地的面积分别为16 hm^2、160.2 hm^2 和130.53 hm^2,分别占总土地面积的3.55%、35.5%和28.93%,农、林、牧业用地比例为1:10:8,土地利用结构较为合理,但是开发利用深度不够,有近50%的山坡地开发利用不充分或根本没有得到开发利用。在已开发利用的山坡地中,农耕地开发利用程度极低,复种指数仅为0.8%,林业用地有80%为低产、低质和低效的"三低林"林分,经济效益低下,急待改造。草地中无人工草地和改良草地,还有相当面积的牧荒地需要开发,当地一些优良牧草没有得到推广,限制了畜牧业的发展。

(3)山坡地集约化经营程度。目前,南小河沟试验场除果园弃地无法进行机械化耕作外,其余耕地均可进行机械化耕作,由于场内目前养殖业规模极小,有机肥料极为缺乏,化肥使用量相对较大,平均每公顷每年的化肥施用量为381 kg,日常农作时主要雇用临时工,每公顷的投工量为120个工日,基本农田面积比率为56.8%。主要进行粗放型的种植性生产,其新技术应用和产出效益均较低。

(4)山坡地综合效益。1995年,南小河沟试验场累计治理面积达332.77 hm^2,治理程度为69.3%,已基本形成了比较完整的综合治理体系,水土流失得到有效控制,生态环境改善比较明显。据观测资料分析,多年平均蓄水效益为55.6%,拦蓄泥沙效益为97.2%。虽然南小河试验场的土地资源利用比较合理,但是山坡地生产力极低,每公顷农地的净产值仅为300~750元,80%林分为需要更新改造的"三低林"林分,牧业收入基本为零。表11-16为1995年山坡地经济状况(按1990年价格计算)。

(二)辛店沟基地

1.基地治理开发与土地利用现状

辛店沟试验场的山坡地综合治理开发对区域生态建设和农、林、牧生产起到了积极的科技示范作用,该基地在1953年建场时有山坡地89.80 hm^2,占总土地面积的62.36%;草地3.60 hm^2,占总土地面积的2.5%;天然牧荒地23.53 hm^2,占16.34%;非生产用地27.33 hm^2,占18.98%。到1995年已建成梯田、条田、沟台地26.6 hm^2,除部分作为农业生产用地外,有20 hm^2 已建成苹果和红枣经济林;营造乔、灌木林41.33 hm^2;人工草地

3.6 hm^2;居民和道路用地等6.27 hm^2,截至1995年底,辛店沟试验场山坡地治理措施保存面积累计达到76.06 hm^2,占山坡地总面积的84.70%。

表11-16 南小河沟试验场山坡地经济效益分析

利用类型	面积(hm^2)	单位投入(元/hm^2)	总投入(元)	单位产值(元/hm^2)	总产值(元)	单位净产值(元/hm^2)	净产值(元)
水平梯田	15.33	1 200	18 396.00	1 500.0	22 995.00	300.0	4 599
沟床林	14.40	30	432.00	375.0	5 400.00	345.0	4 968
山坡刺槐林	136.90	30	4 107.00	187.5	25 668.75	157.5	21 561.75
油松林	3.33	150	499.50	2 250.0	7 492.50	2 100.0	6 993
侧柏林	6.67	150	1 000.50	1 125.0	7 503.75	975.0	6 503.25
疏林地	6.23	30	186.90	37.5	233.63	7.5	46.73
灌木林	7.07	15	106.05	315.0	2 227.05	300.0	2 121

辛店沟试验场山坡地上有农耕地10.67 hm^2,占山坡地总面积的11.9%,主要为梯田、沟台地和坡地,用于种植黄豆、马铃薯、谷子等粮食作物,多年平均每公顷产量为3 600 kg。

辛店沟试验场的山坡地上有各种林地61.33 hm^2,其中6.67 hm^2为低产果园,多年平均产量为3.0万kg,每公顷平均产量为0.45万kg;13.33 hm^2为新上果园,未到挂果期;41.33 hm^2乔、灌木林,主要是20世纪50~70年代营造的刺槐、油松、侧柏、火炬松等,这些林木对护坡固土和改善生态起到了积极的作用,但退化严重,生产力和经济效益都极低,每公顷木材积蓄量仅为35.50 m^3,年均每公顷材积增长量均达不到3.5 m^3。

辛店沟试验场山坡地上有人工草地3.60 hm^2,年产鲜草5.4万kg,用于发展奶牛和肉羊生产。其余29.20 hm^2的牧荒地,年产草量不足20 000 kg,而且饲草质量低下,目前以放牧为主,有较大的开发潜力。

2. 基地开发利用现状评价

1)土地资源适宜性评价

根据辛店沟试验场流域土地资源的状况和影响土地生产潜力等因素并主要参照中华人民共和国国家标准《水土保持规划通则》(GB/T 15772—1995)中的土地资源评价等级指标体系,同时结合黄土丘陵沟壑区土地资源评价研究的成果,本次采用GB/T 15772—1995标准中的土地资源评价等级和“专家经验与权重记分”相结合的方法,对辛店沟试验场土地资源进行适宜性和潜在适宜性评价,评价结果如下:Ⅰ、Ⅱ等级土地的数量约为18.93 hm^2,占总土地面积的13.15%,除去3.15%的坝地,其余有条件发展一定规模的特色经济林,以提高土地资源的经营效益。Ⅲ、Ⅳ、Ⅴ等级土地的数量约为112.81 hm^2,占总土地面积的78.34%,有近50%的土地坡度小于25°,适宜于丰产果园、速生林和优良人工牧草的生产。实践证明,目前栽植在走路渠、后山的油松、小石沟的葡萄和丰产枣树,其生长优良，投入少，经济效益和生态效益显著，可视为该类型土地治理开发的主要方向。Ⅵ等级土地数量约为12.27 hm^2，占总土地面积的8.52%，是目前难以治理和开发利用的土地。

2）山坡地治理开发潜力分析

下面从山坡地开发程度、山坡地利用程度、山坡地集约化经营程度和山坡地综合效益四个方面做简要分析。

（1）山坡地开发程度。辛店沟试验场的总土地面积144 hm^2，山坡地面积为89.80 hm^2。从有效治理与开发角度看，一是宜农面积18.93 hm^2，相对较少，而且现有的4.4 hm^2 窄条梯田和坡式梯田，其生态效益与经济效益均不显著，有待逐步改造为宽条水平梯田；二是山坡地林木面积61.33 hm^2，从数量和比例上看相对较高，但由于近年来人畜破坏和管护措施不力，其中13.33 hm^2 经济林幼果园生长缓慢，将严重影响后期产量和经济效益，并有6.8 hm^2 的疏林地需逐步改造和提高管护的科技含量，以提高基地森林有效覆盖率和经济林木的商品效率；三是草地和牧荒地面积尽管达到32.80 hm^2，但由于管理措施不力，生物产量极低，畜牧养殖徘徊不前，其中3.6 hm^2 人工草地，年生产鲜草5.4万kg，其承载力不足90个羊单位，多年来饲养牲畜最多时为奶牛12头，羊20只（羊单位折算牛系数0.2）；而其中29.2 hm^2 的牧荒地，每公顷产草量不足400 kg，每公顷草地只能满足0.6个羊单位的需要，所以有待改良，具有较大的开发优势。

（2）山坡地利用程度。辛店沟试验场的土地总面积为144 hm^2，农、林、牧各业用地比例为1.83:13.29:1，从生态结构上讲，其土地利用结构较为合理，但是开发利用的深度不够，还有52%的山坡地未得到充分的开发利用。在已开发利用的山坡地中，农耕地有66.67%为窄条梯田和坡式梯田，产量低而不稳，有待改造；林业用地有27.17%的经济林管理不力，有32.07%的疏林地为低产、低质和低效的“三低”林分，急待改造；草地中只有0.73%为人工草地，产草量和饲草质量相对较高，其余99.27%的牧荒地需新植优良牧草或开展人工改良，促进基地畜牧业的发展。

（3）山坡地集约化经营程度。辛店沟试验场农、林业生产中只有11.21%的宽条梯田和坝台地可以进行机械化耕作，其余88.79%的窄条农田和山地果园机械投入量极少。再加上场内近年来畜牧养殖业规模小，有机肥料极为缺乏，多年来基本以化肥为主，平均每公顷年化肥用量为215.95 kg，日常农作主要以基地20个工人为主，每公顷投工量为120个工日，粗放型农、林生产占总体经营面积的78.37%，同时该场近年来土地大部分实行年度责任制管理，科技含量极低，科技成果转化在水土保持综合治理方面可达80%，而直接用于指导生产、创造经济效益的极低。

（4）山坡地综合效益。1995年，辛店沟试验场流域累计治理面积达76.06 hm^2，治理程度为52.82%，相对于当地平均治理水平，已基本形成了比较完整的综合治理体系，水土流失得到有效控制，生态环境明显改善。据观测资料分析，多年平均蓄水效益为70.20%，拦蓄泥沙效益为78.8%。辛店沟试验场从土地利用结构上比较合理，但山坡地生产力极为低下，每公顷农地净产值仅为3 000～3 500元，占林地13.57%的山地果园年产出不足2.0万元，其余幼果园、“三低”灌木林均无产出，在牧业生产中，由于优质草地只有3.6 hm^2，养殖规模难以扩大，年产出只有1.0万元左右。

（三）罗玉沟基地治理开发现状及其评价

1. 基地治理开发与土地利用现状

罗玉沟、梁家坪试验场现有农坡地 11.18 hm^2，占总土地面积的 40.81%，是农、林、牧业生产的主要用地，具有一定的开发价值和潜力。其开发途径主要有三类：一是通过坡改梯兴修梯田，主要用来种植农作物和经济林，其中，罗玉沟梯田主要用于发展经济林，梁家坪梯田主要用于农作物生产；二是在较陡的山坡地大力造林种草，稳定沟坡；三是结合工程措施，营造沟道防护林，配合土坝、谷坊和沟头防护等沟道工程，防止沟床下切、沟岸扩张和沟头延伸对山坡地稳定的影响。

罗玉沟、梁家坪技术示范基地现有农耕地多为 20 世纪 50 至 70 年代建成的水平梯田，用于种植冬小麦和油菜，小麦平均产量为 2 000 kg/ hm^2，油菜产量为 900 kg/ hm^2；坡耕地主要种植冬小麦，平均产量 1 500 kg/ hm^2；另有梯田果园，主要为苹果、杏，平均产量 15 000 kg/ hm^2，由于品种老化，树势衰弱，产量低且质量差。

罗玉沟示范基地现有天然草地饲草质量差，效益低；刺槐等防护林多为 20 世纪 70 至 80 年代营造，对护坡固土、防止沟岸扩张和改善生态环境发挥了非常重要的作用。目前，这些防护林生产力和效益极低，据调查，每公顷蓄积量仅为 45 m^3，年均每公顷的材积增长量为 1 m^3。

综上所述，罗玉沟基地土地利用现状结构不合理，产量低、生产效益差，有很大的开发利用潜力。

2. 基地开发利用现状评价

1）土地资源适宜性评价

根据罗玉沟、梁家坪技术示范基地土地资源情况及其特点，按照中华人民和国国家标准《水土保持规划通则》（GB/T 15772—1995）分类标准和黄土高原地区土地资源评价研究的有关成果，本次采用“专家经验与权重记分”相结合的方法进行罗玉沟、梁家坪技术试验示范基地土地资源适宜性和潜在适宜性评价。评价结果如下：罗玉沟、梁家坪示范基地有Ⅰ等土地 1.06 hm^2，占总土地面积的 3.87%，宜农地；Ⅱ等土地 5.92 hm^2，占总土地面积的 21.6%，宜农地、果园；Ⅲ等土地 4.70 hm^2，占总土地面积的 17.16%，宜果园、经济林；Ⅳ等土地 3.75 hm^2，占总土地面积的 13.68%，宜经济林、水保林；Ⅴ等土地 7.95 hm^2，占总土地面积的 34.48%，宜水保林、草；Ⅵ等土地为难利用地，面积 2.11 hm^2，占总土地面积的 7.7%。

2）山坡地治理开发潜力分析

下面从山坡地开发程度、山坡地利用程度、山坡地集约化经营程度和山坡地综合效益四个方面加以分析。

（1）山坡地开发程度。罗玉沟、梁家坪示范基地总面积 27.40 hm^2，山坡地面积 13.85 hm^2，从利用程度来看，一是农地面积较大，现有农地 11.18 hm^2，垦殖指数达 40.81%，因此不宜再继续垦殖和扩大种植。二是有林山坡地面积为 9.54 hm^2，覆盖率达 34.80%，但标准低，一些林地稀疏残次，树木为生长缓慢的“小老树”，需要逐步改造更新。三是草地面积小，仅 2.67 hm^2，由于天然草稀少，品质差，生物量和载畜能力极低，现状载畜量为 748.5 只/km^2，超过了载畜能力，因此需要采取封山育草和人工种草的方式，大力推广优良牧草，增加草地面积，提高生物量。

（2）山坡地利用程度。两基地土地利用率高达85.26%，但农耕地复种指数仅为1。农地、林地和草地的面积分别为11.180 hm^2、9.535 hm^2、2.672 hm^2，分别占总土地面积的40.8%、34.8%、9.75%，农、林、牧业用地比例为4.18∶3.57∶1，土地利用不合理，且开发利用深度不够，有近30%的山坡地开发利用不充分或没得到开发利用。在已开发的山坡地中，农耕地开发利用深度偏低，林地中有80%的为低产、低质、低效的“三低林”，急需进行更新、改造。草地中无人工草，有2.672 hm^2 的荒地尚待开发，林地、草地效益有待提高。

（3）山坡地集约化经营程度。目前，技术示范基地农业生产集约化程度低，农耕地除梁家坪试验场主要为梯田外，罗玉沟试验场多为坡耕地，无法进行机械化耕作，机械化程度低。由于机械化程度低，大部分生产活动都是手工劳动，单位面积投工量715.56个工日/hm^2，提高了生产成本，限制了效益的发挥。由于基地目前尚无规模养殖，有机肥极为缺乏，化肥使用量89.45 kg/hm^2。仅靠化肥，对较瘠薄的土地来说是“杯水车薪”，难以解决根本问题。

（4）山坡地综合效益。经过多年治理，到1995年治理度达56.87%，林木覆盖率达34.80%，拦水效益达到50%，拦沙效益达到65%，基本形成比较完整的综合治理体系，水土流失得到有效控制，生态环境有比较明显改善。土地生产力水平为23.38万元/hm^2，单位面积产粮722.57 kg/hm^2，单位面积净产值为7.01万元/hm^2，土地生产力水平很低，经济效益尚需进一步提高。

第二节　技术示范基地规划

一、规划的指导思想与原则

（1）从促进山坡地生态稳定与经济持续发展的宏观战略出发，以进一步完善坡面水土保持措施配置体系为主，抓好现有水、土、生物等资源的更新、改造、培植和持续利用，同时为消除塬面径流和沟道侵蚀对山坡地生态稳定与经济持续发展的影响，辅之相应的塬边和沟道水土保持措施，建成示范样板，全面促进山坡资源的持续利用。

（2）研究、总结、组装和配套山坡地生态稳定与经济持续发展技术措施，采用试验、示范与推广相结合的方法，重视应用技术成果，提高科技成果转化率，重视示范性和推广性，建成重点技术试验示范基地，向同类地区及黄土高原广大地区辐射推广。

（3）山坡地治理与开发相结合，远期效益与近期效益相结合，改善水土保持措施配置结构和农业生产结构，提高经济效益。

（4）以课题研究期限为限，着眼于规划措施实施的可能性来考虑山坡地生态稳定与经济持续发展技术措施，使规划切实可行，具有较强的操作性。

二、技术示范基地的建设目标

（一）配套完善治理措施体系，进一步提高流域综合治理程度，有效防止山坡地水土流失

1. 南小河沟

课题实施期间，通过坡面治理开发措施配置，使流域治理程度达到国家一级治理要求70%以上，森林覆盖度大于30%，林草覆盖率大于60%，径流利用率达到70%，年侵蚀量农地小于1.2 t/hm^2、林地小于2.5 t/hm^2、草地小于8.7 t/hm^2。

2. 辛店沟

课题实施期内，进一步配套完善基地治理措施体系，提高流域综合治理程度，有效快速防止山坡地水土流失，通过坡面治理开发措施优化配置，使流域治理程度由1995年的52.82%提高到国家一级治理要求70%以上，林草覆盖率突破60%，使径流利用率达到50%，土壤年侵蚀模数1995年为17 500 t/km^2，到2000年降低50%，总产值由1995年的13.70万元提高到2000年的59.82万元。

3. 罗玉沟

课题实施期间，通过坡面治理开发措施配置，使流域治理达到国家一级治理要求70%以上，林草覆盖度大于60%，使径流利用率达到70%，农地、林地和草地的年土壤侵蚀分别小于1.2 t/hm^2、2.5 t/hm^2、8.7 t/hm^2。

（二）应用先进、适用的山坡地生产技术，全面提高山坡地土地生产力，进一步提高山坡地的经济效益

1. 南小河沟

通过应用和示范山坡地农作物栽培技术，使山坡所有梯田的利用率达100%，每公顷梯田的粮食产量由现状的1 500 kg提高3 000 kg；通过应用和示范苹果丰产栽培技术，使山地果树3年挂果、5年形成丰产树形，每公顷苹果树在课题研究末年的产果量达到2.25万kg以上，并符合优果标准；通过应用和示范山坡地旧果园改造技术，使每公顷杏树在课题研究末年的产杏量达到1.50万kg以上；按30年经济分析期平均计算，每年每公顷用材林的活立木蓄积量达到4.5 m^3，人工草地产草量达到2.25万kg以上，改良草地的产草量达到1.50万kg。

2. 辛店沟

课题研究期内，采用先进、高效适用的山坡地生产技术措施，通过组装、配套，全面提高山坡地生产力。在农作物丰产栽培方面，应用地膜覆盖、保水剂等现代保水增产技术，使山坡地梯田、台地利用率达到100%，每公顷梯田地粮食产量由现状的1 800 kg提高到2000年的2 800 kg；在果园丰产栽培技术方面，采用矮化密植、集流林业、保水保花保果等生物技术，使山地苹果4年挂果、6年丰产，使大扁杏栽植两年成活率达到85%，红枣栽植3年成活率达到90%，10年达到丰产，每公顷产量达到9 000 kg以上；林草措施在其发展潜力范围内，每年以10%的速度递增，使人工草地产草量由1995年的每公顷鲜草产量15 000 kg提高到2000年的25 000 kg。

3. 罗玉沟

通过应用和示范山坡地农作物高效栽培技术，使山坡地所有梯田的利用率达到100%，每公顷梯田的粮食产量由现在的2 000 kg提高到3 000 kg。通过应用和示范梨、花椒的丰产栽培技术，使山坡地果树3年挂果、5年丰产，盛果期每公顷年产梨9 760 kg、鲜花椒230 kg。通过对“三低”刺槐林的改造，应用径流林业技术，使刺槐林平均每年每公顷的活立木蓄积量达到4.5 m^3。通过优良牧草引进和栽培，使人工草年产鲜草8 000 kg/hm^2。

(三)加强技术试验、示范与推广，提高科技成果转化率，建立重点技术试验示范基地，向黄土高原广大地区辐射推广

1. 南小河沟

配合专题研究，努力做好重点技术试验示范工作，完成技术试验示范任务指标，为技术推广与辐射奠定良好基础。到2000年底，山坡地生态稳定与经济持续发展技术试验示范面积12.7 hm^2，其中，农作物丰产栽培2 hm^2，“三低林”改造1.33 hm^2，聚流造林2 hm^2，苹果丰产栽培技术6.67 hm^2，旧果园改造技术0.68 hm^2。

2. 辛店沟

结合专题研究，加强重点技术的试验、示范与推广。提高科技成果转化率，为技术推广与辐射奠定基础。到2000年底，山坡地生态稳定与经济持续发展技术试验示范面积18.5 hm^2，其中农作物丰产栽培1.87 hm^2，聚流林业1.0 hm^2，红枣优质丰产示范园建设5.5 hm^2，苹果丰产技术示范2.16 hm^2，大扁杏丰产技术示范4.67 hm^2，葡萄丰产示范园0.3 hm^2，旧果园改造3.0 hm^2。

3. 罗玉沟

配合专题研究，努力做好重点技术试验示范工作，完成技术示范任务指标，为技术推广奠定良好的基础。到2000年底，山坡地生态稳定与经济持续发展技术试验示范面积14.67 hm^2，其中农作物丰产栽培1.20 hm^2，梨丰产栽培4.60 hm^2，杏丰产栽培1.20 hm^2，花椒4.66 hm^2，优质核桃园3.00 hm^2；山坡地生态稳定与经济持续发展技术推广保水剂60.00 hm^2。

三、技术示范基地的措施布局

(一)南小河沟

按照山坡地生态稳定与经济持续发展技术示范基地规划的指导思想和建设目标，基地建设突出山坡地农业高产栽培技术、果园建设与果树丰产栽培技术、聚流林业技术、“三低林”更新改造技术试验示范等内容，形成以塬边农果经济带、沟坡林草经济带建设为主体，辅之塬边和沟道治理开发建设的技术措施体系。主要措施体系分为以下三个层次。

1. 重点技术措施试验

目的是研究山坡地主要农业丰产栽培技术和主要林草植被建设技术的适用条件，为山坡地生态稳定与经济持续发展技术配套和技术示范奠定基础。主要技术有农作物抗旱剂施用、保水剂施用、保墒剂施用、浸种、微肥、地膜覆盖、草粮轮作等农业丰产栽培技术；山地果园果树品种改良、修剪、施肥、保墒、保水剂施用、疏花疏果、病虫害防治等果树丰产栽培技术以及山坡地聚流林业、"三低林"改造等林业建设技术。重点技术措施试验面积及其分布见表 11-17。

表 11-17　南小河沟试验场技术试验示范措施

技术项目	主要技术措施	地点	地类	面积(hm^2)	
				试验	示范
农业丰产栽培	抗旱、保墒剂施用技术,农作物浸种、微肥、地膜覆盖技术,草粮轮作技术	范家山	梯田	1.40	2.00
"三低林"改造	刺槐林的林分确定、林分间伐、集流面确定与处理、整地、林草配置选择等	杨家沟等	坡地	1.34	1.34
聚流造林		杨家沟等	坡地	2.00	2.00
果树丰产栽培	种苗选择、栽植、灌溉、改土、施肥、保墒、保水剂施用、整形修剪、防治病虫害等	杨家沟	坡地	4.00	6.68
旧果园改造		杨家沟	坡地		0.68
合计				8.74	12.70

2. 重点技术措施示范

以试验结果为依据,建立重点技术措施示范基地,在较大范围内探索主要技术辐射推广的技术可能性,为山坡地生态稳定与经济持续发展配套技术的辐射推广奠定基础。重点技术措施示范面积见表 11-17。

结合技术试验示范基地建设,新增了配套技术措施,使南小河沟试验场山坡地综合治理开发措施体系完善。南小河沟试验场综合治理开发新增措施见表 11-18。

表 11-18　南小河沟试验场山坡地综合治理开发新增措施

项目	实施地点	主要技术措施	面积(hm^2)
窄条梯田改造	范家山	抗旱、保墒剂施用技术,农作物浸种、微肥、地膜覆盖技术,草粮轮作技术	3.33
造林	杨家沟坡地		
低产林改造	杨家沟坡地		
封山育林育草	杨家沟坡地		
干鲜果园建设	杨家沟坡地		0.8
果园灌溉系统建设	下马山、长青山		6.67
人工种草	梯田		50
天然草改良	花果山		6.67

另外,配合课题研究,对技术示范基地现有基础设施进行了改造和更新。扩建场部长青山4 km大路,达到Ⅱ级路标准,道路总长增加2.5 km;修改高低压同杆架设线路3 km,更换节能变压器,架设下马山和范家山照明线路1.5 km;维修下马山、范家山和花果山上下水设施;改善基地交通条件,增加生产耕作机械;改建、修建牛羊舍窑洞18洞和房屋5间,发展牛、羊等家畜。

3. 重点技术措施推广

在基地技术试验示范的基础上,完成大量推广任务。辐射推广的技术以农业丰产栽培技术、山坡地聚流农林业技术、山坡地果树栽培技术和山坡地旧果园改造技术为主。主要选择西峰市什社乡齐家楼村推广农业丰产栽培技术6 hm^2,选择黄河水土保持生态工程齐家川示范区推广保水剂施用技术6.0 hm^2;选择西峰市董志村推广山坡地果树丰产栽培技术13.33 hm^2,推广旧果园改造技术1.33 hm^2;选择镇原县武沟乡推广山坡地聚流造林技术13.33 hm^2。

(二)辛店沟

按照山坡地生态稳定与经济持续发展技术示范基地的规划目标,结合辛店沟试验场地形地貌、土地利用现状和发展潜力的整体布局,本次规划重点突出山坡地农业丰产栽培、山坡地果园(苹果、大扁杏、红枣)建设与丰产栽培技术、聚流林业措施布设等内容,形成集中连片、各具特色的农林牧经济建设基地,辅之以道路加宽、简易硬化、坝系加高配套等开发性技术措施。其措施体系主要分为以下三个层次。

1. 重点技术措施试验

山坡地农业丰产栽培和林草植被建设的试验研究,主要结合黄土丘陵沟壑区水分这一关键的限制性因素和蒸发量较高的气候因素,开展农作物抗旱剂、保水剂、微肥、地膜覆盖、轮作制度等农业丰产耕作技术,山地果园的苹果、红枣品种改良、引种,"土、肥、水"高效程序化管理措施试验,保水、保墒的新技术试验观测,疏花疏果、病虫害防治等丰产措施布设和山坡地聚流林业技术试验,为山坡地生态稳定和经济持续发展技术的推广奠定良好的基础。主要的措施试验示范面积分布见表11-19。

2. 重点技术措施示范

以试验结果为依据,建立重点技术措施示范基地,在较大范围内探索主要技术辐射推广的技术可能性,为山坡地生态稳定与经济持续发展配套技术的辐射推广奠定基础。重点技术措施示范面积见表11-19。

结合技术试验示范基地建设,配套完善辛店沟试验场山坡地综合治理开发措施体系,提高山坡地生态经济效益,进一步促进山坡地生态稳定与经济持续发展。辛店沟技术试验示范基地综合治理开发的新增措施见表11-20。

结合课题研究,利用、改造和技术更新现有基础设施和设备。维修、输通小石沟引水设备、管道、渠道;更换小石沟经济林生产用电的农用线路3 000 m;改善基地交通条件,简易硬化从试验场沟口通向后山、小石沟长达5.6 km的生产道路;维修耕作机械和运输工具(小四轮);维修小石沟牛场,改建为肉羊养殖场。

表 11-19　辛店沟试验场技术措施试验布局

技术项目	主要技术措施	地点	地类	面积(hm^2)
农业丰产栽培	抗旱保水剂使用 微肥试验 地膜覆盖 轮作制度	平沟塌 小石沟 小石沟 小石沟	梯田 梯田 梯田 梯田	3.37
聚流林业	集流小区选择、设计、处理、工程整地、林草配置等	小石沟 石嫡洼 平沟塌	条田 坡地 坡地	2.0
果树丰产栽培	良种选择、抗旱栽植、灌溉、配方施肥、地膜覆盖、保水剂试验、保墒措施布设、整形修剪、病虫害防治(苹果、红枣、大扁杏、葡萄)	小石沟	梯田 条田 缓坡地	14.13
旧果园改造		小石沟	梯田	4.0
合计				22.50

表 11-20　辛店沟技术试验示范基地综合治理开发新增措施

项目	实施地点	主要技术措施	面积(hm^2)
坝系加高加固	鸭峁沟	增设竖井、泄洪洞、坝体加高加宽、坡面整形、种草	4座
窄条坡式梯田改造	小石沟	两台并一台,标准化改建	6.0
老果园更新	小石沟	苹果淘汰更新为大扁杏、红枣,辅助以低压渗灌、覆膜保墒、绿肥压青	5.5
果园灌溉系统建设	小石沟	低压管灌、低压渗灌	3.5
生态林建设	走马梁	自然坡面修筑水平沟、反坡梯田整地,栽植油松、侧柏、柠条、刺槐等	5.2
人工种草	高梁疙瘩	种植紫穗槐、牧场草、黄兰沙梗草、美丽鹧鸪豆	24.0

3. 重点技术措施推广

考虑到课题实施期间技术推广的可行性,在基地试验示范的基础上,主要选择韭园沟和崔家湾对农村生产迫切需要,而且适用高效的农业丰产栽培技术、山坡地果树(主要包括苹果、大扁杏和红枣的丰产栽培及管理技术)以及林草建设等进行推广。其中推广农业丰产技术 150 hm^2,果树(苹果、大扁杏、红枣)丰产栽培技术 200 hm^2,聚流林业 135 hm^2,老果园改造 100 hm^2。

(三)罗玉沟

按照山坡地生态稳定与经济持续发展技术示范基地的规划目标,结合梁家坪、罗玉沟试验场整体规划的要求，本次规划突出果园建设与果树丰产栽培技术、聚流林业技术、“三低林”更新改造技术和山坡地农业丰产栽培技术等内容，罗玉沟试验场形成山坡地优质果品示范基地，梁家坪试验场形成山坡地花椒优质干果示范基地，并辅之以沟道治理开发建设的技术体系。主要措施体系可分为以下三个层次。

1. 重点技术措施试验

研究山坡地主要农业丰产栽培技术和主要林草植被建设技术的适用条件，为山坡地生态稳定与经济持续发展技术配套和技术示范奠定基础。主要技术有山坡地梨树的丰产栽培试验、山坡地地膜小麦栽培技术研究、“三低”刺槐林的改造技术研究。其重点技术试验示范措施见表11-21。

表11-21 罗玉沟、梁家坪示范基地技术试验示范措施

技术项目	主要措施	地点	地类	试验示范面积（hm^2）
梨树丰产栽培	土壤管理新技术，肥料管理技术，整形修剪，病虫害防治	场院上	梯田	10.00
农业丰产栽培	抗旱保墒剂，地膜覆盖	场院下	坡地	3.00
旧果园改造		场院上	梯田	3.00
“三低林”改造	确定适宜的林分密度，间伐，修集水面	王家山	坡地	0.67

2. 重点技术措施示范

重点技术措施示范包括优质核桃示范园建设、优质花椒示范园建设、杏园丰产栽培技术示范、地埂绿化及植物篱营造工程。

结合技术试验示范基地建设，配套完善罗玉沟试验场山坡地综合治理开发措施体系，提高山坡地生态经济效益，进一步促进山坡地生态稳定与山坡地经济的持续发展。罗玉沟技术试验示范基地综合治理开发新增措施见表11-22。

表11-22 罗玉沟、梁家坪示范基地综合治理开发新增措施

项目	地点	主要技术措施	规模
核桃园	罗玉沟	核桃建园，栽培技术	3.00 hm^2
花椒园	梁家坪	花椒建园，栽培技术	4.66 hm^2
杏园	罗玉沟	杏建园，栽培技术	1.00 hm^2
集流场及水窖	梁家坪 罗玉沟	10 cm厚混凝土硬化地面集雨，水窖蓄雨水	3 200 m^2 集流场，18眼水窖
滴灌系统	罗玉沟	半移动式滴灌	2.00 hm^2

结合课题研究，利用、改造和技术更新现有基础设施和设备。将罗玉沟示范基地场院及周围硬化，建成10 cm厚混凝土水泥集流场1 200 m^2，修50 m^3 蓄水池2座，25 m^3 薄壳混凝土水窖7眼，将集流雨水及山泉的水源集蓄起来，并在果园安装滴灌系统。在梁家坪基地场院及道路建立集流场，道路利用其自然状态，将场院地面硬化，建成10 cm厚混凝土水泥集流场2 000 m^2，修筑25 m^3 薄壳混凝土水窖11眼。

3. 重点技术措施推广

在完成罗玉沟、梁家坪基地技术试验示范任务的基础上，以农业丰产栽培技术、山坡地果树丰产栽培技术和山坡地旧果园改造技术为主进行辐射推广，主要选择在天水市玉泉乡皇城村推广农业丰产栽培技术 3.00 hm^2，选择秦安县叶堡乡和蔡店推广山坡地果树丰产栽培技术 10.00 hm^2、旧果园改造技术 3.00 hm^2，在耤河流域推广保水剂 60.00 hm^2。

第三节　技术示范基地建设与管理

项目开展 5 年来，各技术示范基地以规划为依据，按照每年的试验、示范、推广任务认真组织实施，全面完成了计划任务，并摸索出一套行之有效的基地管理经验，为今后在同类型区大面积推广奠定了基础。

一、南小河沟技术示范基地建设与管理

（一）技术示范基地建设

到 2000 年基本农田保留面积 9.33 hm^2，与建设初期相比减少 12 hm^2；人工林从 1996 年开始，更新刺槐林 3.33 hm^2，改造低产刺槐林 1.33 hm^2，营造经济林 6.67 hm^2，其他面积与现状相比不变；到 2000 年累计人工草地增加 3.34 hm^2，人工改良天然荒草地 6.67 hm^2。到 2000 年治理度达 71.1%（见表 11-23）。

表 11-23　南小河沟技术试验示范及基地综合治理开发措施进度安排　（单位：hm^2）

项目	1996 年	1997 年	1998 年	1999 年	2000 年	合计
农业丰产栽培技术		0.66	0.66	0.66		1.98
窄条梯田改造			3.33		1.33	4.66
聚流林业技术		2.00				2.00
“三低林”改造技术			1.33			1.33
苹果丰产栽培技术	1.33	4.00	1.34			6.67
果园灌溉系统建设		6.67				6.67
人工种草		1.67	1.67			3.34
天然草改良		3.33	3.34			6.67
合计	1.33	18.33	11.67	0.66	1.33	33.32

（二）技术示范基地管理

1. 加强技术试验示范基地的组织领导和管护

成立“南小河沟技术试验示范基地建设领导小组”，由西峰水保站和南小河沟试验场主要负责人分别担任为正、副组长，“山坡地生态稳定与经济持续发展技术研究”课题各专题负责人为组员，全面落实技术试验示范基地建设目标的实施，组织协调资金、技术和人力等方面的工作，定期检查、研究基地建设实施情况，讨论解决存在的问题，切实保证技术试验示范基地建设的顺利实施。成立“南小河沟技术试验示范基地建设管护小组”，由

南小河沟试验场场长担任组长,试验场职工为主要组员,负责技术试验示范基地的措施管护工作,并明确管理人员责、权、利和管理目标。

2. 加大技术试验示范基地的投入

"山坡地生态稳定与经济持续发展技术研究"课题是西峰水保站重点保证实施课题,在投入方面,首先确保课题下拨资金及匹配资金全额到位,切实保证"基地建设"资金落实到实处。其次要集中水土保持示范区建设、世界银行贷款项目、引进国际农业先进技术项目等资金投入捆绑使用,加快山坡地综合治理开发,充分发挥资金效益;同时制定优惠政策,鼓励职工或其他人员投资承包山坡地综合治理开发,吸引社会资金参与技术试验示范基地建设,加快建设步伐。

3. 加强技术试验示范基地的建设管理

(1)加强目标管理。"山坡地生态稳定与经济持续发展技术研究"课题的技术试验示范基地建设整体上实行目标责任管理。围绕课题研究5年时间内技术试验示范基地建设的总体目标和任务,各专题组每年年初或上年年底,拿出本年度切实可行的技术试验示范和基地建设计划,经"基地建设领导小组"审查后列入本年度目标责任书,并严格按照目标责任书要求实施;"基地建设领导小组"不定期地对目标任务的执行情况进行阶段性检查,并针对存在问题提出整改意见,年终根据目标任务的执行情况对于工作搞得好的专题进行一次性奖励,保证技术试验示范基地建设任务落到实处。

(2)加强合同管理。对于技术试验示范基地建设中工程建设项目(如窄条梯田改造项目等)、旨在提高经济效益的措施产品转化增值项目(如养殖加工项目等)、配套基础设施建设项目(如节水灌溉工程项目等)均实行合同管理,无论是职工承包或社会承包,都必须在基地建设领导小组的领导下,由南小河沟试验场起草责、权、利明确的承包合同书,实行工程单项承包。南小河沟试验场设专人管理合同,场领导和技术人员对合同执行情况进行定期检查,及时协调解决合同执行中存在的问题,调解不成以法律手段维护甲乙双方的合法权益,最后由基地领导小组和试验场共同组成验收小组对竣工工程进行验收。

(3)加强资金管理。对于下拨、匹配和吸收的外部资金捆绑使用,均纳入技术试验示范基地专项资金进行管理。年初按各专题的年度计划核拨一定的经费,年中根据项目进度核拨第二次经费,年终根据任务完成情况确定并最后拨经费。对于未能如期完成的项目负责人要给予经费和行政处罚,并限期改正;对于捆绑使用的资金除遵循原资金使用的特定要求外,还要按照技术试验示范基地建设资金使用的要求进行管理;对于合同管理项目切实按照责、权、利明确的合同要求拨款和进行资金管理。

二、辛店沟技术示范基地建设与管理

(一)技术示范基地建设

山坡地生态稳定与经济持续发展课题执行期末(2000年),保持高产稳产农田14.53 hm^2,比1995年增加3.4 hm^2;到2000年建设丰产山地果园达到29.67 hm^2,比1995年增加9.67 hm^2;营造、更新人工林由1995年的41.33 hm^2增加到2000年的46.00 hm^2;人工草地改良建设由1995年的3.60 hm^2增加到2000年的12.80 hm^2。到2000年综合治理度达到71.53%。具体各业措施进度见表11-24。

表 11-24　辛店沟基地技术措施年度配置方案

技术措施		1995 年	1996 年	1997 年	1998 年	1999 年	2000 年
农业丰产措施(hm^2)		11.13	11.67	13.00	14.33	14.53	14.53
果园丰产措施(hm^2)		20.00	21.00	24.33	25.67	27.87	29.67
林业措施(hm^2)		41.33	41.67	42.67	43.33	45.33	46.00
畜牧业措施	种草(hm^2)	3.60	5.60	8.93	12.26	12.53	12.80
	奶牛(头)	4	8	12	16	16	20
	羊(只)	15	25	35	40	45	50
	猪(头)	10	20	30	35	35	35

(二)技术示范基地管理

1. 组织领导措施

成立"辛店沟试验场技术试验示范基地建设领导小组",由绥德水保站领导和试验场负责人分别担任正、副组长,"山坡地生态稳定与经济持续发展技术研究"课题各专题负责人为成员,负责和落实技术试验示范工作,积极有效地组织协调资金、技术和人力,并定期检查,评价基地建设的实施情况,重点突出科技成果转化率,确保试验示范基地建设的顺利实施。

2. 技术措施

首先将"山坡地生态稳定与经济持续发展技术研究"课题,作为站重点保证的实施课题,在确保课题下拨资金及匹配资金全额到位外,切实保证"基地建设"资金落到实处。其次要集中水土保持示范区建设、世界银行贷款项目、引进国际农业先进技术等项目的技术研究成果,组装、配套技术试验示范基地,确保基地建设的科技示范作用。

3. 财务措施

除专项资金全额到位外,其基地建设的基础设施和固定资产(包括物资)由站专项匹配;劳力由基地自筹。

资金监管工作:课题经费由黄委会基金办和站财务共同监管;站专项匹配经费由站"基地建设领导小组"和财务科共同监管,建立健全目标合同管理和年度阶段考核制度,使经费与项目进度考核同步进行,保证项目资金的有效使用。

4. 管理措施

由于"山坡地生态稳定与经济持续发展技术研究"课题各专题研究人员及其业务组织的分散性,站上将整体建设与专题研究全部实行目标责任制管理,总课题与专题研究,每年初拿出本年度切实可行的技术试验示范和基地建设计划,经站长办公会和基地建设领导小组审查后列入年度目标责任书,严格按照目标责任书要求实施;基地建设领导小组不定期对目标任务和协作主持单位要求的项目任务执行情况进行阶段性检查,针对存在的问题提出整改意见,年终根据目标任务执行情况,结合站课题管理条例给予奖罚,保证技术试验示范基地建设任务的顺利实施。

三、罗玉沟技术示范基地建设与管理

(一)技术示范基地建设

山坡地生态稳定与经济持续发展课题执行期末(2000 年),新增梯田 4.12 hm^2、水保林 0.27 hm^2、干果园 7.66 hm^2、水果园 2.07 hm^2、种草 2.64 hm^2,修集流场 3 200 m^2、25 m^3 水窖 18 眼和 50 m^3 蓄水池 2 座(见表 11-25)。

表 11-25　罗玉沟山坡地基地建设分年度分项措施进度

年度	梯田(hm^2)	水保林(hm^2)	经济林		草(hm^2)	水窖(眼)	蓄水池(座)	集流场(100 m^2)	滴灌工程(hm^2)
			干果(hm^2)	水果(hm^2)					
1996	1.40		3.00		0.70				
1997	2.00	0.27	4.66	2.07	0.60				
1998	0.72				0.60		1	12	2
1999					0.74	6	1	20	
2000						12			
合计	4.12	0.27	7.66	2.07	2.64	18	2	32.0	2.000

注:新增梯田中有 3.37 hm^2 为梯田果园,罗玉沟 1997 年新增梯田 0.75 hm^2,0.31 hm^2 为坡地果园,梁家坪新增 4.66 hm^2 干果园均在原有梯田上。

(二)技术示范基地管理

1. 加强技术试验示范基地的组织领导

为了使规划落到实处,使基金项目顺利进行,成立"罗玉沟、梁家坪技术试验示范基地建设领导小组",由天水站站长和罗玉沟、梁家坪试验场主要负责人为正、副组长,"山坡地生态稳定与经济持续发展技术研究"课题各专题负责人为成员,基金实施及领导小组办公室设于罗玉沟试验场,试验地点以罗玉沟试验场为主,全面落实技术试验示范基地建设目标,组织协调资金、技术和人力等方面的工作,检查建设实施情况,对各个项目及专题实行宏观调控、微观管理,制定有关的规章制度,严格管理,在管理中求效益。施工和管理以试验场职工为主,负责技术试验示范基地的管护工作,明确各自责、权、利,确保技术试验示范基地建设的顺利进行。

2. 加强技术试验示范基地的资金投入及管理

首先确保"山坡地生态稳定与经济持续发展技术研究"课题下拨资金及匹配资金的到位,保证基地建设资金落到实处。其次要把耤河示范区梁家坪、罗玉沟示范点建设项目、雨水资源高效利用项目等有关资金与课题资金整体配套使用,加大山坡地治理开发的力度,充分发挥资金的效益。

对资金的管理以黄委会基金课题经费使用管理办法为依据,结合实际,灵活掌握,本着少花钱、多办事的原则,对项目或者专题实行承包和合同管理,改变以往目标管理下的种种弊端;在保证国家利益、集体利益的前提下,兼顾个人利益,明确责、权、利,最大限度地发挥组织或个人主观能动性和创造性。

第四节　技术示范基地建设成效评价

一、评价方法

技术示范基地建设成效评价采用第四章提出的山坡地生态稳定与经济持续发展评价方法——评价指数法。

(一)评价指标体系

技术示范基地建设成效评价指标体系由评价指标、指标权重、指标判别标准三部分组成(见表 11-26)。

表 11-26　技术示范基地建设成效评价指标体系及判别标准

<table>
<tr><th rowspan="3">指标</th><th colspan="3">权重</th><th rowspan="3">评分分级标准</th><th rowspan="3">记分</th></tr>
<tr><th>生态指标</th><th>经济指标</th><th rowspan="2">组合权重</th></tr>
<tr><th>0.527</th><th>0.473</th></tr>
<tr><td>土壤养分平衡指数
(k)</td><td>0.203</td><td>—</td><td>0.107</td><td>①$k=1.20\sim1.40$
②$k=1.00\sim1.20$
③$k=0.80\sim1.00$
④$k=0.60\sim0.80$
⑤$k=0.30\sim0.60$
⑥$k<0.30$</td><td>100
90
80
70
60
0</td></tr>
<tr><td>林草覆盖率
(F)</td><td>0.199</td><td>—</td><td>0.105</td><td>①$F\geqslant60\%$
②$50\%\leqslant F<60\%$
③$40\%\leqslant F<50\%$
④$30\%\leqslant F<40\%$
⑤$20\%\leqslant F<30\%$
⑥$F<20\%$</td><td>100
90
80
70
60
0</td></tr>
<tr><td>年土壤侵蚀模数
(M)</td><td>0.283</td><td>—</td><td>0.149</td><td>①$M<1\ 000\ t/km^2$
②$1\ 000\ t/km^2\leqslant M<2\ 500\ t/km^2$
③$2\ 500\ t/km^2\leqslant M<5\ 000\ t/km^2$
④$5\ 000\ t/km^2\leqslant M<8\ 000\ t/km^2$
⑤$8\ 000\ t/km^2\leqslant M<10\ 000\ t/km^2$
⑥$M\geqslant10\ 000\ t/km^2$</td><td>100
90
80
70
60
0</td></tr>
<tr><td>生态经济结构势
(H)</td><td>0.149</td><td>—</td><td>0.078 4</td><td>①$H\geqslant0.5$
②$0.35\leqslant H<0.5$
③$H<0.35$</td><td>100
60
0</td></tr>
<tr><td>土地生产率
(P)</td><td>—</td><td>0.187</td><td>0.098 6</td><td>①$P\geqslant1\ 500$ 元/hm^2
②750 元/hm$^2\leqslant P<1\ 500$ 元/hm^2
③$P<750$ 元/hm^2</td><td>100
60
0</td></tr>
<tr><td>人均粮食占有量
(B)</td><td>—</td><td>0.239</td><td>0.113</td><td>①$B>400$ kg
②$B=400$ kg
③$B<400$ kg</td><td>100
60
0</td></tr>
</table>

续表 11-26

指标	权重			评分分级标准	记分
	生态指标 0.527	经济指标 0.473	组合权重		
人均纯收入（I）	—	0.262	0.124	①$I \geqslant 800$ 元 ②400 元$\leqslant I < 800$ 元 ③$I < 400$ 元	100 60 0
系统商品率（C）	—	0.209	0.099 0	①$C \geqslant 50\%$ ②$40\% \leqslant C < 50\%$ ③$30\% \leqslant C < 40\%$ ④$10\% \leqslant C < 30\%$ ⑤$C < 10\%$	100 90 80 60 0
经济产投比（R）	—	0.266	0.126	①$R > 2.5$ ②$1.9 \leqslant R \leqslant 2.5$ ③$1.5 \leqslant R < 1.9$ ④$0.5 \leqslant R < 1.5$ ⑤$R < 0.5$	100 90 80 60 0

评价指标由生态系统指标和经济系统指标构成，生态系统指标包括土壤养分平衡指数、林草覆盖率、土壤侵蚀模数、生态经济结构势、土地生产率组成；经济系统指标由人均粮食占有量、人均纯收入、系统商品率、经济产投比组成。

（二）评价指数计算

按照下面公式可分别对技术示范基地建设成效中生态评价指数、经济评价指数、综合评价指数进行计算：

$$U = \sum_{i=1}^{n} b_i B_i \quad (i = 1,2,\cdots,n)$$

式中：U 为技术示范基地建设成效生态评价指数、经济评价指数、综合评价指数；b_i 为第 i 个指标的生态权重值、经济权重值、组合权重值；B_i 为第 i 个指标的得分值。

（三）技术示范基地建设成效评价标准

技术示范基地建设成效评价标准采用黄土高原地区山坡地生态经济系统评价标准，分为 5 个等级（见表 11-27）。

表 11-27　技术示范基地建设成效评价标准

评价指数标准	评价结论
$U < 60$	生态经济系统处于恶性循环阶段，成效不显著
$60 \leqslant U < 70$	生态经济系统向良性循环过渡阶段，初见成效
$70 \leqslant U < 80$	生态经济系统基本处于良性循环阶段，成效较显著
$80 \leqslant U < 90$	生态经济系统处于良性循环阶段，成效显著
$U \geqslant 90$	生态经济系统处于持续稳定协调发展阶段，成效很显著

二、技术示范基地建设成效综合评价

（一）技术示范基地生态经济指标值的获取

在对各技术示范基地的 9 项生态经济指标涉及的各项因子进行长期监测的基础上，分年度进行统计分析，考虑到指标的有效性和客观性，取课题结束后三年的平均值（含结束年份），即 2000、2001、2002 年。

（二）评价指数的分析计算

首先根据单项指标判别标准，给其进行赋分；其次，根据生态指标、经济指标权重，分别计算技术示范基地的生态指数和经济指数；最后根据组合权重计算综合指数（见表 11-28）。

表 11-28　技术示范基地生态与经济评价

编号	指标	南小河沟		辛店沟		罗玉沟	
		指标值	评分值	指标值	评分值	指标值	评分值
1	土壤养分平衡指数（k）	0.80	70	0.86	80	0.68	70
2	林草覆盖率（F）	85%	100	63.15%	100	88.6%	100
3	年土壤侵蚀模数（M）	1 505	90	10 400	0	5 000.0	70
4	生态经济结构势（H）	0.45	60	0.48	60	0.36	60
5	土地生产率（P）	1 000	60	2 925	100	800.0	60
6	人均粮食占有量（B）	400	100	1 560	100	420.0	100
7	人均纯收入（I）	780	60	756	60	628.0	60
8	系统商品率（C）	30%	80	36%	80	15%	60
9	经济产投比（R）	0.8	60	0.85	60	0.8	60
指数值	生态指数		79.74		63.78		74.08
	经济指数		72.30		72.30		68.12
	综合指数		76.24		67.84		71.28

（三）评价结论与分析

1. 评价结论

通过应用评价指数法对山坡地技术示范基地建设的生态与经济评价，得出以下评价结论：

南小河沟山坡地技术示范基地生态指数79.74，经济指数72.30，综合指数76.24。生态经济系统基本处于良性循环阶段，成效较显著。

辛店沟山坡地技术示范基地生态指数63.78，经济指数72.30，综合指数67.84。生态经济系统处于向良性循环过渡阶段，初见成效。

罗玉沟山坡地技术示范基地生态指数74.08，经济指数68.12，综合指数71.28。生态经济系统基本处于良性循环阶段，成效较显著。

2. 结论分析

从3个技术示范基地的生态经济综合指数看，南小河沟最高为76.24，罗玉沟居中为71.28，生态经济系统基本处于良性循环阶段，成效较显著；辛店沟最低为67.84，生态经济系统处于向良性循环过渡阶段，初见成效。就3个技术示范基地目前的生态经济状况，根据建立5个级别的山坡地生态经济评价标准（见表11-27）评判，还处在中、低级阶段，要达到山坡地生态经济系统良性循环阶段、持续稳定协调发展阶段，尚存在较大差距。因此，各个基地山坡地后续的生态经济建设潜力很大，在保持现有水平的前提下，若想有较大的发展，还要取决于后续的山坡地生态经济建设及管理水平、科技投入、资金投入等。从各个基地生态经济综合指数内部构成看，南小河沟生态指数为79.74，经济指数72.30，较为均衡，今后应加大山坡地建设力度，加强生产性投入，稳定发展提高，使生态经济效益再上一个台阶；辛店沟山坡地技术示范基地生态指数63.78，经济指数72.30，二者尚存在不平衡性，在生态系统指标中其他指标和南小河沟、罗玉沟接近的情况下，影响权重最大的年土壤侵蚀模数指标虽然从初期的15 000 t/km^2 降低到10 000 t/km^2 左右，但仍属于剧烈侵蚀的范围，由于土壤侵蚀的强弱直接影响到山坡地生态经济系统的稳定性，可见自然条件对山坡地生态稳定和经济持续发展的影响关系重大，今后应进一步加强山坡地生态建设，在控制坡地水土流失、提高山坡地生态经济建设水平等方面下大力气，提高生态指数，进而全面提高生态经济综合指数；罗玉沟技术示范基地生态指数74.08，经济指数68.12，经济指数偏低，因此加强山坡地生产经营水平，提高经济系统各项指标值，提高山坡地生产力水平，是今后的发展方向。

参考文献与资料

[1] 周立三,等. 中国综合农业区划[M]. 北京:农业出版社,1981.
[2] 吴传钧,郭焕成. 中国土地利用[M]. 北京:科学出版社,1994.
[3] 程序. 农牧交错带研究中的现代生态学前沿问题[J]. 资源科学,1999(5).
[4] 杨文治,余存祖. 黄土高原区域治理与评价[M]. 北京:科学出版社,1992.
[5] 马乃喜. 我国山区的可持续发展问题[M]//自然资源. 北京:科学出版社,1996.
[6] 中国水土保持学会. 水土保持科学理论与实践[M]. 北京:中国林业出版社,1992.
[7] 严纲,闫裕家,等. 陇东原区水保成果开发利用途径研究[M]. 兰州:甘肃人民出版社,1996.
[8] 卢宗凡. 中国黄土高原生态农业[M]. 西安:陕西科学技术出版社,1997.
[9] 石山. 树立生态安全新思想[J]. 生态农业研究,1998(12).
[10] 高尚宾. 大力发展生态农业,促进农业可持续发展[J]. 生态农业研究,1998(6).
[11] 朱显谟. 中国黄土高原土地资源[M]. 西安:陕西科学技术出版社,1986.
[12] 赵存兴. 中国黄土高原地区耕地坡度分级数据库[M]. 北京:海洋出版社,1990.
[13] 鲁奇. 中国耕地资源开发、保护与粮食安全问题[J]. 资源科学,1999(11).
[14] 王德轩,彭珂珊. 水土保持耕作法是治理黄土高原的地区坡耕地的根本措施[J]. 生态学杂志,1990(3).
[15] 戴进,聂庆华. 陕北黄土高原土地生产力与人口适宜容量研究[J]. 自然资源,1997(6).
[16] 孟庆枚. 黄土高原水土保持[M]. 郑州:黄河水利出版社,1994.
[17] 金志杰,等. 陕北榆林地区沙漠化动态遥感研究[J]. 生态学杂志,1996(5).
[18] 中国科学院黄土高原综合科学考察队. 中国黄土高原地区地面坡度分级数据集[M]. 北京:海洋出版社,1989.
[19] 中国科学院黄土高原综合科学考察队. 黄土高原地区综合治理开发考察系列研究[M]. 北京:中国科学技术出版社,1991.
[20] 李凌浩,陈佐忠. 农业生物学研究与农业持续发展[M]. 北京:科学出版社,1997.
[21] 李凤民. 论我国半干旱地区农业生产力与生态系统持续发展[J]. 资源科学,1999(5).
[22] 赵松龄. 集水农业引论[M]. 西安:陕西科学技术出版社,1996.
[23] 山仑,陈国良. 黄土高原旱地农业的理论与实践[M]. 北京:科学出版社,1993.
[24] 山仑. 我国半干旱地区农业的地位与问题[N]. 中国科学报,1998-09-16.
[25] 张惠远,蔡运龙. 环境重建——中国贫困地区可持续发展的根本途径[J]. 资源科学,1999(3).
[26] 樊兰瑛,高慧卿,张晓玲. 山西省坡耕地资源及其开发利用[J]. 国土与自然资源研究,1995(1).
[27] 常茂德,赵诚信. 黄土高原地区不同类型区水土保持综合治理模式研究与评价[M]. 西安:陕西科学出版社,1995.
[28] 赵金荣,孙立达,朱金兆. 黄土高原水土保持灌木[M]. 北京:中国林业出版社,1994.
[29] 胡聘. 可持续性的生态内涵及其发展意义[J]. 生态学杂志,1996(2).
[30] 张兴平. 试论持续农业的几个基本问题[J]. 自然资源,1996(1).
[31] 陈怀智. 生态经济与持续发展[M]. 北京:中国统计出版社,1992.
[32] 张壬午. 论农业生态工程[J]. 生态农业研究,1998(1).
[33] 袁从讳,赵强基. 持续农业是生态农业的继续与发展[J]. 生态学杂志,1993(2).
[34] 刘黎明,林培. 黄土高原持续土地利用研究[J]. 资源科学,1998(1).
[35] 刘强文,李雅素. 生态系统稳定性研究的历史与现状[J]. 生态学杂志,1997(2).

[36] 金之易.陕北草场生态经济发展途径研究[J].资源科学,1999(3).
[37] 蒋定生,等.黄土高原水土流失与治理模式[M].北京:中国水利水电出版社,1997.
[38] 陈昇辉,等.西北黄土高原区水利化简明区划报告[R].郑州:黄委会勘探规划设计院,1981.12.
[39] 黄土高原水土保持规划工作组.黄河流域黄土高原水土保持专项治理规划要点[R].1990.5.
[40] 甘枝茂.黄土高原地貌与土壤侵蚀研究[M].西安:陕西人民出版社,1989.
[41] 袁嘉祖,张汉雄.黄土高原地区森林植被建设的优化模型[M].北京:科学出版社,1991.
[42] 李壁成.小流域水土流失与综合治理遥感监测[M].北京:科学出版社,1995.
[43] 中国科学院、水利部西北水土保持研究所.黄土高原综合治理试验示范专题地图集[M].北京:测绘出版社,1991.
[44] 武春龙,江忠善,等.安塞县纸坊沟流域土壤侵蚀类型遥感制图[J].水土保持通报,1990,10(4):6-12.
[45] 周佩华,武春龙.黄土高原小流域综合治理减沙效益的计算问题探讨[J].水土保持通报,1991,11(1).
[46] 中国科学院、水利部西北水土保持研究所茶坊课题组.安塞实验区水土保持综合治理及减沙效益(英文)//黄土丘陵沟壑区水土保持型生态农业研究(下册)[M].杨凌:天则出版社,1990.
[47] 周佩华.略述黄土高原水土保持的减沙效益问题[J].水土保持通报,1991,11(2):1-3.
[48] 王玉宽,王占礼,周佩华.黄土高原坡面降雨产流过程的试验分析[J].水土保持学报,1991,5(2):25-31.
[49] 刘元保,等.黄土高原坡面沟蚀的类型及其发生发展规律[G]//中国科学院西北水土保持研究所集刊,1988,第7集.
[50] 刘元保,等.黄土高原土壤侵蚀垂直分带性研究[G]//中国科学院西北水土保持研究所集刊,1988,第7集.
[51] 姜永清,等.安塞县土壤侵蚀类型遥感调查制图[M]//中国科学院国家计算委员会自然资源综合考察委员会.黄土高原遥感调查试验研究.北京:科学出版社,1988.
[52] 陈德华,等.安塞县土地利用现状遥感调查与制图[M]//中国科学院国家计算委员会自然资源综合考察委员会.黄土高原遥感调查试验研究.北京:科学出版社,1988.
[53] 陈光伟.安塞遥感试验区自然条件和社会经济概况[M]//中国科学院国家计算委员会自然资源综合考察委员会.黄土高原遥感调查试验研究.北京:科学出版社,1988.
[54] 郑粉莉,等.坡耕地细沟侵蚀的发生、发展和防治途径的探讨[J].水土保持学报,1987,1(1).
[55] 江忠善,等.地形因素与坡地水土流失关系的研究[G]//中国科学院、水利部西北水土保持研究所集刊,1990,第12集.
[56] 贾志伟,等.降雨特征与水土流失关系的研究[G]//中国科学院、水利部西北水土保持研究所集刊,1990,第12集.
[57] 王玉宽,周佩华.单次暴雨小流域产流产沙分布的定量研究[J].水土保持学报,1992,6(3).
[58] 陈永宗,等.黄土高原现代侵蚀与治理[M].北京:科学出版社,1998.
[59] 中国科学院西北水土保持研究所.黄土高原杏子河流域自然资源与水土保持[M].西安:陕西科学出版社,1986.
[60] 江忠善,王志强.应用地理信息系统评价黄土丘陵区小流域土壤侵蚀的研究[J].水土保持研究,1996,3(2).
[61] 贾绍凤.根据植被估算黄土高原的自然侵蚀和加速侵蚀——以安塞县为例[J].水土保持通报,1995,15(4).
[62] 刘志,江忠善.降雨因素和坡度对片蚀的影响[J].水土保持通报,1994,14(6).

[63] 黄河水利委员会水土保持局. 黄河流域水土保持研究[M]. 郑州:黄河水利出版社,1997.
[64] 江忠善,等. 陕北黄土丘陵区坡面土壤侵蚀规律研究[R]. 1990.
[65] 王玉宽. 小流域土壤侵蚀分布的定量研究[D]. 北京:中国科学院水土保持研究所,1990.
[66] 张科利. 陕北黄土丘陵沟壑区坡耕地浅沟及其防治途径[D]. 杨凌:中国科学院水利部水土保持研究所,1998.
[67] 赵诚信,等. 土壤侵蚀调查报告[R]//安塞县水土保持实验区农业自然资源综合考察与规划报告集. 1981.
[68] 中国科学院、水利部西北水土保持研究所,安塞县人民政府. 黄土丘陵沟壑区水土保持型生态农业研究[R]. 1990.
[69] 王万忠,焦菊英. 黄土高原降雨侵蚀产沙与黄河输沙[M]. 北京:科学出版社,1996.
[70] 吴永红,寇权. 陇东黄土高塬沟壑区土壤侵蚀的^{137}Cs 法研究[J]. 水土保持通报,1997,17(5).
[71] 罗来兴. 划分晋西、陕北、陇东黄土区域沟间地与沟谷地的地貌类型[J]. 地理学报,1956(3).
[72] 陈永宗. 黄土高原沟道小流域产沙过程的初步研究[J]. 地理研究,1982,2(1).
[73] 承继成. 关于坡地剥蚀过程的分带问题[G]//1963 年全国地貌学讨论会论文汇编. 北京:科学出版社,1963.
[74] 雷阿林. 沟坡系统土壤侵蚀链动力机制模拟试验研究[D]. 中国科学院水土保持研究所,1996.
[75] 石辉,段宏斌. 坡面土壤侵蚀分布规律的初步分析[J]. 水土保持研究,1997,4(2).
[76] 田均良. 侵蚀泥沙坡面沉积研究初报[J]. 水土保持研究,1997,4(2).
[77] 郑粉莉. 坡面侵蚀分带侵蚀过程与降水—土壤水转化、土壤退化关系研究[D]. 中国科学院水土保持研究所,1997.
[78] 郭中升. 水土保持林有效覆盖率及其确定方法的研究[J]. 土壤侵蚀与水土保持学报,1996(3).
[79] 安塞水土保持试验站. 黄土丘陵沟壑区水土保持型生态农业研究—五年工作总结报告.
[80] 中国科学院水利部西北水土保持研究所. 黄土丘陵沟壑区水土保持型生态农业研究[M]. 杨凌:天则出版社,1990.
[81] 傅伯杰. 陕北黄土高原土地评价研究[J]. 水土保持学报,1991(1):1-6.
[82] 梁一民,侯喜录,李代琼,等. 黄土丘陵区林草植被快速建造的理论与技术[J]. 土壤侵蚀与水土保持学报,1999(3):1-5.
[83] 付明胜,高登宽. 山坡地林草植被配置模式研究[J]. 水土保持研究,1998(4):93-97.
[84] 吴钦孝,杨文浩. 黄土高原植被建设与持续发展[M]. 北京:科学出版社,1998.
[85] 赵满礼,等. 固原县上黄村土地合理利用及人口承载力的优化模型[M]//中国科学院水利部西北水土保持研究所. 土地资源与生产力研究. 北京:科学技术文献出版社,1991:24-31.
[86] 唐克丽. 黄土高原水蚀风蚀交错带小流域综合治理模式探讨[J]. 水土保持研究,1996(4):46-54.
[87] 朱清科,陈锡云. 论黄土区农村复合生态经济系统结构与发展[J]. 土壤侵蚀与水土保持学报,1998(4):72-76.
[88] 张光辉,陈智汉. 雨水集流用水窖的主要类型及其效益[J]. 水土保持通报,1997,17(6):57-60.
[89] 张光辉,赵光耀,赵有恩. 论雨水资源化开发利用的可持续发展[J]. 水土保持通报,1997,17(7).
[90] 王文龙,穆兴民. 黄土高原雨水资源化与农业持续发展[J]. 水土保持通报,1998,18(1):59-62.
[91] 张光辉,梁一民. 黄土丘陵区人工草地盖度季动态及其水保效益[J]. 水土保持通报,1995,15(2).
[92] 蒋定生,江忠善,侯喜禄,等. 安塞纸坊沟流域水土流失规律与水土保持措施优化配置研究[G]//"七五"攻关项目子课题鉴定材料,1990.
[93] 杨春峰. 西北旱地土壤耕作技术评估[J]. 干旱地区农业研究,1992,10(2):1-7.

[94] 蒋定生. 黄土高原水土流失与治理模式[M]. 北京:中国水利水电出版社,1997.
[95] 张兴昌. 陕北黄土丘陵区坡耕地土壤肥力退化原因及防治对策[J]. 水土保持研究,1996,3(2):1-5.
[96] Kallson C E, et al. Nitrogen and yields as related to water use of spring barely. Agron. J. 1984,7:59-64.
[97] Singh P N, et al. Water use and yield response of subarcane under different irrigation schedules and nitrogen levels in a subtropical region. Agricultural water Management, 1994,26:253-264.
[98] Adinarayana J. etal. Nitrogen use efficiency of unirrigated barely as affected by shortage of water. J. Agric. Sci. Camb., 1987,109:33-38.
[99] 李世清. 水肥配合玉米产量肥料效果的影响[J]. 干旱地区农业研究,1994,12(1):47-53.
[100] 李生秀,等. 水分对土壤养分迁移的影响[M]//汪德水. 旱地农田肥水关系原理与调控技术. 北京:中国农业科技出版社,1995:6-11.
[101] 李生秀,等. 施用氮肥对提高旱地作物利用土壤水分的作用机理和效果[M]//陈万金. 中国北方旱地农业综合发展与对策. 北京:中国农业科技出版社,1994:129-135.
[102] Mannering J V, et al. Overview of conservation, Effects of Conservatin Tillage on Groundwater Quality: Nitrates and Pesticides, Terry, J. Logan et al., eds, Chelsea, Michigan, USA.
[103] 秋俊一. 世界农业研究中的两个重要课题[J]. 河北农业科技情报,1990(1).
[104] 杨春峰. 耕作学[M]. 银川:宁夏人民出版社,1984.
[105] 蒋德麒. 我国的水土保持耕作措施[J]. 中国水土保持,1964(2).
[106] 王天义. 山地水平沟小麦增产规律的研究[J]. 干旱地区农业研究,1990(1):33-41.
[107] 张兴昌. 坡地水平沟耕作的土壤水分的动态及增产机理[J]. 水土保持学报,1993,7(3):58-66.
[108] 林和平. 水平沟耕作在不同坡度上的水土保持效应[J]. 水土保持学报,1993,7(2):63-64.
[109] David Pimentel. World soil Erosion and Conservation. Cambridge, 1993.
[110] Robinson C A, et al. Vegetative filter strip effects on sediment concentrationin cropland runoff. J. Soil and Water Conser. 1996,50(3):227-230.
[111] Dillaha T A, et al. Vegetaive fuilter strips for agricultrual nonpoint source pollutin control. Transactions of the American society of Agricultural Engineers. 1989,32:513-519.
[112] Tollner E W, et al. Suspended sediment filtration capacity of the American society of Agricultural Engi-neers, 1976,19:678-682.
[113] 刘洪岭. 黄土丘陵人工草地土壤腐殖质及养分状况的研究[D]. 中国科学院水利部水土保持研究所,1997.
[114] 许强. 地膜覆盖栽培在宁南山区粮食生产的重要作用[J]. 干旱区农业研究,1992,10(3):45-51.
[115] 梁亚超,等. 浅析地膜玉米高产的理论依据[J]. 四平农业科技,1986(2).
[116] 梁亚超,丁桂霞. 玉米地膜覆盖蓄水保墒高产机理的研究[J]. 干旱地区农业研究,1990,10(3):27-32.
[117] 肖玉珍. 地膜覆盖栽培玉米土壤中微生物变化规律的研究[J]. 东北农学院学报,1988(2).
[118] 张强,等. 旱地玉米地膜覆盖施肥技术的研究[J]. 干旱地区农业研究,1994,12(2):27-31.
[119] 梁亚超,于桂霞,杨殿荣,等. 地膜覆盖栽培玉米根系的研究初报[J]. 内蒙古农业科技,1988(2).
[120] Meyer R F, et al. Planta, 1981,151:482-489.
[121] 邓西平. 提高植物在干旱条件下成苗途径的研究进展[J]. 干旱地区农业研究,1990(1):90-98.

[122] Manobar M S, et al. Adv. Front Plant Sci, 1966, 17: 133 - 148.

[123] 赵先贵. 用CCC浸种对提高旱地小麦氮肥利用率的研究[J]. 干旱地区农业研究, 1990(2): 55 - 62.

[124] 胡芬, 姜雁北. 旱地小麦应用黄腐酸的抗旱增产效果研究[J]. 干旱地区农业研究, 1991(4): 32 - 36.

[125] Kummerow J. Adaption of plant to water and high temperature stress. 1981: 57.

[126] 山仑, 郭礼坤, 徐萌. 干旱条件下钙与赤霉素混合处理种子的生理效应及增产效果[J]. 干旱地区农业研究, 1994, 12(1): 85 - 91.

[127] 刘思春, 张一平. 激光场处理玉米种子对玉米幼苗抗旱性影响[J]. 干旱地区农业研究, 1995, 13(2): 78 - 81.

[128] 习岗, 杨运径. 磁处理对不同抗旱性小麦萌发与生长影响的差异性研究[J]. 干旱地区农业研究, 1995, 13(2): 83 - 87.

[129] 腾九文. 抗蒸腾剂及其在果树上的应用[J]. 干旱地区农业研究, 1992, 10(2): 20 - 23.

[130] 黄凤球, 杨光立, 黄承武, 等. 化学节水技术在农业上的应用效果研究[J]. 水土保持研究, 1996, 3(3): 118 - 124.

[131] 王久志, 巫东堂. 土壤结构改良剂覆盖改土作用的研究[J]. 干旱地区农业研究. 1991(2): 48 - 55.

[132] 王晗生. 应用水解聚丙烯脯改良黄绵土的效果研究[J]. 水土保持通报, 1997, 17(5): 23 - 26.

[133] 陈永平. 旱坡地截流蓄水种植沟耕作技术及其水肥效益研究[J]. 水土保持通报, 1997, 17(5): 1 - 6.

[134] 张定一. 坡旱地集水深蓄耕作技术研究[J]. 干旱地区农业研究, 1994, 12(4): 31 - 36.

[135] 卢宗凡, 苏敏, 李够霞. 黄土丘陵区水土保持生物措施和耕作措施的研究[J]. 水土保持学报, 1998(1): 37 - 48.

[136] 卢宗凡, 张文军, 苏敏, 等. 几种水土保持指标的分析与评价[J]. 水土保持学报, 1998(4): 60 - 65.

[137] 卢宗凡, 赵更生, 郑剑英, 等. 水土保持农业增产体系的研究[J]. 水土保持学报, 1991(2): 66 - 74.

[138] 张兴昌, 卢宗凡. 陕北黄土丘陵区坡耕地土壤肥力退化原因及防治对策[J]. 水土保持研究, 1996(2): 2 - 6.

[139] Charles K K. Effect of soil erosion on soil properties and crop response in central Kenya, Ph. d paper, Swedish University of Agricultural Sciences. 1995.

[140] Engel tad O P, Schrader W D and Dumenil L C. The effects of surface soil thickness on corn yields. I. As determined by a series of field experiments in farmer operation. Soil Sci. Soc. Am. Proce. 1961. 25: 494 - 497.

[141] Frye W W, Ebelhar S A, Murdock L W, et al. Soil erosion effects on properties and productivity of two Kentucky soils. Soil Sci. Soc. Am. J. 1985. 46: 1051 - 1055.

[142] Bramble B M, Fosberg M A, et al. Changes in soil productivity related to changing topsoil depths on two Idaho Palouse soils. In Erosion and soil productivity. ASAE Public. 8/85, Michigan, USA, 1985: 18 - 27.

[143] Becher H H, Schwertmann U & Sturner H. Crop yield reduction due to reduced plant available water caused by water erosion. In soil erosion and conservation (Eds. S. A. El - Swaify, W. C. Moldenhauer & A. Lo). SCSA, Ankeny, Iowa, 1985: 365 - 375.

[144] Battiston L A, Miller M H & Shelton I J. Soil erosion and crop yield in Ontario. I. Field evaluation. Can. J. Soil Sci. 67:731 – 745.

[145] Langdale G W, Box J E, Leonard R A, et al. Corn yield reduction on eroded Southern Piedmont soils. J. Soil and Water Conservation, 1979, 34:225 – 228.

[146] Lal R. Soil erosion problem on alfisoil in Western Nigeria. VI. Effects of erosion on experimental plots. Geoderma 25:1981:215 – 230.

[147] Lal R. Soil erosion and its relation to productivity in tropical soils. In Soil erosion and conservation (Eds. S. A. El – Swaify, W. C. Modenhauer & A. Lo). SCSA, Ankeny, Iowa, 1985:237 – 247.

[148] Shainberg I. Effect of low electron concentration on clay disperision and hydraulic conductivity of a sodic soil. Soil Sci. Soc. Am. J. 1981, 45:273 – 277.

[149] Du Plessis H M & Shainberg I. Effect of the exchangeable sodium and phospgogypsum on the hydraulic properties of several South African Soils. S. Afr. J. Plant and Soil. 1985, 2:179 – 185.

[150] Gal M. Effect of exchangeable sodium and phosphogypsum on crust structure – scanning electron microscope observations. Soil Sci. Soc. Am. J. 1984, 48:872 – 878.

[151] Miller W P. Infiltration and soil loss of tree gypsum – amended ultisls under simulated rainfall. Soil Sci. Soc. Am. J. 1987, 51:1314 – 1320.

[152] Warrington D, Shaiberg I, Agassi M, et al. slop and phosphogypsum's effects on runoff and erosion. Soil Sci. Soc. Am. J. 1989, 53:1201 – 1205.

[153] Agassi M, Shainberg I & Morin J. Effect of electrolyte concentration and soil sodicity on the infiltration rate and crust formation. Soil Sci. Soc. Am. J. 1981, 45:848 – 851.

[154] Agassi M, Morin J & Shainberg I. Effect of drop impact energy and water salinity rate of sodic soils. Soil Sci. Soc. Am. J. 1985, 49:186 – 189.

[155] McIntyre D S. Soil splash and formation of surface crust by raindrop impact. Soil Sci. 1985, 85:261 – 266.

[156] Frye W W, Bennett O L & Buntley G J. Restoration of crop productivity on eroded or degraded soil. In Soil Erosion and Cro PProductivity (Eds. R. F. Follet & B. A. Steward). USA Madison, Wisconsin, 1985:339 – 354.

[157] Dormaar J F & Lindwall C W. Restoring productivity to an eroded dark brown Chernozemic soil under dryland conditions. In Erosion and soil productivity. ASAE Public. 8/85, Michigan, USA, 1985: 182 – 192.

[158] Gumbs F A, Lindsay J I, Nasir M, et al. Soil erosion studies in the northern mountain range, Trinidad, under different crop and soil management. In soil erosion and conservation (Eds. S. A. El – Swaify, W. C. Moldenhauer & A. Lo), SCSA, Ankeny, Iowa, 1985:90 – 98.

[159] Barrows H L & Killer V J. Plant losses from soils by water erosion. Adv. Agron. 1963, 15:303 – 315.

[160] Honotiaux G, 1980, Runoff erosion and nutrient losses on loess soils in Belgium. In Assessment of erosion (Eds. M. De Boodt & D. Gabriels). John Willey and Sons Chichester, New York, 1963: 369 – 377.

[161] 李鼎新. 水土流失造成的土壤肥力退化及其逆转途径[J]. 水土保持通报, 1998, 8(3):46 – 54.

[162] 李鼎新. 土壤肥力资源[M]//中国科学院西北水土保持研究所. 黄土高原杏子河流域自然资源与水土保持. 西安:陕西科学技术出版社, 1986:195 – 212.

[163] 史衍玺. 林地开垦加速土壤侵蚀下土壤养分退化的研究[J]. 土壤侵蚀与水土保持学报, 1996, 2(4):25 – 33.

[164] Pettry D E, Wood C W & Soileau J M. Effects of topsoil thickness and horizonation of virgin coastal plain soil on soybean yield. In Erosion and Soil Productivity. ASAE Public. 8/85, Michigan, USA, 1985:66 – 74.

[165] Langdale G W, Box J E, Leonard R A, et al. Corns yield reduction on eroded Southern Piedmonts soil. J. Soil and Water Conserv. 1979, 34:226 – 228.

[166] Pierce F J, Paul D J & David W, A framework for analyzing the productivity costs of soil erosion in the United States. In Soil erosion and cro Pproductivity (Eds. R. F. Follet & B. A. Stewart). ASA, Madison, Wisconsin, 1985:482 – 505.

[167] Schertz D L, Moldenhauer, Franzmeier D P, et al. Field evaluation of the effect of soil on crop productivity. In Erosion and Soil Productivity. ASAE Public. 8/85, USA, 1985, 9 – 17.

[169] Belay T. Effects of erosion on properties and productivity of eutric nitosols in Gununo area, southern Ethiopia. In Erosion, conservation and small – scale farming (Eds. H. Hurni & K.. Tato). geographic Bernensia, Berne, Switzerland, 1992:229 – 242.

[170] 高志义,等. 黄土高原立地条件类型划分和适地适树研究报告[R]. 1984.

[171] 黄河水利委员会水土保持处. 黄河中游水土保持林体系研究成果汇编[R]. 1986.

[172] 邹年根,罗伟祥. 黄土高原造林学[M]. 北京:中国林业出版社,1997.

[173] 郭小平,杨维西. 晋西黄土区主要造林树种幼树适生性研究[J]. 河北林果研究,1998(4).

[174] 陈建卓. 影响黄土残塬沟壑区土壤水分内在机理和立地质量评价[D]. 北京:北京林业大学,1992.

[175] 陆守一,等. 专家系统在生态经济型防护林体系配置模式中的应用[J]. 北京林业大学学报,1996(增刊).

[176] 王礼先,等. 林业生态工程学[M]. 北京:中国林业出版社,1998.

[177] 王斌瑞,王百田. 黄土高原径流林业[M]. 北京:中国林业出版社,1996.

[178] 王克勤,孟菁玲. 国内外农林业集水技术的研究进展[J]. 干旱地区农业研究,1996(6).

[179] 王百田. 干旱半干旱地区集流造林工程设计[J]. 水土保持学报,1993(4).

[180] 彭祚登,宋廷茂,张鸿雁. 世界干旱半干旱地区集水造林技术研究应用的现状及其发展动向[J]. 世界林业研究,1996(3).

[181] 侯庆春. 黄土高原地区小老树成因及其改造途径的研究Ⅲ——小老树的分布及其生长特点[J]. 水土保持学报,1991,1(5):64 – 72.

[182] 齐长江. 刺槐低产林改造技术的研究[J]. 辽宁林业科技,1991(4):26 – 27.

[183] 綦山丁. 乌江流域低效林分特点及其改造技术途径探讨[M]//中国林学会. 长江中上游防护林建设论文集. 北京:中国林业出版社,1991:349 – 353.

[184] 杨维西. 试论我国北方地区人工植被的土壤干化问题[J]. 林业科学,1996,32(1):78 – 84.

[185] 余新晓. 土壤动力水文学问题的研究及其在防护林体系建设中的应用[J]. 世界林业研究,1995.

[186] 徐化成. 发展人工林与生态学原理[J]. 河北林学院学报,1991,6(3):218 – 225.

[187] 陈英洲. 坝上人工林大面积旱死的调查[J]. 河北林业科技,1981,(4):12 – 17.

[188] 朱金兆. 水土保持林体系综合效益研究与评价[M]. 北京:中国科学技术出版社,1995,64 – 92.

[189] 周长瑞. 研究人工混交林获得的基本观点和结论[M]//沈国舫. 全国混交林与树种间关系学术讨论会文集. 北京:中国林业出版社,1997:278 – 280.

[190] 杨新民. 干旱地区人工林地土壤水分平衡的探讨[J]. 水土保持通报,1988,8(3):32 – 38.

[191] 阵一鹗. 皆伐萌蘖更新是改造刺槐林的有效途径[J]. 水土保持通报,1995,15(6):64 – 68.

[192] 齐长江. 刺槐低改后幼林定向培育的试验初报[J]. 辽宁林业科技,1992,6: 34 – 35.

[193] 王占孟. 黄土高原沟壑区不同立地条件类型划分和适地适树的研究[R]. 黄河中游水土保持林体系研究成果汇编(1981-1986),1986,6:74-85.

[194] 尹祚栋. 甘肃干旱半干旱地区人工混交林结构特征[M]//全国混交林与树种间关系学术讨论会文集. 北京:中国林业出版社,1997:254-257.

[195] 马世骏,王如松. 社会—经济—自然复合生态系统[J]. 生态学报,1984,4(1):1-9.

[196] 姜学民,郭犹焕,李卫武. 生态经济学概论[M]. 武汉:湖北人民出版社,1985.

[197] 姜学民. 论生态经济效益理论[J]. 生态经济通讯,1988(2):18-33.

[198] 马传栋. 生态经济学[M]. 济南:山东人民出版社,1986.

[199] 叶茂新,蔡士魁. 复合生态经济系统综合效益定量评价方法的研究[J]. 农业现代化研究,1989,10(2):16-18.

[200] 王如松,贾敬业. 生态县的科学内涵及其指标体系[J]. 生态学报,1991,11(2):182-187.

[201] 曹志平. 曲周县畜牧业的生态效益与经济效益分析[M]//中国青年环境论坛首届学术年会执行委员会. 中国青年环境论坛首届学术年会论文集. 北京:中国环境科学出版社,1993:444-449.

[202] 高燕云. 开发与研究评价[M]. 西安:陕西科学技术出版社,1996.

[203] 陈彰岑,于德广,等. 黄河中游多沙粗沙区快速治理模式的实践与理论[M]. 郑州:黄河水利出版社,1998.